我命在我

道教科技史探索

韩吉绍 著

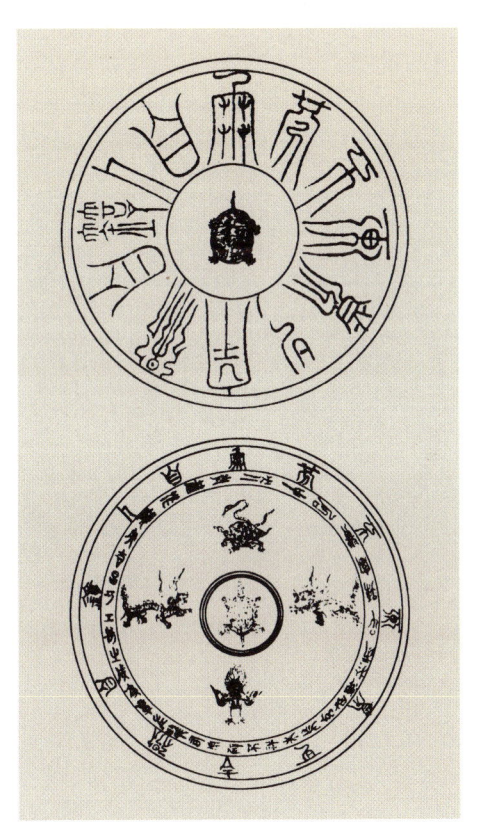

龟自卜镜图
(摘自《上清含象剑鉴图》)

含象鉴拓本
(北京故宫博物院藏)

升炼水银图
(摘自《天工开物》)

炼制粉霜图
(摘自《本草品汇精要》)

炼云母图
(摘自《本草品汇精要》)

炼朴消图
（摘自《本草品汇精要》）

热汤图
(摘自《本草品汇精要》)

炼汞图
(摘自《本草品汇精要》)

目 录

第一编 学术史与综论

壹 道教史学百年：大势与评略 …………………… 3
  一 肇始前后的社会背景 …………………… 4
  二 民国的三种研究路径 …………………… 10
  三 新中国初期的激情与低潮 …………………… 26
  四 改革开放后的多元化发展 …………………… 30
  五 结语 …………………… 47

贰 《道藏》科技类道经说略 …………………… 49
  一 道教与科技史研究命题的由来及发展过程 ……… 49
  二 《道藏》中的科学技术成就概论 …………………… 55
  三 科技类重要典籍介绍 …………………… 60
  四 研究成果举要 …………………… 83

叁 中国炼丹术研究之回顾及展望 …………………… 92

肆 理解炼丹术的八个关键词 …………………………………… 111
　一　概念：什么是炼丹术 ………………………………… 112
　二　理论：炼丹术的思想逻辑 …………………………… 116
　三　比较：其他文明的炼丹术 …………………………… 120
　四　仙道：道教为什么要炼丹 …………………………… 125
　五　丹毒：服食求神仙，多为药所误 …………………… 128
　六　贡献：炼丹术对古代科技影响大 …………………… 131
　七　火药：炼丹术最重要的发明 ………………………… 137
　八　牛顿："最后的炼金术士"？ ………………………… 140

第二编　文献研究与整理

壹　魏晋南朝衡制发微 ………………………………………… 147
　一　问题的提出 …………………………………………… 148
　二　《神仙金汋经》的时代和作者 ……………………… 154
　三　魏晋南朝衡制演变真相推测 ………………………… 165

贰　《抱朴子神仙金汋经》卷上校注 ………………………… 175

叁　《金液还丹百问诀》论略 ………………………………… 189
　一　古歌 …………………………………………………… 190
　二　黄芽之辨 ……………………………………………… 194
　三　《百问诀》所见唐代炼丹术的变化 ………………… 200

肆　从《老子想尔注》到炼丹家张道陵 ……………………… 205

一　《老子想尔注》与炼丹术 …………………… 207
　二　史籍仙传中的张道陵 ……………………… 214
　三　托名张道陵的丹经 ………………………… 219

伍　四件敦煌道经残片考辨………………………… 222
　一　S.9936、S.11363及S.11363V《石镇宅法》…… 222
　二　ДХ06057《太清金液神气经》和《神仙金汋经》
　　　 ………………………………………………… 226
　三　S.6030《策使鬼神通灵诀》……………………… 229

第三编　道教医药学

壹　马王堆一号汉墓女尸铅汞中毒原因正误……………… 237

贰　医药化学家孙思邈……………………………… 249

叁　炼丹术与宋代医用丹方………………………… 259
　一　仙丹的医用发展过程 ……………………… 260
　二　宋代医用丹方的来源 ……………………… 273
　三　余论 ………………………………………… 292

肆　从《红楼梦》看清代民间道教医疗风俗……………… 294

伍　道教与沉香……………………………………… 313
　一　沉香概述 …………………………………… 313

二　道教崇尚沉香 ································· 317
　　三　沉香在道教中的应用 ························· 323
　　四　道教沉香方举略 ····························· 330

第四编　技术与设备

壹　早期道教与中国古代之镜思想 ················· 335

贰　道教中的"镜法" ···························· 354

叁　《道藏》中的两种磨镜药研究 ················· 365
　　一　中国古代磨镜药之谜 ······················· 365
　　二　《道藏》中的磨镜药讨论 ··················· 369
　　三　结论 ······································ 381

肆　《上清明鉴要经》磨镜药方模拟试验研究 ······· 383
　　一　磨镜药方发明者的补充证据 ················· 384
　　二　磨镜药方炼制过程再分析 ··················· 385
　　三　炼制磨镜药模拟试验 ······················· 388
　　四　试验分析与结论 ··························· 390

伍　论道教镜 ··································· 392
　　一　道教中镜思想的孕育 ······················· 393
　　二　道教中镜思想的发展 ······················· 396
　　三　道教镜的流行 ····························· 402

四　道教镜的衰落 …………………………………… 414
　　五　研究道教镜的意义 ……………………………… 415

陆　《神仙炼丹点铸三元宝照法》所见唐代道教
　　铸造工艺 ………………………………………………… 417
　　一　铸镜工艺 ………………………………………… 418
　　二　铸鼎工艺 ………………………………………… 429

柒　古代锡汞齐及其应用 …………………………………… 435
　　一　上古时期人们对锡的认识与利用 ……………… 435
　　二　我国使用汞的早期历史 ………………………… 439
　　三　关于锡汞齐的出现时间 ………………………… 442
　　四　炼丹术中的锡汞齐 ……………………………… 446
　　五　锡汞齐其他应用 ………………………………… 453

捌　炼丹设备的源流、类型及建造方法 …………………… 456
　　一　炼丹设备的源流 ………………………………… 458
　　二　主要设备介绍 …………………………………… 483

第五编　科学思想

壹　道家、道教与现代科学 ………………………………… 545

贰　爱因斯坦、量子力学与道家 …………………………… 553
　　一　现代科学观念的困境 …………………………… 553

二　人作为一种测量工具及其科学本质 …………… 559

叁　幻想与理性：炼丹术出现的思想背景 …………… 568
　　一　移时的炼丹术与历时的炼丹术 …………… 568
　　二　儒家与道家道教的仙鬼观 …………… 570
　　三　医学与神仙思想 …………… 574
　　四　假求外物以自坚固 …………… 577
　　五　丹术规范与炼丹实践 …………… 579

肆　道教为什么要炼丹 …………… 581

第六编　李约瑟研究

壹　李约瑟的《人是机器》及"新机械论" …………… 593

贰　从分裂到架桥：李约瑟早期思想的演变 …………… 612
　　一　从新机械论说起 …………… 612
　　二　五种经验形式 …………… 615
　　三　统一的世界观 …………… 624

后　记 …………… 631

第一编 学术史与综论

壹　道教史学百年：大势与评略

"史学"疏于道教研究，其来尚矣。正如陈寅恪先生所言："中国史学莫盛于宋，而宋代史家之著述，于宗教往往疏略，此不独由于意执之偏蔽，亦其知见之狭陋有以致之。元明及清，治史者之学识更不逮宋。故严格言之，中国乙部之中，几无完善之宗教史。"[1] 在中国传统学术分类中，道教附于子部末尾，与史部泾渭分明。故二十四史中唯《魏书》与《元史》单列《释老》篇，略述佛道历史。其余正史，道教内容皆略散于各处而不得全貌。至于其他史籍，无不以正史为楷模。清末以降，在西方学术大潮的推动下，新史学应运而生，其对道教的处理虽然仍受传统观念强烈影响，但毕竟出现一些新变化，对史学发展而言具有重要意义。本节拟将二十世纪初以来中国大陆地区道教史学发展大势略作检视，祈望有益于增进当前史学界对道教问题的思考。需要特别强调的是，由于篇幅原因，大量优秀研究作品尤其是改革开放以来的未能提及，毫无疑问这

---

[1] 陈寅恪：《陈垣明季滇黔佛教考序》，此据《金明馆丛稿二编》，生活·读书·新知三联书店，2011年，第272页。

并不意味着这些研究不重要，望读者理解。

一　肇始前后的社会背景

1905年，穷途末路的清政府终于废除实行了一千三百年的科举制度，破败的中国旧学大厦终于整体坍塌。十年后，为进一步扫除旧文化，一批从旧学营垒里冲杀出来的有识之士发动了一次"反传统、反孔教、反文言"的新文化运动。在这场运动中，儒教作为传统文化的代表，遭受的弹药自然最多。但与此同时，势力最微弱的道教所受打击其实最严重。

譬如新文化运动的发起者陈独秀，他在《新青年》第5卷第1号《随感录》一文中认为，较之儒家，阴阳家的社会危害最大。而他所谓阴阳家，其实主要为道教："古说最为害于中国者，非儒家乃阴阳家也；儒家公羊一派，亦阴阳家之假托也。一变而为海上方士，再变而为东汉、北魏之道士，今之风水，算命，卜卦，画符，念咒，扶乩，炼丹，运气，望气，求雨，祈晴，迎神，说鬼，种种邪僻之事，横行国中，实学不兴，民智日僿，皆此一系学说之为害也。去邪说正人心，必自此始。"[2] 随后在同卷第5号《克林德碑》一文中，他总结造成义和拳"乱象"的原因时再次强调道教实为"罪魁祸首"："这过去造成义和拳的原因，第一是道教。义和拳真正的匪魁，就

---

[2] 此据《陈独秀文集》第1卷，人民出版社，2013年，第311页。

是从张道陵一直到现在的天师。道教出于方士，方士出于阴阳家……一切阴阳、五行、吉凶、灾祥、生克、画符、念咒、奇门、遁甲、吞刀、吐火、飞沙、走石、算命、卜卦、炼丹、出神、采阴、补气、圆光、呼风、唤雨、求晴、求雨、招魂、捉鬼、拿妖、降神、扶乩、静坐、设坛、授法、风水、谶语，种种迷信邪说，普遍社会，都是历代阴阳家方士道士造成的，义和拳就是全社会种种迷信种种邪说的结晶，所以彼等开口便称奉了玉皇大帝敕命来灭洋人也。"[3]

鲁迅虽然言及道教不多，但批判态度十分鲜明。1918年8月20日，他在致许寿裳的信中说了一段言简意赅的话："《狂人日记》实为拙作，又有白话诗署'唐俟'者，亦仆所为。前曾言中国根柢全在道教，此说近颇广行。以此读史，有多种问题可以迎刃而解。后以偶阅《通鉴》，乃悟中国人尚是食人民族，因成此篇。此种发见，关系亦甚大，而知者尚寥寥也。"[4] 此中"中国根柢全在道教"一句在日后广为流传，甚至被当代一些道教研究者择出作为鲁迅肯定道教重要性的证据。其实，鲁迅本意显而易见，与陈独秀并无二致。1927年，鲁迅在《小杂感》中又写道："人往往憎和尚，憎尼姑，憎回教徒，憎耶教徒，而不憎道士。懂得此理者，懂得中国大半。"[5] 这句话的含义与前言相近。另外，周作人于1920年所作《乡村与

---

[3]《陈独秀文集》第1卷，第337页。
[4] 此据《鲁迅全集》第11卷，人民文学出版社，2005年，第365页。
[5]《鲁迅全集》第3卷，第556页。

道教思想》一文虽与鲁迅无关，但我认为很有助于理解鲁迅的思想。周氏认为，改造旧文化最大的障碍并非儒教或佛教，而是道教，因为其对百姓影响最深刻，此与鲁迅"中国根柢全在道教"的提法颇为相合："改良乡村的最大阻力，便在乡人们自身的旧思想，这旧思想的主力是道教思想……平常讲中国宗教的人，总说有儒释道三教，其实儒教的纲常早已崩坏，佛教也只剩了轮回因果几件和道教同化了的信仰还流行民间，支配国民思想的已经完全是道教的势力了。我们不满意于'儒教'，说他贻害中国，这话虽非全无理由，但照事实看来，中国人的确都是道教徒了。"[6]

在当时学界同人中，属钱玄同对道教的态度最为决绝。1918 年 4 月 15 日，他在《新青年》第 4 卷第 4 号上发表《中国今后之文字问题》一文，疾呼废除汉字，言语间数次鞭挞道教，极欲除之而后快："所谓《四库全书》者，除晚周几部非儒家的子书外，其余则十分之八都是教忠教孝之书……还有那十分之二，更荒谬绝伦：说什么'关帝显圣'、'纯阳降坛'、'九天玄女'、'黎山老母'的鬼话；其尤甚者，则有'婴儿姹女'、'丹田泥丸宫'等说，发挥那原人时代'生殖器崇拜'的思想。""欲祛除三纲五伦之奴隶道德，当然以废孔学为唯一之办法；欲祛除妖精鬼怪、炼丹画符的野蛮思想，当然以剿灭道教——是道士的道，不是老庄的道——为唯一之办法。欲废孔

---

[6] 此据周作人：《谈虎集》，北京十月文艺出版社，2011 年，第 239 页。

学，欲剿灭道教，惟有将中国书籍一概束之高阁之一法。何以故？因中国书籍，千分之九百九十九都是这两类之书故；中国文字，自来即专用于发挥孔门学说，及道教妖言故。""我再大胆宣言道：欲使中国不亡，欲使中国民族为二十世纪文明之民族，必以废孔学、灭道教为根本之解决，而废记载孔门学说及道教妖言之汉文，尤为根本解决之根本解决。"[7] 在同卷第5号《随感录·八》中，他又感慨道："呜呼！汉晋以来之所谓道教，实演上古极野蛮时代'生殖器崇拜'之思想。二千年来民智日衰，道德日坏，虽由于民贼之利用儒学以愚民；而大多数之心理举不出道教之范围，实为一大原因。"[8]

上述人物及其言论对道教几乎全盘否定，代表了二十世纪初新文化思潮对道教的基本态度，这一思想背景对当时的学术研究产生了直接影响，其典型例证，前有梁启超，后有胡适。

1925年至1927年间，梁启超在清华大学讲授中国历史研究法，将史学研究分为五种专史，即人的专史、事的专史、文物的专史、地方的专史和断代的专史。其中文物的专史又包括政治、经济、文化等专史，而文化史中含宗教史。但检其所述，宗教史范畴中几乎没有道教立锥之地。他先是否认中国有像西方那样的纯粹宗教，"在中国著宗教史——纯粹的宗教

---

[7] 此据《钱玄同文集》第1卷，中国人民大学出版社，1999年，第162—167页。
[8] 《钱玄同文集》第2卷，第10—11页。

史——有无可能，尚是问题……中国是否有宗教的国家，大可研究。""中国土产里既没有宗教，那么，著中国宗教史主要的部分，只是外来的宗教了。"然后又十分不情愿地承认道教是所谓"中国原有的宗教"，但是没有什么研究价值："就中国原有的宗教讲，先秦没有宗教，后来只有道教，又很无聊。道教是一面抄袭老子、庄子的教理，一面采佛教的形式及其皮毛，凑合起来的……讲中国宗教，若拿道教做代表，我实在很不愿意。但道教丑虽很丑，做中国宗教史又不能不叙。他于中国社会既无多大关系，于中国国民心理又无多大影响，我们不过据事直书，略微讲讲就够了。"[9]

1933年，为庆祝蔡元培六十五岁生日，胡适写了一篇很特别的文章祝寿，题为《陶弘景的真诰考》。之所以特别，在于这是一篇以道教为主题的文章，而早在1908年，十七岁的胡适便发表《论毁除神佛》对道佛进行批判，呼吁："第一，神佛一定要毁的；第二，僧道是一定要驱逐的。""僧道是一定要驱逐的，然而神佛没有毁去，那些僧道终究有个藏身之地，这便是藏垢纳污的害处。"[10] 以前彻底否定道教，后来为何又研究呢？在《真诰考》中，胡适先是盛赞陶弘景编撰《真诰》使用的方法十分科学，如"很可以吓倒人的精密的考订方

---

[9] 梁启超：《中国历史研究法 中国历史研究法补编》，中华书局，2015年，第382—384页。

[10] 此据姜义华主编：《胡适学术文集·哲学与文化》，中华书局，2001年，第367—369页。

法""何等谨严的校勘记""这都是最谨严的校勘方法"。然后话锋一转说，认为"用这样精密谨严的方法来编纂一部记天神仙女降授的语言"，"真不能不格外疑心他或者是一个'读书万余卷'的大傻子，或者是一个'好著述，尚奇异'的大骗子"，"他有心要把一大堆鬼话变成一部道教传经始末的要典，所以特别夸炫他的材料如何真实，方法如何谨严，这就是存心欺诈了"。接下来又论证《真诰》如何抄袭佛教《四十二章经》，断定陶氏"自抄，自阙，自校，自补，又自己作出那种故设迷阵的注语来欺一世与后世的读者！"文章最后由《真诰》祸及《道藏》，声称"其实整部《道藏》就是完全贼赃，偷这二十短章又何足惊怪！"胡适在文章开篇强调"这是我整理道藏的第一次尝试"，末尾又呼应道，"我所以详细叙述这二十章的窃案，只是要人看看那位当年'脱朝服挂神虎门'，'辞世绝俗'的第一流博学高士的行径也不过是如此而已"。[11]为了论证无研究价值而研究，这就是胡适作这篇特别文章的目的。

就是在这样的社会思想背景下，近代道教研究步履蹒跚地登上了历史舞台。通观整个民国时期，也即道教史学的早期阶段，道教史、化学史和道教外史是三种主要研究路径，并对后续阶段的研究产生了深远影响。

---

[11] 此据"中央"研究院历史语言研究所：《庆祝蔡元培先生六十五岁论文集》，1992年影印本，下册，第539—554页。

二　民国的三种研究路径

1. 道教史

清末时，偶有著述论及道教。譬如由儒入道的陈铭珪（道名教友，1824—1881）撰有《长春道教源流》八卷（后刊登在《亚洲学术杂志》第2—4期，1921—1922），专述全真道龙门派的历史，内容包括全真教总论、王重阳事迹汇纪、邱长春事迹汇纪、邱长春弟子纪略、邱长春再传弟子纪略、邱长春后全真法嗣纪略、辨证与杂钞等。如硕学通儒沈曾植（1850—1922），其《海日楼札丛》撰有有关道教札记近五十条，涉及道教经典、人物、门派、道术、事件等。再如刘师培（1884—1919），1910年旅居北京白云观期间曾借阅《道藏》，"日尽数十册。每毕一书，辄志其序、跋，撮其要旨。若鲜别刊，则嘱仆人迻录，略事考订"，撰成《读道藏记》，是为最早的道藏提要，考述道经三十七部，陆续发表在1911年《国粹学报》第75—77、79期。[12] 总体上看，这些著述采用的研究方法虽不外乎旧学范畴，但不乏新见地，乃现代道教史学研究的序曲。

最早撰写道教通论性著作的为四川奇才刘咸炘（1896—1932）。他虽然英年早逝，但学贯中西，身后留下八百余万

---

[12] 有学者注意到，《国粹学报》第79期《黄帝太乙八门入式诀》篇末有"未完"二字，可知刘师培所作提要原不止三十七篇。见刘师培：《读书随笔（外五种）》，万仕国点校，广陵书社，2016年，前言，第5页。

言的著作集《推十书》,《道教征略》便是其中之一。该书撰于1924年,分为三卷,上卷述道教学术源流和各派系传承及特点,余下两卷述历代道经目录及《道藏》分类等。不过该书只是一部未完稿,内容较为粗糙零乱,而且留有很多空行或空页没有来得及补充。据序言可知,刘咸炘没有通读《道藏》,"仅就所知见,旁考四库,爬梳大略","以史传校雠之法整理之"。[13]

1926年,商务印书馆出版陈彬龢译日本道教研究先驱小柳司气太《道教概说》一书(后多次再版)。1927年,中华书局又推出傅代言译本,书名为《道教源流》。小柳氏原书以其大学讲义为基础,撰成于1923年,为日本初期道教通史研究的代表作。书中内容分为道教起源、道教小史和道教神学及教理三篇,颇为简略。但正如序言所说:"道教为中国民族之一大宗教,然尚未有组织的说明者。本书……颇能概说其内容。唯因有他故,不能以《道藏》及《道藏辑要》为资料,诚为憾事。然本书庶几可补道教之阙漏欤。"该书的出版对国内道教史研究起到了重要促进作用。

1933年,傅勤家(商务印书馆傅运森之女)撰《道教史概论》由商务印书馆出版。该书框架尚可,但内容较《道教概说》更简略。1937年,傅氏在此前工作的基础上增补成《中国道教史》同由商务印书馆出版,成为民国最重要的道教通

---

[13] 此据上海科学技术出版社2010年版《道教征略(外14种)》。

史著作。尽管作者声称"道藏之书虽多，要皆空虚诞妄，等于无物，无从采择"，但在她之前毕竟有小柳氏著作、妻木直良《道教之研究》和常盘大定《道教发达史概说》等著述参考。不过，由于书中引述过多且处理不甚妥当，曾遭时人指摘。一则1939年的书评这样评价道："本书颇采用日人小柳司气太之说……惟著者有时不加辨别，以直引为能，殊难令读者惬意。""斥是书为杂抄，不为过苛也。"（《图书季刊》新1卷第3期）

1934年，另一种《道教史》同样由商务印书馆出版，其作者为著名学者许地山（1893—1941）。1922年，许地山曾在燕京大学任助教，讲授《中国古代宗教史》课程。1923—1926年，他先后到美国哥伦比亚大学和英国牛津大学接受正规宗教学训练，回国后继续进行宗教学的教学和研究。1927年，他在《燕京学报》第2期发表《道家思想与道教》一文，为其道教史研究的先声。据《道教史·弁言》介绍，该书"不能说是著作，只将前人及时人研究底结果总撮起来，做为大学参考底书。本分上下，上编述道家及预备道教底种种法术，下编述道教发展中教相与教理。全书创见极少，成见也无，不完不备"。从实际内容来看，这些话并非完全谦虚之辞。与傅勤家类似，许地山虽然研究道教史，却说"古初的道家是讲道理，后来的道教是讲迷信"（《绪说·四》）。尤其令人遗憾的是，1934年的版本只是上编"道家及预备道教底种种法术"部分，下编"道教发展中教相与教理"部分他没有写完就去世了，成为像胡适那样的"半部先生"。

除上述道教史著作外，还有一些专题论著也很重要，例如王国维《长春真人西游记校注》（最早为《蒙古史料校注》本，清华国学研究院1926年）、宋佩韦《东汉之宗教》（商务印书馆1930年初版，1934再版时改名为《东汉宗教史》）、王维诚《老子化胡说考论》（《国学季刊》1934年第4卷第2期）、汤用彤《读太平经书所见》（《国学季刊》1935年第5卷第1期）、陈垣《南宋初河北新道教考》（辅仁大学1941年）、吕思勉《道教起原杂考》（《齐鲁学报》1941年第2期）、王明《论〈太平经钞〉甲部之伪》（1947年《史语所集刊》第18本）等等，不烦详述。

需要注意的是，早期研究者对《道藏》资料的利用很不充分，这对道教史研究带来严重影响。那些声称《道藏》无价值的言论，其实很大程度上是因为没有通读过。之所以造成这种状况，除上述大环境影响外，也有《道藏》自身的原因。如同佛藏一样，道藏在历史上也曾多次撰修，但民国时保存下来的只有明《道藏》一种，珍稀难见，像刘师培也只是在全真道祖庭白云观中才有幸得以阅览。为解决这一困难，1923—1926年间，一批学界政界名流联合发起重印《道藏》的活动，由上海涵芬楼缩小影印北京白云观藏《道藏》，改经折装为线装本，印行350部，每部1120册，为研究者提供了很大便利。不过，解决无书可读的困难只是第一步，更大的困难是《道藏》难读，正如罗常培所言："卷帙浩繁，儒者畏难，羽士鲜学。

虽或撷其古本诸子，据以校勘；而于道经科条，道教宗派，鲜能挈其纲维，穷源竟委。至于摭拾日人余绪，移译成书，疏舛百出，尤难凭依。"（《道藏源流考序》）这种窘况直到1949年陈国符《道藏源流考》面世后才得以改观。

在《道藏源流考》之前，尚有曲继皋《道藏考略》值得重视。民国时青岛崂山太清宫保存有一部《道藏》（今存青岛市博物馆）。1931年，国立青岛大学（1932年改国立山东大学）试图收藏之，未果。但该校图书馆工作人员曲继皋（曲培谟，新中国成立后任山东农学院图书馆馆长）曾与顾颉刚一起赴太清宫阅览部分藏经，曲氏后来撰成《道藏考略》一文，1935—1936年间陆续刊登在《国立山东大学周刊》副刊《图书馆增刊》上。[14] 该文凡一万七千言，包括绪言、《道藏》之组织、《道藏》之分类、《道藏》之厄运、《化胡经》被禁之原因、《道藏》之书目、《道藏》之存放和结论八部分，对《道藏》多方面做了开创性研究，是《道藏》研究的先声。

1942年，陈国符在德国取得化学博士学位旋即回国，任教于昆明西南联大化工系。当他在北京大学文科研究所见到《道藏》时异常高兴，因为在德时他已着手进行研究，此后更是沉醉其中，兼顾化工与《道藏》研究，在两个领域都取得巨大成

---

[14] 以上内容据《道藏考略》。《道藏要籍选刊》第十册收录此书。但《道藏考略》中记载的读《道藏》时间在1932年5月23日晚，而顾颉刚日记的记载是在1931年5月23日晚，前者当误。《顾颉刚日记》，中华书局，2011年，卷二，第530页。

就（他既是我国纤维素化学的奠基人和著名教育家，又是《道藏》研究的巨擘）。花费数年时间通览《道藏》后，陈国符最终撰成《道藏源流考》一书，经罗常培推荐，1949年由中华书局出版。该书考证极具功底，内容上全面超越《道藏考略》，对《道藏》三洞四辅经的渊源及传授、历代道书目录及道藏之纂修与镂板进行了系统考证梳理，一举奠定了此后道教研究的基础。此书出版后成为经典，为陈氏赢得世界性声誉。1968年，第一届国际道教会议在意大利召开。由于反响很大，拟在日本召开的第二届会议很快开始筹备。由于第一次中国学者缺席，国际同行们深感遗憾——毕竟道教是中国的——于是组织者先后两次致函时任中国科学院院长的郭沫若，试图邀请陈国符参会。尽管最终没有成功，但陈国符的国际学术声誉由此可见一斑。

2. 化学史

化学史视角的道教研究出现相当早，肇始者是西方传教士学者。明清时期，西方来华传教士在输入西方文化的同时，部分人也颇为注意研究中国本土文化。通过传教士这个枢纽，西方学术界对道教有了初步认识。由于炼金术与近代化学的产生具有密切关系，道教炼丹术引起西方人注意也就不难理解了。

据说最早有关中国炼丹术的研究为克拉普罗特（H. J. Klaproth）于1810年发表在《彼得堡科学院院刊》上的《第八世纪时中国人的化学知识》，讨论了唐朝一部叫《平龙认》

的与炼丹术有关的书。[15] 其后有来华传教士开始关注炼丹术，如美国传教士丁韪良（William Martin, 1827—1916）是一位中国通，他在中国生活了六十二年，曾任同文馆和京师大学堂的西学总教习。其《汉学菁华》（The Lore of Cathay, New York, Chicago, Toronto: Fleming H. Revell Company, 1901）第一卷讨论中国古代科技，其中第三章标题为"中国的炼丹术：化学的起源"，不仅认为道教追求不朽的欲望促使其发现植物学、矿物学和地理学三大科学领域，更主张道教炼丹术出现最早并传至西方。[16] 随后英国学者翟理斯（Herbert A. Giles）《中国与中国人》（China and The Chinese, New York: The Columbia Press, 1902）则认为中国炼丹术是由希腊经过大夏传入的。对此，美国加利福尼亚大学约翰生（Obed Simon Johnson）在其 1925 年完成的博士论文《中国炼丹术考》（A Study of Chinese Alchemy，商务印书馆 1928 年英文版，1937 年中文版）中予以反驳，极力论证欧洲炼金术是受中国炼丹术的影响，并且认为炼丹术在中国古代医学与化学工艺上具有重要地位。

西方对道教炼丹化学内容的关注最先影响到在国外学习化学的中国留学生，如王琎（1888—1966）、曹元宇（1898—

---

[15] 袁翰青：《中国化学史论文集》，生活·读书·新知三联书店，1956 年，第 27 页。

[16] 此据〔美〕丁韪良：《汉学菁华：中国人的精神世界及其影响力》，沈弘等译，世界图书出版公司，2010 年，第 20—40 页。

1988）等。二十世纪初期，这批人成为中国化学史的开拓者，并且普遍重视道教炼丹术的化学史价值。1920 年，《科学》第 5 卷第 6、7 期连续刊出王琎《中国古代金属原质之化学》和《中国古代金属化合物之化学》两文，从金属化学角度对炼丹术进行探讨。前者认为，"儒家为中国学术之渊薮，于天然学既不注意若此，宜中国科学之不振也。道家研究天然现象较儒家为勤，故于化学方面亦略有发明"。后者强调道教点金术对金属化学的重要贡献，称赞"多数道家，其研究金石，实具有一种科学的精神，而非全为长生术所迷者"。[17]1933 年，《科学》第 11 卷第 1 期刊登曹元宇《中国古代金丹家的设备和方法》，以约二十种炼丹文献为基础考察炼丹的诸种操作及设备。1935 年，《学艺》第 14 卷第 2、3 号连刊曹氏《葛洪以前之金丹史略》，介绍炼丹术的起源和早期发展史。文章首先论证金丹术在学术史上的重要性，认为中国金丹术和西方点金术颇多类似，只是始终不能脱离迷信范围，最后没有发展出科学。"近来评论家常鄙视排辟其术，以为是真正学术的障碍。其实我国不产生科学的原因，并不只此。况且金丹术经了许多人千余年的努力，成绩已自可观。在中国化学史上，确能占得重要地位了。今日的化学家不应鄙视金丹术。正如不应鄙视点金术一样啊。"从这里可以看出，当时化学史家对知识界讨伐道教

---

[17] 此据王琎等：《中国古代金属化学及金丹术》，中国科学图书仪器公司，1955 年，第 1、12 页。

的状况很熟悉，但并没有随波逐流，而是尽量客观地对待研究对象，这是有别于当时大多数人文学者的宝贵科学态度。

事实表明，道教的化学史研究对其他领域的认识起到正面引导作用。如孙中山早在1919年就认识到道教炼丹术对化学的重要意义："然为化学之元祖者，即道家之烧炼术也。古人欲得不死之药，于是方士创烧炼之术以求之。虽不死之药不能骤得，而种种之化学工业则由之以兴，如制造朱砂、火药、瓷器、豆腐等事业其最著者；其他之工业，与化学有关系，由烧炼之术而致者，不可胜数也。"[18] 再如曲继皋在《道藏考略》中说他为何要研究《道藏》时，特别提到其中科学内容的重要时代意义："《道藏》虽觉荒诞无稽，而半切于实用。故不营其起身微贱，为方士所假托，仍历数千年，尚能与佛藏巍然并存者，未尝不是赖有此耳。《道藏》里面的烧铅炼汞，医药，技击，无往而不是科学，就是从前方士所玩的那一些把戏，也逐渐可以拿科学来证明的。处此提倡科学救国的时期，觉得研究《道藏》，似乎比佛藏还重要些。"

民国后期，相关化学史研究继续推进，出现如劳干《中国丹砂之运用及其推演》(《历史语言研究所集刊》第7卷第4期，1938年)、薛愚《道家仙药之化学观》(《学思》第1卷第5期，1942年)、黄素封《我国炼丹术考证》(《中华医学杂志》

---

[18] 孙中山：《孙文学说》，上海华强书局。此据孙中山：《建国方略》，中国长安出版社，2011年，第32页。

第 31 期，1945 年）等相关成果。尤应注意的是，这一时期国外学术界延续了对这一领域的热情，而且因为有中国留学生的参与，这项工作得以成为中外合作研究的范例。如美国麻省理工化学家戴维斯（T. L. Davis）在三四十年代与陈国符等几位中国留学生合作，陆续翻译了《周易参同契》《抱朴子内篇》《悟真篇》《金丹正理大全》等炼丹文献，并对一些问题进行了初步讨论。[19]

上述研究在当时看似稀松平常，波澜不惊，其真实影响在多年后渐渐显露时，世人始识其巨大而深刻。英国著名科学史家李约瑟（Joseph Needham）就是这种影响下的杰出代表，他又进一步对新时期的道教科技史研究起到巨大推动作用，当然此是后话。

3. 道教外史

早期阶段，道教的通史和化学史研究虽然是史学的一部分，但与传统史学的聚焦范畴不合，又很少涉及一般史学问题，故被当时大多数历史学家置于视野之外。以梁启超为例，他在清华大学讲授中国历史研究法时，极力反对将道教纳入中国史领域，"道教是一面抄袭老子、庄子的教理，一面采佛教的形式及其皮毛，凑合起来的。做中国史，把道教叙述上去，可以说是大羞耻。他们所做的事，对于民族毫无利益；而且以

---

[19] 参见袁翰青：《中国化学史论文集》，第 29 页。

左道惑众，扰乱治安，历代不绝"。[20] 当然，仍有少数史学家能够意识到道教的重要性。曲继皋在《道藏考略》中曾呼吁顾颉刚"能挪出点功夫来谈《道藏》",尽管顾颉刚后来并没有道教研究之作，但他当时之所以愿意去太清宫，与他早先对《道藏》的认识有关。1926年，在《古史辨》第一册《自序》中他写道："一部《道藏》，用实用的眼光看固然十之八九都是荒谬话，但若拿它作研究时，便是一个无尽的宝藏；我们如果要知道我们民族的信仰与思想，这种书比了儒学正统的《十三经》重要得多。"[21] 能够从不同视角出发肯定《道藏》的重要性，对史学而言无疑具有积极意义。早先钱大昕基于对西域地理的重视从《道藏》中抄出《长春真人西游记》，而后王国维、张星烺等对其进行校注，均为这方面的表率。不过，民国时真正将道教与传统史学研究有机结合并取得巨大成绩的是大史学家陈寅恪（1890—1969）。

1933年，胡适完成《陶弘景的真诰考》十九天后，陈寅恪转告他，早在宋代朱熹便已发现《真诰》有抄袭《四十二章经》之处。同年，陈寅恪在《史语所集刊》第3本第4分发表《天师道与滨海地域之关系》长篇论文，大量引用《真诰》等《道藏》资料与正史记载相印证。此后十余年内，他相继发表《魏书司马睿传江东民族条释证及推论》（1944年《史语所集

---

[20] 梁启超:《中国历史研究法　中国历史研究法补编》, 第384页。
[21] 顾颉刚编著:《古史辨》第一册, 海南出版社, 2005年, 自序, 第40页。

刊》第 11 本第 1 分)、《陶渊明的思想与魏晋清谈之关系》(哈佛燕京学社 1945 年)、《崔浩与寇谦之》(载 1950 年《岭南学报》第 11 卷第 1 期,为方便起见放在这里一起讨论)等与道教主题或与道教密切相关的论文。此外,《冯友兰中国哲学史下册审查报告》(载冯友兰《中国哲学史》,商务印书馆 1934 年)和《陈垣明季滇黔佛教考序》(陈垣《明季滇黔佛教考》,北平辅仁大学 1940 年)中也有关于道教的重要论述。[22] 通过以上作品,陈寅恪开辟出早期道教研究的第三种路径。王承文曾撰文《陈寅恪的道教史研究论略》,是笔者所知目前唯一介绍陈寅恪道教研究的专论。[23] 笔者不敢掠美,尽量略其所详,详其所略。

如前所言,民国学人对道教多加鞭挞,陈寅恪在这方面则未见明显指责。他曾在《天师道与滨海地域之关系》中说道,两晋南北朝士大夫表面遵名教论自然,但细考其安身立命的秘密,"实为惑世诬民之鬼道,良可慨矣。凡前所举此时期宫廷政治之遽变多出于天师道之阴谋,考史者自不可得而忽视。"[24] 此处"惑世诬民""阴谋"或可表明其本人对道教的批评态度。不过,这个问题与本节主旨无关紧要,我们关注的是他在学术

---

[22] 以上论文收入《金明馆丛稿初编》,审查报告和书序收入《金明馆丛稿二编》。以下引用均据此二书。
[23] 王承文:《陈寅恪的道教史研究论略》,载胡守为主编:《陈寅恪与二十世纪中国学术》,浙江人民出版社,2000 年,第 407—433 页。
[24]《金明馆丛稿初编》,第 44—45 页。

上如何对待道教。《天师道与滨海地域之关系》和《冯友兰中国哲学史下册审查报告》两篇文章表明，至迟到二十世纪三十年代初，陈寅恪对道教在史学上的重要性已形成系统而深刻的认识，并付诸实践。这里需要首先说明，如果将道教史分为内史和外史，内史关注教内之历史，外史着眼教内外之关系，毫无疑问，上文介绍的道教研究均为内史，而陈寅恪所关注的却是外史。1941年，许地山卒于香港大学，陈寅恪悼念之余曾说："寅恪昔年略治佛道之学，然于道教仅取以供史学之补证，于佛教亦止比较原文与诸译本字句之异同。至于微言大义之所在，则未能言之也。后读许地山先生所著佛道二教史论文，于教义本体有精深之评述，心服之余，弥用自愧。遂捐弃故技，不复谈此事矣。"[25] 王承文引述此段文字，指出陈寅恪的"关注重点并非道教'本体教义'，而是道教与政治社会的密切关系"，评论切中肯綮。仅仅通过数篇论文，陈寅恪的道教研究在学术界异军突起，深入触及多个重要史学领域，开拓了很多重大史学问题，以下略作解释。

　　首先是政治社会史领域。通观中国古史，道教从汉代兴起到唐代鼎盛，整个中古是其生命力和创造力最旺盛的时期，对政治社会很多方面影响深广。但以宋代为分水岭，道教转为衰退，不仅影响力渐趋枯竭，社会声誉也每况愈下，直至近代遭

---

[25] 蒋天枢：《陈寅恪先生编年事辑》（增订本），上海古籍出版社，1997年，第128页。

遇"剿灭"之灾。与道教颓势恰相反，宋代是中国史学发达时期，迄至清代又出现乾嘉之学，这导致传统史学家们对日薄西山的道教无不鄙夷漠视，道教研究遂成空白，即陈寅恪所谓"中国乙部之中，几无完善之宗教史"。这一学术空白为陈寅恪清醒认识，遂结合其政治社会史研究加以开拓，撰写了多篇代表性论文。如《天师道与滨海地域之关系》以天师道为线索，将中古三百年间一系列重大政治社会问题串联在一起，起到一把钥匙解决系列问题的良好效果："若通计先后三百余年间之史实，自后汉顺帝之时，迄于北魏太武刘宋文帝之世，凡天师道与政治社会有关者，如汉末黄巾米贼之起原，西晋赵王伦之废立，东晋孙恩之作乱，北魏太武之崇道，刘宋二凶之弑逆，以及东西晋、南北朝人士所以奉道之故等，悉用滨海地域一贯之观念以为解释者，则尚未之见。"[26] 文中还留下天师道与前蜀的建国、西汉赤眉与天师道祖先的关系两个问题待解，期间还旁涉六朝人姓名、鹅与服丹石的关系、天师道与竹的关系等社会文化问题。《崔浩与寇谦之》则通过天师道揭示出崔浩和寇谦之结合的原因，进而对崔氏政治行为的性质和目的做了深刻解剖。

第二是思想史领域。陈寅恪最先在《冯友兰中国哲学史下册审查报告》中概述了他关于道教对中古思想史研究具有重大意义的观点。这篇文章虽然很短，但可谓字字珠玑。冯友兰两卷本《中国哲学史》是第一部完整的现代中国哲学史著

---

[26]《金明馆丛稿初编》，第1页。

作，学术价值自不待言。但陈寅恪在高度评价该书的同时，暗示它忽视了非常关键的道教内容。他说："新儒家之产生，关于道教之方面，如新安之学说，其所受影响甚深且远，自来述之者，皆无惬意之作。近日常盘大定推论儒道之关系，所说甚繁，仍多未能解决之问题。盖道藏之秘籍，迄今无专治之人，而晋南北朝隋唐五代数百年间，道教变迁传衍之始末及其与儒佛二家互相关系之事实，尚有待于研究。此则吾国思想史上前修所遗之缺憾，更有俟于后贤之追补者也。""二千年来华夏民族所受儒家学说之影响，最深最钜者，实在制度法律公私生活之方面，而关于学说思想之方面，或转有不如佛道二教者。""六朝以后之道教，包罗至广，演变至繁，不似儒教之偏重政治社会制度，故思想上尤易融贯吸收。凡新儒家之学说，似无不有道教，或与道教有关之佛教为之先导。"[27] 陈寅恪后来将这种认识付诸史学研究，先是在《魏书司马睿传江东民族条释证及推论》中考证了陶渊明的血统及其家世的天师道背景，继而在《陶渊明之思想与清谈之关系》中揭示出陶渊明的思想本质，是为"外儒而内道，舍释迦而宗天师"。他又推而广之地强调，"研究当时士大夫之言行出处者，必以详知其家世之姻族连系及宗教信仰二事为先决条件，此为治史者之常识"。[28] 早先梁启超在《历史研究法补编》中曾专门介绍思

---

[27]《金明馆丛稿二编》，第 282—284 页。
[28]《金明馆丛稿初编》，第 227—228 页。

想史的研究，但其所谓"道术史"只包括先秦宋明主系思想和六朝隋唐佛学旁系思想，毫无道教的身影。[29] 相较之下，更可看出陈寅恪在这个问题上的史识。

其余领域有中外文化交流及佛道关系史、医学史、书法史等，这里一起扼要介绍。《天师道与滨海地域之关系》两次提到滨海仙道信仰可能与外来文化影响有关，以及北斗延命道术间接传自印度的可能性。《崔浩与寇谦之》则论及寇谦之如何吸收佛教天算医学及戒律等以清整道教。又《天师道与滨海地域之关系》梳理了"天师道世家皆通医药之术"的史实，揭示出古代道教与医学密不可分的关系。此外还专门论述了天师道和书法的关系等。《崔浩与寇谦之》也提到北朝天师道与书法的关系。这些问题虽然是兼及讨论，但都是原创性的重要问题，在日后都形成单独的研究领域。

最后是研究方法。王承文将陈寅恪关于道教研究的方法总结为教内典籍与教外典籍相结合、于史实中求史识两方面。笔者再强调一点，即陈寅恪对《道藏》的重视。上文谈到当时即便是道教史研究者也对《道藏》置之不理，更遑论胡适这样持极端态度的大有人在。然而陈寅恪却不在乎《道藏》多么"空虚诞妄"，在《天师道与滨海地域之关系》中大量征引《真诰》中的"鬼话"作为论据。注文表明，他使用的《道藏》为出版仅数年的涵芬楼重印本，充分表明他对新材料的重视和利用同

---

[29] 梁启超：《中国历史研究法　中国历史研究法补编》，第 388—396 页。

样体现在道教研究上。

当然，陈寅恪的道教研究并非无可指摘，例如其"天师道"概念不严谨，实际指称全部道教，以致后来引起争论。但瑕不掩瑜，他提出的问题不仅发人深省，而且最可贵之处不在于结论，而是开辟了广阔的研究空间。王承文试图探寻陈寅恪这方面的思想源出，如王国维、沈曾植以及国外汉学家等。这些因素无疑会促进陈寅恪思想的形成，但从学术理路和认识水平来看，这完全属于他的原创思想。在《陶渊明之思想与清谈之关系》结尾处，陈寅恪称赞陶渊明"就其旧义革新，'孤明先发'而论，实为吾国中古时代之大思想家，岂仅文学品节居古今之第一流"。陈寅恪关于道教的研究几乎都是"孤明先发"。借助于这方面的慧眼，他发古人之所未发，察时贤之所未备（如《冯友兰中国哲学史下册审查报告》对冯友兰的委婉批评，《陶渊明之思想与清谈之关系》对梁启超主观判断陶渊明思想的否定，《崔浩与寇谦之》纠正钱大昕、王鸣盛等对六朝名讳的错误认识，以及间接批评胡适完全否定《真诰》等）。总而言之，陈寅恪道教研究的深邃洞察力以及取得的成就完全超越了那个时代，这是他汲取传统学术精华，并密切关注世界学术潮流的结果。陈寅恪的道教外史研究实质不在道教学，而是在史学。

三　新中国初期的激情与低潮

新中国成立后至改革开放前是道教史学发展的第二阶段。

这一时期的道教研究总体发展不畅，呈现出不均衡态势，可以概括为两类激情和一段停滞。第一类激情出现在化学史领域。受增强民族自信心和爱国主义教育的强烈影响，炼丹化学在延续早期阶段研究特点的基础上加速发展，并取得一批重要学术成果。第二类激情出现在农民战争史领域，研究者对早期道教表现出异常兴趣，取得了一些成绩。一段停滞指道教内史研究几乎完全停滞。

1. 化学史的突进

二十世纪五六十年代，由于爱国主义教育等因素影响，古代科技史研究热情高涨，带动道教炼丹化学的探索迅速发展，代表学者如陈国符、袁翰青、张子高、冯家昇等。陈国符撰成《道藏源流考》后注意力逐渐转到炼丹化学研究，这一时期发表有《中国外丹黄白术史略》(《化学通报》1954 年第 12 期)、《说〈周易参同契〉》(《天津大学学报》1957 年第 6 期)以及《中国外丹黄白术考论略稿》(《道藏源流考》1963 年增订版附录五)等。袁翰青相继发表《推进了炼丹术的葛洪和他的著作》(《化学通报》1954 年第 5 期)、《从道藏里的几种书看我国的炼丹术》(《化学通报》1954 年第 7 期)、《周易参同契——世界炼丹史上最古的著作》(《化学通报》1954 年第 8 期)等（后收入其《中国化学史论文集》）。张子高著有《中国化学史稿（古代之部）》(科学出版社 1964 年)，对炼丹化学史提出了不少创见。冯家昇著有《火药的发明和西传》(华东人民出版社1954年)、《火药的由来及其传入欧洲的经过》(载《中国科学技术发明和科学技术人物论集》,生活·读书·新知三联书店1955年)等,论证火药的发明、发展及传入欧洲的经过,其"炼丹家发明了火药"的论断有力肯定了道教对古代科技的重要贡献。

其他成果还有很多,如朱晟《医学上的丹剂和炼丹的历史》(《中国医学杂志》1956年第6期)与《我国人民用水银的历史》(《化学通报》1957年第4期)、俞真初《祖国炼丹术与制药化学的发展》(《浙江中医杂志》1957年第8期)、孟乃昌《〈周易参同契〉及其中的化学知识》(《化学通报》1958年第7期)与《关于中国炼丹术中硝酸的应用》(《科学史集刊》1966年总第9期)、谢海洲等《有关汞及其炼丹的历史》(《哈尔滨中医》1963年第3期)、王奎克《中国炼丹术中的"金液"和华池》(《科学史集刊》1964年总第7期)等,不再赘述。

2. 农民战争史与道教

当时非常热闹的史学理论研究领域有五个问题关注度最高,引起社会性大讨论,即中国古史分期、资本主义萌芽、封建社会农民战争、封建土地所有制和汉民族的形成等,被誉为史学界的"五朵金花"。五个问题中封建社会农民战争研究与宗教具有密切关系,因此在这方面宗教具有了重要史学意义。由于汉魏两晋南北朝是整个封建时代农民起义的初始阶段,而道教与数次重要起义关系密切,由此得到重点关注。

汉代道教方面，孙祚民《中国农民战争和宗教的关系》（《历史研究》1956年第5期）认为东汉五斗米道和太平道起义是"中国历史上农民大起义大规模与宗教会门相结合的开始"。在这种几乎是共识观念的推动下，《太平经》及东汉道教活动成为讨论的焦点，出现杨宽《论〈太平经〉——我国第一部农民革命的理论著作》（《学术月刊》1959年第9期）、戎笙《试论"太平经"》（《历史研究》1959年第11期）、熊德基《〈太平经〉的作者和思想及其与黄巾和天师道的关系》（《历史研究》1962年第4期）、喻松青《道教的起源和形成》（《历史研究》1963年第5期）等系列论著，《历史研究》连续刊发专题论文尤具风向标意义。在这种热潮中，1960年中华书局出版了由王明整理的《太平经合校》。此书原稿出自民国时期，但新中国成立后重新整理出版具有完全不同的意义，正如《前言》所说："全书的大义代表中国道教初期的经典。值得注意的是，其中有朴素唯物主义观点和辩证法因素，又有反对剥削阶级聚敛财货等思想。"作者严格遵循学术研究方法，使得该书成为早期道教研究的经典作品。

魏晋南北朝道教研究具有同样特点。如汤用彤和汤一介《寇谦之的著作与思想——道教史杂论之一》（《历史研究》1961年第5期）、汤用彤《读道藏札记》（《历史研究》1964年第3期）、杨向奎《论葛洪》（《文史哲》1961年第1期）、王明《试论〈阴符经〉及其唯物主义思想》（《哲学研究》1962年第5期）等。

上述类型的道教研究虽然也有对道教历史、人物、教派或经典的专门讨论，但更主要的是关注道教和农民战争的关系，其主旨明显不在教内史，因此整体上可将其归为外史范畴。然而，这类道教史学与陈寅恪时代又有不同，它尽管成为史学的重要论题，但只是研究农民战争史不得不面对的问题。

3. 道教史的停滞

相比以上两种研究路径，纯粹的道教史或谓道教内史研究在这一时期几乎陷于停滞，没有出现任何新的道教通史、断代史或教派史专著。唯一值得提及的亮点有两个。一是 1963 年中华书局出版陈国符《道藏源流考》增订版，除修订原稿外，又增加《道乐考略稿》《南北朝天师道考长编》《中国外丹黄白术考论略稿》《说周易参同契与内丹外丹》四篇附录。这个版本迄今已流行半个多世纪。二是第一个道教研究的专门机构——中国道教协会研究室于 1961 年建立，由著名道教人士陈撄宁（1880—1969）担任主任。早在民国时期，陈撄宁便利用《扬善半月刊》《仙道月报》等大力提倡"仙学"。研究室成立后，在道教史研究方面做了很多工作，并于 1962 年创刊道教内部刊物《道协会刊》，可惜仅出四期便停刊。

四　改革开放后的多元化发展

民国时期的道教研究与国外相比并不逊色，甚至有超越之处。但第二阶段当我们处于徘徊停滞状态时，欧洲与日本的道教研究开始发力，进展迅速，优秀成果迭出。于是当改革开放国门初开时，我们立即面临两个方面的严峻局面。一是道教研究中心在欧洲和日本，相比之下国内研究水平的差距相当大；二是道教研究进行了半个多世纪，始终没有形成一个固定学科，研究人员多为其他专业兼及。令人欣慰的是，借助于大环境的改善，国内道教研究逐渐进入正规化、专业化发展轨道，而且这种进步是全方位的。例如在研究机构和人才培养方面，1979年中国社会科学院世界宗教研究所建立了道教研究室，1980年四川大学建立以道教研究为主的宗教学研究所。八十年代后，很多大学和省级社科院相继建立了宗教研究机构、宗教学专业或者宗教系。在学术期刊方面，1979年《世界宗教研究》创刊，成为包括道教学在内的宗教学领域最重要的刊物。《宗教学研究》1982年创刊，1985年起公开发行，是以道教研究为特色的重要刊物。此外中国道教协会于1989年建立了道教文化研究所，第二年又创办中国道教学院，以提高道教内部的学术研究和人才培养水平。以上所有工作的推进，使得道教的学术研究、教育体系和人才培养体系渐趋完备，并逐步实现良性循环，为道教研究的快速健康发展奠定了坚实基础。

通观改革开放后至今的四十年间，道教研究的发展趋势有两个大方向。第一是建制化和专业化。以往分散的研究力量逐渐汇入高校或专门科研机构的哲学或宗教学以及科技史和历史学等专业，形成一支较为稳定的研究队伍。这种学院化建制化的变化，自然形成研究的专业化特点。第二是多元化。在主流专业领域外，其他一些专业如医学史、文学史、艺术史等也开始重视道教研究，由此进一步带动研究视角和研究方法多元化。进入新世纪以来，这种多元化趋势尤其明显。当然，专业领域的多元化同时也带来一些不利影响，譬如若缺乏沟通，容易形成学科壁垒等。不过总而言之，在上述有利背景的推动下，这一阶段的道教研究可谓遍地开花，硕果累累，限于篇幅，以下只能以少数成果作为例证从宏观角度概略述之。

1. 文献整理的进步

1988年，由文物出版社、上海书店和天津古籍出版社联合影印明代《道藏》，以上海涵芬楼版《道藏》为底本，据原上海白云观藏本补足残缺（共计补缺一千七百余行，纠正错简十七处，描补缺损字五百余个），并附明白云霁《道藏目录详注》四卷，编为16开本共36册。该套书为广大研究者提供了极大便利。1992—1994年，巴蜀书社出版由胡道静、陈耀庭等主编的《藏外道书》36册，其中包括《道藏》失收道书、后出道书以及藏内道书异本共1 016种，为研究明清及近代道教提供了大量珍贵典籍。2004年，华夏出版社出版由张继禹主编的《中华道藏》，除《道藏》外还增收部分敦煌道经，最大特点是进行全文标点，当然水平参差不齐。以上三种丛书是这一阶段最重要、使用最广泛的道藏。

结合道藏文献，学界先后编撰多种道教辞典和书目提要等工具书。辞典如闵智亭、李养正主编《道教大辞典》（华夏出版社1994年）、黄海德和李刚编《简明道教辞典》（四川大学出版社1991年）、胡孚琛主编《中华道教大辞典》（中国社会科学出版社1995年）等。书目提要如任继愈主编《道藏提要》（中国社会科学出版社1991年）、朱越利《道藏分类解题》（华夏出版社1996年）、潘雨廷《道藏书目提要》（上海古籍出版社2003年）等。另外朱越利撰《道经总论》（辽宁教育出版社1991年）与其主编《道藏说略》（北京燕山出版社2009年）等都是代表性作品。

道教金石资料方面，1988年文物出版社出版由陈垣编纂的《道家金石略》。该书原稿出于民国时期，共收文约一千五百篇，百余万字，收录大量珍贵资料，可一定程度补充《道藏》的不足，是目前最重要的道教金石资料集。不过，现存道教金石资料实际上浩如烟海，长期不被重视。陈垣之后，直到最近数年才有新进展出现。例如龙显昭、黄海德主编《巴蜀道教碑文集成》（四川大学出版社1997年），王宗昱编《金元全真教石刻新编》（北京大学出版社2005年），吴亚魁编《江南道教碑记资料集》（上海辞书出版社2008年），赵卫东主编《山东道教碑刻集》之青州昌乐卷、临朐卷和博山卷（齐鲁书社2010年、2011年、2013年），萧霁虹主编《云南道教碑刻辑录》（中国社会科学出版社2013年），黎志添与李静《广州府道教庙宇碑刻集释》（中华书局2013年）等等。姜生先生对山东道教碑刻摩崖建筑等地面遗存资料做过全面拓录，可惜尚未整理出版。另外，地方志也是一个被长期忽视的巨型资料库，何建明主编《中国地方志佛道教文献汇纂》（国家图书馆出版社2012年）首次对包括港澳台在内的全国各地所藏地方志中的佛道教资料进行了选编和整理，分成寺观卷、人物卷和诗文碑刻卷出版，全书达1039册之多。

道经整理研究方面，出现一批重要成果，如王明《抱朴子内篇校释》（中华书局1980年）及《无能子校注》（中华书局1981年）、饶宗颐《老子想尔注校证》（上海古籍出版社1991年）、杨明照《抱朴子外篇校笺》（上下，中华书局1991年、1997年）等。尤其是中华书局1988年推出《道教典籍选刊》，目前已出29种，包括《云笈七签》《神仙传校释》《真诰》《登真隐诀辑校》《黄帝九鼎神丹经诀校释》《无上秘要》等重要文献。另外，古灵宝经研究的推进值得注意，代表作有王承文《敦煌古灵宝经与晋唐道教》（中华书局2002年）与《汉晋道教仪式与古灵宝经研究》（中国社会科学出版社2017年）、刘屹《六朝道教古灵宝经的历史学研究》（上海古籍出版社2018年）等。

作为道教研究最基础性的工作，文献整理虽然取得上述巨大进步，不过总体仍然十分薄弱。就《道藏》研究而言，陈国符《道藏源流考》继1949年首版、1963年增订版，2012年又出第三版，七十年后仍未出现同类题材著作。历代道藏包括明藏的编撰，很多问题一直悬而未解。就道经整理而言，长期停滞不前，近些年像《道教典籍选刊》出版速度加快，但距初步拟目84种仍差距很大。总之，道教文献整理研究工作任重而道远，作为瓶颈问题仍将长期存在。

2. 道教史的丰富

在前两个阶段，道教史研究视角实际上比较单调。到了新时期，研究出现突飞猛进的发展，除通史系原有写作模式外，各种断代史、教派史、区域史、思想史以及其他专史等不断涌现，呈蔚为大观之势。

民国的道教史多数为通史，且写作水平较为初步。新时期道教研究恢复之初，编撰道教通史的工作立刻提上议事日程。经过多年努力，出现两部新代表作，即任继愈先生主编《中国道教史》（上海人民出版社1990年）和卿希泰先生主编四卷本《中国道教史》（四川人民出版社1988年、1992年、1993年、1995年分册出版）。这两套书都是以《道藏》为基础撰写的真正意义上的道教通史，虽然为集体撰写，但不乏新意，为新时期的道教研究奠定了重要基础。此外，牟钟鉴等编写《道教通论——兼论道家学说》（齐鲁书社1991年）、胡孚琛与吕锡琛合著《道学通论——道家·道教·仙学》（社会科学文献出版社1999年）等也各有特色。

断代史、教派史和区域史在第一阶段已成雏形，像陈垣《南宋初河北新道教考》更是综合三种模式的经典之作。进入新时期，三种专题研究各自得以深入发展。断代史前期有汤一介《魏晋南北朝时期的道教》（陕西师范大学出版社1988年）和胡孚琛《魏晋神仙道教》（人民出版社1989年）两种重要作品。近期则有葛兆光《屈服史及其他——六朝隋唐道教的思想史研究》（生活·读书·新知三联书店2003年）和刘屹《敬天与崇道——中古经教道教形成的思想史背景》（中华书局2005年）等，二者均以历史学方法从思想史角度考察道教，重视宏观历史背景，突破了以往道教史的写作模式。教派史大概受道教现状的影响，以全真道研究最为丰富，涉及教派发展、人物及其思想、宫观等很多方面。最近张广保出版《全真教的创立与历史传承》（中华书局2015年）一书，其导言《中国全真教研究一百二十八年（1879—2007）》介绍了百余年来全真道研究的学术概况。其他派别也有重要进展。以净明道为例，郭武发表了一系列论著，尤以《〈净明忠孝全书〉研究——以宋、元社会为背景的考察》（中国社会科学出版社2005年）为代表作。区域史在最近十多年来得到广泛关注，出现很多专著，譬如郭武《道教与云南文化——道教在云南的传播、演变及影响》（云南大学出版社2000年）、任颖卮《崂山道教史》（中央编译出版社2009年）、任林豪等《台州道教考》（中国社会科学出版社2009年）、孔令宏等《江西道教史》（中华书局2011年）与《浙江道教史》（中国社会科学出版社2015年）、樊光春《西北道教史》（商务印书馆2010年）、孙亦平《东亚道教研究》（人民出版社2014年）等。不过就整体水平而言，道教区域研究还需更多地借鉴吸收成熟的区域史和社会史的研究方法。

道教思想方面，通论性研究的主要代表为卿希泰先生。他早期主编《中国道教思想史纲》，第一、二卷由四川人民出版社分别于 1980 年和 1985 年出版。后来又主编四卷本《中国道教思想史》（人民出版社 2009 年），共 236 万字，众多学者参与撰写，为目前道教思想通史研究最重要的作品。与道教史研究稍有不同，道教思想研究需要借鉴使用其他一些成熟学科如哲学、宗教学、伦理学等研究方法，因此在通论著作之外开拓出多种分支，在二十世纪九十年代后逐渐形成一些较为稳定的研究方向，如道教哲学、内丹学、道教伦理学等。道教哲学史是道教思想史研究的重点内容，又分为很多小的研究方向，例如重玄学、心性学、生命哲学、生态哲学等等，这些方面的相关成果很多，如卢国龙《中国重玄学》（人民中国出版社 1993 年）与《道教哲学》（华夏出版社 1997 年）、张广保《金元全真道内丹心性学》（生活·读书·新知三联书店 1995 年）等。内丹本以修炼为主，是一门实践学问，新时期以来一些人尝试用多学科交叉方法对其进行研究，如养生学、生理学、心理学等方法，尤其是内丹养生学受到社会关注，相关成果如王沐《内丹养生功法指要》（东方出版社 1990 年）、胡孚琛《丹道法诀十二讲》（社会科学文献出版社 2009 年）与《道法秘籍解读：丹道实修真传》（社会科学文献出版社 2017 年）等。道教伦理思想史为这一时期拓展的新方向，相关研究如李刚《劝善成仙——道教生命伦理》（四川人民出版社 1994 年）、姜生《汉魏两晋南北朝道教伦理论稿》（四川大学出版社 1995 年）和《宗教与人类自我控制——中国道教伦理研究》（巴蜀书社 1996 年）、姜生与郭武合著《明清道教伦理及其历史流变》（四川人民出版社 1999 年）等。

其他专史还有很多。例如道教与考古方面有张勋燎与白彬《中国道教考古》（线装书局 2006 年）、刘昭瑞《考古发现与早期道教研究》（文物出版社 2007 年）、姜守诚《出土文献与早期道教》（中国社会科学出版社 2016 年）等专论。敦煌道教研究方面有王卡《敦煌道教文献研究——综述·目录·索引》（中国社会科学出版社 2004 年）、刘屹《经典与历史——敦煌道经研究论集》（人民出版社 2011 年）和《敦煌道经与中古道教》（甘肃教育出版社 2013 年）等。王卡先生对敦煌道经的整理尤其令人瞩目，可惜更重要的综合成果未及出版便驾鹤仙游。道教仪式方面如吕鹏志《唐前道教仪式史纲》（中华书局 2008 年）、刘仲宇《道教授箓制度研究》（中国社会科学出版社 2014 年）等，后者尤其为道箓研究少有之力作。道教与儒、释二教关系史方面有李养正《佛道交涉史论要》（青松观香港道教学院 1999 年）、洪修平《中国儒佛道三教关系研究》（中国社会科学出版社 2011 年）、张广保等主编《儒释道三教关系研究论文选粹》（华夏出版社 2016 年）、牟钟鉴《儒道佛三教关系简明通史》（人民出版社 2018 年）、姜生《千真洞的变迁：槎山全真道迁佛史迹考》（《历史研究》2013 年第 6 期）与《汉代老子化胡及地狱图考》（《文史哲》2018 年第 2 期）等。

3. 道教外史的进展

道教研究中数外史与传统史学的关系最密切。此前农民战争研究对道教的热情由于惯性在新时期内延续了二十年，进入新世纪后销声匿迹。但是，史学界对道教研究的重视程度不仅进一步增强，而且出现新视角，在政治史、社会史、思想文化史等方面取得重要进展。

二十世纪后期农民战争研究一度呈复兴之势，延续了对早期道教的重视，其中以方诗铭先生取得的成绩最为显著。他先后发表《黄巾起义的先驱与巫及原始道教的关系》(《历史研究》1993 年第 3 期)、《释"张角李弘毒流汉季"——"李家道"与汉晋南北朝的"李弘"起义》(《历史研究》1995 年第 2 期)、《"汉祚复兴"的谶记与原始道教——晋南北朝刘根、刘渊的起义起兵及其他》(《史林》1996 年第 3 期)、《黄巾起义的一个道教史的考察》(《史林》1997 年第 2 期) 等重要专论。进入新世纪，新出现的道教政治社会史研究，强调从历史实际出发，注重在宏观历史背景下考察道教现象，相关成果譬如姜生《原始道教之兴起与两汉社会秩序》(《中国社会科学》2000 年第 6 期)、笔者所著《"承负说"与两汉灾异论》(《史学月刊》2007 年第 12 期) 及《自杀求仙——道教尸解与六朝社会》(《文史》2017 年第 1 期)、魏斌《句容茅山的兴起与南朝社会》(《历史研究》2014 年第 3 期)、付海晏《北京白云观与近代中国社会》(中国社会科学出版社 2018 年) 等。

除上述进展外，还有一个新研究范式值得特别注意，即"从宗教理解古史"，这是姜生先生《汉帝国的遗产：汉鬼考》(文物出版社 2016 年) 提出的观点。作者早先在《曹操与原始道教》(《历史研究》2011年第1期)中提出，中国古史研究中"存在一个视野转换的问题"，历史学家"要探索历史背后的隐线索，一种往往为我们所忽视却内在地制约着历史进程的或许神秘甚至看似荒诞而晦涩的内在逻辑"。以此为导向，作者进行了一系列探索，《汉鬼考》是为集大成之作。该书以从道教理解历史为视角，采用以经解画、以画证经的论证方式，系统考察了西汉后期至东汉后期近三百年间墓室画像背后的"宗教化汉家叙事"，提出"墓葬皆宗教"的观点。该书具有原创思想和完整逻辑体系，不仅是汉代道教史的新突破，也开辟了墓葬考古研究的新视野。如果说以陈寅恪为代表的道教史学强调以道教为线索或背景来审查历史事件的内因或寻找其关联，采用历史学研究方法，那么《汉鬼考》则更进一步，主张以宗教阐释历史，将宗教学和历史学的研究方法融为一体。这种研究理路对思想史、艺术史、考古学等领域的启发有待于进一步展现。

4. 从化学史到科技通史

二十世纪八十年代，道教的化学史研究更加红火，并在两个方向取得重要进展，一是术语文献研究的突破，二是实验方法的广泛引入。

长期以来，道教炼丹术语和文献年代是横亘在研究者面前的一道天堑。为解决这个瓶颈，陈国符自七十年代开始将精力集中到这一领域，撰成《中国外丹黄白法词谊考录》《中国外丹黄白法经诀出世朝代考》《石药尔雅补与注》《中国外丹黄白术所用草木药录》等鸿篇长文，对炼丹术语、重要经诀的出世时代进行系统研究，一举攻克这两大难关。1979 年，第三次国际道教学术会议在瑞士苏黎世召开，陈国符和王明参会。陈氏以《道教与中国的自然科学之相互关系》为总题目宣读了上述四篇长文，引起轰动。1983 年，这些文章被汇总成《道藏源流续考》在中国台湾地区明文书局出版。后来，书中内容经修改补充后分成两书在大陆出版，一为《中国外丹黄白法考》（上海古籍出版社 1997 年），二为《陈国符道藏研究论文集》（上海古籍出版社 2004 年）。

实验方法在化学史研究中十分常见，由于客观条件限制这一时期才得以广泛使用，从而解决了许多争论已久的疑难问题，将西方科学实证研究法推向高潮。赵匡华和孟乃昌取得的成绩最大，连续发表了一批重要实验成果。赵匡华如《我国金丹术中砷白铜的源流与验证》（《自然科学史研究》1983 年第 1 期）、《关于中国炼丹术和医药化学中的制轻粉、粉霜诸方的实验研究》（《自然科学史研究》1983 年第 3 期）、《关于我国古代取得单质砷的进一步确证和实验研究》（《自然科学史研究》1984 年第 2 期）、《中国金丹术中的"彩色金"及其实验研究》（《自然科学史研究》1986 年第 1 期）、《中国古代炼丹术中诸药金、药银的考释与模拟试验研究》（《自然科学史研究》1987 年第 2 期）、《中国古代炼丹术及医药学中的氧化汞》（《自然科学史研究》1988 年第 4 期）、《中国古代的铅化学》（《自然科学史研究》1990年第3期）等，以及集大成之《中国科学技术史·化学卷》（科学出版社1998年）。孟乃昌如《秋石试议——关于中国古代甾体性激素制剂的制备》（《自然科学史研究》1982年第4期）、《中国炼丹术伏硫磺、硝石、硇砂诸法的试验研究》（《自然科学史研究》1984年第2期）、《孙真人丹经内伏硫黄法的模拟实验研究》（《太原工业大学学报》1984年第4期）、《中国炼丹术"金液"丹的模拟实验研究》（《自然科学史研究》1985年第1期）、《中国炼丹术朱砂水法模拟实验研究》（《自然科学史研究》1986年第3期）、《铜汞药金的模拟实验研究》（《太原理工大学学报》1995年第1期）等，以及《道教与中国炼丹术》（北京燕山出版社1993年）。此外，张秉伦等对秋石方的模拟室验研究也很有影响。

随着研究的深入，炼丹化学研究在九十年代出现重大变化，开始突破化学史范畴，从多学科角度全面考察道教的科技成就。当时中国科学技术大学自然科学史研究室在张秉伦教授的带领下，对《道藏》中的科技史料进行全面检索整理，编成"《道藏》科技史料分类目录"。后来又出版祝亚平《道家文化与科学》（中国科学技术大学出版社1995年）一书，全面考察了《道藏》中的科技史料及成就，从科学思想、天文物理、炼丹化学、数学地理与气象、技术与发明、生命科学等学科进行详细探讨，在很多方面做出创造性研究。进入新世纪，由姜生和汤伟侠主编、海内外数十名知名学者共同撰写的规模更大的多卷本《中国道教科学技术史》由科学出版社陆续出版（汉魏两晋卷 2002 年，南北朝隋唐五代卷 2010 年，宋元明清卷待出）。与过去的研究以西方科学为绝对准绳稍有不同，该书自立权衡，认为"科学是人类经过千百年的探索与实践而形成的用于有效延长和增强自身能力的知识系统，它使人类在面对自然界这个生存环境时，具有符合其价值取向的攫能效率"。[30] 以此定义为标准，书中从科学思想、炼丹术与化学、医学、养生学、天学与地学、物理学与技术、生物学等视角对道教科技成就进行了全景式描绘，为百余年来道教科技史研究集大成之作。

虽然科技通史包含几乎所有学科领域，但个别学科也有自身发展，其中以道教医学得到的关注最多。相关成果如盖建民《道教医学》（宗教文化出版社 2001 年）、李应存与史正刚《敦煌佛儒道相关医书释要》（民族出版社 2006 年）、张觉人《中国炼丹术与丹药》《外科十三方考》《丹药本草》《红蓼山馆医集》（学苑出版社 2009 年）、黄永锋《道教服食技术研究》（东方出版社 2008 年）、王家葵《养性延命录校注》（中华书局 2014 年）等。

科技史分为内史和外史，前者研究科学技术的内在发展逻辑、规律及成就，后者则注重考察科学技术与社会的关系。以往无论是炼丹化学还是科技通史均以内史为主，但近些年外史

---

[30] 姜生、汤伟侠主编：《中国道教科学技术史·汉魏两晋卷》，科学出版社，2002 年，第 5 页。

视角得到发展。如笔者《知识断裂与技术转移——炼丹术对古代科技的影响》(山东文艺出版社 2009 年)和《道教炼丹术与中外文化交流》(中华书局 2015 年),前者对道教炼丹术在古代医药学、冶金、经济、文化等领域内产生的广泛影响进行了详尽考察,描绘出一幅知识、技术和社会如何互动的图景;后者勾勒出中国文化视角下炼丹术与中外文化交流的一些重要图景,考察了古代中国与印度、波斯、阿拉伯、东南亚、欧洲以及其他地区所发生的文化、科技、医药学、经济等交往情况。再如蔡林波《神药之殇——道教丹术转型的文化阐释》(巴蜀书社 2008 年),从文化视角阐释了道教由外丹到内丹转变的深层次原因。

5. 其他领域的拓展

进入新世纪以来,道教研究逐渐引起主流专业以外领域的关注与重视,其中最令人瞩目的莫过于文学史和艺术史领域。

中国古代文学深受道家道教思想影响,此为不刊之论。早在民国时期,即有李长之《道教徒的诗人李白及其痛苦》(商务印书馆 1940 年)这样的作品问世。进入新时期,道教与唐代文学仍然是学界关注的重点,代表作品如蒋振华《唐宋道教文学思想史》(岳麓书社 2009 年)、孙昌武《道教与唐代文学》(人民文学出版社 2011 年)、段永升《唐代诗人接受道家道教思想史论》(中国社会科学出版社 2016 年)等。汉魏晋南北朝文学史是另外一个重点领域,成果有蒋振华《汉魏六朝道教文学思想研究》(中南大学出版社 2006 年)、赵益《六朝南方神仙道教与文学》(上海古籍出版社 2006 年) 等。其他时期以及通论性研究如左洪涛《金元时期道教文学研究》(人民出版社 2008 年)、詹石窗《道教文学史》(上海文艺出版社 1992 年)、张成权《道家、道教与中国文学》(安徽大学出版社 2010 年)、孙昌武《道教文学十讲》(中华书局 2014 年) 等。

道教艺术史是最近十年异军突起的一个研究领域，当然这主要指视觉艺术而言。与道教有关的造像、墓室绘画、传世绘画、道经插图等为主要研究对象，代表成果如胡文和《中国道教石刻艺术史》(高等教育出版社 2004 年)、肖海明《真武图像研究》(文物出版社 2007 年)、汪小洋等《中国道教造像研究》(上海大学出版社 2010 年)、李淞《道教美术新论》(山东美术出版社 2008 年) 与《中国道教美术史》(第一卷，湖南美术出版社 2012 年)、张鲁君《〈道藏〉图像研究》(齐鲁书社 2017 年) 等。至于听觉艺术，早在 1945 年，陈国符便撰《道教斋醮仪源流考略稿》讨论道教斋醮音乐，后经增补改名为《道乐考略稿》，收录于《道藏源流考》1963 年增订版。新中国成立初期，学术界曾组织力量采集记录民间音乐，道教音乐研究在此过程中受益较大。如杨荫浏对湖南道教音乐、中国舞蹈艺术研究会对苏州道教音乐的采集整理等。无锡道士、俗称瞎子阿炳的音乐就是在此时被挖掘整理出来（杨荫浏等合编《瞎子阿炳曲集》，上海万叶书店 1952 年），为后人留下一笔宝贵遗产。改革开放后，曾中断多年的道教音乐研究得以蓬勃发展,新作迭出。更重要的是,"自80年代中后期至今,随着田野资料的积累,学术界对道教音乐的研究从记谱整理过渡到理论性分析研究"。[31]

此外,近二十年来海外道教研究的译介有可喜进步。长期以来,国内道教研究界对海外同行的研究相当陌生,除科技史领域情况稍好外,其他海外研究成果鲜有介绍到国内者(二十世纪九十年代初,上海古籍出版社曾出版日本学者福井康顺等监修的《道教》三卷本,由朱越利等人翻译)。这种情况对提高自身学术水平极为不利,也与改革开放后的整体学术氛围格格不入。为此,一些学者积极谋划推动海外道教研究著作的汉译工作,以加强国内外学术界的交流和沟通,促进国内研究快速发展。这方面以朱越利先生取得的成绩最为显著。自2000年起,他牵头组织《海外道教学译丛》,在香港青松观董事会的资助下,先是由中国社会科学出版社出版日本学者秋月观暎《中国近世道教的形成——净明道的基础研究》、吉川忠夫等《真诰校注》和蜂屋邦夫《金代道教研究——王重阳和马丹阳》三种译著。此后,译丛改名为《道教学译丛》,由齐鲁书社出版,至今已翻译推出二十多种欧美日名著。当然,由于历史欠账太多,中外学术交流工作亟待获得更多的关注和参与。

---

[31] 刘红主编:《中国道教音乐史略》(修订版),文化艺术出版社,2013年,第231页。

五 结 语

以上分三个阶段介绍了道教史学的发展大势，从民国时期少数人从事的业余研究，到新中国初期的不平衡发展，再到改革开放后的专业化建设和多元化拓展，迄至今日道教史学已成长为一门涵盖多种学科领域、蔚为大观的庞杂学问。应当说，这种状态是道教研究走入正轨和成熟的必然结果，道教的主要特点就是"杂而多端"，必定会牵涉很多不同学科，任何单一视角或学科方法只能是盲人摸象。道教对古代中国的实际影响极为深广，精神层面至深至隐，社会层面波澜壮阔，只是以近代以来之价值观判断，这些影响多属负面，故为人所不齿。但对学术研究而言，应秉持客观立场，尽量不为后世价值观羁绊。何况不同时期道教的历史地位并不相同，完全以近代观念等同视之，不仅难以脱离辉格史窠臼，也容易忽视道教应有的历史作用。要而言之，道教史学尚有更多潜力可以发掘，有广阔空间可以拓展。根据目前的研究状况来看，未来有几个方向值得特别期待。第一是道教史（包括思想史）研究。作为最基础的工作，道教史是进一步研究的前提，这个领域今后仍将得到持续关注，相信更多的突破会出现在微观、局部或断代史方面。第二是道教与政治社会史研究。这是陈寅恪开创的道路，借助于已有基础，这一领域仍将是史学关注道教的重点阵地，尤以社会史拓展空间最大，这个方向将使更多的注意力投向下层民众的生活及精神世界。第三是道教文献整理和研究。道教文献虽然一直是道教研究的重点内容，但它最多瓶颈，很多问题长期得不到有效解决，而史学对文献研究具有先天优势，这是一个大有可为的领域，尤其是精细化整理方面。第四是科技史研究。这一领域尽管目前形势不容乐观，后继乏力，但毫无疑问它仍然是一个有巨大开发潜力的学术宝藏。最后，除了以上几个关注度较高的方向外，我们还期待能有更多的新亮点涌现。

［本节原刊汪桂平主编《中国本土宗教研究》第四辑，社会科学文献出版社 2021 年。收入本书时略有删节］

贰 《道藏》科技类道经说略

长生成仙的宗教理想，曾经驱动无数道教信仰者探索自然界和人自身的奥秘，探索延长人类生命、提高生存能力的种种手段。为着长生不死、由人而仙这个超乎寻常的目标，他们付出了超乎寻常的努力，也获得了超乎寻常的成果。

尽管历史上道教信仰者们从未意识到，也从未把注意力根本放在探索和发展某种"科技"上面，但由于他们的目标需要今人所谓的"科技"，因而他们的许多努力在事实上推动了科技的发展。

一 道教与科技史研究命题的由来及发展过程

《道藏》或者说道教之所以能够与科学技术发生重要关系，这个问题说起来比较曲折。我们知道，西方文艺复兴时期最重大的成就之一便是产生了近代科学。明清之际，西方传教士最先将西方科学介绍到中国，同时大量搜集有关中国各方面的情报。可以说，当中国人对"科学"还一无所知的时候，西方人已经在研究中国的科技了。1688年,法王路易十四派遣的五名"御前数学士"并身兼科学院院士以传教士的身份来到中国,负责向法国科学院搜集有关中国数学、天文学、医药学、矿物学、植物学、地学知识等情报。但是,早期西方汉学家研究中国因政治原因向来多偏向文史,很少有人涉猎科学技术,在西方人眼中,中国本无所谓"科学"。倒是国人出于民族自尊心,从而使得真正意义上的中国科技史研究出现于二十世纪初期的中国,当时一批留学返国的学者如丁绪贤、张子高、王琎、章鸿钊等人成为中国化学史研究的最初开拓者。尤为可贵的是,这些学者最初便意识到道教炼丹术的科学史价值,并使其成为化学史及科技史研究的重要组成部分。

美国加利福尼亚大学约翰生博士于1928在上海出版了他的英文博士论文 A Study of Chinese Alchemy(《中国炼丹术考》),这是试图对中国炼丹术进行全面研究的最早专著,这本书很快就由黄素封译为中文出版。在这部篇幅不长的著作中,尽管作者对炼丹术乃至道教有诸多错误认识,但作者提出了两个非常有价值的观点:一是中国炼丹术起源于本土道教,并对中国古代科学技术影响很大;二是西方炼丹术受到中国炼丹术的明显影响。直至今日,炼丹术与中国古代科技之关系问题仍然是炼丹术研究的核心内容,对后者则已基本形成共识。至二十世纪三十年代时,中国留美学生吴鲁强、赵云从、陈国符等协助美国麻省理工学院的戴维斯教授研究中国炼丹术,国内学者如曹元宇等亦取得重要成绩。当然,总的来看,民国时期中国炼丹术的研究规模较小，且范围基本上局限在化学史的领域内。

1931年，曲继皋与顾颉刚一起在青岛崂山太清宫读《道藏》，曲继皋因撰《道藏考略》，认为"自汉以来，举凡方士之道术及一切占卜星纬之法，皆并入道教之中。故《道藏》之书，虽形繁多，而驳杂乃不可伦"，极言"《道藏》里面的烧铅炼汞医药技击，无往而不是科学，就是从前方士所玩的那一些把戏，也逐渐可以拿科学来证明的"，力倡研究《道藏》中的科学技术。1935年林语堂著 *My Country and My People*（汉译《吾国与吾民》或《中国人》）一书中，言简意赅地提出，"道教是中国人力图发现自然奥秘的一种尝试"。

1949年以后，中国化学史研究得到很大发展，之前于炼丹术研究已取得成就者如曹元宇、袁翰青、张子高、陈国符等继续致力于此，出现了袁翰青《中国化学史论文集》、张子高《中国化学史稿（古代之部）》等重要著作。尤其是陈国符以治《道藏》享誉海内外，继《道藏》研究开山之作《道藏源流考》之后，又专研外丹黄白术，其成果汇集于1983年台湾明文书局出版的《道藏源流续考》一书中，他在外丹经典籍考证方面所取得的成就至今无出其右者。二十世纪八十年代以来，现代科技手段尤其是模拟实验方法在炼丹术研究中得到较大推广，虽然这种方法出现很早，但得到广泛应用却是在此时。王奎克、孟乃昌、赵匡华等学者用这种方法澄清了很多技术难题，用科学手段证明了炼丹术中蕴含的科学技术成分，极大地推进了炼丹术与科学技术的研究。

与此同时，海外道教与科学技术研究取得了更大的成就与影响，这里不能不说到英国学者李约瑟。李约瑟本来为剑桥大学一位深具发展潜力的生物化学家，正当他的事业取得重要成就并被选为英国皇家科学院院士的时候，由于受到鲁桂珍等几位中国留学生的影响，他对中国文化产生了巨大兴趣，这种兴趣大到促使他放弃了自己的专业而决心研究中国科学技术史，这便是大型多卷本巨著《中国科学技术史》(Science and Civilisation in China) 写作动机的由来。他利用二战时期到中国工作的机会搜集了大量资料运回英国，从此便沉溺其中，乐不思蜀。自 1954 年《中国科学技术史》第一卷"总论"出版至 1995 年李约瑟逝世，该书计划 7 卷共 30 多册的巨帙仍未全部出齐。尽管炼丹术部分是李约瑟研究的重要内容，然而他在考察道教科技的时候目光大大超越了炼丹术的领域，将道教科技史的研究范围做了极大拓展。这不足为奇，因为在李约瑟的眼里，道家思想是中国科学和技术的根本，他认为："道家哲学虽然含有政治集体主义、宗教神秘主义以及个人修炼成仙的各种因素，但它却发展了科学态度的许多最重要的特点，因而对中国科学史是有头等重要性的。此外，道家又根据他们的原理而行动，由此之故，东亚的化学、矿物学、植物学、动物学和药物学都起源于道家。"[1]

---

[1] 李约瑟所说的道家包括道教与通常所说的道家，引文见［英］李约瑟：《中国科学技术史》第二卷，科学出版社、上海古籍出版社，1990 年，第 175 页。

李约瑟的研究在海内外产生很大反响，更多的学者致力于此。1975年卡普拉（Fritjof Capra）著 *The Tao of Physics*（《物理学之道》），探讨东方各种文化同现代物理学思想的内在联系，而用"道"（Tao）字名其书，指出："道家最重要的洞见之一就是认识到变化与变迁乃是自然的本质特征。"但并非所有的人都像李约瑟那样乐观。胡适早在二十世纪三十年代就说过"其实整部《道藏》本来就是完全贼赃"的话（见胡适《陶弘景的真诰考》，载《蔡元培先生六十五岁论文集》，1935年）。这种观点的出现不足为奇，颇能代表一部分人。因为即使在古代大部分时期道教都是处于民众中的非正统文化。李约瑟的合作者之一、美国学者席文（Nathan Sivin）有着与胡适相似的论断，但与胡适不同的是，他对炼丹术有着相当的研究，他说："没有证据表明在Taoism与科学之间存在任何普遍的和必然的联系。……无论我们考虑道的哲学还是宗教，这一点都是成立的。"[2]1996年，台湾杂志 *Taiwanese Journal for Philosophy and History of Science* 第5卷第1期以整期篇幅发表由俄籍学者阿列克赛·沃尔科夫（Alexei Volkov）特约编辑的四篇论文，集中讨论十四世纪全真道士赵友钦与中国古代科学的关系。其中沃尔科夫在《科学与道教导论》一文中，以赵友钦为例反驳席文的论点。赵友钦是元代全真道重要

---

[2] Nathan Sivin, *Medicine, Philosophy and Religion in Ancient China: Researches and Reflections*, Variorum, 1995, pp.1–72.

人物陈致虚的老师,著有《仙佛同源》《金丹正理》和《金丹问难》等,但其《革象新书》则具有很高的天文学和物理学水平。沃尔科夫在文中说:"科学同它更为普遍的社会和知识背景之间的关系,要比李约瑟和席文所设想的更为微妙而复杂得多。不幸的是,在那些罕见的现存资料中比我们所愿看到的更为晦涩。"[3] 可以看出,对道教与科学关系的讨论不仅超越了国界与文化圈,而且已经形成各家持论相争的形势。

　　正常的学术争论必定会推动研究的理性发展。二十世纪八九十年代以来,无论是中国科技史研究领域还是道教研究界均将道教与科学技术关系问题纳入视线,突破了以往炼丹术研究单线进行的窘况,使得道教与科学技术的研究在许多领域内展开,并出现诸多成果。1998 年,国家社科基金重点项目"中国道教科学技术史"立项,相关成果陆续问世。进入二十一世纪,道教科学技术史的研究出现新局面,由中国科学院席泽宗院士担任名誉主编,姜生、汤伟侠任主编的大型多卷本《中国道教科学技术史》前两卷"汉魏两晋卷"和"南北朝隋唐五代卷"分别于 2002 年、2010 年由科学出版社出版,其编撰队伍汇集了国内外相关领域中的主要力量。该书全方位、多领域地考察道教与中国古代科技和医学等诸领域的关系,在概念上拓展了科学的范畴,扩大了道教科学技术史的研究对象,使道教

---

[3] *Science and Daoism: An Introduction*. in *Taiwanese Journal for Philosophy and History of Science*, 1996, Vol.5, No.1, p.30.

科学技术史这一学科走向成熟。

然而，毋庸讳言，由于"科学"是西方文明的产物，因此道教科技史这一命题本质上乃是一种比较文化研究，自民国以来数代学者一直致力于证明道教文化与科学的正面关系，同时伴随着一种自觉不自觉地"祛魅"行为，试图将其他"非科学"因素无情地、不假思索地抛进历史的垃圾箱。岂止道教，整个中国古代科技史的研究均以"科学"为原点而展开。由于"科学"的强势话语权，对国人而言，这也是特定历史阶段无法逃避的宿命。

近几年来，道教与科学问题研究继续走向深入。值得一提的是，中国在这方面的研究已开始得到国际学界的关注和支持。如 2005 年和 2007 年，美国约翰·汤普顿基金会资助的 GPSS（Global Perspectives on Spirituality and Science）国际研究计划设立的"道教与科学"项目奖两度为中国学者姜生获得，进一步扩展了中国文化在西方科学世界的影响。

二 《道藏》中的科学技术成就概论

《道藏》是一部道教经典总集，因而是研究道教科技史最重要的资料。当然《道藏》中亦收录有一些非道家或道教的文献，如在中国古代科技史上占有重要地位的《墨子》，研究《道藏》中的科技成就时一般将这部分内容排除在外。《道藏》是中国古代科学技术史研究领域中最后一个待突破的巨型堡垒，它犹如一片金矿，经过许多人的辛勤劳作已淘炼出璀璨的黄金，但仍有相当大一部分未得到开发，因而此处仅能作管中窥豹之论。

《道藏》所包含的科技史料范围非常广泛，包括理工医农等众多大学科，其中化学及相关技术是最早引起人们注意的部分，这主要体现在炼丹术的研究方面。炼丹术确切地说应该称为金丹术，有时又称为外丹黄白术，它包括炼丹与黄白两部分内容。炼丹术发端于战国时期，正式出现一般认为是在西汉，唐代达到鼎盛，之后一直延续至明清之际。《道藏》中保存了大量的外丹经，对中国古代化学史研究而言，任何一部外丹经都不能忽视。中国炼丹术由于其光辉成就被西方学者称为近代化学的先驱。在长时期的发展过程中，炼丹术中产生了一大批领先于当时西方的科技成果。如中国古代四大发明之一的火药实为炼丹术的产物，后来被用于军事、工业等领域，对世界文明进程产生了重大影响；"胆水炼铜"被称为现代湿法炼铜的前身，其原理及技术于炼丹术中得到认识与发展，在两宋时期的冶铜部门中得到大规模推广，成为当时炼铜生产的主要技术，盛极一时；在炼丹过程中，炼丹家们对近百种金石矿物的物理化学性质、产地等有相当科学的认识，并在实践过程中对汞化学、铅化学、砷化学、合金化学等做出了突出贡献，先后发明了多种抽砂炼汞法、各种铅化合物的制备法等，最早炼制出单质砷，发明了铜砷合金及其配方、铜锌合金、各种汞齐（汞与金银铅锡铜等的合金）、铅锡合金等，其中许多技术被社会所采用。在这个过程中，炼丹家们培育了宝贵的科学精神，最突出的便是比较科学的实验方法，可以说丹房便是早期的科学实验室，正是在实验室里，炼丹家们对多种物质之间的化学反应关系、质量守恒定律、物质转化规律等有了初步认识。这些理论、技术传至西方，对近代化学的产生做出了重要贡献。

在物理学及相关技术方面，道教虽然没有取得如化学那样系统的成就，但同样辉煌卓著，主要体现在天学、漏刻计时技术、气象学、光学等多方面。天学是中国古代最系统、最发达的传统科学之一。古人相信天体运动是天命和天道的直接体现，对天与天体的观测和研究则是窥视天命、把握天机的重要途径，因而天学于政治而言具有特别重大的意义，由此之故民间的研究行为往往受到严格控制。然而道教的宗教特征决定了它具有研习天学的传统，因而中国古代天学有官、民两个分支——官在司天监，民在道教。关于道教天学目前缺少系统研究成果，个别研究涉及《道藏》中收录的《淮南子》对天地起源与盖天说的系统论述等。不过研究道教天学必须超越《道藏》中的材料，如隋唐道士丹阳子的《步天歌》一书非常重要，它是天文学三垣二十八宿体系创立的标志。历代官方天学亦与道教有密切关系，许多官员即有深厚的道教背景。另外道教中许多法术对时间要求严格，因而发展了漏刻技术，《全真坐钵捷法》即为漏刻技术专著；宋元之际"雷法"盛行，相应地道教界对于气象学有了更多研究，出现了《雨旸气候亲机》《盘天经》等气象学著作。此外，由于铜镜作为道教法器长期被用于修炼，因而《道藏》中保存了因此而生的大量光学史料。

地学成就主要体现在地理学与矿物学方面。由于道教对山岳的崇拜以及修炼需要，《道藏》中保存了十余种宫观山志，如《洞天福地岳渎名山记》《岱史》《西岳华山志》《南岳小录》《南岳总胜集》《茅山志》《天台山志》《武当福地总真集》等，另外还有综合性的历史、地理著作《长春真人西游记》等，其中保存了大量对中外地理的实地观察研究成果。不仅如此，由于道士修炼或炼丹多于山中进行，这就需要把握山区的地理特征和资源分布，由此道教中更产生出像《五岳真形图》这样的地图学专著。以上地理著作对研究自然地理、人文地理均具有重要参考价值。矿物学的成就主要在炼丹术方面。炼丹家千百年来遍采金石，对近百种金石矿物的产地、性状、功能等均有详细认识，如《金石簿五九数诀》《大洞炼真宝经九还金丹妙诀》《丹方鉴源》《黄帝九鼎神丹经诀》等均为此方面的系统成果，其中包括许多对域外矿物的认识。目前所知医学对道教矿物药成就吸收最多，于古代矿业开发影响情况尚无研究。不过总的说来道教矿物学方面目前尚缺少系统研究。

道教的冶铸技术突出表现在两方面：一为种类繁多的实验设备，二为较为独特的铸造技术。炼丹术早期所用设备比较简单，许多丹釜甚至用泥土烧制。唐宋时期，出现了形形色色的金属设备，如各种水火鼎、既济式丹炉、未济式丹炉、飞汞炉等均是精致的仪器，《道藏》中所辑《丹房须知》《金华冲碧丹秘旨》《修炼大丹要旨》等丹经中有关仪器图像资料相当丰富。

由于炼丹仪器绝大多数均在专业范围内使用，因而只能由道士自己制作。搞清楚这些仪器发展的历史脉络及其制造技术，对于铸造技术史研究无疑是相当重要的，曹元宇、李约瑟、陈国符等均有研究成果可供参考。然而遗憾的是，大多仪器目前仅能在其形制上加以考察，其详尽发展脉络及具体的制造技术因资料缺乏而不甚清楚，像《神仙炼丹点铸三元宝照法》这类详细记载铸造技术的专著很罕见。铜镜在道教上清派及炼丹术中应用比较广泛，出现多种"镜法"方术，魏晋六朝时期道士们还发明了以锡铅合金镀镜的技术，见于《上清明鉴要经》。唐代道教中出现了独具特色的"道教镜"，从《上清含象剑鉴图》《上清长生宝鉴图》及《神仙炼丹点铸三元宝照法》，我们可以看到道教镜从纹饰题材的设计到具体铸造技术的完整过程。另外道教中还有铸剑的传统，如东魏、北齐年间（公元550年左右）道士綦毋怀文用灌钢法铸"宿铁刀"，在中国冶铸史上具有重要地位，不过《道藏》中这类铸剑资料比较缺乏。

除以上几个方面外，尚有诸多领域有待进一步研究，如数学、植物学、生命科学、医学等。《道藏》中虽然没有保存专门的数学著作，但道家道教思想对中国古代数学做出的独特贡献是不可否认的，以前学者未曾注意这一点。1999年台湾学者洪万生发表《全真道观与金元数学》一文，探讨全真道与金元数学的关系，指出："无论李冶与全真道士的交往是否密切，他的'天元术'研究以及其支撑的社会条件，离不开全真教所参与、经营的学术环境，殆无疑问。"目前一些学者正在从事这方面研究，或可揭示出道教在数学领域的一些不为人知的贡献。关于道教在植物学方面的探索，李约瑟曾经这样说过："东亚的化学、矿物学、植物学和药物学都起源于道家。"但相关研究较少。生命科学与内丹术及医学关系密切，多种原因致使研究难度比较大，有待于进一步开拓。另外自古医道多不分，有"医道同源"之说，道教内不仅名医辈出，而且对医学理论、临床实践、药物等有巨大影响，这一领域已出现不少有影响的研究成果。

基于众多研究，道教中蕴含着的大量科学技术成就逐渐浮出水面，然而对于《道藏》这个宝库来说还只是冰山一角，大多领域的研究目前只能说处于开拓阶段，许多内容迫切需要拓展、深入，以上的介绍只能择其要点。另外需要说明的是，《道藏》是研究道教科学技术史最重要的依据，但由于种种原因，许多道教资料没有被收进《道藏》，如宋元时期重要的道教科学家赵友钦所著《革象新书》是一部重要的天文、物理学著作，其中对日月食的解释、"同时参验"的恒星测量思想等均具有很高的科学价值，尤其是他关于小孔成像的物理实验更是中国古代经典科学实验之一。治道教科史研究之学者应对这类藏外资料予以特别注意。

三 科技类重要典籍介绍

以上所述表明，《道藏》中的科学技术成就相当突出。然而《道藏》中并非天然存在"科学"这种东西,大量的科技成就分布于多种道经,限于篇幅,以下介绍的科技类典籍均为科技成分比较集中或者对道教科技思想影响较大的著作。

1.《三十六水法》

炼外丹有两种方法,除了人人皆知的火炼法之外,尚有一种水炼法,今《道藏》中收有仅存的两种水法丹经《三十六水法》与《轩辕黄帝水经药法》。水法炼丹出现非常早,据《黄帝九鼎神丹经诀》记载,西汉初即有八公《三十六水法》,《抱朴子内篇·遐览》中也著录有《三十六水经》,二者可能是同一部书。陈国符《道藏源流续考》认为今本《三十六水法》即为汉代古籍。全书共记载35种水52种方,其中36种方为古本内容,其余部分为后人所补。[4]

所谓丹砂水、雄黄水等各种水,其制法大致相同:先将金石矿物放入一个竹筒或陶罐中,然后再将容器口封住放入水或醋中数十日,由于外部的水或醋液渗入,自然会将容器中的可溶性矿物溶化。今人关心的是在这个过程中道士是否掌握了溶解金石矿物的化学方法,对此学者意见不一。如李约瑟认为《三十六水法》中使用了稀硝酸,王奎克和孟乃昌则认为"金液"中也使用了稀硝酸,并指出当时的炼丹家已明白将酸碱反应与氧化还原反应加以统一,由此得出至迟四世纪时炼丹术中

---

[4] 参见韩吉绍:《〈三十六水法〉新证》,《自然科学史研究》2007年第4期。

即开始了应用非蒸馏法制无机酸的历史。但赵匡华则认为各种水除少数是真溶液外，其他大部分不过是矿物粉与硝石溶液构成的悬浊液而已。孟乃昌等对《三十六水法》中的多种"水"进行过模拟实验，可供参考。

2.《周易参同契》

《周易参同契》是中国早期炼丹史上最重要的经典之一，但此书的作者及确切成书年代扑朔迷离，众说纷纭，自宋以来无有定论。较为普遍的观点认为，此经出现于后汉顺帝、桓帝时期，作者除魏伯阳外可能还另有其人。姜生《汉墓龙虎交媾图考——〈参同契〉和丹田说在汉代的形成》（《历史研究》2016年第4期）一文为东汉说提供了新的有力证据。不过奇怪的是，在唐以前的道教中《参同契》并未引起多少注意，唐宋时期突然声名鹊起，其影响力甚至大大超越炼丹术范围，在社会上备受推崇，被称为"万古丹经王""万古丹经之祖"。正因为如此，历代《参同契》注本多达二十余种，甚至宋代理学家朱熹亦化名邹䜣为之作注。《朱子语类》、明胡应麟《四部正伪》、清姚际恒《古今伪书考》等均有关于《参同契》真伪的专论，其影响之大可见一斑。

关于《参同契》的主旨同样长期存在争论，主要是内、外丹之争。不可否认，以今观之，大多数注家从内丹立论，但事实上，宋之前征引《参同契》者则多为外丹经，因此《参同契》内、外丹之争除了该书本身即含有可为内、外丹所用的双重内容之外，很大程度上在于内、外丹本身界限的不确定性，而这与内丹家借用外丹术语有直接关系。

《参同契》最重要的意义在于奠定了中国炼丹术的理论基础。注家及学者对"参"多有争议，综合分析，将其理解为大易、黄老、炉火较为恰当，三道相通，如符合契，故名《周易参同契》。它将汉代的周易卦象学说、黄老道家学说附于炼丹过程，为炼丹术建立了一套精致的理论，并为后世所广泛效法。《参同契》崇尚铅汞论，认为只有铅汞相合才能炼出神丹："火记不虚作，演易以明之。偃月法鼎炉，白虎为熬枢。汞日为流珠，青龙与之俱。举东以合西，魂魄自相拘"，"知白守黑，神明自来"。白即为汞，黑即为铅。铅汞论对以后的炼丹术产生了重大影响，与之后出现的硫汞论同为中国炼丹术的两大旗帜，唐宋之后内丹术中的"真铅""真汞"之争与此亦有重要渊源关系。另外，《参同契》中的许多概念、隐语成为炼丹术的基本话语，甚至像"黄芽"这样的概念在以后被长期实践与争论。从这重意义上说，将《参同契》视为中国炼丹术的理论源头之一亦不为过。

在具体的化学知识方面，《参同契》同样取得了令人瞩目的成就，其中最重要的是铅化学与汞齐的制备。如《参同契》以胡粉来制铅丹时说："胡粉投火中，色坏还为铅。"这一过程分为两步：先用胡粉制备密陀僧（PbO），然后再将密陀僧烧炼成铅丹。胡粉，即碱式碳酸铅[$Pb(OH)_2 \cdot 2PbCO_3$]或碳酸铅（$PbCO_3$）。这一过程的化学反应式如下：

$$\text{Pb(OH)}_2 \cdot 2\text{PbCO}_3 \xrightarrow{\text{煅烧}} 3\text{PbO} + \text{H}_2\text{O}\uparrow + 2\text{CO}_2\uparrow$$

$$\text{PbO} + \text{C} \xrightarrow{\text{煅烧}} \text{Pb} + \text{CO}\uparrow$$

这里《参同契》的作者很清楚地认识到胡粉中即含有铅，并通晓其制备方法。关于汞及汞齐的描述就更多了，如"河上姹女，灵而最神。得火则飞，不见埃尘"。"河上姹女"是汞的隐名，这是对汞受热后易蒸发的形象描述。又如"太阳流珠，常欲去人。卒得金华，转而相因。化为白液，凝而至坚。金华先唱，有顷之间，解化为水"。"太阳流珠"亦是汞的隐名，此句是说汞极易挥发，若与铅混合则可以成为汞齐固定下来。汞齐凝固后非常坚固，但是受热后又可以化为流动的液体。其他描述汞齐制备的文字非常多。在中国炼丹术中，由于汞是母药，因此炼丹家对汞的合金如铅汞齐、金汞齐、锡汞齐等了解得非常透彻，其中一些技术得到广泛应用，这些与炼丹家的贡献是分不开的。

3.《抱朴子内篇》

《抱朴子内篇》约作于公元四世纪初期，作者葛洪，字稚川，别号抱朴子，为早期道教史上一位承前启后的关键人物。《抱朴子》分内、外篇，《内篇》言神仙方药、鬼怪变化、养生延年、禳邪却祸之事，属道家；《外篇》言人间得失、世事臧否，属儒家。内道外儒，可见葛洪的思想倾向。汉魏时期，是中国炼丹术发展的第一阶段，出现了像魏伯阳这样的炼丹大师，同时大量炼丹经典被造作出世。葛洪之师郑隐即是这一时期著名的炼丹家，他由儒入道，博览群书，知识渊博。葛洪自幼随其左右，年长后受其真传，得阅郑隐所藏大量道经。后葛洪又师从南海太守鲍靓，一心求道炼丹，晚年入广东罗浮山修炼，直至逝世。

从内容上看，《内篇》并非葛洪原创性著作，它更像是一部百科全书式的道经汇编著作，从理论到实践均有所论，集晋代之前道教及其炼丹术之大成，在道教史上占有极重要的地位。《内篇》共20卷，即（1）畅玄，（2）论仙，（3）对俗，（4）金丹，（5）至理，（6）微旨，（7）塞难，（8）释滞，（9）道意，（10）明本，（11）仙药，（12）辨问，（13）极言，（14）勤求，（15）杂应，（16）黄白，（17）登涉，（18）地真，（19）遐览，（20）祛惑。其中与科技史有关的主要是金丹、仙药、黄白三卷，仅此三卷即包含了彼时炼丹术数百年之精华。

《内篇》在炼丹理论方面有两大建树：其一为"假求于外物以自坚固"的思想，其二为物类变化观。炼丹术确切地说应称金丹黄白术，它有两只翅膀，一为金丹术，一为黄白术，缺一不可。丹为还丹，黄白为金银。炼丹家认为，人食饵药金、药银或用铅、汞（有剧毒）等金属还炼而成的丹药，即可达到长生成仙的目的。这一思想的根源在哪里？其实很简单，古人相信"同类相感"，这一原理几乎成为不须证明的原理被接纳。《易·文言》有"同声相应，同气相求"，《吕氏春秋》有"类固相召，气同则合，声比则应"，《春秋繁露》有"气同则会，声比则应"，这一线索非常明显。同类的东西不仅可以相互感应，而且其某些性质亦可发生转移，因此服食黄金是否可以像黄金那样永生不腐呢？《内篇》将这种思想上升到理论高度："夫金丹之为物，烧之愈久，变化愈妙。黄金入火，百炼不销，埋之，毕天不朽。服此二物，炼人身体，故能令人不老不死。此盖假求于外物以自坚固。"这就为服食仙丹提供了坚实的理论基础。炼丹家们还相信天地间物类的变化是无穷的，高山变为深渊，深谷成为山陵，甚至人也可以男女异形，为鹤为石，为虎为猿，为沙为鼋。如此则黄金自然可造，正如《内篇》所说："变化者，乃天地之自然，何为嫌金银之不可以异物作乎！"而这就是仙丹可炼的理论基石。毫不夸张地说，这两大理论是炼丹术得以存在的逻辑基础。

《内篇》所反应的中国古代化学史成就非常丰富，主要有以下几项。

首先，它深刻认识到丹砂（即硫化汞）的化学性质，并明确记载了水银的制备方法。《金丹》卷云："丹砂烧之成水银，积变又还成丹砂。"这一过程的化学反应式为：

$$HgS + O_2 \xrightarrow{\text{加热}} Hg + SO_2 \uparrow$$

$$2Hg + O_2 \xrightarrow{\text{加热}} 2HgO$$

先秦以后，所用水银大都是用这种"抽砂炼汞"法制备。在炼丹术中，炼丹家发明了多种"抽砂炼汞"法，在中国化学史上有重要地位。

第二，首次记载了单质砷的炼制方法。西方学者一般认为十三世纪日耳曼炼丹家马格纳斯（Albertus Magnus）最早从砷化合物中提炼出单质砷，实际上《抱朴子内篇·仙药》即记载了一种砷的提炼方法，根据现代学者的模拟试验，这种方法的有效性得到确认。此法较马格纳斯早900多年。

第三，利用炭的高温还原性将雄黄与石胆等药物的混合物制成铜砷合金，这一方法记载于《黄白》篇，此法亦得到现代学者肯定。铜砷合金当砷含量较少时呈金黄色，当砷含量超过10%时呈银白色，《内篇》甚至掌握了通过调节砷的含量来改变合金颜色的方法。

其他化学成就还有很多，如对于铅化学的认识、对于铁铜置换反应的认识，以及记载多达40余种的金石原料等，这些均使《抱朴子内篇》成为中国古代科技史研究中一部非常重要的著作。

4.《大洞炼真宝经九还金丹妙诀》

作者陈少微为唐代著名炼丹家，张子高《中国化学史稿（古代之部）》认为该书成于712—713年间，陈国符《道藏源流续考》则认为成于686—741年间，且有多处于天宝年间修改过。

炼丹术历史上有两种还丹理论影响最大，一是始自《周易参同契》的铅汞论，二是隋末唐初出现的硫汞论。硫汞论出现较晚，因此硫汞丹开始时被称为"小还丹"，以区别于铅汞之"大还丹"。按赵匡华等学者的意见，中国人工合成硫化汞的时间大约是在隋末唐初，至中唐时这种技术已经非常成熟。陈少微的《九还金丹妙诀》是研究硫汞还丹的最重要资料。该书表明，当时道教炼丹家已能熟练地将水银和硫黄升炼成红色的硫化汞，然后可以"分毫无欠"地用铅从丹砂中还原出水银。赵匡华将这一过程总结如下：

$$Hg + S \xrightarrow{\text{室温}} HgS \text{（黑色青砂头）}$$

$$HgS \text{（黑）} \xrightarrow[\text{升炼}]{\text{密封}} HgS \text{（红色紫砂）}$$

$$HgS \text{（红）} + Pb \xrightarrow[\text{冷凝}]{\text{升炼、}} Hg + PbS$$

硫汞还丹在当时亦被称为"灵砂"，宋代药典《经史证类备急本草》将其作为一种药物使用，明代末年改称为"银朱"，于医学中应用广泛。

陈少微还记载了一种"竹筒抽汞法"，操作简便，且效率较高，直至宋代时仍在使用。炼丹家们先后发明了多种抽砂炼汞法，如低温焙烧法、下火上凝法、上火下凝法、蒸馏法等。上火下凝法还可以分为多种不同的炼法。以上方法分散于多部丹经中，赵匡华《我国古代"抽砂炼汞"的演进及其化学成就》一文考证颇详（《自然科学史研究》1984年第1期）。

5.《大洞炼真宝经修伏灵砂妙诀》

此经同为陈少微所撰，张子高《中国化学史稿（古代之部）》认为成于712—713年间，陈国符《道藏源流续考》则认为成于702—741年间。内容主要介绍丹砂的产地、性状及抽砂出汞法。

《修伏灵砂妙诀》最重要的科学成就是对天然丹砂不同成分的定量研究。炼丹家对不同产地、不同品质的丹砂非常讲究，陈少微在《修伏灵砂妙诀》中辑录了《大洞炼真宝经》（已散佚）对各种天然丹砂不同成分的测量结果，书中说：

> 光明砂一斤，抽汞可得十四两，而光白流利，此上品光明砂，只含石气二两；马牙砂一斤，抽出汞得十二两，而含石气四两；紫灵砂一斤，抽汞可得十两，而含石气六两；上色通明砂一斤，抽出汞只得八两半，而含石气七两半。石气者，火石之空气也，如汞出后，有石胎一两，青白灰耳。

以上测量可以概括为如下公式：

$$天然丹砂 \xrightarrow{加热} 汞 + 石气$$

非常明显，炼丹家已经明白前后反应的质量应该守恒，并且用这一原理来比较不同丹砂的品质。不管其结论如何，这种方法及精神非常接近近代西方化学先驱们。在这个过程中，我们看到的是一位严谨的科学家，全然不见炼丹家的影子。这种方法及精神在同时代的炼丹家金陵子身上再次显现，他用质量守恒法研究铁从胆水（硫酸铜水溶液）中置换出的红银（即纯铜）的本质（详见下节）。可见对质量守恒定律的认识和严谨的科学精神，在炼丹家尤其是唐代炼丹家身上并非个别现象，非常值得重视。

6.《龙虎还丹诀》

陈国符《道藏源流续考》认为该书撰于唐睿宗垂拱二年（686）至玄宗开元末年（741），或唐肃宗乾元元年至三年间（758—760）。作者题为金陵子，真实姓名不可考。该诀分上下两卷，卷上主要论述点丹阳法，即制砷白铜法；卷下专论各种结红银法，即胆水炼铜法。《龙虎还丹诀》在中国化学史上占有重要地位，郭正谊《从〈龙虎还丹诀〉看我国炼丹家对化学的贡献》与韩吉绍《炼丹术与宋代冶铜业革命》等曾对其所取得的化学成就作过讨论。

炼丹术中砷铜合金出现很早，西汉淮南学派的集大成之作《淮南子》即有"淮南王饵丹阳之伪金"的记载；魏晋之际，葛洪《抱朴子内篇·黄白》篇中明确记载了一种用雄黄制砷铜合金的方法（具体参见上文对《抱朴子内篇》的介绍）。而

《龙虎还丹诀》中砷铜合金是用砒霜点化制得的，这是砷白铜炼制史上的一项重大技术进步。其具体过程分作两步进行，首先将砒黄、雄黄、胡同律等制成束丝状砒霜，即金陵子所说的"卧炉霜"，然后再用砒霜点化丹阳铜，用炭还原即可制得银白色的砷铜合金。赵匡华曾对这一过程进行模拟试验，最终确实得到了 9.92% 的砷铜合金。金陵子甚至还注意到了这种合金容易氧化变成赤铜色，他将其称为"铜晕"，为此还特意记载了除铜晕的多种方法。

《龙虎还丹诀》卷下专论制"红银"（纯铜）法。中国古代很早就认识到某些矿物遇到铁会变成铜的现象，如《淮南万毕术》即有"白青 $[2CuCO_3 \cdot Cu(OH)_2]$ 得铁即化为铜"的记载。之后炼丹家均注意到这一现象，至唐玄宗时，刘知古《日月玄枢论》中记载了多种以铜化合物炼制纯铜之法，其文曰："或以诸青、诸矾、诸绿、诸灰结水银以为红银，复化之以为粉屑。"《龙虎还丹诀》卷下可以说是对这句话所作的详细注解。金陵子将可以炼制红银的矿物分为三类：诸青、石胆、土绿，相对应的方法依次为"青结红银法""石胆红银法""土绿红银法"。在这些方法中，最具代表性的是"石胆红银法"中的"结石胆砂子法"，这种方法只用到石胆、水银与铁（容器亦用作反应物）而无其他杂质，因其工艺之巧妙，屡为学者所称道。其过程如下：首先将汞及少量水放入一平底铛中，加热至微沸，然后放入胆矾，搅拌，胆矾中的铜不断被（铛）铁置换出，与汞形成汞齐，当生成的铜足够多时，汞齐变成砂粒状。这时结束操作，回收砂子。然后将得到的砂子在容器中加热，汞被蒸发掉，最后所剩即颗粒很细的铜粉屑。更为可贵的是，金陵子还对此进行了深度理论探讨，在反应进行之前他对各种药物与铛进行称量，分明记录，反应结束后再称量，发现铛损失了五两，而同时得到四两半红银，他便据此大致等量关系判断红银实际上相当于铁铛中的铁。虽然金陵子没有得出事实真相，但他对质量守恒定律的认识以及精确的科学精神是非常可贵的。胆水炼铜法经过改进后在两宋时期得到大规模推广，南宋乾道年间（1165—1173）胆铜产量甚至占当时铜产量的81%，对社会经济产生了重大影响。仅此而言，《龙虎还丹诀》在中国古代科技史上应该占有重要地位。

7.《真元妙道要略》

《真元妙道要略》原题"真人郑思远"（三国至晋时人）撰，显系伪托。关于此书的出世年代，学者意见不一，但大体一致。袁翰青《从道藏里的几种书看我国的炼丹术》认为是在八九世纪左右，李约瑟《中国科学技术史》认为在七世纪后至八九世纪间，陈国符《道藏源流续考》认为撰于五代或更晚，孟乃昌《〈真元妙道要略〉的化学史意义》则认为出于七世纪末至八世纪中叶。

《真元妙道要略》是一部内丹学著作。由于内丹家激烈地批判外丹术，因此该书在对批判对象的引述中留下了极其宝贵的化学史料。全书分为"黜假验真镜第一""证真篇第二""炼形篇第三"三个部分。于科技史而言，第一部分最为重要，作者连续列举了三十一种炼丹法并逐一进行批判，保留了古代化学的珍贵史料。孟乃昌认为其中包括尿类固醇性激素的提取法、硫化汞的合成、提取较纯碳酸钾的方法以及原始火药发现的过程，这里主要介绍后者。火药为中国"四大发明"之一，1954年中国学者冯家昇撰《火药的发明与西传》一书，证明火药确为中国发明，之后这一结论逐渐为国外科学史家广泛接受。冯家昇在书中进一步指出火药乃是炼丹术的产物，现在这一观点也已被广泛接受。然而遗憾的是，火药与炼丹术关系的详情，仍有一些疑点因缺乏资料而没有解决。《真元妙道要略》中的记载有两点值得特别注意。一是对火药威力的描述："有以硫黄、雄黄合硝石并蜜烧之，焰起，烧手面及烬屋舍者。"这说明其时炼丹术中已经发明了火药，尽管时人可能还没有意识到。另一个则是"伏火"问题。所谓"伏火"本来是为了防止炼丹过程中出现诸如爆炸等现象而特意添加一些药物，而火药的孕育过程便蕴含其中，因此伏火问题对火药发明过程的研究非常重要。当然，研究炼丹术中火药的发明过程，并非一部书便可以解决，正如大量化学成就分散于各种外丹经中一样，火药问题的复杂之处在于，其发明过程隐藏于炼丹术的发展过程之中。因此，要找到一条清晰的线索，仍有待进一步的探索。

8.《全真坐钵捷法》

中国古代计时仪器主要是漏刻，因道士修炼或炼丹讲究时辰，因此对漏刻多有创新。如北魏道士李兰曾发明著名的"称漏"，从隋唐两代到北宋燕肃莲花漏取而代之以前，经过改进的秤漏一直被作为一种主要的计时器被皇家及其司天机构所采用。

《全真坐钵捷法》的撰人及成书年代不详。全书分为"造盂之法""下漏之法""造筹之法""加减之法"四部分，讲述制作壶漏及校正时刻之法。所谓"坐钵"，是指将一小钵底部钻一小孔，然后将其悬坐于一个较大的盛水钵中，依小钵之进水量来测定时间。该仪器的发明，目的是服务于全真道的静坐习定之宗教实践。全真道于每年冬季集体静坐百日，每日数次，每次都有规定的时间，因此需要计算时刻。

《全真坐钵捷法》中所介绍的是不同于一般规制的漏刻。作者认为当时所用壶漏不合古法，由于制造者一味追求机巧，致使大多壶漏既无定制又多差误，因而作者声称发明了一种简易准确的壶漏。亦有人称其为"漏盂"。其原理大致如次：取两只铜盂，一大一小，大者盛水，小者底部钻一小孔。然后将小盂浮在大盂中，由于小盂的重力作用，水自然会从小孔中渗入小盂中，用一根标尺（筹）探测显示水深，据此则可以确定时辰。这种漏刻较之传统的滴漏反其道而行之，简便易行，对于户外修行而言相当方便。然而其计时精度可能并不像作者所说的那样高。据今人王立兴的研究，这种壶漏每昼夜的最大误差达15分钟。这样的精度显然不可能用于天文观测，不过从日常使用的角度来看仍有其实用性。

9.《雨旸气候亲机》

宋元之际，道教符箓派兴盛，"雷法"便是其中之一。通雷法的道士声称他们可以呼召风雷，伏魔降妖，祈晴雨、止旱涝。尽管雷法中的祈雨术带有极浓厚的宗教色彩，但是不可否认，如果没有深厚的气象学知识，雷法很难长时期流传于社会。道教对中国古代气象学成果的继承和发展是雷法得以长期流行的基本保障。《雨旸气候亲机》本为雷法之书，出现年代不详，但应该与行"雷法"的道派密切相关，主要记述观测气候变化的方法，是中古时期难得的气象学著作。

书中内容主要分为太阳、太阴、天罡、北斗、龙炁、白虎、河炁、"雷牌"三十九图、诸雷炁候、妙洞引以及先天一炁雷霆玉章等几个部分。其中有两点值得特别注意：一是预测天气变化之方法，二是独具特色的气象表达符号系列。

书中介绍了多种预测天气的方法，如观测太阳、月亮、星辰等，有不少方法直到今日仍在民间流传，如"月色红，明日大雷雨；色青赤，应明日。有圆光大如车轮者，明日大风，三日后方应。外有白云结成圆光，不甚（明），明日亦大风"。有根据云的大小、位置、颜色等判断天气法，如"有黑云成块，大者有风，其形如猪渡河。黑云如烂絮枯木，若霞，或遮太阴，或在月下，上应明日雷雨。白云如绵絮，小雨。鳞而自南至北者，明日南风至别方。同在日落后验之"。有根据某些自然征象、动物的异常行为来预测天气的方法，如石润水流、炎炁蒸薰、鱼跃渊、蝼蚁封穴、蜈蚣昼现等等。将这些经验的积累全部归之于道教显然可能会失之于实，但在道教中得到继承、总结和发展应该没有问题，本书的可贵之处正在于此。

另外值得注意的是道士们发明了一种独具特色的气象表达符号，这便是"雷牌"三十九图。"雷牌"本是道士作法祈雨时使用的令牌，将气象信息画成图有助于直观表达。这些图有关于太阳、云气、月亮、星辰等周围状况所预示的天气变化，这大概是道士的独立发明。

气象观察预报所面对的是一个处于时刻变化之中的复杂巨型系统，因而气象学乃是一种高难学问。但在基本层面上，经验非常重要。在没有现代科技手段的情况下，这种借助经验来预测天气的方法是行之有效的，只要长时期细致观察，就能找到规律，从而比较准确地预报天气。道教中的气象学无论从科学技术上，还是从对社会的作用上，都应给予合理评价。

10.《太清金液神丹经》

《太清金液神丹经》是一部外丹著作，分上中下三卷，撰者分别题为张道陵、阴长生和抱朴子。据陈国符考证，此经部分内容在西汉末东汉初出世，盖为后人辑本。卷上、卷中部分为重要炼丹术资料，反映了早期炼丹术的风貌，火法与水法并重。其中有以曾青、礜石、硫黄、戎盐、凝水石、代赭、水银为原料的"作霜雪法"，孟乃昌《中国炼丹术原著评介》认为这可能是最早的氯化亚汞合成配方。卷下为地理部分，述扶南、典逊、林邑、杜薄、西图、月支、安息、大秦等20余国之地理位置及风俗物产，遍及南亚、中亚及罗马帝国，成书时间显然较卷上、卷中为晚，作者即使确为葛洪，书中绝大部分亦应是其编辑而成。关于下卷的地理学意义，有待进一步的详细考证和纵深研究。

11.《五岳真形图》

《五岳真形图》是一种道教符箓著作，大约出于魏晋之际。道教有非常强烈的山岳信仰，古之道士须入山修炼，但因人迹罕至，山中多险，因此凡入山者均须遵守严格的宗教仪式，佩带符图法印便是其中之一。葛洪《抱朴子内篇·登涉》篇说："上士入山，持《三皇内文》及《五岳真形图》，所在召山神，及按鬼录、召州社及山卿宅尉问之，则木石之怪，山川之精，不敢来试人。"可见《五岳真形图》的地位在当时非常高。目前存世的《五岳真形图》有多种版本，见于《正统道藏》者如《洞玄灵宝五岳古本真形图》中的两种本子，《灵宝无量度人上经大法》卷二一所收《灵宝五岳真形图》，以及《上清灵宝大法》中的上、下五岳真形图。藏外文献如明高濂撰《遵生八笺》、章潢撰《图书编》、汪子卿撰《泰山志》、查志隆《岱史》等均记载有《五岳真形图》。金石资料刊刻真形图者亦非常多。另外日本藏有多种真形图，其中包括非常罕见的本子。以上真形图可分为两类：第一类较多地保存了地图的特征，另一类则道符倾向明显。与普通的道符不同，第一类《五岳真形图》的技术内涵很丰富，相当于一幅早期的地图，而且可能是等高线画法的最早尝试。关于它的地理、地图学价值，学者已有较多研究，如日本小川琢治《中国地图学之发达》、井上以智为《五嶽真形圖に就いて》、英国李约瑟《中国科学技术史》、中国曹宛如和郑锡煌《试论道教的五岳真形图》、卢嘉锡主编《中国科学技术史·地学卷》、姜生《东岳真形图的地图学研究》（《历史研究》2008 年第 6 期），以及姜生、汤伟侠主编《中国道教科学技术史·汉魏两晋卷》。最新研究请参见《中国道教科学技术史·南北朝隋唐五代卷》。

12.《金石簿五九数诀》

炼丹术中所用矿物药相当丰富，最多达百余种。这些矿物知识散见于多种外丹经中，《金石簿五九数诀》是现存为数不多的集中讨论矿物药的著作之一。陈国符《道藏源流续考》认为该书为初唐人所撰，孟乃昌则认为作于十世纪前叶，后一种意见可能比较符合实际。

书中所列矿物共 45 种：朱砂、雄黄、玉、石硫黄、礜石、赤石脂、白石脂、白石英、云母、石钟乳、磁石、石脑、阳起石、金精、黄矾、白矾、绛矾、鸡屎矾、碙矾、空青、曾青、石桂英、理石、朴硝、芒硝、石胆、硝石、天明砂、黄花石、不灰木、戎盐、太阴玄精、卤碱、滑石、寒水石、胡同律、石榴丹、禹余粮、硇砂、雌黄、金芽、代赭、石盐、紫石英、石中黄子。作者依次介绍其产地、性质，并对不同产地矿物之品质进行比较，具有很高的科学史料价值。尤其可贵的是，书中介绍了大量域外矿物药，以来自波斯者为多，包括乌苌国、林邑、安南及西域等地。域外矿物药是研究中西炼丹术交流情况的一条重要线索，详情可参见韩吉绍《道教炼丹术与中外文化交流》一书。

另外，记载矿物药较多的外丹经主要有：《黄帝九鼎神丹经诀》，编撰于唐高宗显庆年间（据韩吉绍《黄帝九鼎神丹经诀校释》）；《大洞炼真宝经九还金丹妙诀》，作者陈少微，撰于唐睿宗垂拱二年（686）至玄宗开元末年（741）（陈国符《道藏源流续考》）；《丹方鉴源》，作者独孤滔，撰于南唐（何丙郁《道藏丹方鉴源》）等。以上外丹经可与《金石簿五九数诀》作综合研究。

13.《长春真人西游记》

元太祖十四年（1219），成吉思汗派专使赴山东诏请全真道当时领袖、全真七子之一长春真人丘处机，请他告以忧民当世之务，或示以长生保身之术。1220 年，丘处机以七十三岁高龄，率弟子十八人远赴成吉思汗行宫（在今阿富汗东北巴达克山西南）会见成吉思汗，返回燕京时已是四载之后。他们的沿途经历及言语问答等内容，由丘处机的弟子李志常记录下来，即为《长春真人西游记》。该书分上下两卷。上卷主要讲述丘处机一行的西游经历，下卷主要介绍丘处机讲道及东归住持天长观之事。书中对沿途的道路里程、山川形势、气候、语言、民风习俗、珍禽异木以及教内人事言语等均有详明记载，既是研究全真道的第一手珍贵资料，又有极高的历史地理学价值。

此书作成后长期被埋没，直至清乾隆年间，著名学者钱大昕在苏州玄妙观读《道藏》时发现此书并将其抄出，此后才受到关注。清末大学者王国维为该书作注时给予甚高评价："全真之为道，本兼儒释，自重阳以下，丹阳、长春并善诗颂，志常尤文采斐然。其为是记，文约事尽，求之外典，惟释家慈恩传可与抗衡。三洞之中，未尝有是作也。"（《长春真人西游记校注》）现国外有英、法、俄等译本。

学界认为该书堪与晋代法显《佛国记》、唐代玄奘《大唐西域记》以及元代意大利人马可·波罗的《马可·波罗游记》相媲美，在世界中世纪的地理游记中占有重要地位。道光年间著名学者徐松、程同文等曾对书中地理、名物等加以考证。民国时有丁谦《〈长春真人西游记〉地理考证》、王国维《长春真人西游记校注》、王汝棠《〈长春真人西游记〉地理笺释》等问世。新中国成立后研究成果益多，尤其是著名科学家竺可桢《中国近五千年来气候变迁的初步研究》一文，曾利用其中关于新疆赛里木湖当时终年积雪的材料，论证中国气候的变迁；台湾张廷撰有《蒙古帝国与科学——初探〈长春真人西游记〉中的科学与技术》一文可供参考。

14.《上清明鉴要经》《洞玄灵宝道士明镜法》

中国古代部分铜镜表面进行过镀锡处理，但在宋代之前缺乏相关记载，致使人们对此项技术的详细情况不得而知。这两部道经记载了两种磨镜药方,其中一种填补了早期铜镜镀锡技术缺乏记载的空白,为相关研究提供了重要依据。

《要经》编成于南北朝时期,主要记载驱邪避害、疗病养生之法,包括作明镜法经、真人道士摩镜经、老子百华散辟兵度世方、仙人神酒方、神仙除百病枕药方、老子枕中符及药方六个部分,磨镜药方载于"真人道士摩镜经"一节。《明镜法》成书约在《要经》之后,但亦不出南北朝,有抄袭《要经》的痕迹,内容相当于《要经》中的作明镜法经、真人道士摩镜经两部分。

《要经》所记药方为:"方以锡四两,烧釜猛下火,令釜正赤与火同色,乃内锡末,又胡粉三两合内其中。以生白杨刻作人,令长一尺,广二寸,厚一寸,其后柄长短在人耳,以此搅之,手无消息,尽此人七寸。又复内真丹四两,胡粉一两,复搅之,人余二寸。内摩镜锡四两,搅令相得。欲用时,末如胡豆,以唾和之,得膃脂为善,又以如米大者,于前齿上嘘之,后,以唾傅拂其上,以自拂之,即明如日月。"经研究,这是一种熔点很低的锡铅合金,用于外镀镜面。这条药方表明中国古代很早就发明了镀锡的铜镜表面处理技术。

《明镜法》所载药方为:"向得摩镜人云,药用锈锭,边有铁,锽(黄)赤者好。打铁人烧锈锭,打之即出。鏊铁亦有之,名赤渣,是取之于铁臼中,热捣细筛,用帛子箩过,又用蛇黄,亦捣细筛,用生油和此二物即是药也。"这种药有别于《要经》,它是一种研磨剂。

这两种药方揭示了古代磨镜之谜，即中国古代很早就发明了镀锡的铜镜表面处理技术。当然同时亦有其他的处理方式，并非所有的铜镜都采用这种技术。

15.《神仙炼丹点铸三元宝照法》

《三元宝照法》最晚成书于唐昭宗天复二年（902），作者题为归耕子，真实姓名不可考。该书的最大价值在于记载了道教镜与鼎的铸造技术。道士修炼或炼丹需要使用铜镜，为此教内出现了专门的道教镜。《三元宝照法》让今人看到了道教镜的铸造流程及相关技术，为研究道教镜提供了非常宝贵的资料。另外道士炼丹要用到各种各样的鼎，在很多道经中可以看到此类鼎的样图，但是很少记载其具体铸造技术。

《三元宝照法》前半部分讲述三种宝照（照即镜）——天照、地照、人照的铸造，抛开宗教部分不谈，技术方面主要涉及镜的大小、铸造时间及镜背纹饰三方面。三种镜均为尺寸一致的特大镜，厚3寸，重72斤，面广36寸（其厚度过大，记载可能有误）。中国古代特大镜极为罕见，其铸造过程对技术要求相当高，此道教镜尺寸如此之大，足以说明道教的铸镜技术已达到炉火纯青的地步。另外由于宗教原因，道教镜的铸造必须遵守一些特定的规范，如地照铸造时要求在太阴望中，人照铸造时则在丙午日太阳中时等。太阴望中与丙午日一年四季之中会交替出现，因此不同季节因温度不同对铸镜合金会有一定影响，其中主要是铅的含量应该根据情况调节。书中虽然没有明确说明这一点，但要铸镜成功必须掌握此技术。至于镜背的纹饰，三种镜子各不相同：天照"背上内象紫微星君所居，外列二十八宿"，地照"背上铸山川、五岳、四渎、八卦、九州、十六神"，人照"背上铸璇玑之星、六十甲子神名、天子帝号、本命神君、左龙右虎、图号星辰、分野所属郡邑"。若参照唐代前期出世的《上清含象剑鉴图》（上清派大道士司马承祯著）及《上清长生宝鉴图》（佚名）两部经书所载镜图及技术资料，我们可以比较清楚完整地看出道教镜制造技术、操作过程以及在唐代一脉相承的发展脉络。

《三元宝照法》还描述了铸鼎过程中容易出现的技术缺陷："一金不精，二铸不及时，三厚薄不匀，四模素不干，五悬胎铸，六砂孔，七唐膈，八夹横，九金皴，十高下、大小、厚薄不依尺寸。"这种对于铸造技术缺陷的详细描述在古代文献中极为罕见，为研究古代铸造技术和质量控制情况提供了非常宝贵的直接资料。其他有关技术还包括坛的建造、炉养丹法及火候法，此处从略。

四 研究成果举要

1.《道藏提要》《道藏通考》《道藏分类解题》

这是研究《道藏》中科技史料的三部代表性工具书。

任继愈主编、钟肇鹏副主编《道藏提要》，中国社会科学出版社 1991 年出版，是国内道藏提要的代表性著作。施舟人（Kristofer Schipper）与傅飞岚（Franciscus Verellen）主编《道藏通考》（英文名 *The Taoist Canon: A Historical Companion to the Daozang,* Chicago: The University of Chicago Press, 2004），是西方道藏提要的代表性著作。这两部书浓缩了国内外学术界关于《道藏》全部文献的研究认识。

《道藏分类解题》，朱越利著，华夏出版社1996年出版。这部工具书按照现代学科分类，将《道藏》中的经书重新编排并对内容作扼要介绍。如读者要查阅《道藏》中的科技类道经，可以检索该书中的地理、化学、天文学、医药卫生及工业技术类内容，便可以快速地了解相关经书及内容梗概，使道教科技史料相关典籍的搜寻更为便捷。

2.《中国化学史稿》(古代之部)

张子高编著，科学出版社1964年出版。这是新中国成立初期非常重要的一部化学史著作，炼丹术部分主要有两节内容，比较系统地论述了炼丹术的产生及其发展过程，并比较了中西炼丹术的不同，指出中国炼丹术独立产生并影响了西方炼丹术。另外书中其他地方还讲到炼丹术的成就。

3.《道藏源流续考》《中国外丹黄白法考》《陈国符道藏研究论文集》

《道藏源流续考》，陈国符著，台北明文书局1983年出版。陈国符教授是《道藏》研究的开创者，1963年由中华书局出版的《道藏源流考》（修订版，初版于1949年由中华书局出版）至今仍是《道藏》研究方面的经典著作，这本书附录中即有《中国外丹黄白术考论略稿》一文。二十世纪七十年代初期，陈国符开始深入研究外丹黄白术，其主要成果汇编成《道藏源流续考》一书。全书包括中国外丹黄白法词谊考录、中国外丹黄白法经诀出世朝代考、《石药尔雅》补与注、中国外丹黄白术所用草木药录以及《太清经》考略稿等几个部分。其中第一部分经修订后由上海古籍出版社于1997年出版，定名为《中国外丹黄白法考》，其余部分被收进同一出版社2004年出版的《陈国符道藏研究论文集》一书。《道藏源流续考》对外丹经出世朝代的考证、炼丹术语的研究等方面做出了巨大贡献，至今仍是炼丹术研究最基本的参考书。

4.《中国古代化学史研究》

赵匡华主编，北京大学出版社1985年出版。这部论文集选编了1977年至1984年之间我国学者发表的54篇论文。其中炼丹术部分包括王奎克、赵匡华、孟乃昌、郭正谊、陈国符、何丙郁等炼丹术研究名家撰写的10余篇重要论文，就单质砷的制备、砷白铜的历史、抽砂炼汞、胆水炼铜、狐刚子的贡献、部分重要外丹经的出世年代等问题展开讨论。这几篇论文大多涉及模拟实验，这是二十世纪八十年代以来炼丹术研究方法出现的重要变化。对炼丹术进行模拟实验类文章大多刊登在《自然科学史研究》上，读者需要可检阅该杂志。

5. *Science and Civilisation in China*（中文名《中国科学技术史》）

英国李约瑟著，这部 7 卷 30 多分册的英文巨著，从 1954 年开始由英国剑桥大学出版社陆续出版。其中第五卷第二分册讨论炼丹术的起源及中国的长生不老思想等，由李约瑟与鲁桂珍执笔，1974 年出版；第三分册研究炼丹术（外丹）的发展与早期化学史，从古代的丹砂一直讲到合成胰岛素，由李约瑟、何丙郁与鲁桂珍执笔，1976 年出版；第四分册比较研究中西化学仪器的发展、中国炼丹术的理论基础及其在阿拉伯、拜占庭及欧洲的传播，以及对文艺复兴时期帕拉塞斯（Paracelsus）药化学学派的影响，由李约瑟、何丙郁、鲁桂珍与美国宾夕法尼亚大学的席文执笔，1980 年出版；第五分册研究生理炼丹术（内丹）、原始生物化学及中世纪性激素的制备，由李约瑟与鲁桂珍执笔，1984 年出版。这几个分册是李约瑟及其合作者们比较集中讨论道教中科技史料的部分，其他分册中亦有相关内容。这几分册的中文版的翻译出版目前正由科学出版社进行中。另外中国台湾地区陈立夫主译的中文版《中国之科学与文明》第十四、十五册炼丹术和化学部分，分别为李约瑟原书的第五卷第二、三册，可供参考（台北商务印书馆 1982 年、1985 年出版）。

6.《道教与科学》

金正耀著，中国社会科学出版社 1991 年出版。这是第一部直接以"道教与科学"命名的研究著作，基于作者的博士论文而成。该书的问世开拓了道教研究的学术空间，对中国科学史研究亦提出新的问题。

7.《道教与中国炼丹术》

孟乃昌著，北京燕山出版社 1993 年出版。在这部著作中，作者对炼丹术的历史、重要的外丹经、炼丹术的理论以及炼丹术的主要成就等均有所论。其中作者用力最深的是评介了 30 种重要的外丹经，包括经书内容及其科学成就，有重要参考价值。

8.《道家文化与科学》

祝亚平著，中国科学技术大学出版社 1995 年出版。这部书较为系统地整理了《道藏》中的科学技术史料。书中的"道家"概念包括通常所说的道家与道教。书中前半部分介绍了道教科学思想的发展历史及其特征；后半部分从天文物理、炼丹化学、数学物理与气象、技术与发明、生命科学等几大领域，介绍道家对中国古代科学技术的贡献，并在书后进行了归纳总结。

9.《中国科学技术史·化学卷》

赵匡华、周嘉华著，科学出版社 1998 年出版。由于炼丹术对化学史研究的重要意义，该书专辟两章内容讨论炼丹术，由赵匡华撰写。赵匡华先生为二十世纪后期炼丹术研究领域最重要的学者之一，他与陈国符同为化学教授，但与陈国符的乾嘉遗风不同，赵匡华非常重视运用现代科技手段，对外丹经中的记载进行模拟实验，从而与孟乃昌等人将炼丹术研究推向一个新高峰。这部书的炼丹术部分是他在总结前代学者之研究基础上，积其数十年研究成果的综合产物，是二十世纪后期中国炼丹术研究的代表作。该书第一部分讲述中国炼丹术的发展历史，第二部分为重点，内容包括炼丹理论、各类药物及玄奥物质考辨、炼丹设备种类及建造方法、炼丹术中的医药化学、合金化学、炼丹术与火药的发明等，是了解炼丹术对中国古代科学技术所作贡献的重要著作。

10. 多卷本《中国道教科学技术史》

作为国家社科基金重点项目成果，该书是第一部系统阐述道教学术思想中的科学理论和科学技术成就的大型著作，由中国科学院席泽宗院士任名誉主编，姜生、汤伟侠主编，数十位海内外知名学者共同编撰。"汉魏两晋卷"与"南北朝隋唐五代卷"已由科学出版社分别于 2000 年和 2010 年出版，"宋元明清卷"正在编撰中。这部书有两大特点。第一，系统考察道家道教与中国古代科学技术的关系问题，改变了以往多偏重于炼丹术的状况。首卷从科学思想、炼丹术与化学、医学、养生学、天学与地学、物理学与技术等学科领域进行研究。所用原始资料已大大超越《道藏》所录经典范围，《道藏》以外与道家道教有关的史料文献、出土文物等均被纳入研究范围。第二，该书突破传统中国科学技术史研究的范式，尝试对"科学"概念重新厘定，提出"科学是人类经过千百年的探索与实践而形成的用于有效延长和增强自身能力的知识系统,它使人类面对自然界这个生存环境时,具有符合其价值取向的攫能效率"。这种新诠释将"科学"从西方文化背景下的理念中解放出来,开拓了科学的合理边界,拓展了道教与科学技术史的研究空间。

作为一部科技史著作,该书的另一特点是在某些章节的尾部设置附录,展示多种横向资料(如对某些问题的相关研究、不同观点的研究结果,尤其是模拟实验研究),使读者获得更多更广的学术参考信息,不仅可以在某些问题上进一步说服读者,也使读者的眼光不至于为本书作者表达的某一种观点所限制,给读者留下思考和判断的空间。

11.《知识断裂与技术转移——炼丹术对古代科技的影响》

韩吉绍著,山东文艺出版社2009年出版。该书以新提出的"知识断裂"理论为指导,系统考察了道教炼丹术对中国古代科技发展做出的重要贡献,其重点不在探究炼丹术内部到底取得了哪些科技成就,而是聚焦炼丹科技对道教之外的世俗社会产生了哪些重要影响。

拓展阅读建议书目:

[美]约翰生:《中国炼丹术考》,黄素封译,上海商务印书馆,1937年。
(Obed Simon Johnson, *A Study of Chinese Alchemy*, 上海商务印书馆, 1928年)

冯家昇:《火药的发明与西传》,华东人民出版社1954年第1版,上海人民出版社1978年第2版。

王琎：《中国古代金属化学及金丹术》，科学技术出版社，1957年。

袁翰青：《中国古代化学史论文集》，生活·读书·新知三联书店，1965年。

Nathan Sivin, *Chinese Alchemy: Preliminary Studies*, Harvard University Press, 1968.（[美] 席文：《伏炼试探》，哈佛大学出版社，1968年）

曹元宇编著：《中国化学史话》，江苏科学技术出版社，1979年。

张觉人：《中国炼丹术与丹药》，四川人民出版社1981年，四川科学技术出版社1985年。

杜石然等：《中国科学技术史稿》，科学出版社，1982年。

胡孚琛：《魏晋神仙道教》，人民出版社，1989年。

赵匡华：《中国炼丹术》，中华书局（香港）有限公司，1989年。

华同旭：《中国漏刻》，安徽科学技术出版社，1991年。

容志毅：《中国炼丹术考略》，上海三联书店，1998年。

金正耀：《道教与炼丹术论》，宗教文化出版社，2001年。

Jiang Sheng（姜生），"Chinese Religions, Daoism and Science," in *Encyclopedia of Science and Religion*, New York: Macmillan Reference USA, 2003.（《科学与宗教大百科全书·中国宗教，道教与科学》，纽约：美国麦克米兰出版公司，2003年）

王家葵：《陶弘景丛考》，齐鲁书社，2003年。

盖建民：《道教科学思想发凡》，社会科学文献出版社，2005年。

Jiang Sheng（姜生），"Daoist Contributions to Science in China," in *Science, Religion, and Society: An Encyclopedia of History, Culture, and Controversy*, New York: M. E. Sharpe Inc., 2006.（《科学、宗教与社会大百科全书·道教对中国科学之贡献》，纽约：M. E. 夏普出版公司，2006年）

容志毅：《道藏炼丹要辑研究：南北朝卷》，齐鲁书社，2006年。

韩吉绍：《道教炼丹术与中外文化交流》，中华书局，2015年。

韩吉绍：《黄帝九鼎神丹经诀校释》，中华书局，2015年。

主要参考文献:

姜生、汤伟侠主编:《中国道教科学技术史·汉魏两晋卷》,科学出版社,2002年。

姜生、汤伟侠主编:《中国道教科学技术史·南北朝隋唐五代卷》,科学出版社,2010年。

赵匡华、周嘉华:《中国科学技术史·化学卷》,科学出版社,1998年。

祝亚平:《道家文化与科学》,中国科学技术大学出版社,1995年。

孟乃昌:《道教与中国炼丹术》,北京燕山出版社,1993年。

任继愈主编:《道藏提要》(第三次修订本),中国社会科学出版社,2005年。

朱越利:《道藏分类解题》,华夏出版社,1996年。

韩吉绍:《知识断裂与技术转移——炼丹术对古代科技的影响》,山东文艺出版社,2009年。

[本节原收入朱越利主编《道藏说略》,华夏出版社2009年版,系业师姜生先生和笔者合写,感谢业师授权将其收入本集,并由笔者略作修改]

叁　中国炼丹术研究之回顾及展望

尽管西方科学传入中国是相当晚的事情，但在这之前很长的一段时期内，西方来华传教士一直致力于搜集、整理、研究中国古代科技资料的工作。不过，西方学术界对中国炼丹术的关注较晚，最初原因可能在于对化学史讨论的需要，因此可以说西方科学，确切地说应该是化学科学是中国炼丹术研究的逻辑原点，这是中国炼丹术研究最鲜明的特点。据称最早的一篇有关中国炼丹术的论文为德国学者克拉普罗特于1810年发表在俄国《彼得堡科学院院刊》上的《第八世纪时中国人的化学知识》，主要讨论了唐朝一部叫《平龙认》的与炼丹术有关的书。[1] 之后个别来华传教士开始关注一些炼丹术典籍，其中美国传教士丁韪良在《汉学菁华》(The Lore of Cathay, New York, Chicago, Toronto: Fleming H. Revell Company, 1901) 一书中提出中国炼丹术是近代化学先驱的论断，而英国的翟理斯的《中国与中国人》(China and The Chinese, New York: The Columbia Press, 1902) 则认为中国的炼丹术是由希腊经

---

[1] 此据袁翰青：《中国化学史论文集》，第27页。黄素封《化学元素发现史》（商务印书馆1936年）最先翻译介绍了这篇文章。

大夏传入的。随后,美国加利福尼亚大学博士约翰生于1925年完成其博士论文 *A Study of Chinese Alchemy*(1928年由上海商务印书馆出版,1937年又出版中文译本),这可能是关于中国炼丹术的最早专著,在书中作者极力主张西欧的炼金术受到中国炼丹术的影响,并指出炼丹术在中国古代医学上与化学工艺上具有重要地位。另外,最早用近代科学实验方法研究中国化学史的日本学者近重真澄于1929年他发表了讨论铜器、金丹与日本刀的《东洋炼金术》(东京,1929年)一书,引起很大反响,此书1974年于纽约重版(Masumi Chikashige, *Oriental Alchemy*, Samuel Weiser, New York)。

二十世纪初期,中国当时一批留学返国的学者如王琎、章鸿钊、张子高等人成为中国化学史国内研究的最初开拓者。尤为可贵的是,这些学者最初便意识到道教炼丹术的科学史价值,并使其成为化学史及科技史研究的重要组成部分。这一时期成就比较突出的有王琎、曹元宇等人。王琎于1920年在《科学》杂志第5卷第6、7期上连续发表了《中国古代金属原质之化学》与《中国古代金属化合物之化学》两篇论文,从金属化学的角度对炼丹术进行探讨,为中国炼丹术的科学研究奠定了初步基础。曹元宇的两篇重要文章为《中国古代金丹家的设备和方法》(《科学》1933年第11卷第1期)[2]与《葛洪以

---

[2] 此文与王琎《中国古代金属原质之化学》与《中国古代金属化合物之化学》均收入《中国古代金属化学及金丹术》一书中,上海科学技术出版社,1957年。

前之金丹史略》(《学艺》1935年第14卷2、3号)。前者以近二十种炼丹术文献为基础详细考察了炼丹之诸种操作及设备,后者则主要论述了炼丹术的起源与早期发展历史。新中国成立前其他有关论文还有劳干《中国丹砂之运用及其推演》(《历史语言研究所集刊》1938年第7卷第4期)、薛愚《道家仙药之化学观》(《学思》1942年第1卷第5期)、黄素封《我国炼丹术考证》(《中华医学杂志》1945年第31期)等。总的来看,这一时期的炼丹术研究主要集中于化学史领域,研究人数、规模均十分有限,处于拓荒阶段。

值得注意的是,国外的相关研究也一直在继续进行。由于炼丹术文献晦涩难懂,对西方学者来说语言是个很大的障碍,美国学者戴维斯从三十年代开始与几位中国留学生合作陆续翻译了《周易参同契》《抱朴子内篇》《悟真篇》《金丹正理大全》等多部炼丹文献,并对一些问题进行了初步讨论,具体情况如下:(1) 吴鲁强及戴维斯:"中国炼丹术",载于1930年 Scientific Monthly;"参同契"的英文翻译,载于1932年的 Isis;"抱朴子"内篇金丹与黄白两篇的英文翻译,载于1935年的《美国艺术与科学学院院报》。(2) 赵云从及戴维斯:"张伯端的悟真篇"英文翻译,载于1939年的《美国艺术与科学学院院报》;"金丹正理大全介绍",载于1940年的《美国艺术与科学学院院报》。(3) 陈国符及戴维斯:"抱朴子"内篇释滞及仙药两篇的英文翻译,载于1941年《美国艺术与科学学院院报》;"介绍陈致虚的金丹大要",载于1942年《亚洲研究杂志》。[3] 以上译著对国外研究的深入进行起到了很好的促进作用。

二十世纪八十年代之前，特别是五六十年代期间，由于国内整体学术研究状况的改善以及民族情感高涨，炼丹术研究进入一个小高潮，探索炼丹术中的化学成就仍然是研究的最主要方向，成就比较瞩目的有袁翰青、张子高、冯家昇等。袁翰青用近代化学的方法在研究上取得了突破，其论文有《推进了炼丹术的葛洪和他的著作》(《化学通报》1954年第5期)、《从道藏里的几种书看我国的炼丹术》(《化学通报》1954年第7期)、《周易参同契——世界炼丹史上最古的著作》(《化学通报》1954年第8期) 等，这些文章后来均收入他的《中国化学史论文集》(生活·读书·新知三联书店1956年)。张子高在《中国化学史稿（古代之部）》(科学出版社1964年) 中对炼丹术史的整体研究达到了较高水平，提出了不少创见。冯家昇《火药的发明和西传》(华东人民出版社1954年)、《火药的由来及其传入欧洲的经过》(载《中国科学技术发明和科学技术人物论集》，生活·读书·新知三联书店1955年) 论证了火药的发明、发展及传入欧洲的经过，其"炼丹家发明了火药"的论断有力促进了对炼丹术的进一步研究。其他学者如朱晟《医学上的丹剂和炼丹的历史》(《中国医学杂志》1956年第6期) 与《我国人民用水银的历史》(《化学通报》1957年

---

[3] 以上引自袁翰青：《中国化学史论文集》，第29页。

第 4 期)、俞真初《祖国炼丹术与制药化学的发展》(《浙江中医杂志》1957 年第 8 期)、孟乃昌《〈周易参同契〉及其中的化学知识》(《化学通报》1958 年第 7 期)与《关于中国炼丹术中硝酸的应用》(《科学史集刊》1966 年总第 9 期)、谢海洲等《有关汞及其炼丹的历史》(《哈尔滨中医》1963 年第 3 期)、王奎克翻译的李约瑟论文《〈三十六水法〉——中国古代关于水溶液的一种早期炼丹文献》(《科学史集刊》1963 年总第 5 期)以及王奎克《中国炼丹术中的"金液"和"华池"》(《科学史集刊》1964 年总第 7 期)等均为比较有深度的研究。

这一时期值得特别注意的还有在《道藏》与外丹术研究中均享有很高威望的陈国符先生。陈国符早年留学德国，专攻纤维化学。前面提到，他在国外求学过程中曾与美国学者戴维斯合作将一些中国炼丹术著作译成英文。回国后，他利用业余时间开始对《道藏》进行系统研究，后撰成《道藏源流考》一书（中华书局 1949 年初版，1963 年增订）。尽管该书不像他后来的《道藏源流续考》那样专门讨论外丹黄白术，但书中亦附录有《中国外丹黄白术考论略稿》长文，对炼丹术诸多问题进行了极有见地的讨论。另外他还有几篇讨论外丹黄白术的论文，如《中国外丹黄白术史略》(《化学通报》1954 年第 12 期)、《说〈周易参同契〉》(《天津大学学报》1957 年第 6 期)、《道藏经中外丹黄白术材料的整理》(《化学通报》1979 年第 6 期)等。与其他研究炼丹术的中国学者不同，陈国符的研究方法具有鲜明的传统学术特色，他更像一位使用科学方法的历史学家，而非研究历史的科学家。

海外方面，成绩最突出的首推英国的李约瑟。李约瑟原本为剑桥大学一位深具发展潜力的生物化学家，正当他的事业取得重要成就被选为英国皇家科学院院士的时候，由于受到鲁桂珍等几个中国留学生的影响，他对中国文化产生了巨大兴趣，毅然放弃了自己的专业而全力投入到中国科学技术史的研究工作中。在他的多卷本《中国科学技术史》(Science and Civilisation in China) 巨著中，炼丹术是很重要的一部分，共包括四个分册，这一时期陆续出版，具体情况如下：《炼丹术的发现和发明：点金术和长生术》，主要讨论中国炼丹术的起源，由李约瑟和鲁桂珍执笔，1974年出版；《炼丹术的发现和发明：从长生不老药到合成胰岛素的历史考察》，主要讨论炼丹术的发展及早期化学史，由李约瑟、何丙郁、鲁桂珍三人执笔，1976年出版。另外两册稍晚，也在此一并介绍：《炼丹术的发现和发明：器具、理论和中外比较》，内容包括炼丹设备、相关理论以及中国与阿拉伯、西方之间的关系等，由李约瑟、何丙郁、鲁桂珍以及美国的席文共同执笔，1980年出版；《炼丹术的发现和发明：内丹》，主要讨论内丹术，其中包括原始生物化学与性激素的制备等，李约瑟和鲁桂珍执笔，1983年出版。[4] 李约瑟的研究对中国学术界的普遍、巨大影响在

---

[4] 以上介绍参考了潘吉星《李约瑟——沟通东西各民族与科学文化的桥梁建筑大师》一文，见潘吉星主编：《李约瑟集》卷首，天津人民出版社，1998年。

八十年代后日渐凸显。同时其他海外学者也有不少后来产生广泛影响的成果，如李约瑟的合作者何丙郁对一些炼丹著作的考证，中文论文有何丙郁与苏莹辉发表在香港《东方文化》1970年第8卷第1期上的《〈丹房镜源〉考》、何丙郁与陈铁凡发表在《东方文化》1971年第9卷第2期上的《论纯阳吕真人药石制的著成时代》等，英文论文更多。同为李约瑟的合作者、美国学者席文对《太清丹经要诀》进行了模拟实验研究，撰有《伏炼试探》一书（*Chinese Alchemy: Preliminary Studies*, Havard University Press, Cambridge, Massachusetts, 1968）。另外日本的中国科学史学者也有关注炼丹术的，如吉田光邦撰有《煉金術——仙術と科学の間》（东京中央公论社1963年）。

二十世纪八十年代后，由于对外学术交流逐渐畅通，国内学术界的视野得到了很大提高，许多新理论、新方法被引入到相关的学术研究中。具体到炼丹术研究，除传统研究方法（西方科学＋文献考证）仍然占有重要地位外，最大的变化是模拟实验方法的广泛应用。这种方法的引入解决了化学史上许多争论许久的疑难问题，特别是对炼丹术中的一些合金与化合物等物质的实验证明，大大地深化了炼丹术的研究，将西方科学实证研究法推向了高潮。成绩最大的两位学者首推赵匡华与孟乃昌，他们连续发表了一系列的研究论文，如赵匡华《我国金丹术中砷白铜的源流与验证》（《自然科学史研究》1983年第1期）、《关于中国炼丹术和医药化学中的制轻粉、粉霜诸方的实验研究》(《自然科学史研究》1983年第3期)、《关于我国古代取得单质砷的进一步确证和实验研究》(《自然科学史研究》1984年第2期)、《中国金丹术中的"彩色金"及其实验研究》(《自然科学史研究》1986年第1期)、《中国古代炼丹术中诸药金、药银的考释与模拟试验研究》(《自然科学史研究》1987年第2期)、《中国古代炼丹术及医药学中的氧化汞》(《自然科学史研究》1988年第4期)、《中国古代的铅化学》(《自然科学史研究》1990年第3期),孟乃昌《秋石试议——关于中国古代尿甾体性激素制剂的制备》(《自然科学史研究》1982年第4期)、《中国炼丹术伏硫磺、硝石、硇砂诸法的试验研究》(《自然科学史研究》1984年第2期)、《孙真人丹经内伏硫黄法的模拟实验研究》(《太原工业大学学报》1984年第4期)、《中国炼丹术"金液"丹的模拟实验研究》(《自然科学史研究》1985年第1期)、《中国炼丹术朱砂水法模拟实验研究》(《自然科学史研究》1986年第3期)、《铜汞药金的模拟实验研究》(《太原理工大学学报》1995年第1期)等。其他一些学者也普遍运用了这种方法,如王奎克等人《砷的历史在中国》(《自然科学史研究》1982年第2期)、郑同与袁书玉《单质砷炼制史的实验研究》(《自然科学史研究》1984年第2期)、王振铎《葛洪抱朴子中"飞车"的复原》(《中国历史博物馆馆刊》1984年第6期)、张秉伦与孙毅霖《"秋石方"模拟实验及其研究》(《自然科学史研究》1988年第2期)、黄兴宗《对中世纪中国药物"秋石"特性的试验》(《中国图书文史论集》,

台北正中书局1991年）等。以上论文部分收入赵匡华主编的《中国古代化学史研究》（北京大学出版社1985年）一书。

与此同时，学者对炼丹术之典籍、术语、理论等方面的探讨也全面展开。自二十世纪七十年代以来，陈国符集中精力研究外丹黄白术，其成果汇编成《道藏源流续考》一书于1983年由台湾明文书局出版，其中包括《中国外丹黄白法词谊考录》《中国外丹黄白法经诀出世朝代考》《石药尔雅补与注》《中国外丹黄白术所用草木药录》等重要内容，对炼丹术的基本术语、重要经诀的出世时代进行了开创性研究。《道藏源流续考》经修改增订后近年来分为两部分在大陆出版，《中国外丹黄白法词谊考录》增订为《中国外丹黄白法考》，由上海古籍出版社1997年出版；其余部分增订为《陈国符道藏研究论文集》，[5]由上海古籍出版社2004年出版。孟乃昌、赵匡华等对炼丹典籍、理论、方法、设备等方面的研究亦有不少重要进展，如孟乃昌《周易参同契考辩》（上海古籍出版社1993年）中对《参同契》炼丹内容的考证与研究、《道教与中国炼丹术》（北京燕山出版社1993年）对炼丹术典籍与理论的综合研究等，赵匡华《中国炼丹术》（香港中华书局1989年）、《中国炼丹术"伏火"试探》（《科技史文集》第15辑，上海科学技术

---

[5] 增加了《〈道藏〉经中外丹黄白术材料的研究法》《〈道藏〉经中若干可供研究中国古代自然科学与技术之史料》《有关中国外丹黄白术著作之撰述经历若干时期之特例》《〈古歌〉考略稿》《关于炼丹术中"伏火"的两则札记》等论文，部分此前已发表。

出版社1989年)、《中国炼丹术思想试析》(《国学研究》1993年第1期)同样是比较重要的收获，尤其是《中国科学技术史·化学卷》(科学出版社1998年)中由赵匡华执笔的炼丹术部分，是二十世纪炼丹科学研究的集大成之作。其他学者论著略举如下：王祖陶《易学思想在中国炼丹术中的应用》(《自然科学史研究》1990年第3期)及其与毕桂欣合撰的《〈周易参同契〉外丹著作考》(《自然科学史研究》1993年第2期)，王家葵《炼丹家本草〈丹房镜源〉考略》(《中华医史杂志》1996年第1期)与《〈铅汞甲庚至宝集成〉纂著年代考》(《宗教学研究》2000年第2期)，蔡林波《"有为之法"：道教外丹术的实践哲学》(《学术论坛》2003年第2期)，容志毅《中国炼丹术考略》(上海三联书店1998年)、《〈参同契〉之丹道要旨》(《宗教学研究》2003年第4期)、《中国始炼硫化汞时间新证》(《山东大学学报(哲社版)》2006年第2期)、《道藏炼丹要辑研究(南北朝卷)》(齐鲁书社2006年)等，以及笔者所著《〈道藏〉中的两种磨镜药研究》(《自然科学史研究》2005年第2期)、《〈三十六水法〉新证》(《自然科学史研究》2007年第4期)、《黄帝九鼎神丹经诀校释》(中华书局2015年)，等等。

当然，上述研究很多都涉及炼丹术中的科学成就，这方面还有很多其他专论。例如胡孚琛《魏晋神仙道教》(人民出版社1989年)对葛洪《抱朴子内篇》的科学内容有详细讨论，祝亚平《道家文化与科学》(中国科学技术大学出版社1995

年)对炼丹成就有很多讨论与总结,金正耀《道教与炼丹术论》(宗教文化出版社 2001 年)与刘广定《中国科学史论集》(台湾大学出版中心 2002 年)等亦收录有多种与炼丹术有关的论文,笔者所著《知识断裂与技术转移——炼丹术对古代科技的影响》(山东文艺出版社 2009 年)则系统考察了宋代以前炼丹术对世俗社会科技所产生的重要影响。

此外,海外学者中李约瑟的成果不少被翻译出版,除《中国科学技术史》中译本陆续出版外,像《李约瑟文集》(辽宁科学技术出版社 1986 年)、《李约瑟集》(天津人民出版社 1998 年)等均有不少关于炼丹术的内容。何丙郁最近一些年在大陆出版的作品有英文论文《〈庚辛玉册〉:中国炼丹术在历史上的最后一部巨著》(《自然科学史研究》2000 年第 4 期)和论文集《何丙郁中国科技史论集》(辽宁教育出版社 2001 年)等。另外他在《我研究〈道藏〉炼丹术文献的回顾与反省》(《自然科学史研究》2003 年第 2 期)一文中曾提到他在撰写《〈道藏〉探索》(*Explorations in Daoism*)一书,内容主要包括《道藏》中有关炼丹典籍的作成年代鉴定、校雠、辑存以及《道藏》以外部分炼丹术资料的有关情况。该书于 2007 年在西方出版(*Explorations in Daoism: Medicine and Alchemy in Literature*, Edited by John P. C. Moffett and Cho Sungwu, London and New York: Routledge Taylor & Francis Group),可知其内容主要关注唐代以后的炼丹文献,这恰是目前学术界研究非常薄弱的时段。其他如意大利学者玄英（Fabrizio Pregadio）也发表有不少关于炼丹术的论著，如博士论文《黄帝九鼎神丹经诀研究》（*Il Liblo dei Nove Elisir elesuo tradizione: Studio dello Huangti chiu-ting shen-tan ching-chueh*）及论文《九鼎神丹经及其传统》（*The Book of the Nine Elixirs and Its Tradition*，收入日本山田庆儿编《中国古代科学史论》，京都大学人文所1989年）等。特别是其代表作《太清：中国中古早期的道教和炼丹术》（*Great Clarity: Daoism and Alchemy in Early Medieval China*, Stanford: Stanford University Press, 2006）中译本由笔者译出，于2016年由齐鲁书社出版，该书重点不在外丹的化学性方面，而在其宗教和仪式层面。此外他的 *Chinese Alchemy: An Annotated Bibliography of Western-Language studies*（*Monumenta Serica* 44, 1996）一文搜集了西方学术界研究外丹的论著目录，很有参考价值。

除模拟实验的广泛使用和对炼丹术本身的研究成就瞩目之外，二十世纪八十年代以来由于学术视野的开阔与研究水平的提高，跨国别或地区、跨学科的有关问题研究也取得重要进展，试举两个例子。

1. 中西炼丹术的比较与炼丹术的西传

这一领域最先由国外学者开创，如前面提到的丁韪良和翟理斯等。约翰生所著《中国炼丹术考》一书中有专门一节讨论中西炼丹术的关系，认为中国炼丹术可能很早就传入欧洲。1949年以后，国内化学史研究者开始重视这一问题，初期时出现几种成果，均强调中国炼丹术西传的贡献，如冯家昇《炼丹术的成长及其西传》（载《中国科学技术发明和科学技术人物论集》，生活·读书·新知三联书店1955年），曹元宇《中国金丹术西传问题》（《南京第一医学院学报》1959年第4期）、《中国化学史话》（江苏科学技术出版社1979年）的部分内容，张子高《中国化学史稿（古代之部）》（科学出版社1964年）的部分内容等。二十世纪八十年代后，相关研究趋于增多，如孟乃昌《从硫汞论的演进看古代中外学术交流》（《大自然探索》1984年第1期）、《周易参同契考辨》（上海古籍出版社1993年）的部分内容，朱诚身、杨吉湍《古代中西炼金术之比较》（《郑州大学学报（哲社版）》1990年第1期），蒙绍荣与张兴强《历史上的炼丹术》（上海科技教育出版社1995年）的部分内容，蒙绍荣等《中西方金丹术比较——兼谈中国金丹术为何未能转变为近代化学》（《广西民族学院学报》1996年第1期）、何法信《中西古代金丹术的比较研究》（《自然科学史研究》1996年第3期）、李晓岑《中国金丹术为什么没有取得更大的化学成就——中国金丹术和阿拉伯炼金术的比较》（《自然辩证法通讯》1996年第5期）、冷东《中国古代炼丹术在西域的传播和演变》（《化学教学》1999年第10期）等。总体上来看，以上研究取得了不少成绩，当然在深度和广度上还有所欠缺，而且多集中在中西炼丹术比较方面，对中国炼丹术传入西方的重要媒介阿拉伯炼丹术很少涉及。

英国学者李约瑟对中国炼丹术的西传和中西比较做了很多研究，尤其在中国和阿拉伯的比较方面取得一些突破，其前期相关成果大多被译成中文，如《中国古代金丹术的医药化学特征及其方术的西传》(《中华文史论丛》1979年第3期)、《东西方长生不老丹的概念与化学试剂》(《社会科学战线》1980年第3期)，《李约瑟文集》(辽宁科学技术出版社1986年)中的《中世纪早期中国炼丹家的实验设备》《东西历史中所见之炼丹思想与化学药物》《欧洲与中国的伪金》等数篇，以及《中国古代科学》(上海书店出版社2001年)中的《长寿之道的对比研究》等。后期成果要特别注意其《中国科学技术史》第五卷第四分册《炼丹术的发现和发明：仪器、理论和礼物》(*Science and Civilisation in China*, Vol.5, Chemistry and Chemical Technology, Part IV: Spagyrical Discovery and Invention: Apparatus, Theories and Gifts, Cambridge University Press, 1980)，这是李约瑟在这一论题上的综合之作。

关于中国和印度炼丹术的交流和比较，国内学术界虽长久未有专门研究成果，但在相关研究中有所旁及。如张晟等人在研究西藏炼丹术时曾从藏文资料中发现一些中国炼丹术传入印度的证据，撰有论文《藏文典籍中的一些炼丹史料》(《中国科技史料》1998年第3期)、《邬坚巴·仁钦贝的伏玄珠法》(《青海民族学院学报（社会科学版）》1999年第1期)、《狐刚子与邬坚巴·仁钦贝伏水银法的比较》(《中国药学杂志》1999年第

12期）等。此外，一些研究认为道教对印度密教的产生与发展起到重要作用，密教很多特征源于道教，其中即包括炼丹术。西方学者对这一问题的研究也很少，李约瑟偶有涉及（如内丹与印度的关系）。印度古代就流传有中国炼丹术传入的故事，印度现代学者对此问题颇为重视，虽然意见不一，但中印在这方面有过密切交往则是学界共识。Vijaya Jayant Deshpande 在这方面撰有多篇论文，如 *Transmutation of Base-metals into Gold as Described in the Text Rasārṇavakalpa and Its Comparison with the Parallel Chinese Methods*"[*Indian Journal of History of Science*, 19(2), 1984]，*Medieval Transmission of Alchemical and Chemical Ideas between India and China* [*Indian Journal of History of Science*, 22(1), 1987]，以及博士论文 *Alchemy in India and China*（Panjab University, Chandigarh, 1988）等。

近些年来，笔者非常关注中西炼丹术的比较和交流论题，撰有《道教炼丹术与中外文化交流》一书（中华书局 2015 年），主要勾勒了道教视角下炼丹术与中外文化交流的一些重要图景，涉及古代中国与印度、波斯、阿拉伯、东南亚、欧洲等地区所发生的文化、科技、医药学、经济等方面的交流情况，以大量史实证明炼丹术是一条中外文化交流的重要纽带。当然必须承认，虽然一百年来学术界在这个领域取得众多成绩，但尚未解决的问题其实更多，未来的研究空间相当大。

2. 炼丹术与中医药学

炼丹术与中医药学关系之密切从炼丹家与历代本草中清晰可见，陈国符先生很早就指出："盖外丹术与医术，初无区别，二者分派，疑始自金宋耳。"[6] 张子高的《中国化学史稿（古代之部）》中有初步讨论。之后少数学者开始关注这一问题，如孟乃昌《中国炼丹术与中医外科学的关系》（《中医药学报》1984 年第 2 期）、张觉人《中国炼丹术与丹药》（四川人民出版社 1981 年）、冈西为人《中国医学之丹方》（《科学史译丛》1986 年第 4 期）、黄兆汉《道藏丹药异名索引》（台湾学生书局 1989 年）、曹丽娟《道教外丹术与中国古代药物学》（《山东医科大学学报（哲社版）》1995 年第 2 期）、张厚宝《道家炼丹术与丹药》（《时珍国医国药》2000 年第 3 期）、邱玏与朱建平《道教外丹术对〈雷公炮炙论〉的影响》（《江西中医学院学报》2005 年第 2 期）等。张觉人的著作对自炼丹术递嬗下来的中医丹药学进行了较为深入的研究，非常具有启发意义。这一问题牵涉面较广，研究难度较大，许多方面尚无专门研究，如炼丹术与本草学、药用矿物药等的相互关系，这一领域均有待于进一步开拓。

此外在个别具体问题上亦有重要收获，如围绕火药问题，学者先后发表了大量成果，相当一部分与炼丹术有关，限于

---

[6] 陈国符：《道藏源流考》附录五"中国外丹黄白术考略稿"之七"我国金丹术黄白术与医术之关系"，中华书局，1963 年，第 397 页。

篇幅这里不再一一列举。进入二十世纪九十年代,道教与科学研究领域最明显的一个趋势是研究范围大大突破了以往的化学史领域,开始全方位地挖掘道教中的科学内容。这种传统化学史研究方法在其他方面的强化既是研究深入发展的趋势,同时与李约瑟的影响亦不无关系。李约瑟的《中国科学技术史》在二十世纪七十年代之后被陆续翻译为中文,尽管炼丹术部分的四卷中文版至今未能出版,但李约瑟的道家思想早已为中国科学史界所熟知。在李约瑟的眼里,道家思想是中国科学技术的根本,他认为:"道家哲学虽然含有政治集体主义、宗教神秘主义以及个人修炼成仙的各种因素,但它却发展了科学态度的许多最重要的特点,因而对中国科学史是有头等重要性的。此外,道家又根据他们的原理而行动,由此之故,东亚的化学、矿物学、植物学、动物学和药物学都起源于道家。"[7] 在这种背景下,国内出现了探讨道教与科学的热潮,出现了几种综合性的研究成果,如金正耀《道教与科学》(中国社会科学出版社 1990 年)、祝亚平《道家文化与科学》(中国科学技术大学出版社 1995 年)、姜生与汤伟侠主编《中国道教科学技术史》之"汉魏两晋卷"和"南北朝隋唐五代卷"(科学出版社 2002 年、2010 年)等。至于物理、化学、天文、地学、医学等各领域内的有关论著更是不胜枚举,道教与科学一时成为道教研究的显学。与此相得益彰,炼丹术研究中也出现了一些新尝试,如

---

[7] [英] 李约瑟:《中国科学技术史》第二卷,第 175 页。

段异兵《外丹术中的热学知识初探》(《自然科学史研究》1996年第3期)、张晟《藏文典籍中的一些炼丹史料》(《中国科技史料》1998年第3期)分别将研究视角延伸至化学以外的学科与汉族以外的文化。

除此之外，近些年一个十分可喜的趋势值得特别指出，这便是炼丹术与社会的研究开始引起关注。从科学史研究的内史、外史来区分，以往的炼丹术研究绝大部分属于内史。尽管外史在国外的科学史研究中很早就占有重要地位，然而在国内影响却不太大，炼丹术研究长期没有摆脱内史的学术模式，这一问题已经严重影响了研究的深入进行。二十世纪九十年代有少数研究开始将视角延伸至社会的层面，如李国荣《帝王与炼丹术》（中央民族大学出版社1994年）、张钦《略论外丹术的世俗动机》(《世界宗教研究》1997年第1期)等。最近几年相关探讨有逐渐增多之势，内容涉及炼丹术与文学，炼丹术对社会生活、技术等的影响，如孙昌武《道教与唐代文学》（人民文学出版社2001年）、蔡林波与王维敏《试论唐代道教外丹术的世俗化流变》(《西南民族学院学报（哲社版）》2003年第2期)，笔者所撰《炼丹术与宋代冶铜业革命》(《自然科学史研究》2006年第2期)与《炼丹术与宋代医用丹方》(《自然科学史研究》2008年第3期)亦属此类尝试。实际上，将炼丹术完全归之于科学史领域并不恰当，因为炼丹术并非一种纯粹的化学技术，而是一种复杂的文化现象，它与中国古代技术史、经济史、交通史、中医药学乃至民众生活等均具有重要关联，值得探讨的东西相当多，因而炼丹术与社会或者说外史研究的意义与价值显然被低估甚至漠视了。

综上所述，尽管中国炼丹术的研究已有近百年的时间，然而由于多种原因，目前即使炼丹术本身的技术性问题及其文献研究仍然显得很薄弱，大量炼丹文献未被详细研究，其断代问题更为棘手，至于其他一些有待进一步理清的细节问题就更多了，炼丹术史的梳理、炼丹典籍的考证、挖掘炼丹术中的科学内容等传统研究仍将是新时期炼丹术研究的重要方面。不过，从学术发展趋势以及研究需要来看，跨学科、跨地域、跨时空等因素将会在研究中被凸显，对炼丹术进行多学科、多视角、多文化的综合比较研究势必成为一种必需而有效的研究手段，从而深化传统研究方向下的某些问题。除此之外，外史研究将是一块新的、重要的研究领域，它需要将炼丹术置于当时的历史背景下来考察它的本质及其与社会多种因素的互动关系，它甚至会打破炼丹术研究的科学史理路，将炼丹术与社会及技术、经济、交通、医学等多种历史因素作综合研究。以上无论是内史的深化与延伸还是外史的拓展，均对研究者的素质提出了较高的要求，科学史学、历史学、宗教学、社会学等学科知识以及跨文化、跨地域等宽广的学术视野将成为新时期炼丹术研究的必要条件，这些因素也将成为新时期炼丹术研究的特色。

［本节原刊香港《弘道》2008年第1期，收入本集时略做订补］

肆　理解炼丹术的八个关键词

"我命在我不在天，还丹成金亿万年。""一粒金丹吞入腹，始知我命不由天。"炼丹术曾是人类多么豪壮的一个梦想！为了这个梦想，人类持续努力了千余年的光阴。"秋来相顾尚飘蓬，未就丹砂愧葛洪。痛饮狂歌空度日，飞扬跋扈为谁雄。"（杜甫《赠李白》）在那个黄金时代，炼丹术是一门时髦的"高科技"，达官贵人、布衣隐者等无不心向往之，从东土到西土，从阿拉伯到欧洲，到处可见炼丹者的忙碌身影。在这个过程中，多少人飞黄腾达，多少人无辜受害，多少荒诞冠冕堂皇，多少理性茁壮成长，人们还没有来得及仔细回味，炼丹术很快就成了过眼云烟。近代以来，人们往往只看到街头巷尾衣衫褴褛耍着骗人把戏的江湖术士，读见小说中道貌岸然实则居心叵测的牛鼻子道士，而对炼丹术在历史上的本来面目恍如隔世般一无所知，似乎它果真如某些新文化运动健将所描绘的那样只是一具封建迷信结成的怪胎，人人欲除之而后快。很多人没有意识到，他们不自觉地陷入了严重的辉格式观念中。

炼丹术虽然早已不复存在，但在人类文明史上，它是一个曾经长期存在的重要文化现象，很多文明区域均曾出现过，并

图1 明·唐寅《烧药图》(局部)

对各自地区的科学技术以及政治、文化、社会等产生过相当大的影响。尽管由于近代科学的出现和进步，炼丹术早已声名狼藉，但我们不能否认，在科学史和文化史上它曾是一个母系统，孕育或滋养了多种学科知识，世界各地炼丹术概莫能外。对于这样的文化现象，我们不应过河拆桥，用今天的科学眼光去苛责或贬低它，更不应歧视它，而应当以实事求是的态度去评价其功过。

一　概念：什么是炼丹术

陈国符：东晋葛洪《抱朴子》有《金丹篇》，但未释金丹之义。国符以为：丹即丹砂，即红色之硫化汞。金丹者，丹砂而可制黄金（药金）者，如黄帝九鼎神丹等金丹，皆可制黄金（药金）。金丹作法，须用飞炼。所谓飞者，即简单之升华；或数物

图 2 《葛稚川移居图》局部（元代王蒙绘，北京故宫博物院藏）。葛洪（283—363）对炼丹术的发展做出过重要贡献，晚年时往南方炼丹，听说交址出丹砂，不惜求为句漏令。《晋书·葛洪传》载："以年老，欲炼丹以祈遐寿。闻交址出丹，求为句漏令。帝以洪资高，不许。洪曰：'非欲为荣，以有丹耳。'帝从之。洪遂将子侄俱行。至广州，刺史邓岳留不听去，洪乃止罗浮山炼丹。"《葛稚川移居图》所绘即葛洪举家迁往罗浮山的情景。

炼丹术用药以金石为主，种类极其丰富，几乎"用尽囊中众石"，包括汞及诸化合物、铅及诸化合物、砷的化合物、铜及诸化合物、铁及诸化合物、铝的化合物、钾的化合物、钠的化合物、钙的化合物、金、银、锡、玉等等，总数多达一百余种。草木、动物类药在早期使用不很多，且主要作为辅助药物。唐宋时草木药的地位提高，使用趋于广泛，其种类要超过金石药。更有意思的是，尽管炼丹药物大部分域内均有出产，但炼丹家们并不满足于此，为了制得最完美的金丹药，他们对药物产地有严格要求，极力追求道地原料，为此不惜放眼四海，大量购置异域药物，产地涉及南亚、中亚、西亚、东南亚、东亚以及欧洲等许多古代国家。

加热至高温，同时所得产物，即行升华也。此种黄金，为黄色物，自汉至晋认为与真黄金相同。至唐初，称此黄金为药金，并知识别药金与真黄金之法。黄白者：《汉书·艺文志》著录《泰壹杂子黄冶》三十一卷。晋灼曰：黄冶，铸黄金也，道家言冶丹砂变化可铸作黄金也。《抱朴子·黄白篇》曰："黄者，金也。白者，银也。古人秘重其道，不欲指斥，故隐之云尔。或题篇云庚辛。庚辛亦金也。"最初金丹黄白本无分别，其后始有专制黄白，不用以服食而以谋利者。金丹至唐代通称外丹。唐人撰《通幽诀》曰："气能存生，内丹也。药能固形，外丹也。"（陈国符：《道藏源流考》，中华书局1963年版，第370页）

赵匡华：炼丹术是中国古代自己独立发展起来，并流行了很久的一种方术。它的手段和目的是试图以自然界的一些矿物（偶尔也用到某些植物）为原料，通过人工的方法（即化学加工）制造出某种性质神异的药剂（称之为神丹大药），人服了它可致长生不死，甚至羽化成仙。炼丹术一般可分为炼丹和炼金两部分，但按照中国早期炼丹家的信念，神丹一旦炼成，既可服饵长生，又可点化汞、铜、铅等金属为黄金、白银；而人工以药剂点化成的金、银，则又可作为长生药（当然后世的"点金家"则完全以发财致富为目的了）。所以中国古代的炼丹术与炼金术是密切相联系着的，或者说是一个统一体，初期时的目的是相同的。因此有人认为把中国炼丹术称之为"金丹术"就更确切些。（赵匡华、周嘉华：《中国科学技术史·化学

卷》，科学出版社1998年版，第224页）

韩吉绍： 中国炼丹术包含金丹术和黄白术两种传统，金丹术主要是用金石矿物炼制长生不死药，黄白术则主要是用普通金属制作伪金银，其中前者为主，后者为辅，而共同以神仙思想为纲。唐宋之际，内丹术异军突起，其后金丹黄白常被称为外丹，以示与内丹区别。我们今天所谓的炼丹术，若无特别说明均指外丹。在长期发展过程中，中国炼丹术的内涵并非一成不变。在金丹与黄白的关系方面，最初二者完全融合在一起，其后很快分流，黄白术后来与神仙思想又渐行渐远。在功能方面，早期时金丹大药仅用于成仙不死，或者延年长生，后来出现医药化倾向，功能趋于多样化，并与中医方剂学建立起密切关系。黄白术因为和神仙思想密切相关，因此不可将其与民间的一般造伪金活动相混淆，尽管它们在技术上有密切联系，但后者与长生观念没有任何关系。实际上，黄白术的范畴即便仅在技术上也绝不仅限于制造伪金银，还包含很多与炼丹有关的金属技术和一些实用冶金工艺，它在很多方面与世俗冶金行业息息相通。黄白术很早就出现世俗化倾向，历史上冀望用其发财致富的野心家屡见不鲜，很多民间的造伪金银活动都源出于此。无论金丹术还是黄白术，其用药均以金石为主，但也使用草木药、动物药等。笼统而言，唐以前草木药的使用较少，且主要起辅助作用，唐以后增多，用途和地位都有很大变化。总之，中国炼丹术是一个非常庞杂宏大的文化体系，融宗教、化学、药物学、冶金学、矿物学、植物学等多门学问于一身。(韩吉绍:《道教炼丹术与中外文化交流》,中华书局2015年版,第2—3页)

二 理论:炼丹术的思想逻辑

葛洪:夫五谷犹能活人,人得之则生,绝之则死,又况于上品之神药,其益人岂不万倍于五谷耶?夫金丹之为物,烧之愈久,变化愈妙。黄金入火,百炼不消,埋之,毕天不朽。服此二物,炼人身体,故能令人不老不死。此盖假求于外物以自坚固,有如脂之养火而不可灭,铜青涂脚,入水不腐,此是借铜之劲以扞其肉也。金丹入身中,沾洽荣卫,非但铜青之外傅矣。(《抱朴子内篇·金丹》)

赵匡华:天然的金石矿物为什么在丹鼎中可以被修炼成神丹,品质低贱的锡铅为什么能点化成金银?方士们怎么会相信这种尝试会获得成功?这是中国炼丹术中一个饶有趣味的问题。诚然,神仙思想是个因素,但不是主要的,更重要的则是在他们关于金石物质在自然界中发生演变的认识中还流行着如下一种见解:宇宙中的金石物质随着时间的推移,都自然地朝着自我完善的方向转变。我们可以试把这种想法呼之为"金石自然进化论"。炼丹家们并认为某些物质在自然界中长期吸取日月之精华可以逐步实现向黄金,甚至向自然还丹的转化,只不过岁月十分漫长……

中国方士们在这种思维过程中产生了一个非常革命的思想，就是人为地创造一种环境，使这种自然进化的速度加快。在他们看来，金属冶炼就是实现了这种可能性的有力凭据。于

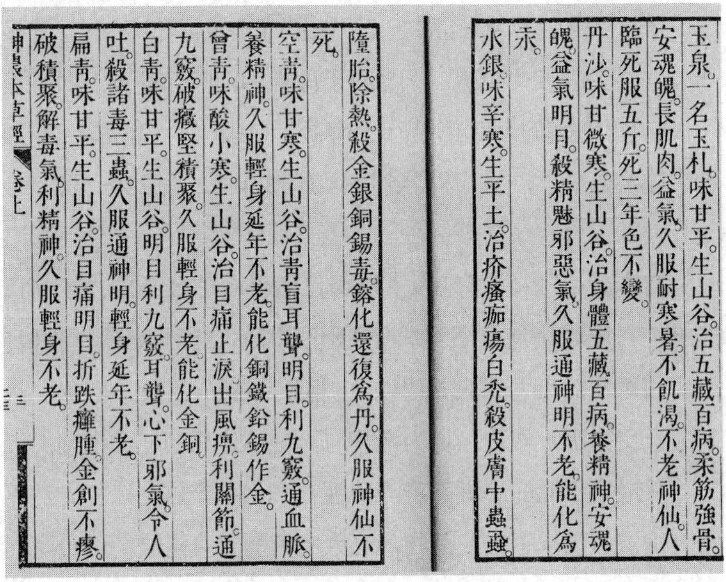

玉泉。一名玉札。味甘平。生山谷。治五藏百病。柔筋強骨。
安魂魄。長肌肉。益氣。久服耐寒暑。不飢渴。不老神仙。人
臨死服五斤。死三年色不變。
丹沙。味甘微寒。生山谷。治身體五藏百病。養精神。安魂
魄。益氣明目。殺精魅邪惡氣。久服通神明不老。能化為
汞。
水銀。味辛寒。生平土。治疥瘙痂瘍白禿。殺皮膚中蝨。
墮胎。除熱。殺金銀銅錫毒。鎔化還復為丹。久服神仙不
死。
空青。味甘寒。生山谷。治青盲耳聾。明目。利九竅。通血脈。
養精神。久服輕身延年不老。能化銅鐵鉛錫作金。
曾青。味酸小寒。生山谷。治目痛止淚出風痹。利關節。通
九竅。破癥堅積聚。久服輕身不老。能化金銅。
白青。味甘平。生山谷。明目利九竅。耳聾。心下邪氣。令人
吐。殺諸毒三蟲。久服通神明。輕身延年不老。
扁青。味甘平。生山谷。治目痛明目。折跌癰腫。金創不瘳。
破積聚。解毒氣。利精神。久服輕身不老。

图 3 《神农本草经》截图。假求外物以自坚固，这种观念在中国文化中可谓根深蒂固，尤其在西汉时经过炼丹服食方士的发扬以后，益发泛滥，对国人的精神世界影响深远。像马王堆女尸轪侯利苍的妻子生前服食丹砂，汉武帝听信方士之言（祠灶则致物，致物而丹沙可化为黄金，黄金成以为饮食器则益寿，益寿而海中蓬莱仙者乃可见，见之以封禅则不死）而亲自炼丹等，都是早期时这一观念的直接实践者。既然“服金者寿如金，服玉者寿如玉”，方士们不惜发扬神农氏精神，遍尝百草金石，总结出一大批可以长生或神仙的药物。中医本草学鼻祖《神农本草经》就是在这样的背景下诞生，书中共记载365味药物，竟有近半数提到久服轻身、不老、延年或神仙，金石药的地位尤其重要。

是他们相信，把金石药物放在丹鼎中，靠着阴阳的配媾，仿照天地造化的原理，辅之以水火相济的促进，便可以极大地加快这些进程，这也就是炼丹术的奥妙和威力……

基于这种想法，那么丹鼎在炼丹家看来就是一个缩小的人工宇宙。所以《丹房奥论》说："一鼎可藏龙与虎，方知宇宙在其中。"他们设想，药物在鼎中一日可相当于在世俗环境中过了许多年……也是基于这种设想，丹家对于丹鼎、坛炉和炼丹火候往往也是模拟他们理解的大宇宙来设计和掌握。（赵匡华、周嘉华：《中国科学技术史·化学卷》，科学出版社1998年版，第324—327页）

容志毅：《参同契》为了解释自然界中的金石矿物药何以能够在丹鼎内烧炼成不死成仙的还丹时，发挥了京氏《易传》思想和董仲舒天人感应原理以及阴阳、五行、三才、四象、八卦、天文律历等理论，认为修丹与天地造化是同一个道理，天道与丹道是相通的，进而将丹鼎视作一个小宇宙，以应自然界的大宇宙。以小宇宙的药物，应大宇宙的日月星辰；以丹鼎内药物的烧炼变化，应自然界万物阴阳五行的运作。

药物的烧炼离开了丹鼎便无法进行，正如众卦没有了乾坤二卦便无以为卦一样，故云"乾坤者，易之门户"。将铅、汞二药置于丹鼎内，然后置猛火于其下，则药物升华之气自然会"神气满室"，在丹鼎内上下轮转。此即"坎离匡郭，运毂正轴"之象。而丹鼎和药物是炼丹的基础，它们又包括了阴阳变易之道，其中鼎上为阳，鼎下为阴，铅药为阳，汞药为阴，

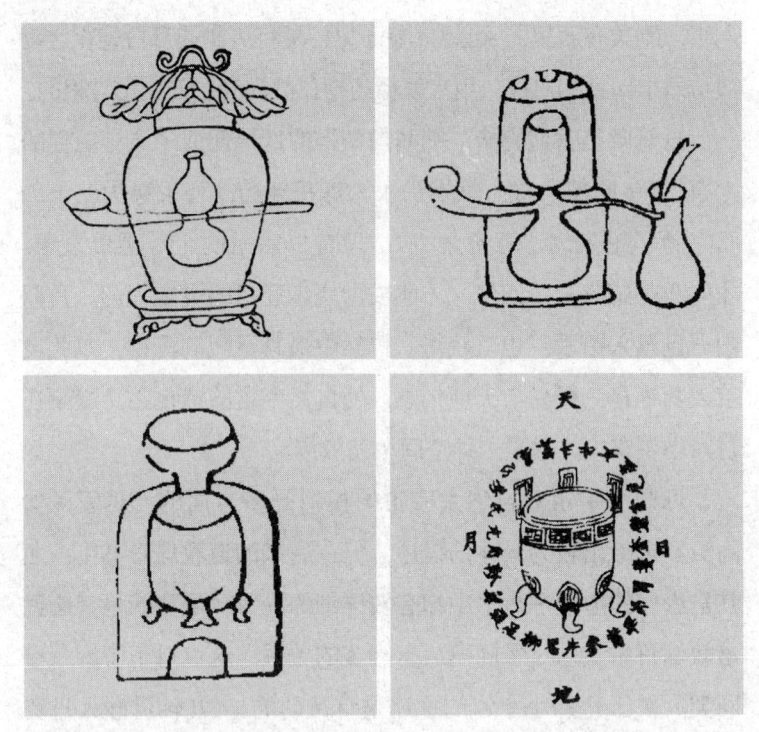

图4 丹鼎图。炼丹器具非常繁多,按大类分主要包括灶、台、炉、坛、釜、鼎、匣、合子、竹筒、坩埚等,每类下面又分为很多种。总起来说,这些器具大多数是为炼丹专门设计的,最突出的特点就是将炼丹理论融入其中。

故乾坤坎离四卦如同橐籥一样。但仅有丹鼎和药物还炼不成还丹,还需要用火,这便有了丹鼎火候之说。炼丹时的用火规矩也是依自然历律的度数决定的,即所谓的"数在律历纪"。一月三十日,五日为一节,一月共六节,此即"月节有五六"。运火要依据一月之中日辰的变化,此即"经纬奉日使"。一日分昼夜,一月之昼夜共六十,相当于六十卦,此即"兼并为六十,刚柔有表里"。可见《参同契》是将历律的月日昼夜之度数与六十四卦相对应,用来解释药物在鼎内的全部变化过程的。

丹鼎既已营造完毕,则鼎内药物的选择便成了头等重要的大事。《参同契》极力推崇铅汞为炼丹至药,将汞尊为七十二石之首,铅列为"五金之主",只有以铅汞的至尊至贵之象,才能激荡感应二十四气,才能成为烧炼还丹的灵宝大药。丹鼎内一旦置入铅汞,也就获得了自然中最具灵气的药物。以此灵宝大药炼丹,极易与天地相感,使自然宇宙的造化之功凝聚在丹鼎小宇宙中。这是一种空间浓缩效应。

丹鼎小宇宙对自然大宇宙的模拟是多方面的,尽管《参同契》未给出较为具体的描述,但在后来的道教炼丹书中,尤其是唐代的道教炼丹书中却有较详细的描写。重要的是,唐代道教炼丹术实与《参同契》有因袭的关系,这点对于了解《参同契》关于丹鼎小宇宙的论述是有帮助的。《九转灵砂大丹资圣玄经》说:"鼎有三足以应三才,上下二合以象二仪,足高四寸以应四时,炉深八寸以配八节,下开八门以通八风,炭分二十四斤以生二十四气。阴阳颠倒,水火交争,上水应天之清气,下火取地之浊气。"(姜生、汤伟侠主编:《中国道教科学技术史·汉魏两晋卷》,科学出版社2002年版,第353—355页)

三 比较:其他文明的炼丹术

李约瑟:制作赝金(aurifiction)的定义是有意伪造黄金

（可以引申到伪造白银和其它贵重物品如宝石和珍珠，只是各自用着不同的名称），常常专门用来进行欺骗——不管是用其它金属"掺入"黄金和白银的方法，还是用铜、锡、锌、镍等制成像黄金或白银一样的合金，或者是用含金的上述混合物作表面富集处理，或者是用汞齐法镀金，再或者是使金属暴露于硫、汞和砷或含有此种元素的易挥发化合物的蒸气中，从而在其表面沉积一层适当光泽的薄膜。

另一方面，我们把点金（aurifaction）定义为一种信念，即有可能用很不相同的物质，特别是用贱金属制成黄金（或者是"一种"黄金，或者是一种人造"黄金"），其外观与天然金毫无区别，而且性能比天然金有过之而无不及。如同我们即将论述的那样，这是一种哲学家的而不是工匠的信念。

长生术（macrobiotics）是用来表示一种信念的合适的术语。借助于植物学、动物学、矿物学，尤其是化学知识，有可能制备药品或长生不老药（"丹"），以延长人类的寿命，超越老年（"寿老"），使精神和肉体返老还童，从而使这样的修真之人（"真人"）能够活几百年（"长生"），最后达到不死的境界，羽化飞升，成为真正永生的仙人（"升仙"）。

我们认为上述三种基本作业的概念，即制作赝金、点金和制备不死药，可以应用于一切文明中早期化学的所有方面，而且可以凭此使它们相互联系起来。根据这些定义，炼丹术与制作赝金和点金各自都有明显的不同。这样，希腊的早期化学家就不应称作"炼丹家"，因为在他们的头脑中很少或者没有长

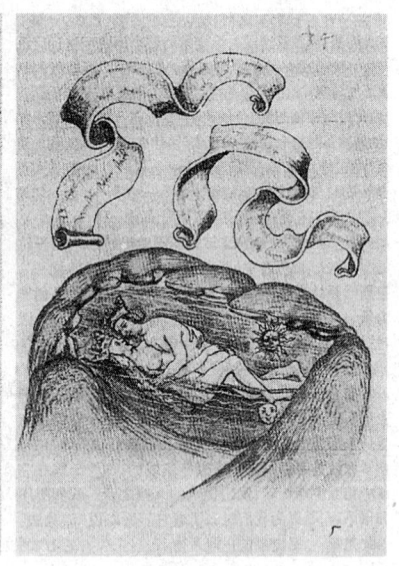

图 5 西方炼丹术图像。西方炼丹术经常使用图像来表达，这里选择两幅作简单介绍。左图是衔尾蛇图。衔尾蛇是炼金术的主要象征之一，表达物质的循环等。内圈为绿色，象征开始；外圈为红色，象征大功告成。右图象征完美的解脱，太阳物（硫）和月亮物（银）在共用溶液中结合。男女人物是这类图像中最常用的象征符号。这种思想与中国炼丹家的阴阳学说颇有近似之处。

生不老的想法。许多人认为，"长生不老药"（elixir）这个词最好用来作为"炼丹术"（alchemy）本身的定义，因为长生不老的概念，是12世纪以后随着阿拉伯化学知识的传布才传入欧洲的。由于"炼丹术"一词毕竟具有阿拉伯语前缀，因而直到12世纪后欧洲才提到它是很自然的事。此后经过若干时间，它才充分发挥它的作用，但是它的重点，即化学上能生产的长寿药品，这在罗杰·培根（1214—1292年）撰写的著作中得到了充分的发挥。在此之前，在西方一般大量存在的是制作赝金、点金和原始化学，但并不致力于制备延年益寿的药品，或者我们可简称为"长生剂"(macrobiogens)。另一方面，中国的原始化学从一开始就是真正的"炼丹术"，这正是因为在中国，也只有在中国，肉体永生概念占据统治地位。（李约瑟：《中国科学技术史》第五卷第二分册"炼丹术的发明和发现：金丹与长生"，科学出版社、上海古籍出版社2010年版，第9—11页）

韩吉绍：印度炼丹术由医学长生术和炼金术融合发展而成。印度传统医学阿输吠陀（Āyurveda）由八支组成，其中第七支为 Rasāyana，意思是长生不老学，一般译作"长年方"。长年方形成时间很早，但在中古以前，它主要使用草木药，金石药很少见。简而言之，长年方主要指回春术，或者应用能治疗一切疾病（甚至通常难以治愈的）的药物，以及防止衰老和延长寿命的方法。印度早期也有制作伪金银的活动，但它们与神仙或长生观念没有关系。中古以后，由于受到密教甚至道教等因素的影响和推动，长年方不断吸收炼金术的内容，大量使用金石药物，并将中古以前几乎从未使用过的水银作为最关键的药物，逐渐发展成一门类似于中国炼丹术的学问。这一时期出现许多相关著作，其中主要是梵语的 Rasa śāstra 文献。Rasa śāstra 的意思是水银之学，也包括各种金属和矿物的知识，它主要包括两方面的内容：第一是使金属成就

(lauha siddhi），即用水银将贱金属变成贵金属金或银；第二是使身体成就（deha siddhi），即用水银制剂使人的身体获得完全健康。由此可见，中古以后的印度长年方实际上也是金丹术与黄白术的综合，也即包含炼制金丹药和制造伪金银两方面的内容。

欧洲中古时期自阿拉伯地区传来一门学问 Alchemy（拉丁语为 alchimia），中文通常将其译为"炼金术"。在梳理这门学问的历史时，西方学者一般将其源头追溯到希腊化时期的埃及。在那里，古希腊哲学、埃及工艺技术以及东方神秘主义相互融合，最终发展出一种炼金技艺，它主要通过黑化、白化、黄化等步骤试图将一些普通金属嬗变成贵金属。后来，这门学问又进一步出现哲人石的概念。但是，在12世纪伊斯兰文化大规模传入欧洲之前，欧洲本土的炼金术没有任何长生不死的观念，更没有炼制不死药的内容。伊斯兰文明兴起以后，阿拉伯人继承了希腊化时期产生的炼金术遗产，并把它发扬光大。经过阿拉伯人之手，炼金术的内涵出现重要变化，突破了此前制作伪金银的范畴，增加了炼制长生不老药的内容，并与医药学建立起密切关系。阿拉伯帝国衰落后，欧洲人翻译了阿拉伯的炼金术著作，然后又将这门学问继续发展下去，并作出很多新的贡献，直至后来出现医药化学运动以及近代化学。据认为由罗杰·培根（Roger Bacon）作于13世纪的《小炼金术宝典》（*Speculum Alkimie Minus*）这样定义炼金术："炼丹术是一门科学，它教人加工和制造一种叫做长生不老药的药品,当这种药品点化到金属或者不完美的物体上,顷刻就能使它们达到完美无缺。"真正由罗杰·培根本人写于 1266 年的话来说是这样:"按照聪明人的看法,凡是能够从贱金属中去除全部杂质和腐物的药品,也将从人体中去除同样多的腐物,从而使人的寿命延长许多世纪。"很显然,当时西方的炼金术继承了阿拉伯传统的精髓。当然,西方炼金术虽然有一条连绵不断的发展脉络,但这种连续性与中国炼丹术相比有很大差异,因为它伴随着一定程度上的文化断裂,由此在学术上产生一些严重争论。譬如说,希腊化时期的炼金术没有炼制金丹药的内容,但后来在阿拉伯文化中却突然出现,其思想源头在哪里?再如"alchemy"这个词汇,可以确定由化学一词前面加上阿拉伯语的定冠词"al"构成,但对其最早的词源则无有定论。阿拉伯炼金术"alkimiya"一词也非阿拉伯语的固有词汇,而对"kimiya"的词源也有很大争议。实际上,以上这些困惑是西方炼金术发展史上断层问题的反映。

通过以上介绍可以看出,无论是中古以后印度的 Rasāyana,还是阿拉伯的 Alkimiya,以及其后的欧洲 Alchemy,其实它们都是类似于中国炼丹术的学问。(韩吉绍:《道教炼丹术与中外文化交流》,中华书局 2015 年版,第 3—5 页)

四 仙道:道教为什么要炼丹

韩吉绍:毫无疑问,炼丹术发端于西汉之时,道教团体或组织还没有出现，而当东汉道教运动最初兴起时，大型道团也并不从事炼丹活动。如东汉《太平经》记载了很多神仙方术，如服气、存神、尸解、服食等，唯独没有提及炼丹术。太平道和五斗米道的宗教活动也没有这方面的内容（张道陵炼丹乃后人附会之说），当时炼丹者主要是一些流俗道士或方士。道教与炼丹术的真正结合，葛洪（283—363）起了至关重要的作用。迄至两晋，炼丹术的社会影响仍然不大，在道教中也没有被普遍接受。葛洪继承汉代以来的大批道经，对以往的神仙方术进行了一次理论总结，认为五谷犹能活人，何况上品丹药，其益人岂不万倍于五谷，服之炼人身体，故能令人不老不死。遂概括提出"假求外物以自坚固"的思想，认为金丹才是修仙的根本方法，其他诸如服草木药、行气、导引、房中等只是次等的辅助技术，由此构建出一套以金丹为仙道之极的神仙方术体系。葛洪的理论顺应了汉代以来神仙方术发展的内在逻辑，在其身后引起了广泛影响。

南北朝时期，尽管政权割据严重，社会动荡不安，但炼丹活动却愈发兴旺起来，还多次受到皇权支持。有唐一代，由于天时地利人和，道教获得了最广阔的发展空间，唐人的浪漫和豪放于此得到尽情释放，炼丹术步入黄金时代，其规模和普及度都达到令人瞠目结舌的程度。道教以外，和尚、骚客、文人、儒者、达官、贵族、皇帝等炼丹者不计其数，所用药物仅金石类即多达一百余种，甚至还在全世界求购，正所谓"更有用尽寰中众石，海内诸矾、铜精、铁精、石绿、土绿，罄竭资

图6 陶弘景像。在古代，道士毫无疑问是从事炼丹活动的主要群体，但皇权推波助澜的作用也不能轻视，历朝历代总有当权者甘当推手。早先有秦皇汉武直接促发了炼丹术的诞生。南北朝时，北魏太祖拓拔珪置仙人博士，立仙坊，煮药炼丹，以死罪者试服。而佞佛的梁武帝则令"山中宰相"陶弘景为其炼丹。有唐一代，皇帝服丹者更是前仆后继，令人扼腕。陶弘景（456—536），南朝著名道士和医药学家，应梁武帝之请，从事炼丹二十余年，最终成为道教茅山派一代宗师。

金，皆无所就……谓灵丹不在此间，言至药生于海外，便向波斯国内而求白矾、紫矾，或向回纥域中寻访金刚、玉屑"（《金液还丹百问诀》）。通观这两个时期可以发现，炼丹活动的范围已大大超越道教，目的也远非早期那般单纯，其发展趋势呈现出三种明显不同的走向：一是继续炼制使人长生不死的丹药，二是黄白术逐渐剥离神仙思想，三是丹药流入医学领域而出现医药化学现象。

唐代以后，炼丹术步入衰落，境遇每况愈下，这里面既有内因，也有外因。内因方面，炼丹术发展到极致也未能实现神仙可致的梦想，反而因大量中毒事件引发广泛批评。外因方面，晚唐五代内丹学异军突起，对外丹术——内丹兴起后，传统炼丹术被称为外丹——造成严重冲击。以上两个原因相互影响，终于导致金丹成仙观念的整体破产，外丹术的地位被内丹术取代，道教修仙思想发生转型。当然，炼丹术在道教中并未立即销声匿迹，而是沿着此前确立的三种走向继续前进。第一种走向虽然已被证明为荒谬，但仍然苟延残喘甚久，明代时又曾迎合社会之荒淫风气而出现变种，再一次荼毒生灵。另外两种走向则在冶金行业和中医制药行业结出硕果，为古代科技的发展做出重要贡献，宋代胆水炼铜法的大规模应用和医用丹方的繁荣便是突出代表。直至今日，仍有民间道人从事外丹医学，不过这与神仙思想已经毫无瓜葛。这一现象给我们一种启示，曾经被科学彻底否定的东西，它之所以能够在历史上长期传承，必定有其存在的合理依据，传统文化既有糟粕，更有精华。（韩吉绍：《道教为什么要炼丹》，载杜泽逊主编《国学茶座》第二期，山东人民出版社2014年版，第107—113页）

五　丹毒：服食求神仙，多为药所误

赵翼：古诗云："服食求神仙，多为药所误。"自秦皇、汉武之后，固共知服食金石之误人矣。及唐诸帝，又惑于其说，而以身试之。贞观二十二年，使方士那罗迩婆娑于金飙门造延年之药。高士廉卒，太宗将临其丧，房玄龄以帝饵药石，不宜临丧，抗疏切谏。是太宗实饵其药也。其后高宗将饵胡僧卢伽阿逸多之药，郝处俊谏曰："先帝令胡僧那罗迩婆娑，依其本国旧方合长生药，征求灵草异石，历年而成，先帝服之无效，大渐之际，高医束手，议者归罪于胡僧，将申显戮，恐取笑外夷，遂不果。"李藩亦谓宪宗曰："文皇帝服胡僧药，遂致暴疾不救。"是太宗之崩，实由于服丹药也。乃宪宗又惑长生之说，皇甫镈与李道古等遂荐山人柳泌，僧大通，待诏翰林。寻以泌

图7 何家村出土唐代炼丹器具和药物。唐代是炼丹术最为兴盛的时代，凡帝王将相文人骚客官宦布衣佛教儒教等与丹灶之事有染者比比皆是。1970年，陕西省西安市南郊的何家村偶然出土了大量窖藏唐代珍贵文物，其中一组药具和大量物药生动反映了唐代炼丹术之兴盛。这批药物包括丹砂7 081克，钟乳石2 231克，紫石英2 177克，白石英505克，琥珀10块，颇黎16块，金屑787克，金箔4 388克，麸金126克，珊瑚三大段等。药具主要用金、银和玛瑙等制作，共40多件，包括银石榴罐4个（左上图），煮药器银双耳锅1个，银提梁锅4个，温药器金流锅1个，银铛1个，研药器玛瑙臼1个，玉杵1枚，银盛药器盒、罐、壶、小鼎、碗、钵等20多个。

为台州刺史，令其采天台药以合金丹。帝服之日加燥渴。裴潾上言，金石性酷烈，加以烧炼，则火毒难制。不听。帝燥益甚，数暴怒，责左右，以致暴崩。是又宪宗之以药自误也。穆宗即位，诏泌、大通付京兆府决杖处死，是固明知金石之不可服矣。乃未几听僧惟贤、道士赵归真之说，亦饵金石。有处士张皋上书切谏，诏求之，皋已去，不可得，寻而上崩。是穆宗又明知之而故蹈之也。敬宗即位，诏惟贤、归真流岭南，是更明知金石之不可服矣。寻有道士刘从政说以长生久视之术，请求异人，冀获异药。帝惑之，乃以从政为光禄卿，号升元先生，又遣使往湖南、江南及天台采药。是敬宗又明知之而故蹈之也。武宗在藩邸，早好道术修摄之事，及即位，又召赵归真等八十一人，于禁中修符箓，炼丹药。所幸王贤妃私谓左右曰："陛下日服丹，言可不死，然肤泽日消槁，吾甚忧之。"后药发燥甚，喜怒不常，疾既笃，旬日不能言，宰相李德裕请见不得，未几，崩。是武宗又为药所误也。宣宗亲见武宗之误，然即位后，遣中使至魏州，谕韦澳曰："知卿奉道，得何药术，可令来使口奏。"澳附奏曰："方士不可听，金石有毒不宜服。"帝竟饵太医李元伯所治长年药，病渴且中燥，疽发背而崩。懿宗立杖杀元伯。是宣宗又为药所误也。统计唐代服丹药者六君，穆、敬昏愚，其被惑固无足怪，太、宪、武、宣皆英主，何为甘以身殉之？实由贪生之心太甚，而转以速其死耳。李德裕谏穆宗服道士药疏云："高宗朝有刘道合，玄宗朝有孙甑生，皆能以药成黄金，二祖竟不敢服。"然则二帝，可谓知养生矣。

其臣下之饵金石者，如杜伏威好神仙术，饵云母，被毒暴卒。李道古既荐柳泌，后道古贬循州，终以服药呕血而卒。李抱真好方术，有孙季长者为治丹，云服此当仙去，抱真信之，谓人曰："秦，汉君不遇此，我乃遇之，后升天不复见公等矣。"饵丹至二万丸，不能食且死。道士牛洞元以猪肪谷漆下之，病少闲。季长来曰："将得仙，何自弃也。"乃益服三千丸而卒。斯真愚而可悯矣。惟武后时，张昌宗兄弟亦曾为之合丹药，萧至忠谓其有功于圣体，则武后之饵之可知，然寿至八十一。岂女体本阴，可服燥烈之药，男体则以火助火，必至水竭而身槁耶？（赵翼著，王树民校证：《廿二史札记校证》，中华书局，1984年版，第398—399页）

六　贡献：炼丹术对古代科技影响大

李约瑟：道家哲学虽然含有政治集体主义、宗教神秘主义以及个人修炼成仙的各种因素，但它却发展了科学态度的许多最重要的特点，因而对中国科学史是有着头等重要性的。此外，道家又根据他们的原理而行动，由此之故，东亚的化学、矿物学、植物学、动物学和药物学都起源于道家。（李约瑟：《中国科学技术史》第二卷"科学思想史"，科学出版社、上海古籍出版社1990年版，第175页）

姜生、韩吉绍：《道藏》所包含的科技史料范围非常广泛，

图8 李约瑟（1900—1995），英国著名科学家、皇家学会会员、学术院院士、中国科技史研究大师。西方科技史学者对中国炼丹术的关注很早，李约瑟后来成为集大成者。李约瑟因为对中国科技史的研究而享誉世界，他对道教的理解和重视在学术界独树一帜。事实上，他说"东亚的化学、矿物学、植物学、动物学和药物学都起源于道家"，这个"道家（Taoism）"中炼丹术占很大比重，这从其巨著 Science and Civilisation in China 可以看出。这套七卷三十多册的著作中，炼丹术研究竟占三册，再加上内丹、火药等分册的相关研究，足见他在这方面用力之深。

包括理工医农等众多大学科，其中化学及相关技术是最早引起人们注意的部分，这主要体现在炼丹术的研究方面。炼丹术确切地说应该称为金丹术，有时又称为外丹术，它包括炼丹与黄白（金银）两部分内容。炼丹术发端于战国时期，正式出现一般认为是在西汉，唐代最为鼎盛，之后一直延续至明清之际。《道藏》中保存了大量的外丹经，对中国古代化学史研究而言，任何一部外丹经都不能被忽视。中国炼丹术由于其光辉成就被西方学者称为现代化学的先驱。在长时期的发展过程中，炼丹术中产生了一大批领先于当时西方的科技成果。如中国古代四大发明之一的火药实为炼丹术的产物，后来被用于军事、工业等领域，对世界文明进程产生了重大影响；"胆水炼铜"被称为现代湿法炼铜的前身，其原理及技术于炼丹术中得到认识与发展，在两宋时期的冶铜部门中得到大规模推广，成为当时炼铜生产的主要技术，盛极一时；在炼丹过程中，炼丹家们对百余种金石矿物的物理化学性质、产地等有相当科学的认识，并在实践过程中对汞化学、铅化学、砷化学、合金化学等做出了突出贡献，先后发明了多种抽砂炼汞法、各种铅化合物的制备法等，最早炼制出单质砷，发明了铜砷合金及其配方、铜锌合金、各种汞齐（汞与金银铅锡铜等的合金）、铅锡合金等，其中许多技术被社会所采用。在这个过程中，炼丹家们培育了宝贵的科学精神，最突出的便是比较科学的实验方法，可以说丹房便是早期的科学实验室，正是在实验室里，炼丹家们对多种物质之间的化学反应关系、质量守恒定律、物质转化规律等有了初步认识。这些理论、技术传至西方，对现代化学的产生做出了难以估量的贡献。

地学成就主要体现在地理学与矿物学方面。由于道教对山岳的崇拜以及修炼需要，《道藏》中保存了十余种宫观山志，如《洞天福地岳渎名山记》《岱史》《西岳华山志》《南岳小录》《南岳总胜集》《茅山志》《天台山志》《武当福地总真集》等，另外还有综合性的历史、地理著作《长春真人西游记》等，其中保存了大量对中外地理的实地观察研究成果。不仅如此，由于道士修炼或炼丹多于山中进行，这就需要把握山区的地理特征和资源分布，由此道教中更产生出像《五岳真形图》这样的地图学专著。以上地理著作对研究自然地理、人文地理均具有重要参考价值。矿物学的成就主要在炼丹术方面，炼丹家千百年来遍采金石，对百余种金石矿物从产地、性状、功能等均有详细认识，如《金石簿五九数诀》《大洞炼真宝经九还金丹妙诀》《丹方鉴源》《黄帝九鼎神丹经诀》等均有此方面的系统成果，其中包括许多对域外矿物的认识。目前所知医学对道教矿物药成就吸收最多，于古代矿业开发影响情况尚无研究。不过

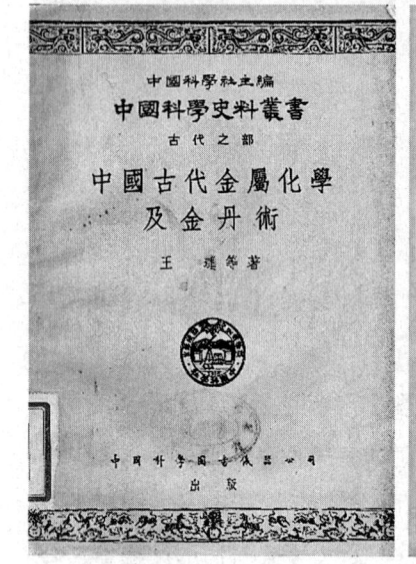

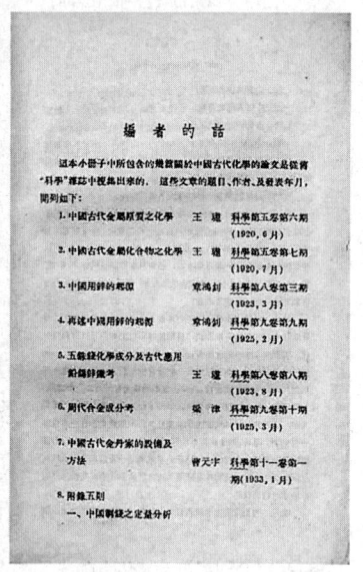

图 9　早期炼丹术研究代表作《中国古代金属化学及金丹术》。这本 1955 年出版的小册子收录了 20 世纪 20 年代发表在《科学》杂志上涉及炼丹术的几篇代表作。炼丹术在古代即毁誉参半，宋以降其境遇更是每况愈下。民国时期，由于众所周知的原因，传统文化受到全面冲击，作为封建迷信渊薮的道教更是被大多数知识分子严厉批判。前有钱玄同言"欲祛除妖精鬼怪、炼丹画符的野蛮思想，当然以剿灭道教为惟一的办法"(《中国今后之文字问题》)，后有胡适说"整部《道藏》本来就是完全贼赃"。在这种氛围下，研究道教者自然寥若晨星。倒是在对中国虎视眈眈的东邻日本，很多学者认识到道教在中国文化中的重要地位，其研究大踏步走在国人前面。不过令人欣慰的是，国内科学史研究者没有受到人文思潮过多扰乱，很早就认识到炼丹术的重要科学史价值，并进行了卓有成效的研究。

总的说来道教矿物学方面目前尚缺少系统研究。

道教的冶铸技术突出表现在两方面，一为种类繁多的实验设备，二为较为独特的铸造技术。炼丹术早期所用设备比较简单，许多丹釜甚至用泥土烧制。唐宋时期，出现了形形色色的金属设备，如各种水火鼎、既济式丹炉、未济式丹炉、飞汞炉等均是精致的仪器，《道藏》中所辑《丹房须知》《金华冲碧丹秘旨》《修炼大丹要旨》等丹经中有关仪器图像资料相当丰富。由于炼丹仪器绝大多数均在专业范围内使用，因而只能由道士自己制作。搞清楚这些仪器发展的历史脉络及其制造技术，对于铸造技术史研究无疑是相当重要的，曹元宇、李约瑟、陈国符等均有研究成果可供参考。然而遗憾的是，大多仪器目前仅能在其形制上加以考察，其详尽发展脉络及具体的制造技术因资料缺乏而不甚清楚，像《神仙炼丹点铸三元宝照法》这类详细记载铸造技术的专著极为罕见。铜镜在道教上清派及炼丹术中应用比较广泛，出现多种"镜法"方术，魏晋六朝时期道士们还发明了锡汞齐镀镜技术，见于《上清明鉴要经》。唐代道教中出现了独具特色的"道教镜"，从《上清含象剑鉴图》《上清长生宝鉴图》及《神仙炼丹点铸三元宝照法》，我们可以看到道教镜从纹饰题材的设计到具体铸造技术的完整过程。（朱越利主编：《道藏说略》，北京燕山出版社 2009 年版，下册，第 622—625 页）

韩吉绍：中国古代炼丹术自始至终对道教以外的世俗科

技产生着重要影响，但在宋代时更为集中、更为规模化，可以说炼丹术是宋代科技发展的重要推动力之一。纵观炼丹术的历史，有两次变革对古代科技产生了重要影响。一是两汉之际至魏晋时期确立的"由丹而仙"观念，它极大地推动了炼丹方士对自然的探索活动，取得许多非常了不起的科学技术成就；二是唐宋之际"由丹而仙"观念的破产，它导致炼丹术创造的科技成就大量转入世俗社会。以往学术界在探讨炼丹术的历史贡献的时候，往往将注意力主要放在第一方面，事实上第二方面更为重要，它使我们更真实地认识到炼丹术对古代科技产生的实质性影响。在西方历史上，炼金术也曾出现过技术转移现象。文艺复兴以后，西方炼金术分裂成三种发展趋势。一是继续探求哲人石或把贱金属变成黄金的炼金术；二是将炼金术用于医药学方面，形成了所谓的医药化学运动；三是将炼金术知识用于矿物金属冶炼领域，推动了西方矿业的发展。这种现象与中国炼丹术的情况非常相似。

对中国古代思想史而言，"由丹而仙"的重要性长期以来被严重低估，实际上，它不仅驱动了炼丹家们创造出众多先进技术，而且其影响远远超越道教范畴，成为长期以来驱使古人探索自然的动力。形象地说，长期以来炼丹术既是一块培育奇技淫巧的"臭土壤"，又是一把庇护它们生长的保护伞。唐宋之际，炼丹术长期实践中储备的知识与技术出现向世俗社会整体转移的现象，在这个过程中，道教与儒佛思想均扮演了重要角色。唐末以后的炼丹术知识与技术出现两种明显走向。第一种走向是外向转化，步出神仙范畴而汇入医药学、冶金等洪流之中。有意思的是，诸多史料表明，炼丹知识或技术一旦被应用于世俗，其原来的背景往往被有意无意地隐藏，遂使世人大多昧于真相，不知其所用原来是炼丹术的发明。另一种趋势为向下沉沦。由于唐以后的炼丹术已失去神仙思想的动力与文化上的生存环境，因而炼丹术无论从动机还是技术上而言均已停滞不前，仍然涉足其中的部分方士更多地倾心于玩弄药金药银的虚伪技术，但由于彼时冶金技术的进步，此类药金药银已渐渐失去立足之地，因而在公众舆论的眼中，金丹黄白愈来愈成为一种旁门邪道而为新式士人所不齿。（韩吉绍：《知识断裂与技术转移——炼丹术对古代科技的影响》，山东文艺出版社 2009 年版，第 368—369）

七　火药：炼丹术最重要的发明

冯家昇：炼丹家发明了火药。炼丹家怎样发明火药呢？他们决不会是有意识地去发明，可能是在两种情形下发明的：第一，直接用类似火药的药料制造某种药时，这种药发生了火药的作用，从而把火药发明了；第二，间接用类似火药的药料变化某种药料时，这种药料发生了火药的作用，从而把火药发明了。这两种情形之中，第二种情形导致火药的发明的可能性更大些。

变化药料的方法很多，有一种方法，叫"伏火法"，就是拿某种药或几种药，特别是金属或石质的药，用一定的火候，烧到一定程度，药经过"伏火"后，就失掉了原来的性能，因而其功用也就不同了。譬如硫黄，炼丹家认为它含有猛毒，着火"易飞"，最难"擒制"。它必须经过"伏火"后，脱去黑褐二色，变成金黄色或朱砂色或雪白色，然后才能用。

硫黄"伏火法"，在唐初孙思邈的《丹经内伏硫黄法》中说得很详细。他说拿二两硫黄、二两消石，研成粉末，搁在销银锅子内，将三个皂角子逐一点着，然后夹入锅子内，把硫黄和消石烧得起焰火。等到烧得不起焰火时，再拿生熟木炭三斤来炒，等到炭消三分之一，就退火，趁没有冷却时取出混合物。这样就叫"伏火"了。……

炼丹家制药时，心专意一，小心谨慎，他们的丹房也多设在深山古洞，人迹罕到的地方。但是，他们有时候总不免疏忽失慎，出了乱子。《太平广记》上有这样一个故事，说一位老人在一个僻静的地方制药，有个叫杜子春的人来找他。天色晚了，老人叫杜子春歇在炼丹的地方，告戒他不要乱说乱动，自己却走开了。杜子春在药炉旁边，做了许多恶梦，当梦到伤心惨目的场合时，他忍不住惊叫了一声，醒了过来。这时候炉子已出了事，冒起大火，火焰直穿屋顶，把房子也烧了。"火药"这个名称可能就是在这样的情况下产生出来的，它的意思就是"着火的药"。（冯家昇：《火药的发明和西传》，华东人民出版社1954年版，第8—11页）

李约瑟：在第一次火药爆炸之前，炼丹家实验在中国至少

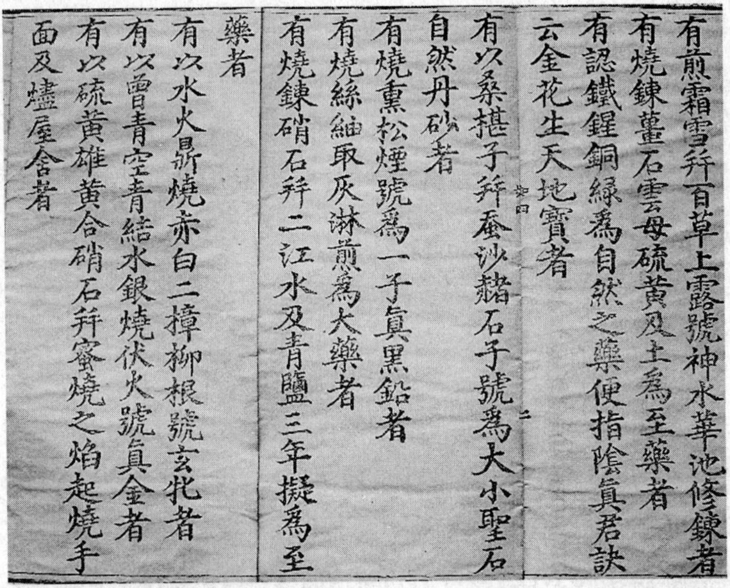

> 有煎霜雪拜百草上露號神水華池修鍊者
> 有燒鍊薑石雲母硫黃及土為至藥者
> 有認鐵鋥銅綠為自然之藥便指陰真君訣
> 云金花生天地寶者
> 有以桑椹子并蠶沙豬石子號為大小聖石
> 自然丹砂者
> 有燒熏松煙號為一子真黑鉛者
> 有燒絲綢取灰淋煎為大藥者
> 有燒鍊硝石并二江水及青鹽三年擬為至
> 藥者
> 有以水火昇鼎燒赤白二礬柳根號玄牝者
> 有以曾青空青結水銀燒伏火號真金者
> 有以硫黃雄黃合硝石并蜜燒之焰起燒手
> 面及爐屋舍者

图 10 《真元妙道要略》截图。最左边两行记述了火药爆炸的情形。

已实实在在地进行了六个世纪之久。在这里，我们得看一看那些时代留下的一些记录。在《真元妙道要略》中可以发现炼丹序曲的高潮，该书是《道藏》中的一册，它详细地记述了 35 种长生丹药的配方，或者作者认为是错误或危险的、但有些在当时很流行的做法。至少有三处是关于硝石与紫石英或蓝绿色岩盐的同时炼制，随后，书中继续写道："有以硫磺、雄黄合硝石并蜜烧之，焰起，烧手面及烬屋舍者。"这显然会损害道家声誉，因此道家炼丹家们被明确警告不得这样做。

这些文字对于火药史至关重要，所以其大致年代具有重大意义。该书据传为郑隐（郑思远）所作，他生于 220 年至 300

年之间，被认为是炼丹王葛洪的老师。但是不能认定此书确实出自他之手。一位现代学者将其年代定为大约五代中期，这意味着年代未免太迟。因此，这段文字最有可能作于850年左右，这一点我们要记住。（李约瑟：《中国科学技术史》第五卷第七分册"军事技术：火药的史诗"，科学出版社、上海古籍出版社2005年版，第88—89页）

八 牛顿："最后的炼金术士"？

迈克尔·怀特：使那些早期传记学家如鲠在喉、吞咽不下的，是牛顿图书室中的广大藏书，以及遗留下来的大量文稿与札记，其中有许多令人难以置信的资料，都清楚显示出，尽管他是一位历史上最受尊敬的科学家、一位创立科学方法的楷模，但他一生花费在炼金术上的精力，却远远超过用在探究纯科学的透蓝清水中的部分。这些资料也确切证实了，牛顿的一生中没有几个知己好友发觉他的秘密，大家都不知道他竟然用了那么多时间去研究《圣经》中的年代和预言，寻觅自然界中的魔术，并且，更有甚者，他竟试图探索出炼金术的秘密——灵中之灵。

早期为牛顿立传的人觉得迥然相反的两种性格不可能共存，于是，在发现任何会玷辱牛顿人格、令他们感到困扰的资料时，不得不加以掩饰，将它们当成是某种特殊怪癖或是一时的神经错乱。布鲁斯特以"不过是笨人与庸人的消遣"来形容

图 11 剑桥大学三一学院门旁的苹果树。在牛顿的时代，炼金术虽然仍在蓬勃发展，但近代化学已渐渐脱胎，炼金术的名声不再是一种荣耀。牛顿的朋友、著名化学家波义耳敢于公开自己对炼金术的着迷，并发表一些他认为属于化学（chemistry）而非炼金术（alchemy）的内容。而牛顿则异常谨慎，把自己的工作严密地隐藏在靠近三一学院大门外一座公寓中的实验室内。牛顿的经历可以给我们诸多启示。对今人对待炼丹术的态度而言，我们应该摒弃鄙夷心态，客观全面地去认识它。对近代科学的诞生而言，它是生发于包括炼丹术在内的文化中，而不是凭空产生。对真正的科学家（而非科学匠）而言，他首先是一个思想家，然后才是一个科学家。

牛顿所广泛搜集的与炼金术有关的文献。

到了 1936 年，牛顿的真实面貌才渐渐显露出来：他是个时常精神紧张、困扰不安、神秘冲动的人。那一年，有一批牛顿的文件在苏富比拍卖公司拍卖，那是约于 50 年前，由剑桥大学接受捐赠，被认为是"不具科学价值"的收藏品。结果，它们被杰出的经济学大师兼研究牛顿的学者凯恩斯在拍卖会中购得（10年之后，凯恩斯去世时，又再遗赠给剑桥大学的国王学院）。

凯恩斯研读了牛顿的这批秘密文件（被那些写圣人传的牛顿立传者所忽略的手稿、札记、论文等）之后，于1942年，在英国皇家学会发表演说，将历史上最著名和最崇高的科学家，描绘成一个完全不同并且极受争议的形象……

很显然地，凯恩斯是被他所发现的资料迷惑了。不过，对我们大家而言这是件幸运的事，因为这是个已经可以接受这类发现的时代。凯恩斯的发现引出关于牛顿的两个问题：首先，如果这位近代力学理论的创建者，曾花费大量时间从事炼金术的试验，那么是否还隐藏着另外一些未为人知的东西呢？其次，牛顿在研究炼金术的同时，是否已经影响了他在纯科学上的成就？

……事实上并非人们对这个问题不予认真研究，而是由于牛顿留下的文件中，有关炼金术的资料超过100万字之多，况且，其中还有许多是用他自创的符号暗语、拉丁文和手写的小字记载下来的，解读这些资料就已经是件十分困难的事了。有些学者花费了60年的光阴从事这项工作，如今仍在进行中。已故美国学者多布斯译解了大量这类资料，并且提出了相当详细的分析。她将牛顿的炼金试验汇集写成两本学术著作：《牛顿炼金术的基础》和《天才的两张面孔：炼金术在牛顿思想中所扮演的角色》……以我个人而言，结论可不是含糊的。基于手边的证据,我认为牛顿从炼金术的研究中,获得了关键性的启示,从而发现了足以改变世界的科学成就。因此,牛顿在炼金术上的修习,必然与他科学的分析思维有所关联。(迈克尔·怀特:《最后的炼金术士:牛顿传·序言》,陈可岗译,中信出版社、辽宁教育出版社2004年版)

[本节系辑录,删节版曾以《理解炼丹术的七个关键词》为题载《中国历史评论》第五辑,上海文化出版社2014年]

第二编 文献研究与整理

壹　魏晋南朝衡制发微

学界对汉代衡制早有共识，认为其总体承袭秦制，唯实物证据表明其单位量值从西汉、新莽到东汉略呈下降趋势。如西汉每斤与秦相当，约合 250 克，新莽每斤略低于 250 克，东汉每斤则为 220 克多。[1] 但是对魏晋南朝衡制的演变，唐宋以来虽经诸多学者如孔颖达、杜佑、程大昌、马端临、顾炎武、赵翼、吴承洛、郭正忠、丘光明等探索，无奈所发现的文献资料和实物证据都十分有限，所以至今仍处于马衡先生所谓"不可得而详"的窘况。[2] 然而，所幸道经中存有魏晋南朝衡制的重要资料，它为我们提供了揭示这一历史问题真相的重要线索，以下尝试论之。不当之处，敬请方家批评指正。

---

[1] 丘光明等：《中国科学技术史·度量衡卷》，科学出版社，2001 年，第 249—250 页。
[2] 民国前期马衡在北京大学讲授金石学，谈到历代衡制时说："考定度量衡之制，以权衡为最难……《隋志》……其所纪六朝间之制，亦如量之记载，不可得而详也。"（《马衡讲金石学》，凤凰出版社，2010 年，第 179—180 页）

一　问题的提出

二十世纪九十年代以前，人们对魏晋南朝衡制的认识一直以《隋书·律历志》的记载为最早、最重要的依据，其文云：

> 梁、陈依古称。齐以古称一斤八两为一斤。周玉称四两，当古称四两半。开皇以古称三斤为一斤，大业中，依复古秤。[3]

《通典·食货五》的记载被解读为东晋南朝度量衡因循不改，从而被视为《隋志》的补充证据（即画线部分被视为意思连贯的文字）：

> 自东晋寓居江左，百姓南奔者，并谓之侨人，往往散居，无有土著。而江南之俗，火耕水耨，土地卑湿，无有蓄积之资。诸蛮陬俚洞，沾沐王化者，各随轻重收财物，以裨国用。又岭外酋帅，因生口、翡翠、明珠、犀象之饶，雄于乡曲者，朝廷多因而署之，以收其利。历宋齐梁陈，皆因而不改。其军国所须杂物，随土所出，临时折课市取，乃无恒法定令。……其度量三升当今一升，秤则三

---

[3]　[唐]魏徵等：《隋书》卷十六《律历上》，中华书局，1973年，第412页。

两当今一两,尺则一尺二寸当今一尺。(今谓即时。)[4]

基于上述笼统记载,长期以来"几乎所有的学者都认定,梁陈乃至南朝以前的三国两晋时期,皆'依古'用秤,其斤两轻重,约当隋唐大秤的1/3。如果说有什么例外的话,那也只是吴承洛先生出于一时疏误,把《隋志》中的北齐误作南齐,以为其秤略大"。[5]根据吴承洛先生的折算,魏晋衡制每斤合222.73克,与东汉衡制基本一致。[6]此折算标准在学术界广泛流传。

需要说明的是,魏晋隋唐人所谓以斤两铢为单位的古秤实际指汉秤,即便有时指先秦秤,亦大致等值于汉秤。这是因为:其一,汉代度量衡是西汉末年王莽执政时由古文学家刘歆组织制定,从名义上说它是恢复古制;其二,古代度量衡制度到战国才比较完备,斤两铢的权衡单位体系当时只在秦、赵等少数国家使用,秦统一度量衡后又为汉效法,从实际量值看秦汉秤与战国秤大略没有变化。

二十世纪九十年代,郭正忠先生根据医书中的一条史料对南朝衡制提出新看法。这条史料见于北宋唐慎微撰《证类本草》,其卷一"序例上·梁陶隐居序"有一段谈古今之秤,其

---

[4] [唐]杜佑:《通典》,王文锦等点校,中华书局,1988年,第90—91页。
[5] 郭正忠:《三至十四世纪中国的权衡度量》,中国社会科学出版社,1993年,第10页。
[6] 吴承洛:《中国度量衡史》,上海书店,1984年影印本,第73页。

下小字注为北宋掌禹锡《嘉祐本草》（1060年成书）文，它引《唐本草》（即唐代医家苏敬撰《新修本草》，659年成书）述汉末晋南朝衡制，此即郭氏所据史料（参见图1）。我们把陶氏正文和掌氏注文一并抄录如下（括号中为掌氏注文）：

> 古秤惟有铢两，而无分名。今则以十黍为一铢，六铢为一分，四分成一两，十六两为一斤。虽有子谷秬黍之制，从来均之已久，正尔依此用之。（臣禹锡等谨按《唐本》又云：但古秤皆复，今南秤是也。晋秤始后汉末已来，分一斤为二斤，一两为二两耳。金银丝绵并与药同，无轻重矣。古方唯有仲景而已涉今秤，若用古秤作汤，则水为殊少，故知非复秤，悉用今者耳。）[7]

《证类本草》既出，后人纷纷从之，包括《本草纲目》亦受其影响，《唐本》云云直接写成"苏恭（即苏敬）曰"。此外，孙思邈《千金要方·序例》（医史界通常认为成书于永徽三年，即652年，较《新修本草》略早）有一段相近文字，被视为补充材料：

> 古秤唯有铢两，而无分名。今则以十黍为一铢，六铢

---

[7] 引文及图像据唐慎微等《重修政和经史证类备用本草》，人民卫生出版社，1957年影印本，第34—35页。

为一分，四分为一两，十六两为一斤，此则神农之秤也。吴人以二两为一两，隋人以三两为一两。今依四分为一两称为定。[8]

以上两则材料尤其是前者十分珍贵，是关于魏晋南朝衡制十分罕见的新证据，它与《隋志》及《通典》的记载完全不同，有可能揭示出这一时期衡制的新变化。不过对其解读迄今尚存两大分歧：首先，“古秤皆复”那段话究竟是谁说的？是苏敬还是更早的陶弘景（《唐本草》是在陶弘景《本草经集注》的基础上编撰而成）？这个问题很关键，因为它涉及南秤、今秤等具体所指。其次，“分一斤为二斤”如何理解？目前来看，度量衡研究者大多肯定这段话出自苏敬，并以此为基础解释“分一斤为二斤”，且多数认为晋秤一斤相当于古秤二斤，少数主张古秤一斤相当于晋秤二斤。几种代表性意见列举如下：

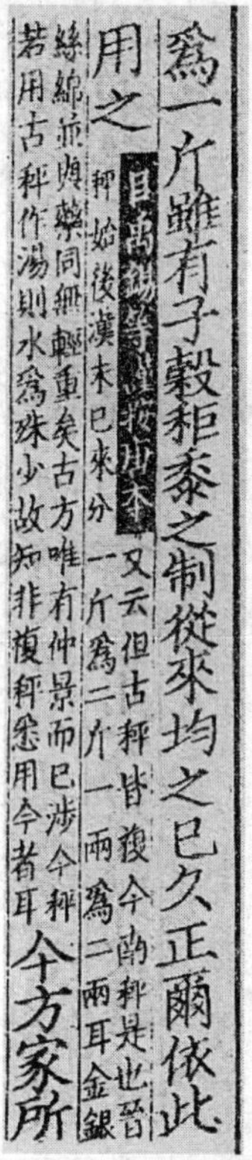
爲一斤雖有子穀秬黍之制從來均之已久正爾依此用之臣禹錫等謹按唐本又云但古秤皆復今南秤是也晉秤始後漢末已來分一斤爲二斤一兩爲二兩耳金銀絲綿並與藥同無輕重矣古方唯有仲景而已涉今秤若用古秤作湯則水爲殊少故知非複秤悉用今者耳今方家所

图1《证类本草》局部

1. 郭正忠：（1）传世的各种版本之《本草经集注》，都将唐人苏敬的按语当作了梁朝陶弘景的论述……显然是把唐人的按语误当作了

[8] 此据《备急千金要方》，人民卫生出版社，1955年影印本，第11页。

陶弘景的原话。(2)"南秤"即"古秤",似为南朝盛行之秤。"晋秤"即"今秤",是"始后汉末以来"的一种新秤……至迟在东汉末与西晋时代,已有"古秤"和"今秤"这两种不同的权衡器制并行于世。(3)苏恭所谓晋秤"分一斤为二斤,一两为二两",也即是"吴人以二两为一两"。其二两,指古秤二两;其一两,则指今秤或晋秤一两。换句话说,今秤或晋秤的一斤,即古秤或南秤之二斤也。三国两晋以来大小两套权衡制度的计量关系,于此真相大白。[9]

2. 丘光明等:唐朝名医苏敬在《唐本草》中引陶弘景一段论述之后,又加了一段按语云……仅从这一段话中是否就可以断言东汉权衡已两倍于"古"呢?从目前我们所搜集到两汉有自重刻铭并有实测数据的权衡器和百余件日常用器中,无法得到证实。至于两晋之权衡是否已两倍于古,目前也还没有见到可作佐证的有关资料。[10]

3. 张瑞贤等:(1)(陶弘景《本草经集注》后)唐代官修本草时,苏敬等人进一步解释:"但古秤皆复……"。(2)古秤＝南秤(南泛指六朝的东吴、东晋及宋齐梁陈)＝吴秤＝晋秤＝复秤;今秤＝北秤＝单秤。这里的等号并不是完全相等之意,而是在一定范围内近似于而已。[11]

---

[9] 郭正忠:《三至十四世纪中国的权衡度量》,第22—25页。
[10] 丘光明等:《中国科学技术史·度量衡卷》,第279页。
[11] 张瑞贤等:《魏晋南北朝时期药物计量单位的争议问题》,《中国中药杂志》2008年第16期。

4. 傅延龄等：（1）陶弘景有一段关于古秤的论述广为人知……苏敬《新修本草》引用这句话时在后面加了一段补注："但古秤皆复……"。（2）苏敬讲的古秤、南秤、晋秤都是复秤，今秤则是单秤亦即东汉秤。单秤 1 斤的量值是复秤量值的 1/2，约合今 220 克，复秤量值 1 斤约合今 440 克。[12]

上述意见虽然对诸秤的关系及其量值解释不一，但均主张"古秤皆复"一段为唐人所加。然而，在一件远早于掌禹锡时代的唐开元六年写本《本草经集注·序录》中，这段话和前文紧密相连，没有任何迹象表明它是唐人补加（见图 2）。[13] 故医史研究者如尚志钧、马继兴、丛

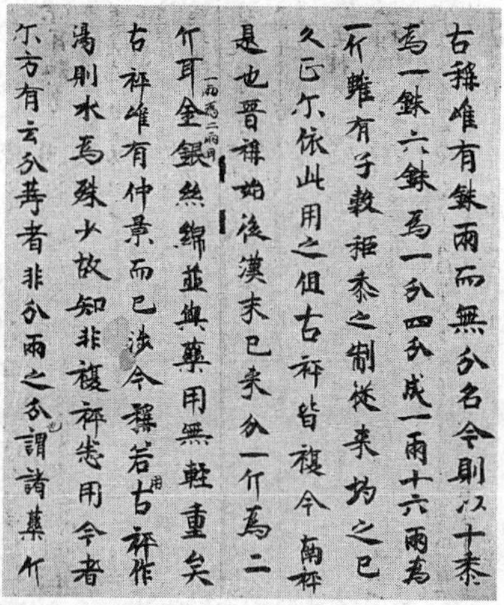
古稱唯有銖兩而無分名今則以十黍
爲一銖六銖爲一分四分成一兩十六兩爲
一斤雖有子穀秬黍之制從來均之已
久正爾依此用之但古秤皆複今南秤
是也晋秤始後漢末已來分一斤爲二
斤耳一兩爲二兩耳金銀絲綿並與藥用無輕重矣
古秤唯有仲景而已涉今秤若用古秤作
湯則水爲殊少故知非複秤悉用今者
爾方有云分等者非分兩之分謂諸藥斤

图 2　敦煌写本《本草经集注·序录》"古秤皆复"局部

[12] 傅延龄等：《论与经方药物计量相关的几种古秤》，《中国中医基础医学杂志》2014 年第 5 期。

[13] 1908 年，日本僧人橘瑞超等到中亚考古，在敦煌获《本草经集注·序录》写卷携归日本，后保存于龙谷大学图书馆。此卷末尾两行字有"开元六年九月十一日尉迟卢麟于都写本草一卷，辰时写了记"二十四字。学界多主张此写卷为唐开元写本，只有日人小川琢治考证认为是六朝写本，由此形成两种观点。本节所用图像据沈澍农主编：《敦煌吐鲁番医药文献新辑校》，高等教育出版社，2016 年，第 539 页。

春雨等均视其为《本草经集注》文。[14] 实际上，这段话的确是《本草经集注》原文，其证据除了唐写本以外，更为关键的是一部名为《抱朴子神仙金汋经》（以下简称《金汋经》）的六朝道经。《金汋经》的内容表明，"古秤皆复"一段话实乃陶弘景基于该书而言，故此书是理解陶氏本意，进而揭示魏晋南朝衡制演变真相的关键资料。但是关于《金汋经》的作者目前学界尚存争议，因此先须就其作者问题进行考证，而后再讨论陶弘景的本意及相关问题。

二 《神仙金汋经》的时代和作者

《金汋经》三卷收录于明《正统道藏》洞神部众术类，[15] 其卷上为《金汋经》及注文，余下两卷乃抄录《抱朴子内篇·金丹》，略有异文。今存目录著作中宋代《崇文总目》和《通志·艺文略》最早著录该书，都作"神仙金汋经（三卷）"，没有提及抱朴子。但北周甄鸾《笑道论》征引此书作"神仙金液经"（详见下文）。按段玉裁《说文解字注》云："《释名》：汋，

---

[14] 参见尚志钧、尚元胜辑校：《本草经集注》，人民卫生出版社，1994年，第37页；尚志钧辑校：《唐·新修本草》，安徽科学技术出版社，1981年第1版第31页，2004年第2版第13页；马继兴主编：《敦煌古医籍考释》，江西科学技术出版社，1988年，第351页；丛春雨：《敦煌中医药全书》，中医古籍出版社，1994年，第398页。

[15] 《道藏》，文物出版社、天津古籍出版社、上海书店，1988年，第19册，第204—214页。

泽也，有润泽也。自脐以下曰水腹，水汋所聚也。胞主以虚承汋也。盖皆借为液字。"[16] 又检索道经，确有将"金汋"等同"金液"的例子。如《云笈七签》卷六十七引《抱朴子·金丹》云"以金汋和黄土"，而《抱朴子》原本为"以金液和黄土"。又卷十九引《老子中经》云"某甲愿求太一神丹如金汋可饮食者"，此"金汋"明显指金液之义。[17]

由于《金汋经》是一篇重要道教科技文献，又与葛洪有关，故近代以来颇受学术界重视，但是关于其作者和撰写时代，学者们众说纷纭，无有定论。如孙诒让谓此经乃晋宋间人依附《抱朴子》假托为之。[18] 王奎克认为其内容虽与《抱朴子·金丹》相似，但药名已不用隐名，"消石"已写作"硝石"，似为唐人所伪托。[19] 陈国符认为卷上注文地名皆为西晋所用，故注乃西晋人所撰。[20] 孟乃昌根据卷上地名判断注文当出于南齐至陈期间，注者可能是陶弘景，而原文与葛洪不同，应出于东晋中、末年。[21] 任继愈主编《道藏提要》认为卷上乃

---

[16] [汉] 许慎撰，[清] 段玉裁注：《说文解字注》，上海古籍出版社，1981年，第550页。
[17] [宋] 张君房编：《云笈七签》，中华书局，2003年，第1486、438页。
[18] [清] 孙诒让：《札迻》卷十，中华书局，1989年，第342页。
[19] 王奎克：《中国炼丹术中的"金液"和华池》，《科学史集刊》第7期，科学出版社，1964年，第59页。
[20] 陈国符：《〈石药尔雅〉补与注（增订本）》，此据《陈国符道藏研究论文集》，上海古籍出版社，2004年，第180页。
[21] 孟乃昌：《道教与中国炼丹术》，北京燕山出版社，1993年，第67—69页。

衍卷下《金液法》和《金液为威喜巨胜之法》而成。又云《云笈七签》卷六十七录《抱朴子·金丹》但少服丹法二十余种及饵黄金等数段，唯不题《神仙金汋经》，暗示此书晚出。[22]《中华道藏》谓此书"似出隋唐"。意大利学者玄英在《道藏通考》中也主张根据注文所用地名，注应出于六朝。[23] 后来他又进一步指出，注解中两次提到汉晋衡制变化，表明原书的确可以追溯到汉代，但所用地名表明它最终成书应在五世纪后期至六世纪后期，撰于570年的佛教著作《笑道论》引述其经文和注解可证实这一判断。[24] 萧登福根据注文一句话中出现"今"和"晋"字，认为注文是葛洪所作，并猜测可能是葛洪自己将《金汋经》卷一与后两卷相合，也可能是后人取葛洪共同论金丹的二篇与《金汋经》卷一合成今本。[25]

《金汋经》到底撰于何时？注者究竟是葛洪还是伪托葛洪？以往的讨论提供了很好的启发，但有一些关键证据没有注意到，致使在这两个问题上认识不当，我们有必要加以全面辨析。

首先，关于经文内容，如学者已经指出的那样，《金汋

---

[22] 任继愈主编：《道藏提要》（第3次修订），中国社会科学出版社，2005年，第413—414页。

[23] Kristofer Schipper and Franciscus Verellen, eds., *The Daoist Canon: A Historical Companion to the Daozang*, Vol. I, Chicago and London: The University of Chicago Press, 2004, p.106.

[24] ［意］玄英：《太清：中国中古早期的道教和炼丹术》，韩吉绍译，齐鲁书社，2016年，第72—73页。

[25] 萧登福：《正统道藏总目提要》，台北文津出版社，2011年，第882—883页。

经》卷一确实包含《抱朴子》所述金液法及以金液为威喜巨胜之法，也即葛洪所述《金液经》的主要内容，不过二者也有一些显著差异。例如《金汋经》中金液由黄金十二两、水银、硝石、雄黄、左味封之成水，而《金液经》中金液则由黄金一斤（十六两）、玄明龙膏（水银）、太乙旬首中石（雄黄）、冰石（戎盐或凝水石、寒水石）、紫游女、玄水液（磁石水）、金化石（硝石）、丹砂封之成水。王奎克等提出一种意见，认为《抱朴子》所说的后面几种药，大约自紫游女以下在《金汋经》中笼统以左味称之。[26] 这些差异的出现，葛洪摘录时变换表述或者掺杂自述文字等有可能造成，不过《抱朴子》中关于金液丹的传授及其仪式、斋戒以及服饵之法的介绍则完全不见于《金汋经》，这些在以往没有得到重视。

其次，关于注文时代还需要进一步确定，以下从六个方面来讨论，凡前贤已论者皆注明并作辨析：

1. 地名。经核对，以往论者有失察之处，注文所记地名同时使用的时代实有两个阶段：一是三国吴甘露元年（265）至刘宋泰豫元年（472），二是萧齐至隋开皇初。[27]

---

[26] 关于《金汋经》和《抱朴子》对金液做法及功效的详细比较见玄英《太清：中国中古早期的道教和炼丹术》，第144—148页。
[27] 经检索，诸地名使用情况大致为：（1）雁门郡，战国赵武灵王置，秦汉六朝仍之，隋开皇初废，大业三年（607）复置，唐武德元年（618）改为代州，天宝元年（742）复改为雁门郡，乾元元年（758）再次改为代州。（2）始兴郡，三国吴甘露元年（265）置，南朝宋泰豫元年（472）改为广兴郡，南齐复为始兴郡，隋开皇九年（589）平陈后废，唐天宝元年（742）复置，乾元元年（758）改为韶州。（3）广州，三国吴黄武五年（226）置，不久废，永安七年（264）（转下页）

2. 雄黄产地。注文云:"雄黄须武都色如鸡冠者,无夹石者。今雁门、始兴郡雄黄似黄土,色不赤,又多夹石,恐不消化,其气又薄,不能杀金毒也。"这段话透露出当时流行使用质量较次的雁门、始兴雄黄,而这种情况主要出现在六朝时期。当时政权的割据对立对炼丹药物的流通造成严重影响,武都由于地处西北,与内地尤其是南朝几乎隔绝,其出产的雄黄竟成为稀世之宝。陶弘景在《本草经集注》中有生动记述,云:"晋末已来,氐羌中纷扰,此物绝不复通,人间时有三、五两,其价如金。合丸皆用石门、始兴石黄之好者尔。"[28]这种状况一直持续到隋代仍未有根本转变。孙思邈《千金要方》卷十二记载,他曾在隋大业年间(605—617)数次合炼太一神精

(接上页)复置,隋仁寿元年(601)改为番州,大业三年(607)又改为南海郡,唐武德四年(621)复为广州,天宝元年(742)改为南海郡,乾元元年(758)复为广州。(4)长沙郡,战国秦置,西汉改为长沙国,东汉复置,隋开皇中废,大业初复置,唐武德四年(621)改名谭州,天宝元年(742)又改回长沙郡,乾元元年(758)再次改名谭州。(5)豫章郡,西汉高帝六年(前201)置,隋开皇九年(589)废,大业二年(606)复置,唐武德五年(622)改名洪州,天宝元年(742)恢复豫章郡,乾元元年(758)复改为洪州。(6)临川郡,三国吴太平二年(257)分豫章郡置,隋开皇九年(589)改置抚州,大业初恢复,唐武德五年(622)改名抚州,天宝元年(742)复名豫章郡,乾元元年(758)又改为抚州。(7)鄱阳郡,东汉建安十五年(210)孙权分豫章郡置,隋开皇九年(589)废,大业初复置,唐初改为饶州,天宝元年(742)改回鄱阳郡,乾元元年(758)复为饶州。以上信息据史为乐主编:《中国历史地名大辞典》,中国社会科学出版社,2005年。

[28] [梁]陶弘景编:《本草经集注》,尚志钧、尚元胜辑校,第149页。

丹，但苦于雄黄、曾青两种药物难得，试炼很不顺利。后来他到蜀地行医，恰巧碰上雄黄大贱，又在飞乌玄武大获曾青，终于合成，用其治病，效果神验。[29] 进入唐代，由于国家统一，疆域辽阔，武都雄黄才得以大量输入内地，其价格竟变得如同瓦石一般。《黄帝九鼎神丹经诀》卷十四云："雄黄生武都山谷、燉煌山阳……燉煌在凉州西数千里，古以为药最要奇难得也，昔与赤金同价。今圣朝一统寰宇，九域无虞，地不藏珍，山不秘宝。武都崇岫，一旦山崩，雄黄曜日，令驼运而至京者，不得雇脚之直，瓦石同价。"[30]

3. 土釜产地。六朝时期的南北割裂在丹釜的使用上也留下了明显痕迹。譬如葛洪处身南方，其《抱朴子》就说唯长沙、桂阳、豫章、南海土釜可用，产地全部为南方郡；而《九转流珠神仙九丹经》则说荥阳、河南、洛阳及颍川等地所出土釜可用，产地全部为北方郡，显然撰于北方。《金汋经》注文提到的土釜产地广州、长沙、豫章、临川、鄱阳全部位于南方，透露出注者身处南方。（其实注文记载的雄黄产地雁门和始兴在陶弘景《本草经集注》中记作石门和始兴，都是南方郡，后者可能更准确。）

4. 衡制。注文云："古者秤重，今所谓吴秤者是。晋秤殊不知起魏武帝，作之以赏赐军功，金银半斤耳。今秤此药，宜

---

[29]〔唐〕孙思邈:《备急千金要方》，第231页。
[30]《道藏》第18册，第837页。

用古秤计之。"又云："古之半两，今之一两也。"这两句话透露出两个重要时代信息：一是注者唯独解释"晋秤"来源而不言其他朝代，间接表明注者就是晋人；二是古秤一斤相当于当时的二斤。第二个信息与葛洪《抱朴子·金丹》对金液法的介绍完全一致。他说："金液太乙所服而仙者也，不减九丹矣，合之用古秤黄金一斤……"又说："合金液唯金为难得耳。古秤金一斤于今为二斤……"[31]

5. 人名。注文最后一句提到南海太守，据其所行方术判断此应指晋代鲍靓，曾为葛洪师。此处径直称呼"南海太守"，表明注者所处时代存在南海郡。经查，南海郡在汉唐期间的存在时间为：西汉元鼎六年（前111）至隋开皇九年（589）间，隋大业三年（607）至唐武德四年（621）间，唐天宝元年（742）至乾元元年（758）间。[32]

6.《笑道论》的引述。此为玄英近些年的发现，由于他未给出详细解释，这里作一点补充说明。《广弘明集》卷九收录北周甄鸾《笑道论》（570年撰成），其引述《神仙金液经》多处文字，现摘录如下：

> 《神仙金液经》云：金液还丹，太上所服而神。今烧水银，还复为丹，服之得仙，白日升天。求仙不得此道，

---

[31] 王明：《抱朴子内篇校释》，中华书局，1985年，第82、84页。
[32] 地名信息史参见史为乐主编：《中国历史地名大辞典》，第1814页。

<u>徒自苦耳</u>。(原文注：烧丹成水银，烧水银成丹，故曰还丹。)昔韩终服之，面作金色。

臣笑曰：《文始传》云，太上老子、太一、元君，此三圣亦可为一身。《金液经》云，～～～～～～～～～～～～～～～～～～～～～太一者，惟有中黄丈夫及太一君，此二(君)，仙人主也。饮金液，升天为天神，调阴阳矣。～～～～～～～～～～～～～～～～～～～～～～～～～～～～～～～寻韩终未服金液，止是常人。既服升天，即老君是也。而老君为太上万真之主，何所不能，而乃须服金液后调阴阳乎？又太一大神，成者多少？调阴阳者复须几人？若言服者皆得，何其多耶！又丹与水银遍地皆有，火烧成丹，作之不难。何为道士不服，白日升天，为天仙之主，而辛苦叩齿，虚过一生？良可哀哉！若不服者，明知为丹所误，故捕影之谈耳。[33]

上述引文中，画直线者为《金汋经》经文，画曲线者为《金汋经》注文，此表明《神仙金液经》即《金汋经》。而且该书既然受到甄鸾批驳，显然在当时已流传较广。

综合以上六条分析，我们可以确定《金汋经》卷一注文应当出于晋代，不可能是隋唐之作，而注者是葛洪的可能性很大。以往学者认为《金汋经》是伪托于葛洪的一个重要原因是该书著录较迟，而且没有明确提到葛洪。但实际上并非如此，葛洪注《金液经》确有其事，此见于多种早期文献记载，只是

---

[33] [唐]道宣：《广弘明集》卷九，上海古籍出版社，1991年，第156页。

以往论者都没有注意到。这里将笔者发现的几条重要证据列之如下：

其一，《太平御览》卷六百七十二引六朝道经《太上太霄琅书》云："《太一金液经》者，按《剑经序》云高丘子服金液水，长史书云欲合金液意，皆是此方。今有葛洪注，是郗愔黄素书。又有别诀一卷，此亦太清上丹法也。"[34] 按郗愔（313—384）乃东晋名臣郗鉴长子，王羲之妻弟，工书法，信奉天师道，《晋书》云其"与姊夫王羲之、高士许询并有迈世之风，俱栖心绝谷，修黄老之术"。[35]

其二，宋人贾嵩撰《华阳陶隐居内传》卷中"复有二金液亦营合有碍"一句注引陶弘景《登真隐诀》云："一者太一金液，抱朴子所注，此乃可就，而阙在消石，兼无真人手迹，弥所未安。二者即泰清金液，此乃安期所传，而用卤咸虏盐，此世难多，兼祭法用牢俎，以为惮碍之也。"[36]

其三，唐初编撰的《黄帝九鼎神丹经诀》卷十七《玉烛万金诀伏汞华池方》后的撰者按语曰："又据《太一金液还丹注释》云，凡不成者，莫不以硝石非真，华池失法是也。"[37]

---

[34] ［宋］李昉等：《太平御览》，中华书局，1960年影印，第2994页。此段内容不见于《道藏》本《洞真太上太霄琅书》。
[35] ［唐］房玄龄等：《晋书》卷六十七《郗愔传》，中华书局，1974年，第1802页。
[36]《道藏》第5册，第505—506页。
[37] 韩吉绍：《黄帝九鼎神丹经诀校释》，中华书局，2015年，第259页。

以上三种记载的时代与葛洪相近，而且可以相互印证，尤其是时代最早的前两种明确记载葛洪曾注《太一金液经》，再结合《笑道论》的引述以及《抱朴子·金丹》言金液乃太乙（也即太一）所服而仙者，我们可以断定葛洪确曾注释过他所传承的《金液经》，而且注本在南北朝时流传较广，唐初时仍然存世。根据前文对《金汋经》卷上时代的判断，此书可以说就是葛洪所注《太一金液经》。（按《金汋经》注文的一些内容可在《抱朴子内篇》中找到对应文字，这也是葛洪注此书的内证。另外《登真隐诀》所说的另一种金液丹文献也流传下来，即《道藏》本《太清金液神丹经》。）不过，由于《金汋经》与《抱朴子·金丹》的引文有显著差异，与《笑道论》的引述不

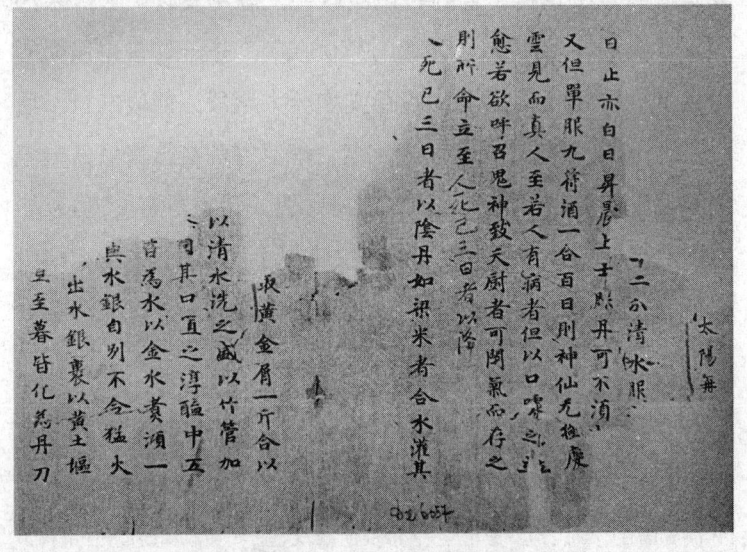

图 3　俄藏敦煌写本《金汋经》残片

完全相同,《黄帝九鼎神丹经诀》卷十七引文不见于《金汋经》注文,以及《金汋经》本身所述操作有不连贯之处,等等,这些迹象又表明,《金汋经》卷上应当只是葛洪所注《太一金液经》的一个残缺本,内容并不完整。《笑道论》称该书为《神仙金液经》,《黄帝九鼎神丹经诀》称为《太一金液还丹注释》,盖此书当时只有一卷,唐初至北宋初期间被与《抱朴子·金丹》编在一起,合成三卷本。《崇文总目》和《通志·艺文略》著录题名为《神仙金汋经》,表明今本题名中"抱朴子"三字很可能是此后所加。[38]

另外还有一个问题,笔者在阅读《金汋经》卷一及其与《抱朴子·金丹》比较的时候,感觉有的经文似乎和注文混淆,只是没有直接证据,直到在俄藏敦煌文献中发现一段《金汋经》残文后才解决这一疑惑。ДX06057[39]是一件首尾残损的写本(见图3),无题名,残存文字分为两段,前段八行,后段七行。《俄藏敦煌文献》未定名。李应存等在搜集俄藏敦煌医学文献的时候将其收入,笼统称之为"道家丹方",但未能识别内容来源。[40]王卡发现前段文字见于《道藏》本《太清金液神气经》,而后段则不见,故而认为《道藏》本《太清金液

---

[38] 丁培仁猜测《石药尔雅》著录的《抱朴子金丹经》当即此书,但未提供证据。(《增注新修道藏目录》,巴蜀书社,2008年,第397页)
[39] 《俄藏敦煌文献》第12册,上海古籍出版社,2000年,第336页。
[40] 李应存、李金田、史正刚:《俄罗斯藏敦煌医药文献释要》,甘肃科学技术出版社,2008年,第112—113页。

神气经》是残缺本。[41]经笔者核查，写本内容实际上抄自两部道经：前八行文字为《太清金液神气经》中太玄九阴灵华丹的内容；后七行文字则为《金汋经》卷一内容（"取黄金屑一斤……丹刀"），应是其一种传本，而且全部出自经文部分。更为巧合的是，残片仅存的文字恰好与笔者判断今本经文和注文混淆的地方有关。写本中不避"旦"字讳，楷书精美，当抄于唐睿宗之前。[42]

三 魏晋南朝衡制演变真相推测

《金汋经》为葛洪所注既明，现在来讨论其衡制内容。书中有两段话涉及魏晋衡制的演变，上文已有提及，方便起见重抄如下：

> （1）古者秤重，今所谓吴秤者是。晋秤殊不知起魏武帝，作之以赏赐军功，金银半斤耳。今秤此药，宜用古秤计之。
>
> （2）古之半两，今之一两也。[43]

---

[41] 王卡：《敦煌道教文献研究——综述·目录·索引》，中国社会科学出版社，2004年，第214—215页。
[42] 对此残片的详细分析见张鲁君、韩吉绍：《四件敦煌道经残片考辨》，《敦煌研究》2016年第5期。
[43]《道藏》第19册，第204、206页。

其实葛洪在《抱朴子内篇》中引述《金液经》(即《神仙金汋经》)时曾言及古秤和晋秤的量值关系,云:

(3) 金液太乙所服而仙者也,不减九丹矣,合之用古秤黄金一斤,并用……

(4) 合金液唯金为难得耳。古秤金一斤于今为二斤,率不过直三十许万。[44]

《抱朴子内篇》之言原本在清代就被俞正燮注意到,可惜他轻率断定此乃后世道士篡改所致,遂错失关键线索。其《癸巳类稿》卷十四"药量称考"曰:"《抱朴子·金丹篇》云:'金液,用古秤黄金一斤。'又云:'古秤金一斤,于今为二斤,率不过直三十许万。'此必隋唐以后,道士私改,又倒误其数。"[45] 上引傅延龄《论与经方药物计量相关的几种古秤》一文也注意到这两句话,并猜测它是《唐本草》(实乃《本草经集注》)的依据,但又毫无根据地认为"古秤"不是东汉秤,而是量值为东汉秤两倍的"吴秤"。

葛洪生平横跨两晋,为著名医学家和炼丹家,而无论合药还是炼丹皆须精于权衡,其《金汋经》和《内篇》两相印证,清晰指出了汉末魏晋衡制的新变化:三国时权衡总体沿袭

---

[44] 分别参见王明:《抱朴子内篇校释》,第82、84页。
[45] [清] 俞正燮:《癸巳类稿》,商务印书馆,1957年,第510页。

古制，唯独曹魏一定范围内使用一种量值为古制1/2的新秤。（曹操使用小斛称军粮的现象为人熟知，小秤资料的发现可与其互证。[46]）晋承曹魏，其衡制因袭魏小秤，同时吴地则广泛使用古秤。上述诸秤的量值关系为：吴秤＝古秤（汉秤），晋秤＝魏秤＝1/2古秤。众所周知，关于晋秤与古秤度量不同在《晋书》中有两处记载。一者见于《律历志》，云："元康中，裴頠以为医方人命之急，而称量不与古同，为害特重，宜因此改治权衡，不见省。"二者见于《裴頠传》，言之更详："荀勖之修律度也，检得古尺，短世所用四分有余。頠上言：'宜改诸度量。若未能悉革，可先改太医权衡。此若差违，遂失神农、岐伯之正。药物轻重，分两乖互，所可伤夭，为害尤深。古寿考而今短折者，未必不由此也。'卒不能用。"[47] 根据现仅有的四件带计重铭文的两晋量器实物，这些记载以往均被理解

---

[46]《三国志》卷一裴松之注引《曹瞒传》云，"（曹操）常讨贼，廪谷不足，私谓主者曰：'如何？'主者曰：'可以小斛以足之。'太祖曰：'善。'后军中言太祖欺众，太祖谓主者曰：'特当借君死以厌众，不然事不解。'乃斩之，取首题徇曰：'行小斛，盗官谷，斩之军门。'"（[晋]陈寿：《三国志》，[宋]裴松之注，中华书局，1982年，第55页）关于此小斛，陈梦家曾认为它可能是非法的不足量的斛量，犹如后世的小秤（见氏著《汉简缀述》，中华书局，1980年，第151页）。郭正忠则认为曹魏官斛增大于古斛，故猜测此小斛可能是新莽铜斛之类古量，未必是"主者"私造的量器（《三至十四世纪中国的权衡度量》，第328页）。《中国科学技术史·度量衡卷》（第269—270页）认同第一种意见。结合葛洪所述曹操使用小秤现象来看，陈梦家的解释应当属实，只是是否"非法"值得斟酌。

[47]《晋书》卷十六《律历上》，第493页；卷三十五《裴頠传》，第1042页。

为晋秤量值变大。[48] 但葛洪的记载表明，当时的情况并非一概如此。杜预曾说晋秤较先秦古秤轻，可作为葛洪言论的参考。《左传·定公八年》"颜高之弓六钧"杜预注云："颜高，鲁人。三十斤为钧，六钧百八十斤。古称重，故以为异强。"[49] 不过，此处古秤说的应该是春秋鲁国秤，其制今已不详。

南齐时，陶弘景《本草经集注》（成书于公元500年前）在葛洪记载的基础上进一步梳理了自古以来的衡制史，并规定了书中所用权衡制度。陶弘景的叙述包含以下六个要点：

（1）古秤惟有铢两，而无分名。（2）今则以十黍为一铢，六铢为一分，四分成一两，十六两为一斤。（3）虽有子谷秬黍之制，从来均之已久，正尔依此用之。（4）古秤皆复，今南秤是也。（5）晋秤始后汉末已来，分一斤为二斤，一两为二两耳。金银丝绵并与药同，无轻重矣。（6）古方惟有仲景而已涉今秤，若用古秤作汤，则水为殊

---

[48] 如郭正忠认为："西晋的太医权衡究竟比古秤增重了多少，不大清楚……至于西晋一般权衡量值的增长趋势，后来竟达到2倍于古秤的程度。"（《三至十四世纪中国的权衡度量》，第19页）《中国科学技术史·度量衡卷》认为："西晋权衡确实比秦汉时有所增长，但增长的幅度不大。"实物证据"说明当时重量单位值仍是汉魏的延续……每斤重234克为两晋重量之参考值"。（分别见该书第279、281页）该书作者之一邱隆先生制定了一份历代度量衡单位量值表，其中魏晋每斤均合283克，增大趋势明显（见其《中国历代度量衡单位量值表及说明》，《中国计量》2006年第10期）。

[49] ［晋］杜预注，［唐］孔颖达等正义：《春秋左传正义》卷五十五，中华书局1980年影印十三经注疏本，第2141页。

少，故知非复秤，悉用今者耳。

(1) 强调古秤的量值单位。其言属实，先秦秦汉时铢、两之间没有过渡单位。(3) 中"子谷秬黍之制"指汉代衡制，因汉代首次规定将黍作为度量衡的基本单位，其权衡以百黍为一铢，二十四铢为一两。《汉书·律历志》云："量者……以子谷秬黍中者千有二百实其龠……权者，铢、两、斤、钧、石也，所以称物平施，知轻重也。本起于黄钟之重。一龠容千二百黍，重十二铢，两之为两。二十四铢为两。十六两为斤。三十斤为钧。四钧为石。"[50] 陶弘景云其行之已久，正好依此使用。(4) 是说当时南方有的地方仍然流行使用古秤，这与葛洪所谓吴秤的情况相合。陶弘景还说古秤都是复秤，即天平。这段文字为考察杆秤的发明时间和流传时代提供了重要证据。[51] (5) 中前一句话明显抄录葛洪《金汋经》。[52] 后一句说明晋秤的使用范围，通用于经济民生和医药领域。此前葛洪强调《金

---

[50] [汉] 班固：《汉书》卷二十一上《律历志上》，中华书局，1962 年，第 967、969 页。

[51] 学界对杆秤的发明时代有不同意见，有的认为战国或秦汉已有，有的认为东汉时已普遍使用，有的认为汉末或三国时已具雏形，魏晋南北朝才广泛流行。

[52] 陶弘景读过葛洪注《神仙金汋经》。宋人贾嵩《华阳陶隐居内传》卷中注引陶弘景《登真隐诀》云："一者太一金液，抱朴子所注，此乃可就，而阙在消石，兼无真人手迹，弥所未安。二者即泰清金液，此乃安期所传，而用卤咸房盐，此世难多，兼祭法用牢俎，以为惮碍之也。"（《道藏》第 5 册，第 505—506 页）其所谓"太一金液抱朴子所注"即《抱朴子神仙金汋经》。

汋经》须用古秤,反映的正是当时医药领域通常使用魏晋小秤的事实。(6)以汤剂说明古秤与"今秤"(即南齐官秤)的关系。"古方惟有仲景而已涉今秤",意思是古方全用古秤,唯独汉代名医张仲景之方适用"今秤"。这句话不仅进一步证明了(3)的分析,而且既然用古秤作汤水会太少(汤剂中药物以斤两计,水以升计),则说明古秤量值肯定比"今秤"大很多。由此可以断定,"古秤皆复"云云绝非唐人补加,因为唐代小秤量值等于古秤,大秤则三倍于古秤。最后回过头来看(2),《集注》谓十黍为铢,此仅为汉代权衡量值的 1/10。《千金要方》和《新修本草》都延续此说,孙思邈更是称其为"神农之秤",显然唐人所见《集注》文本即如此。后世医家多认为《集注》文字有误,应该是"百黍为一铢",或"十黍为一絫,十絫为一铢"。[53] 今医史研究者也从药物实际重量方面证明陶弘景、孙思邈等均未使用过这种小量值秤。[54] 尽管日本

[53] 虽然北宋《新校备急千金要方例》曾说:"陶隐居撰本草序录,一用累黍之法,神农旧秤为定,孙思邈从而用之。"(此据李景荣等:《备急千金要方校释》,人民卫生出版社,1998 年,序言,第 17 页)但明清医家多认为"十黍为一铢"为传写致误。如张介宾《类经附翼》卷二《古今衡数不同》(中国中医药出版社,1997 年,第 679 页)、钱潢《伤寒溯源集》附录《铢两升合古今不同辨论》(上海卫生出版社,1957 年,第 382—383 页)等。

[54] 相关研究如仝小林等《"神农秤"质疑》(《中华医史杂志》1996 年第 4 期)、曾凤《〈千金要方〉药秤新考证》(《中国中医基础医学杂志》2008 年第 4 期)、郭明章等《〈伤寒杂病论〉药量折算的"神农秤""大小秤"之说考》(《中国中医药现代远程教育》2012 年第 15 期)、傅延龄等《再论"神农秤"》(《北京中医药大学学报》2013 年第 8 期)等。

有医家考证认为汉晋确有"十黍为一铢"之说，[55]但是根据（3）可以推断，陶弘景并未自创小秤，他只是引入一个过渡量值单位而已，也即（1）提到的"分"（未提"絫"）——这意味着，真相很可能是《集注》文本不仅有误，而且错误很早就存在。

综上所言，《集注·序录》实际上意在规定其药物称量以古秤为准。魏晋南北朝时，由于衡制混乱，医家与丹家经常使用古秤称量药物，涉及古方时尤其如此，《抱朴子内篇》和其他道书包括陶弘景所撰《登真隐诀》多次强调这一点。[56]更重要的是，陶弘景不仅是吴人（丹阳秣陵人，今属南京市[57]），而且《集注》撰于吴地茅山，故使用古秤亦为遵循吴地风俗。但是出于方便，陶弘景又在铢、两之间引入过渡单位"分"；同时他又认为汉代张仲景方是个例外，其汤剂用药分量应从轻，使用量值小的"今秤"。那么，"今秤"量值究竟是多少？

---

[55] 日本医家小岛学古撰《经方权量考》，力图从文献上证明陶弘景的记载并无错误。如《说文解字》云："铢，权十分黍之重也。"《医心方》引陶弘景家族十分重视的《范汪方》云："六十黍粟为一分。"后来丹波元坚《药治通义》卷十《方剂分量》继承其观点，并猜测古人用药分量轻。以上见《药治通义》，《皇汉医学丛书》第十册，上海世界书局印行，1936年，第180—181页。

[56] 今存《登真隐诀》残卷中有两处强调用古秤：一是卷中作沐浴药物，竹叶和桃皮注云"二物并用古秤"；二是卷下作击鬼章，用真朱二分注云"古秤"。此据王家葵辑校：《登真隐诀辑校》，中华书局，2011年，第33、75页。

[57] 参见王家葵：《陶弘景丛考》，齐鲁书社，2003年，第317—319页。

陶弘景撰于南齐的《登真隐诀》提供了答案。[58]该书卷下作击鬼章说，以符合真朱二分捣炼，陶注云："古秤，即今之一两也。"[59]由此可见，南齐权衡继承了晋小秤。陶弘景之所以强调晋秤起始，原来是为了追溯南齐衡制的起源。《集注》诸秤的量值关系为：古秤（汉秤、复秤）= 南秤（相当于吴秤），今秤（即南齐秤）= 晋秤 =1/2 古秤。

梁、陈权衡迄今未见实物证据，故人们向来依据《隋志》"梁、陈依古称"之语，无有疑者。然而，《太平御览》卷六百六十五（南宋蜀刻本。按现存最早的《御览》闽刻本残卷中无此卷）有一段陶弘景写于梁朝的话，提出了另外一种可能性。陶弘景介绍一种宝剑的尺寸和重量时说："《周礼》制剑长三尺，柄居五寸，是六分之一也。内刃广二寸半。重古秤一斤四两，今秤三斤十两也。"[60]此处古秤量值竟为梁秤的2.9倍！不过，明活字本《御览》（据哈佛燕京图书馆藏微缩胶卷）、《文渊阁四库全书》本《御览》以及明钱希言《剑筴》（明陈诩谟翠幄草堂刻本，据北京爱如生《中国基本古籍库》）卷

---

[58]《登真隐诀》于南齐末年已经完成，入梁后做过少量修订与补充。参见王家葵：《登真隐诀辑校·前言》，第3页。

[59] 王家葵：《登真隐诀辑校》，第75页。另外《云笈七签》卷七十四"太极真人青精乾石䭀饭上仙灵方"为《登真隐诀》疑似佚文，主要药物用权衡称量，做好后每次服用"五合"，但又说："若和用古秤者，日服二合半耳。"其今秤量值亦为古秤一半。（参见《登真隐诀辑校》，第374—379页）

[60] 此据中华书局1960年影印本，第2970页。

二十一"陶隐居论神剑"引文,陶弘景所言均作"重古秤一斤四两,今秤二斤十两",其古秤量值为梁秤的2.1倍,此梁秤量值与上述齐秤基本接近。由于资料所限,我们暂且不论到底哪一个数据正确,显而易见的是这段文字意在强调梁秤较古秤轻。因此,梁秤究竟是否如《隋志》所说的那样现在来看值得怀疑,它有可能进一步延续了齐秤的状况。鉴于《御览》记载的可靠性尚难确定,这里暂不做定论。

唐初时,诸医家如孙思邈、苏敬等已无法理解《集注》本意,故《千金要方》和《新修本草》完全承袭《集注》原文,唯独孙思邈精通炼丹而知晓吴秤之事,[61]所以补充说"吴人以二两为一两,隋人以三两为一两"。其所谓吴人秤和隋人秤的量值其实均以各自时代通常的官秤而言,[62]其中"吴人"指晋之吴人,是基于晋代官秤而言,其所据当即葛洪《金汋经》。

概而言之,魏晋南朝衡制经历了复杂变化,所谓"自东晋寓居江左……历宋齐梁陈,皆因而不改"是一种错误理解。晋南朝两大医家兼炼丹家葛洪和陶弘景连贯记录了这些变化,加上唐初李淳风和孙思邈的记载,魏晋南朝衡制的演变虽说不能完全"得而详",但部分自唐宋以来即被湮灭的连贯细节清晰浮现,此即:三国时吴蜀权衡承汉制,魏同时使用汉秤和一种

---

[61] 孙思邈通晓炼丹一事参见韩吉绍:《医药化学家孙思邈》,《南京中医药大学学报(社科版)》2010年第2期。
[62] 隋朝曾有一段时期使用大秤制。《隋书》卷十六《律历上》(第412页)云:"开皇以古称三斤为一斤,大业中,依复古秤。"

量值为汉制 1/2 的新秤；晋承曹魏，其权衡亦因袭魏小秤，同时南方吴地继续使用汉秤；萧齐延续晋的状况，汉秤、晋秤并行（刘宋情况可能同于萧齐）；梁、陈向来被认为恢复使用汉秤，但现在至少梁秤问题出现疑问，它有可能延续晋以来的传统。这些复杂变化表明，魏晋南朝衡制的演变很混乱，变与不变均非绝对，不同地区、不同行业不可一概而论，甚至同为医者其用秤亦非划一。有鉴于此，我们应充分认识这一时期的权衡在实际使用过程中的复杂情况，合理看待今存为数不多的几件间接实物证据，避免以偏概全。

［本节原刊《历史研究》2018 年第 6 期］

貳 《抱朴子神仙金汋經》卷上校注

　　金汋還丹，太一所服而神仙，白日昇天者也。求仙而不得此道，徒自苦也。[1] 其方列之如後。

　　上黃金十二兩，水銀十二兩。[2] 取金鑢作屑，投水銀中，令和合。

　　恐鑢屑難鍛，鐵質鍛金成薄，如絹，鉸刀翦之，令如韭葉許，以投水銀中，此是世間以塗杖法。[3] 金得水銀，須臾皆化爲泥，其金白，不復黃也。可瓦器爲之。

　　乃以清水洗之十過也。

---

[1] 此段文字與甄鸞《笑道論》所引大致相同："《神仙金液經》云：金液還丹，太上所服而神。今燒水銀，還復爲丹，服之得仙，白日昇天。求仙不得此道，徒自苦耳。"唯後者尚有一段小字注："燒丹成水銀，燒水銀成丹，故曰還丹。"（[唐] 道宣：《廣弘明集》卷九，第156頁）

[2] 關於黃金的重量，《抱朴子·金丹》記載是一斤（古秤），水銀不明（第82頁）。敦煌抄本也說用黃金一斤，"取黃金屑一斤，合以（後缺）"。

[3] 陶弘景《集注》云，水銀"甚能消金、銀，使成泥，人以鍍物是也"。[梁] 陶弘景編：《本草經集注》，尚志鈞、尚元勝輯校，第130頁。

以生青竹筒盛之。[4]

多少令得所，勿令長大。

加雄黃、硝石各二兩。

　　古者秤重，今所謂吳秤者是。晉秤殊不知起魏武帝，作之以賞賜軍功，金銀半斤耳。[5]今秤此藥，宜用古秤計之，雄黃、硝石亦然。雄黃須武都色如雞冠者，無夾石者。今雁門、始興郡雄黃似黃土，色不赤，又多夾石，恐不消化，其氣又薄，不能殺金毒也。[6]硝石難得好者，不

---

[4] 此句原爲小字，但若此句爲注文，經文前後兩句的操作就不連貫了，而且敦煌抄本中有"以清水洗之，盛以竹管，加……"，由此可以斷定此句當爲經文，被誤作注文，故予以恢復。

[5] 此處葛洪明確指出了古秤、吳秤、晉秤的關係以及晉秤的起源，即晉人所謂"吳秤"乃古秤，所謂"晉秤"實始於魏武帝，晉秤二斤相當于古秤或吳秤一斤。這是關於魏晉衡制非常關鍵的一條資料，解決了學術界一個長期懸而未決的疑難問題。關於古秤重的問題，葛洪《抱朴子·金丹》在介紹《金液經》時有提及。如他説："金液，太乙所服而仙者也，不減九丹矣，合之用古秤黃金一斤。"又説："合金液唯金爲難得耳。古秤金一斤於今爲二斤。"（第82、84頁）陶弘景對古秤和晉秤有一段影響非常廣泛的介紹，與本注所言相近，應當本自葛洪。《集注·序錄》云："古秤皆複，今南秤是也。晉秤始後漢末以來，分一斤爲二斤耳，一兩爲二兩耳。"（第37頁）

[6] 雄黃質地問題在《抱朴子内篇》中有兩處説明，都與本注文相合。其一是《仙藥篇》："雄黃當得武都山所出者，純而無雜，其赤如雞冠，光明曄曄者，乃可用耳。其但純黃似雄黃色，無赤光者，不任以作仙藥，可以合理病藥耳。"（第203頁）其二是《黃白篇》："取武都（转下页）

好則不能化雄黃。以少許先試之，化雄黃爲水即佳。若不化，則不可用也。硝石化諸石方在《三十六水方》[7]中。雄黃、硝石二物擣之千杵，如粉乃秤之。

漆其口，板固之帛，際須令際會，內左味中百日[8]。勿令少日也，日足即藥成，日數少即不能化也。却如此置之，令藥成也。筒不能顛倒也。

又當板蓋，覆器物上，五十日水銀伏火不起。是爲五十日，則金水爲汞水別不復合，可知也，聖人以審其動驗之候矣。藥不伏，須五十日燒水銀也。凡開，如前際之令牢密，不爾即亡失藥物，虛費功夫矣。

百日皆化爲水。

（接上頁）雄黃，丹色如雞冠，而光明無夾石者。"（第288頁）關於武都雄黃在南朝難以覓得的情況，《集注》有明確記載："晉末已來，氐羌中紛擾，此物絕不復通，人間時有三、五兩，其價如金。合丸皆用石門、始興石黃之好者爾。始以齊初梁州互市微有所得，將至都下，余最先見於使人陳典籤處，撿獲見十餘片，伊輩不識此物是何等，見有挾雌黃，或謂是丹沙，吾示語並更屬覓，於是漸漸而來，好者作雞冠色，不臭而堅實。若黯黑及虛軟者不好也。武都、氐羌是爲仇池。宕昌亦有，與仇池正同而小劣。燉煌在涼州西數千里，所出者未嘗得來，江東不知，當復云何？此藥最要，無所不入也。"（第149頁）

[7]《三十六水方》即《三十六水法》，《正統道藏》收錄，關於其文本年代可參見韓吉紹《三十六水法新證》，《自然科學史研究》2007年第4期。
[8] 經文説"內左味中百日"，但注文不知爲何説五十日即藥成。另外敦煌抄本似乎也説是五十日，"置之淳醯中五（後缺）"。

皆化者,即是金及雄黃、硝石化爲水也。

以金水煮水銀二斤,以淳苦酒㵋漬其上,苦酒與水銀自別不合。

自更取水銀煮之,非謂用筒中水銀也。金在竹筒中久,則與水銀各別成水,其色理亦不相似也。何以知之？方下口[9]云"取金水汞水各一兩服之",故知此二物在筒中別也。但不知雄黃水當復不別耳？若別者,其色當有異。若不見有雄黃水者,是雄黃水入金中去也。金中有毒,故內雄黃以殺金毒,又內硝石,正欲以化雄黃也。

猛火中煅之三十日,水銀皆紫色。

須水銀出紫色乃止。

水銀以黃土甌盛之。

出此煮水銀,內黃土甌中也。方不具疏,黃土甌者,意是土釜也,出在廣州及長沙、豫章、臨川、鄱陽者,皆可

---

[9] "方下口"疑有誤,意指本方下文。

用之。[10] 又此諸郡皆作黃土堼，亦可用之，皆耐火不破。他處出者，如似瓦器，不堪用，得火便破也。南方黃土器者亦可，馬毛若江蘺合黃土搗之千杵，以作甌器，陰乾使佳，乃燒令堅。用之先六一泥泥甌中，乃内水銀，此方實也。

以六一泥。[11]

六與一合爲七，聖人祕之，故云六一。

作六一泥法：以礬石、戎鹽、鹵鹹、礜石四物，先燒二十日，取東海左顧牡蠣、赤石脂等分，多少自在，合搗萬杵。細羅下，和百日苦酒，令如泥，乃可用泥黃土甌裏，令厚三分，可至五分。曝之於日，極燥乃用。[12]

---

[10]《抱朴子·黃白》引"金樓先生所從青林子受作黃金法"云："唯長沙、桂陽、豫章、南海土釜可用耳。彼鄉土之人，作土釜以炊食，自多也。"（第289頁）

[11]《抱朴子·金丹》所述操作是"以六一泥封，置猛火炊之，六十時，皆化爲丹"（第83頁），而本書在"以六一泥"後沒有加熱步驟，直接說時間"從旦至暮"，内容當有遺漏。

[12] 此段原爲正文，但從《抱朴子·金丹》、敦煌抄本以及它後面一句注文來看，它應當是注文内容誤入經文，故予以調整。該六一泥法與九鼎丹泥法基本相同，或出自後者，其詳法在《黃帝九鼎神丹經訣》卷一有記載："泥法：用礬石、戎鹽、鹵鹹、礜石四物，先燒、燒之二十日，東海左顧牡蠣、赤石脂、滑石，凡七物分等，多少自在，合搗萬杵，令如粉，於鐵器中合裏，火之九日九夜，猛其下火，藥正赤如火色，可復搗萬杵，下絹篩，和百日華池以爲泥，當開，以泥赤土釜。土釜令可受八九升，大者一斗，塗之令内外各厚三分。"（《道藏》第18冊，第795—796頁）

此正爾露甌，上不復以器合覆如九丹法。[13]

從旦至暮，皆化爲丹，所謂之還丹也。

水銀，本丹燒成水銀。今燒水銀，復成還丹。丹復本體，故曰還丹也。

刀圭粉提，黃白成焉。[14]

凡服丹，皆先試作金銀，金銀成，即可服。今此方作還丹而不即服之，而先言"刀圭粉提，黃白成焉"者也，此是復先試之以作金銀。黃者金也，白者銀也，仙人祕之，不指其名，故言黃白也。然道刀圭，而不別道何所粉提，祕之，口口相傳，不盡書之。今依《九丹經》試作金銀法小試之耳。九丹一銖丹華，投水銀一斤，即成金也。人以丹華投鉛一斤，亦成。[15]依此爲例。其法當取水銀若鉛，內鐵器中燒，使水銀若鉛大沸，良久乃以藥投中，以鐵耗之，須臾下地凝成也。

---

[13] 這裏的意思是說，作金液只用單釜，不像九丹用上下釜。
[14] 《抱朴子·金丹》云："以此丹一刀圭粉水銀一斤，即成銀。"（第83頁。引用時文字有改動）
[15] 《九丹經》即《黃帝九鼎神丹經》，其試金法見於《黃帝九鼎神丹經訣》卷一，與本注所引完全相同："又以一銖丹華投汞一斤，若鉛一斤，用武火漸令猛吹之，皆成黃金也。"（《道藏》第18冊，第796頁）

黃土甌中所煅作還丹,可服餌也,吞如小豆,白日昇天,神明奉迎,龍虎煩冤。

此還丹先以金水煮之,令得金水之氣味。今又燒之,還丹成,不與常水銀同,故能使人得仙也。仙官下降,所在山川土地之神悉爲下官,故云奉迎。神人皆左青龍右白虎,煩冤懇也。凡服仙藥,皆推四時王相之日,甲子開除平旦向日,日始出時服之。此方不道日數,似是一服便仙也。然丹經有一品上士服之即日昇天,中士服之十日而仙,下士服之一年乃仙。今若服此丹一丸而無異者,可旦旦服之,有異爲度。但服此丹,便是仙也,不復須服金水也。汞水在人,意所欲服,服此丹久無益,可服金水及汞水也。

金水汞水,極用不耗,但漬苦酒耳。

上言金水煮水銀,似是別取筒中金水,不用汞水也。此言金水汞水極用,汞不是耗,應兼用二水,以煮水銀作還丹也。

此二物水,可煮萬斤。

此一句論之,多是兼用二水煮之,金多可作兩劑,各自試之,恐金少不定也。

神丹道畢矣。

萬斤，謂煮他汞，非筒中水銀水也。又金水汞水煮他汞輒成還丹，此二水不耗，苦酒乾即益之，故言可煮萬斤成一輩。藥畢後，故丁復煮汞也。

取丹一斤，置猛火上。

取所煅他汞水以成還丹也，正爾燒之，不復以甌鑪也。恐藥散，可以苦酒紙五六重以裹丹，炭火燒之，可下地作小溝子，以注小陷中也。

極扇鞴[16]之，神丹爲金下也。

囊鼓鞴扇之，如鍛金銀工，小皮鞴篋作管以吹火，神丹銷合流下，如燒鉛錫之流也。

其色正赤，名曰丹金。以塗刀鐔，辟兵萬里。

用之塗刀劍也，如塗物，可用新燒未凝時塗之。

---

[16] 鞴（bài），皮制鼓風囊，即風箱。這裏作爲動詞使用。

以丹金作盤椀，飲食其中，長生不死，

　　可作土形範，以火銷丹金而鑄器仗，大小在人意也。飲食其中者，爲常人不服立仙之藥者，以器飲食，但不得神仙，可以久壽耳。得仙者，與天地相畢也。[17]

與天地相畢。

　　天地无窮，故言相畢，以證長生，猶非仙人，但不復死也。

以此盤承日月，當得神光醴。

　　亦如方諸承月，得水在其中也。[18]

男女異器食之，立升天也。

---

[17] 以丹金作飲食器的傳統目前所知最早可以追溯到西漢方士李少君。《史記·封禪書》載："少君言上曰：'祠竈則致物，致物而丹沙可化爲黃金，黃金成以爲飲食器則益壽，益壽而海中蓬萊仙者乃可見，見之以封禪則不死，黃帝是也……'"（［漢］司馬遷：《史記》卷二十八，中華書局，1959年，第1385頁）

[18]《抱朴子·金丹》載有岷山丹法，即做方諸承取月中水，復合水銀，服之可長生："又有岷山丹法，道士張蓋蹋精思於岷山石室中，得此方也。其法鼓冶黃銅，以作方諸，以承取月中水，以水銀覆之，致日精火其中，長服之不死。"（第78頁）

此器已神，復加以日月神光炁入其中，故能令人升仙也。

又取金水汞水各一兩，

五十日伏火，不越百日，皆化爲水。古人隱之，使不相次，使有智者自求之也。

向日飮之，立爲金人。

日初出時，向日服也。昔韓衆服之，身立金色。[19]又經云，服之面皆黃色，此蓋得道之證，作此色也，非爲身內堅剛如金人。[20]

身則光明，羽翼即生，上爲中黃太一，承叙元精。

昔上輔仙官者，皆隸屬中黃丈人及太一君，此二君者，仙人之主也。服金汋還丹升天，則爲此天神，調和陰

---

[19] 韓衆，或作韓終。《抱朴子·金丹》云："又韓終丹法，漆蜜和合丹煎之，服可延年久視，日中無影。"（第82頁）另外《仙藥篇》還提到韓終服菖蒲之事。

[20] 《抱朴子·金丹》曰："其經云，金液入口，則其身皆金色。"（第82—83頁）

陽也。承，猶奉也；叙，猶行也；元精者，天氣也。言此上仙便成天神，助天奉行四時之氣，皆得次叙也。

金水各飲半兩，

古之半兩，今之一兩也。

長生無窮。

半兩力不足以升天，但長生不死而已。

又以金水、汞和黄土，猛火鍛之一日，盡化黄金。[21]燒之二日，皆化成丹，

但和黄土燒之，著炭在底，恐燒此黄土成金作還丹。丹成當散。上恐以金著黄土甌中燒之，如上作還丹時方法也。

名曰辟仙。服之如小豆，可以入名山大水，而爲仙也。

辟仙者，辟死，説云但辟穀長生，不升天，故入名山

---

[21]《抱朴子·金丹》云："以金液和黄土，內六一泥甌中，猛火炊之，盡成黄金，中用也。"（第83頁）

大水而仙也。地仙，作山川之神，如東海小童、五岳君之屬也。[22] 入大水者，非入水中去也，但以大水爲其封，譬如南海太守之類也。[23]

附錄一：《抱朴子・金丹》關於《金液經》的內容：[24]

抱朴子曰：金液，太乙所服而仙者也，不減九丹矣。合之用古秤黃金一斤，并用玄明龍膏、太乙旬首中石、冰石、紫遊女、玄水液、金化石、丹砂，封之成水。其經云，金液入口，則其身皆金色。老子受之於元君，元君曰，此道至重，百世一出，藏之石室。合之皆齋戒百日，不得與俗人相往來，於名山之側，東流水上，別立精舍，百日成，服一兩便仙。若未欲去世，且作地水仙之士者，但齋戒百日矣。若求昇天，皆先斷穀一年，乃服之也。若服半兩，則長生不死，萬害百毒，不能傷之，可以畜妻子，居官秩，任意所欲，無所禁也。若復欲昇天者，乃可齋戒，更服一兩，便飛仙矣。

以金液爲威喜巨勝之法。取金液及水銀一味合煮之，三十日出，以黃土甌盛，以六一泥封，置猛火炊之六十時，皆化爲丹，服如小豆大便仙。以此丹一刀圭粉水銀一斤，即成銀。又

---

[22]《抱朴子・金丹》直接說："可以入名山大川爲地仙。"（第83頁）

[23] 此南海太守當指晉代鮑靚。《晉書》卷九十五《鮑靚傳》云："靚學兼內外，明天文河洛書，稍遷南陽中部都尉，爲南海太守。嘗行部入海，遇風，飢甚，取白石煮食之以自濟。"（《晉書》，第2482頁）

[24] 王明：《抱朴子內篇校釋》，第82—84頁。引用時對原文標點有改動。

取此丹一斤置火上扇之，化爲赤金而流，名曰丹金。以塗刀劍，辟兵萬里。以此丹金爲盤椀，飲食其中，令人長生。以承日月得液，如方諸之得水也，飲之不死。以金液和黃土，内六一泥甌中，猛火炊之，盡成黃金，中用也。復以火炊之，皆化爲丹，服之如小豆，可以入名山大川爲地仙。以此丹一刀圭粉水銀立成銀，以銀一兩和鉛一斤，皆成銀。《金液經》云，投金人八兩於東流水中，飲血爲誓，乃告口訣。不如本法，盜其方而作之，終不成也。凡人有至信者，可以藥與之，不可輕傳其書，必兩受其殃，天神鑒人甚近，人不知耳。

　　……合金液唯金爲難得耳。古秤金一斤於今爲二斤，率不過直三十許萬，其所用雜藥差易具。又不起火，但以置華池中，日數足便成矣。都合可用四十萬而得一劑，可足八人仙也。然其中稍少合者，其氣力不足以相化成，如釀數升米酒，必無成也。

　　附录二：俄藏敦煌文獻 ДХ06057 中《金汋經》的文字：[25]
　　⊠取黃金屑一斤，合以⊠以清水洗之。盛以竹管，加⊠□固其口，置之淳醯中五⊠皆爲水。以金水煮澒一⊠與水銀自別不合。猛火⊠出。水銀裏以黃土堨⊠旦至暮，皆化爲丹。刀⊠

---

[25]《俄藏敦煌文獻》第12册，上海古籍出版社，2000年，第336頁。其中完全殘缺字或部分殘缺而無法明確識别的字以"□"表示，缺字數目不清的以"⊠"表示。

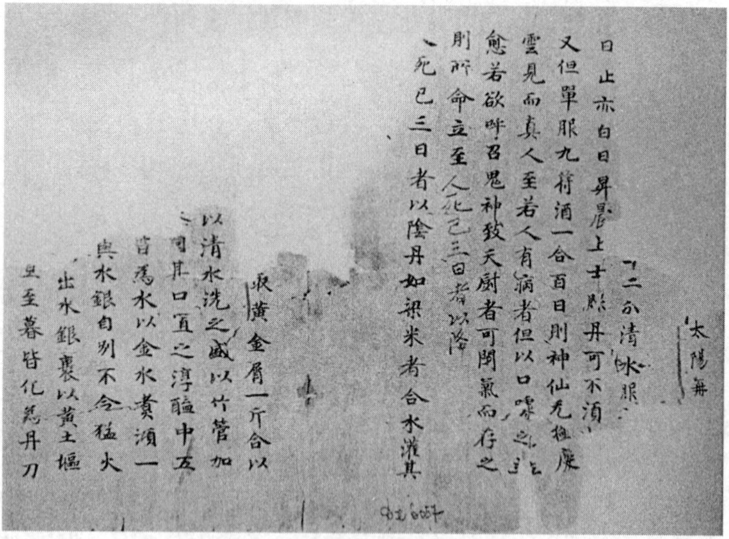

图 1 俄 ДХ06057，後半部分爲《金汋經》文

叁 《金液还丹百问诀》论略

《金液还丹百问诀》[1]（以下简称《百问诀》），收在《道藏》洞真部方法类，从内容来看这是一部主要论述外丹术的道书，与太玄部《海客论》及南宋曾慥撰《道枢》卷二十二《金液还丹内篇》实乃同书异名，三者以《百问诀》最为精详。陈国符认为此书"疑为五代人所撰"。[2] 朱越利《唐气功师百岁道人赴日考》一文认为此书应成于五代或宋初，为后人根据李光玄之事改编而成，《海客论》稍迟之，为改编本的删改本，《金液还丹内篇》最晚，为改编本的节编本。至于书中主人公李光玄的活动年代则早在唐玄宗时期。[3]《百问诀》内容主要分为两部分：第一部分记载李光玄船遇一老道人以及道人向其讲授保命延年之术，内容简略；第二部分为主体，述李光玄于嵩山向玄寿先生讨教炼丹之事。在论述外丹时，玄寿先生旁征博引了大量古歌及丹经，涉及崇铅汞、辨黄芽、论神水华池、非石药与

---

[1] 《道藏》第 4 册，第 893—903 页。
[2] 陈国符：《陈国符道藏研究论文集》，第 111 页。
[3] 朱越利：《唐气功师百岁道人赴日考——以〈金液还丹百问诀〉为例》，《世界宗教研究》1993 年第 3 期。

草药等诸多问题，本节试从几个方面来分别讨论。

一 古 歌

《百问诀》在讨论外丹术时征引了十余种外丹经，其中既有如《周易参同契》等影响很大而存在争议的本子，又有比较流行的当世著作，如陶植《还金述》、托名阴长生著《阴真君金石五相类》，以及其他一些诗歌词赋等。在这些征引文献中最令人疑惑的莫过于所谓的"古歌"。在《百问诀》中，"古歌"被大量引用。不仅如此，其他外丹经同样多征引"古歌"。那么《古歌》究竟是一部什么样的书呢？现存《道藏》太玄部容字号《周易参同契无名氏注》卷下"造作为可法，为世定诗书"一句注云："法，则也。言真人造作丹术，著于经方，在世人自不悟。诗是《古歌》，书是《参同契》。故同契详古歌，而造俱流在契。丹方了了，人自不明其理，谬自出意。犹如孔子删诗定礼，永为法则。故丹术若不明同契之人，道必不成，成亦不长，不得神妙变化之理。"[4]陈国符云："据此唐人说，《参同契》与《古歌》并行。"[5]题为"太素真人魏伯阳演"《参同契五相类秘要》前有宋卢天骥上进之言称："昔真人魏伯阳与淳于叔通授青州徐从事《参同契》及《古歌》。"[6]陈国符认

---

[4]《道藏》第 20 册，第 186 页。
[5] 陈国符：《〈古歌〉考略稿》，《陈国符道藏研究论文集》，第 134—151 页。
[6]《道藏》第 19 册，第 86 页。

为"据此《参同契》与《古歌》，皆出自魏伯阳与淳于叔通"。[7]为此，陈国符先生对《百问诀》《海客论》及《金液还丹内篇》等诸书中引用《古歌》的出处情况作了细致考证，撰成《〈古歌〉考略稿》一文。

考诸史册，"古歌"其实是一个很通俗而笼统的概念，在古代典籍中被广泛使用。这些典籍大体而言可以分为两类：一是文学性质的佚名诗歌，如《隋书·经籍志》著录有《古歌录钞》二卷；另一类古歌则来源于各行业的"经验之语"，或佚名或有据可查，或完整或残剩一章半句，如晋代郭璞的风水著作《葬书》引用古歌云："若还差一指，如隔万重山。"如农业著作《授时通考》卷二十六引用古代农业古歌谣："古歌有曰：'高田种小麦，终久不穗。'"丹经中同样广泛引用古歌，但是否曾有一部名之为《古歌》的丹经行之于世似应慎重对待。事实上，陈国符先生《〈古歌〉考略稿》中的考证业已表明，多数古歌是能够检索到原始出处的，如《百问诀》与《海客论》所引之古歌"何言金木水火土，留身保神是龙虎。学人不识五行精，强任他人为父母。木主气兮骨作虎，血主水兮肉象土。不死之道在离宫，会得五行金有主。五行须是水银亲，殊质那堪为伴侣。但误此言达神仙，必与高尊为朋侣"，实为《还丹肘后诀》中所收《证道歌》之前半部分，并且根据其用韵情况判断为汉代作品；古歌"提取东方龙，配与西白虎。更将

---

[7] 陈国符：《〈古歌〉考略稿》，《陈国符道藏研究论文集》，第134—151页。

南朱雀,后会之玄武。就中玄处玄,莫失中央路",在《指归集》中称"曹真人云云",实即《大还丹照鉴》中《曹真人口诀》之一部分,亦符合汉代用韵;古歌"黄芽铅汞造,阴谷含阳华。不得黄芽理,还丹应路赊。世人炼凡药,尽认铅黄花。黄花是死物,那得到仙家。黄芽非在药,内象取精华。若到黄芽地,金银从尔夸",与《还丹肘后诀》卷中所收之《黄芽歌》大致相符,用韵同样符合汉韵。这种情况很多,此处不一一列举。总之,由上可以看出,古人称谓"古歌"比较随意,将一些前代流传下来的俗语或某典籍中的句子笼统地称为"古歌"的情况比较常见,因此很难说《百问诀》中所引"古歌"出自古代某一种已经失传的丹经中。

从古歌与《参同契》的关系可以更清楚地看出问题的实质。《百问诀》与《海客论》中多首"古歌",如"金砂入五内,雾散若风雨。熏蒸达四肢,颜色悦泽好。老翁复丁壮,耆妪成姹女。发白复再黑,齿落更重生。号曰真人子,度世免世厄""河上姹女,灵而最神。得火则飞,不见尘埃。龟隐龙匿,莫知所存。将欲治之,黄芽为根""丹砂木精,得金乃并""知白守黑,神明自来"等,均见于《参同契》。不独《百问诀》如此,我们来看陶植《还金述》引的一段古歌:

"古歌"曰:"束身敛魂充虎饥,虎来啖食生髓脂。"则呼吸之理可明矣。又曰:"太阳流珠,常欲去人。卒得金华,转而相因。化为白液,凝而正坚。金华先唱,有顷之间。解散为水，马齿栏干。阳乃往和，情性自然。"[8]

以上"太阳流珠……情性自然"一段见于《参同契》，而"束身敛魂充虎饥，虎来啖食生髓脂"两句则无。宋人王道《古文龙虎经注疏》卷上引文情况为："古歌云：'束身敛魄充虎饥，虎来食啖生髓脂。……故经云：'太阳流珠，常欲去人。卒得金华，转而相因。'又云：'河上姹女，灵而最神。将欲制之，黄芽为根。'"很明显，据《古文龙虎经注疏》，"束身"两句出自古歌（与《还金述》称谓相合），而其余几句则出自"经"，即《参同契》。然而《还金述》所引"束身敛魂……太阳流珠……情性自然"一段则均称为"古歌曰"，而非"《参同契》云"，考虑到《还金述》引《参同契》文陶植一般予以明确说明，如"《参同契》云'名者以定情，字者以缘性'，言'金来归本性，乃得称还丹'。又曰……"[9]据此可初步判断"古歌"与《参同契》并非必然指同一书，部分"古歌"内容可能与《参同契》文字相同，然而同时存在一部分不见于《参同契》的"古歌"。如果这样推测合理的话，将"古歌"见于《参同契》部分看作《参同契》引用之文似乎更为合理，正如陈国符先生所言："故今本《周易参同契》之一部分，即系《古歌》（今本《周易参同契》，盖非出自一朝代人之手）。"[10]

---

[8]《道藏》第 19 册，第 287 页。
[9]《道藏》第 19 册，第 286 页。
[10] 陈国符：《〈古歌〉考略稿》，《陈国符道藏研究论文集》，第 134—151 页。

根据这种意见再看一下前面引述容字号《周易参同契无名氏注》之文,"犹如孔子删诗定礼"一句实为形容《参同契》之成书过程。汉代炼丹术的发达,除了广为人知的《黄帝九鼎神丹经》《三十六水法》《太清经天师口诀》等外丹经典外,尚有大量今人无法详尽考证的丹诀流传下来,《参同契》正是在这些散存的"古歌"之基础上损益而成。《参同契》于唐宋时期声名日甚,而"古歌"则渐为人所不知,因而才会出现"同契详古歌,而造俱流在契"的现象,这也与今人对《参同契》非成于一人一时之手的推断相吻合。盖《参同契》之于"古(汉)歌"果如《诗》之于"周诗"乎?

二 黄芽之辨

在外丹术中"黄芽"是一种重要药物,唐《阴真君金石五相类·配合黄芽真性相类门第十二》云:"夫芽者,禀天地人三才全名为芽,芽含天地之炁,成万类而生。其根绵绵不断,号之曰芽也。"[11] 尤其在唐宋时期,黄芽之称广为流传,丹经中比比皆是,此与《周易参同契》不无关系。《参同契》有"阴阳之始,玄含黄牙(芽)。五金之主,北方河车。故铅外黑,内怀金华。被褐怀玉,外为狂夫""河上姹女,灵而最神。得火则飞,不见尘埃。鬼隐龙匿,莫知所存。将欲制之,黄牙

---

[11]《道藏》第 19 册,第 95 页。

(芽)为根"之语。尽管"黄芽"之说并非滥觞于《参同契》,然因《参同契》在唐宋外丹术中具有无与伦比的影响力,更重要的是《参同契》中并未明确指出"黄牙(芽)"究竟为何物,其辞含糊不清,因此黄芽长时期被热烈探讨,可谓众说纷纭,歧说百出。《百问诀》中李光玄反复向玄寿先生询问黄芽之事,而玄寿先生同样不厌其烦地对其进行辨析,可见作者意欲对黄芽进行正本清源,其论说之辞对研究黄芽之实较有参考价值。

首先,李光玄两次陈述关于黄芽的种种观点,这两段话现摘录如下:

(1)光玄曰:"窃见世人云朱砂、水银是黄芽,何理也?"

先生曰:"此非道人之言也。且朱砂、水银者无定性,自无身形,阴自不生,女自无孕。故也李栖蟾云'朱砂、水银同处,二女终不相知'。自立既难,安何得成大药?夫黄芽者,坎离相孕,金水相生,男冠女笄,牝牡相得,从无入有,阴动阳交,方可得成,契于自理。"

(2)光玄曰:"又见世人或以金为黄芽,银为黄芽,研朱粉银为黄芽,生银为黄芽,矿铅、炼铅、枯铅等为黄芽,或以密陀僧为黄芽,是合理也?"

先生曰:"此并非也。诸类皆是有质之物、顽滞之徒炼之,即色悴形枯,烧之即尘飞土变、枯骨而粉,毕竟无成。盖谓孤阴寡阳，争同至药，服之则灼人五脏，饵之乃促彼生年，岂可类于黄芽、叶于大道？"

从李光玄的问话中得知，曾被认作为黄芽的药物有朱砂、水银、金、银、朱粉银、生银、矿铅、炼铅、枯铅、密陀僧等近十种。从现存史料来看，黄芽有如下几种：

（1）铅的化合物，如最早记载黄芽的汉代丹经《黄帝九鼎神丹经》云：

> 玄黄法：取水银十斤，铅二十斤，纳铁器中，猛其下火，铅与水银吐其精华，华紫色或如黄金色。以铁匙接取，名曰玄黄，一名黄精，一名黄芽，一名黄轻。[12]

> 取汞九斤，铅一斤，合置赤土釜中，猛火上（之）。从平旦至日午上晡，一云日下时，水银与铅精俱出，如黄金色，名曰黄精，一名黄芽，一名黄轻，一名黄华。[13]

根据赵匡化先生的模拟试验，玄黄的主要成分为 Pb_3O_4 与 PbO，同时含有少量的 HgO，未冷却时呈紫色，冷却后为橘黄色，这与《黄帝九鼎神丹经》对"黄芽"的描述相符。[14]

---

[12]《道藏》第 18 册，第 795 页。
[13]《道藏》第 18 册，第 796 页。
[14] 赵匡华：《中国炼丹术中的"黄芽"辨析》，《自然科学史研究》1989 年第 4 期。

《黄帝九鼎神丹经》是现存最早提及"黄芽"的丹经，我们可以看出它对"黄芽"的描述很清楚，铅汞合炼时生成的黄色物质即为"黄芽"，但在唐代时对"黄芽"的解释却模糊起来。

（2）称铅为黄芽者，如唐代金陵子《龙虎还丹诀》："按仙经隐号，（真铅）一名立制石，一名黄精，一名玄华，一名白虎，一名黄芽，一名河车。"[15]

（3）称金为黄芽者，如《丹房镜源》与《丹方鉴源》：

金：楚金出汉江、五溪，或如瓜子形，杂众金，带青色，若天生牙，亦曰黄牙。[16]

鈇金：出汉江、昌江、五溪，或为瓜子形。……天生牙此是也，亦曰黄牙。[17]

（4）称硫黄为黄芽者，如《丹房镜源》云："黄芽，硫黄色莹者。"[18]

从李光玄的言论来看当时关于黄芽的讨论远较我们今日所看到的情况复杂，称黄芽的还有朱砂、水银、银、朱粉银、生银、矿铅、炼铅、枯铅、密陀僧等，矿铅、炼铅、枯铅、密陀僧可以归为铅或铅的化合物一类，朱砂、水银、银等为黄芽的

---

[15]《道藏》第19册，第110页。
[16]《重修政和经史证类备用本草》（晦明轩刊本）卷四"金屑"条引文。
[17]《道藏》第19册，第298页。
[18]《道藏》第19册，第266页。

材料却散失无存，但可以相信这种情况应当属实。

玄寿先生依次点评诸家观点，反复强调黄芽与铅的关系：

（1）光玄起再拜而问先生曰："世上道人皆说黄芽，未知至理，黄芽者将何物之所为？以何药而制造？"

先生曰："铅出铅中方为至宝，汞传金汞、金汞造气乃号黄芽。子不见古歌曰：'黄芽铅汞造，阴谷含阳华。不得黄芽理，还丹应路赊。世人炼凡药，尽认铅黄花。黄花是死物，哪得到仙家？黄芽非在药，内象取精华。若到黄芽地，金银徒而夸。'此之谓也。"

（2）陶植篇云："铅中有金，金中有宝。见宝别宝，贤人得道。宁修铅中金，不炼金中宝。"此非世间之铅也。世人直下用铅希求黄芽，万无得一，盖不识其铅也。

光玄曰："铅有二耶？"

先生曰："铅非有二。譬如养子，若割父母身上之肉内于母腹之中，而望孩子生，孩子生应难也。若离父母，孩子自何而生？《古歌》曰：'鼎鼎元无鼎，药药元无药。用铅不用铅，须向铅中作。'黄芽是铅，去铅万里；黄芽非铅，从铅而始。铅为芽父，芽是铅子。子隐母胞，母隐子胎。知白守黑，神明自来。此之谓也。直至诸经唯赞铅之功能也，若舍其铅，若舍其父母而求孩子也。"

（3）光玄曰："黄芽既云铅汞所造，金水相生，愚意尚迷未晓，伏愿先生再垂指的。"

先生曰:"譬如人间种树,世上良田果子初先犁莳耕垦,次选好地,及彼良时,仍赖风雨调匀、节候催促,年终稼穑尽获收成。黄芽之因亦复如是,合和铅汞,配合坎离,水火相仍,时候周足,自然变化,无有比伦。"

通过这几段话作者将黄芽与铅的关系交待得很清楚,即"铅汞是黄芽之母,黄芽不是金属铅,而须以金属铅来制作"[19]。其实古代许多人对这个问题十分清楚,所谓"黄芽不是铅,须向铅中作。欲得识黄芽,不离铅中物""用铅不用铅,须向铅中作。世人若用铅,用铅还是错"等古歌的内容可能是相当早的。由于古人对物质的认识不是本质性的,而往往是根据想象来认识,即使是玄寿先生,最终也没能讲明白黄芽究竟是一种什么东西,这是出现五花八门各种关于黄芽的说法的根本原因。因此今人在研究黄芽时,切不可看作一种固定的物质,而应该将"黄芽"看作一个动态的概念,随时、随人而异,正如赵匡华先生所言:"'黄芽'随着炼丹术的发展,后世丹家不断使'黄芽'的含义更新而部分地失其原旨。人们如果不了解这种情况,定要寻求出一个适合于各时代的统一解释,就必然会发生混乱,感到迷惑。"[20] 在中国炼丹术的研究中,时刻都要注意概念的多义性,否则容易走入歧途。

---

[19] 赵匡华、周嘉华:《中国科学技术史·化学卷》,科学出版社,1998年,第371页。

[20] 赵匡华、周嘉华:《中国科学技术史·化学卷》,第369页。

三 《百问诀》所见唐代炼丹术的变化

　　唐代是中国古代炼丹术发展的鼎盛时期，这一方面是因为李唐政府对道教的扶持，炼丹术兼而受益，更重要的是唐代政治比较稳定、经济比较发达、疆域比较广大，这对寻求炼丹所用药物提供了极大的方便，正如《黄帝九鼎神丹经诀》所言："今圣朝一统寰宇，九域无虞，地不藏珍，山不秘宝。五都崇岫，一旦山崩，雄黄曜日。今驮运而至京者不得雇脚之直（值），瓦石同价。此盖时明主圣，契道全真福祥，大药不求而自至。"[21]《百问诀》对炼丹用药的广泛情况有生动描述，如"且药石者大约七十二件，多至一百余般""用尽寰中众石，海内诸矾、铜精、铁精、石绿、土绿""言至药生于海外，便向波斯国内而求白矾、紫矾，或向回纥域中寻访金刚、玉屑"等，此等皆言之有据，并非空穴来风。辉煌的大唐文化古今中外兼容并包，对炼丹术同样敞开胸怀，在这样一种风气下，炼丹术成了大唐文化的一个有机部分，上自皇亲国戚，中至大臣文士，下至平民百姓等，均对此狂热不已。

　　尽管如此，当时对炼丹术的异议之声同样不绝入耳，有两方面受到较多注意：一是来自道教之外的批判，以儒佛为主。佛道之争自不待言，儒士亦多有对炼丹之事保持清醒头脑

---

[21]《道藏》第18册，第837页。

者，如以"抵排异端，攘斥佛老"、恢复儒家道统为己任的大儒韩愈批道同样极端激烈，其《故太学博士李君墓志铭》中记载了与其有过交往的七位官员死于服食金丹的惨痛教训。即使像白居易这样曾经追求过服食炼丹者对炼丹术的揭露亦毫不留情，"蓬莱今古但闻名，烟水茫茫无觅处"，"玄元圣祖五千言，不言药，不言仙，不言白日升青天"，"苟无金骨相，不列丹台名。徒传辟谷法，虚受烧丹经。只自取勤苦，百年终不成。悲哉梦仙人，一梦误一生"。[22] 类似的例子不胜枚举。另外的批判来自道教内部，即唐后期开始兴盛的内丹术，如《真元妙道要略》一书云：

> 余切闻见学子不遇明师，误认粪秽，错修铅汞，损命破家，其数不可备举，略而述记。有用凡朱、汞、铅、银取抽水银，号为天生牙，服而死者；有用硫黄炒水银为灵砂，服而头破背裂者；有炒黑铅为水铅，服食劳疾者；有以盐、硇砂啖十六岁童儿童女，取大小便烧淋取霜为铅汞者；有以四黄八石都合烧为大药者；有以葫芦成（盛）硝石并白石英或紫石英为一物，含五彩之道者；有烧炼姜石、云母、硫黄及土为至药者；有以曾青、空青结水银、烧伏火号真金者；有以硫黄、雄黄合硝石并蜜，烧之焰起，烧手、面及烬屋舍者；有以"水火漏炉柜"九遍烧水

---

[22] 以上所引白居易之言均见《白居易集》，中华书局，1979年。

银、青砂子号九转七返灵砂者;有以黄丹、胡粉、朴硝烧为至药者;有以炼黑铅一斤,取银(水银)一铢,号"知白守黑,神明自来",为真铅银者;有以黑铅一斤,投水银一两,号为"真神符白雪"者。其前件所用,迷错为道之人,轮年修炼,皆是费财破家,损身丧命,伤风败教,如此之流,学者如毛,或无一角可中,由(犹)盲者不挂杖、聋者听宫商、汲水捕雉兔、登山索鱼龙。[23]

《真元妙道要略》对外丹术的批评之激烈较之儒家有过之而无不及。毋庸置疑,儒家及内丹派对外丹术的批判对唐宋外丹术的发展产生了重要影响,然而,外丹术内部之间的理论倾轧在唐时非常激烈,其对中国古代炼丹术发展的影响有待进一步认识。《百问诀》中玄寿先生正是从这一角度对传统上处于显要地位的炼丹术进行了批判:

> 光玄曰:"窃恐世人不晓铅汞,不识五行,将四黄以制水银,使八石用为至药,硇砜、雄雌之类无不遍寻,磁砝胆绿之徒悉将入用,指神符霜于黑锡,认圣无知作青

---

[23]《道藏》第19册,第291—292页。《真元妙道要略》一书的成书年代众家分歧颇多,朱越利《道藏分类解题》中列举了几种,如袁翰青推测撰于八九世纪左右(《从道藏里的几种书看我国的炼丹术》);李约瑟认为撰于七世纪后期至八九世间(*Science and Civilisation in China*);陈国符认为撰于五代或更晚(《道藏源流续考》);孟乃昌认为不迟于十世纪(《中国炼丹术原著评价》)。

盐，火煅百回，水飞千编，忽三年守鼎，五载临炉，运火即山谷空虚，苦心则形神枯骨。都无所就，但怨神方。今启问求诸石药、五矾之中终有至事制得水银已否？伏愿先生慈悲特为开晓。"

先生曰："世间之事，乃至纤毫，未有不因其理制伏相依、种类相取而成事也。……若用矾石之药、杂类之徒，则金体全乖，祖宗并失，还返无由而得，金水无由而生，可谓雀鹞同巢、鼠猫共穴、将胶补釜、以漆涂疮，但恣虚老百年，万无一得之也。《古歌》曰：'世人好假不好真，竞将石药和水银。姹女化归烟雾散，曾青磁石自相亲。硇矾胆绿倾家产，多为疏狂枉作尘。若遇神仙谈至理，终知白首永无因。'此可知也。且药石者大约七十二件，多至一百余般，古之至人尽辨酸咸苦涩著其经论，或捣研使用治世人之诸疾。或修炼合和辟人间之邪渗。无关大事得至长生，假饶别得玄方，穷极制度亦是暂留髭发，岂能久固筋骸？世间迷昧之徒、嚣薄之辈谬传方术，巫调神仙，矾石欲同铅汞，或以柳槌研合，或以桑叶相合，醋煮蜜蒸之时不论遍数，水流酒飞之日动占时光，言固济则铁石非坚，说覆籍乃寻常莫匹，极至三年满足一鼎，灰尘却云，鸡权来卫，致得龙蛇变去。殊不知己之非理，但将怨恨于真仙。如此之流世间满目更有，用尽囊中众石，海内诸矾、铜精、铁精、石绿、土绿，罄竭资金皆无所就，情意稍迷，心神益乱，不信仙方宁远，岂知大道无烦？谓灵丹不在此间，言至药生于海外，便向波斯国内而求白矾、紫矾，或向回纥域中寻访金刚、玉屑，动经多岁，惑说万途，纵饶觅得将来亦无用处，头发因兹变白，苦心为此归泉。如此皆为不晓药之情性，不知药之类聚。且矾共石不与金同，水银既是金魄，石药又如何入用？"

《百问诀》对传统炼丹术的批判是相当严厉的，石药、草药均予否定："石药者，亦属五行，不录一体自然也。如生服之即有毒，损人伏火。又即同瓦砾，唯可医小病，宁将此比并大丹，事理晓然，真源不昧也。""草药者，亦随四时凋变，自不固于雪霜，方味相和，亦只理其风湿，岂比大丹至药？"赵匡华先生曾言："在唐代后期，社会上和炼丹术士中间都开始出现异议，责难的声音逐渐响了起来。"[24] 对唐宋炼丹术的发展而言，外丹术不同派别之间的相互批判对外丹术的具体走向所产生的影响有待进一步探讨。

［本节原刊香港期刊《弘道》2007 年第 3 期］

---

[24] 赵匡华、周嘉华：《中国科学技术史·化学卷》，第 279 页。

肆　从《老子想尔注》到炼丹家张道陵

"天师"张道陵炼丹家的身份在道教史上流传相当久，直到二十世纪后半叶，方有研究者对此提出质疑，认为作为炼丹家的张道陵很可能是一个虚构的形象，其背后隐藏着天师道传播过程中的一段重要历史。最近一些年，这一思路得到另外几位研究者肯定，将关于这一问题的讨论引向深入。

1979年，美国学者司马虚（Michel Strickmann）在讨论陶弘景的炼丹活动时最先提出，天师道最初与炼丹术没有任何关系，正史没有记载，教义也不支持，张道陵的炼丹家形象其实是天师道传播到江南后与当地传统结合的产物。[1]2006年，意大利学者玄英沿着这一思路进一步探讨了张道陵与《黄帝九鼎神丹经》结合在一起的三种可能原因。[2]另一方面，针对最早记载张道陵炼丹的《神仙传·张道陵传》的真伪问题，

---

[1] Michel Strickmann, "On the Alchemy of T'ao Hung-ching," in *Facets of Taoism: Essays in Chinese Religion*, ed. by Holmes Welch and Anna Seidel, New Haven and London: Yale University Press, 1979, pp.167-169.

[2] Fabrizio Pregadio, *Great Clarity: Daoism and Alchemy in Early Medieval China*, Stanford University Press, 2006, pp.147-152.

欧洲学者施舟人发现不同版本的《张道陵传》所描绘的张道陵形象有所不同，《太平广记》本明显有后人增补内容，并认为在江南地区的古代神话中，张道陵最初不是"张天师"，而只是一位炼丹仙人。[3] 刘屹随后对《神仙传·张道陵传》的几种不同版本进行了详细比较，发现其中确实可以看出不同材料汇聚整合的痕迹。[4] 后来又进一步认为，现存诸本《张道陵传》中，《太平广记》等本显然是将几种张道陵的形象综合在一起撰作出来的，这些形象包括在巴蜀创教的张天师、作为炼丹大师的张道陵、接受上清仙真传授的张道陵和严格考验弟子的张天师等，其中从事炼丹活动与师承上清仙真两种形象必然是在与江南地区信仰融合后才加入张天师传说的。[5]

当然，也有学者持相反的意见。如美国学者康儒博（Robert Ford Campany）即主张现存《张道陵传》应该就是葛洪《神仙传》原本，理由有三：其一，二世纪在巴蜀地区产生的五斗米道和天师道，随着其在三世纪向中原、四世纪向江南地区的传播，必然会影响到江南地区的信仰，从而影响葛洪。其二，葛洪的老师郑隐收藏道书颇丰，其中也多少会有一些关于天师道和张道陵的记载，如《鹤鸣记》和《天师神器经》等。其

---

[3]［法］施舟人：《道教的清约》，载《法国汉学》第七辑，中华书局，2002年，第152页及第165页注释11。

[4] 刘屹：《敬天与崇道——中古经教道教形成的思想史背景》，中华书局，2005年，第608—614页。

[5] 刘屹：《〈画云台山记〉与东晋的张道陵传说》，《艺术史研究》第八辑，中山大学出版社，2006年，第37页。

三,葛洪对张道陵的形象已经做了一些改造,除了创立教团、实施教法的形象外,还加入了炼丹术、传承灵宝五符、接受上清仙真授受等新事迹。[6]

以上是国内外学术界对张道陵炼丹一事的真伪进行讨论的大致情况。张道陵是否炼过丹,此事不仅是炼丹术早期历史研究的重要问题,还牵涉到五斗米道的教义思想和六朝天师道在江南的传播等重要问题,非常有必要彻底澄清。由于之前的研究基本都是在讨论其他问题时旁及,本节拟综合已有材料,从三个方面对张道陵炼丹事宜做进一步分析,为避免繁琐,凡前人已有论证一律从略。

一 《老子想尔注》与炼丹术

关于五斗米道的教义思想,最早最丰富的材料无疑是敦煌遗书中的半部《老子想尔注》,它也是了解张道陵本人思想的重要证据。长生的思想和方法是《想尔注》讨论的主要内容之一。通观《想尔注》残卷可以发现,书中反对当时流行的一些纯粹的神仙方术(如房中术、炼形术、存想体内神),而强调将修道与修仙结合起来,尤其重视修道的作用,提出一套典型

---

[6] Robert Ford Campany, *To Live as Long as Heaven and Earth: A Translation and Study of Ge Hong's Traditions of Divine Transcendents*. 转引自刘屹《〈画云台山记〉与东晋的张道陵传说》一文。

的教团式成仙理论,即"奉道诫,积善成功,积精成神,神成仙寿,以此为身宝矣"[7](第十三章"故贵以身于天下"注)。可以说,奉道诫、积善、积精,这三者在五斗米道的教义思想中相辅相成,缺一不可。

关于"道诫"的含义已有很多讨论,这里不再赘述。[8]"积精"也与"道诫"有关,其含义应当结合书中对房中术的批判来理解,正如学者所言:"《想尔注》屡有守精、宝精、结精之说,孤立地看,似与黄、容的握固之术相同,但若仔细考察,《想尔注》的这类借'道'之口的说教,都是针对一定的对象,也就是欲达'上德'之境的人,而对一般人,包括'人主','结精'等也并不是绝对的'不施',而应是'不妄施',这与黄容之术追求的绝对不施是不同的。"[9]这里需要着重解释的是积善与成仙的关系,关于这个问题在《想尔注》中有多处阐述,现摘录如下:

> 是以人当积善功,其精神与天通,设欲侵害者,天即救之。庸庸之人皆是刍苟之徒耳,精神不能通天。所以者,譬如盗贼怀恶不敢见部史也,精气自然与天不亲,生死之际,天不知也。(第五章"圣人不仁以百姓为刍苟"注)

---

[7] 本节《想尔注》引文均据饶宗颐:《老子想尔注校证》,上海古籍出版社,1991年。以下同。
[8] 如饶宗颐:《老子想尔注校证》,第55—56、103—105页;刘昭瑞:《〈老子想尔注〉导读与译注》,江西人民出版社,2012年,第36—39页。
[9] 刘昭瑞:《〈老子想尔注〉导读与译注》,第44页。

太阴道积，练形之宫也。世有不可处，贤者避去，托死过太阴中；而复一边生像，没而不殆也。俗人不能积善行，死便真死，属地官去也。（第十六章"没身不殆"注）

道设生以赏善，设死以威恶。（第二十章"人之所畏不可不畏荞其未央"注）

自然相感也。行善，道随之；行恶，害随之也。（第二十九章"夫物或行或随"注）

道人行备，道神归之，避世托死过太阴中，复生去为不亡，故寿也。俗人无善功，死者属地官，便为亡矣。（第三十三章"死而不亡者寿"注）

通过上述内容可以看出，《想尔注》将行善作为成仙的重要前提，换句话说，成仙不是一蹴而就的，需要长期积累善功，功不成，仙不致。关于这一问题，我们需要把握三点。

首先，其行善思想与《太平经》有重要区别。《太平经》亦重视行善，《想尔注》的思想是否与其有关不得而知，但是《太平经》的行善思想与其另外一项非常独特的重要内容密切相关，此即"承负说"。由于传统的善恶报应观念在乱世社会中经常使人感到困惑不解，行善不得善、行恶不得恶，甚至行善得恶、行恶得善的现象时而发生，"凡人之行，或有力行善，反常得恶，或有力行恶，反得善，因自言为贤者非也"。[10] 于

---

[10] 王明：《太平经合校》，中华书局，1997年，第22页。

是《太平经》提出了"承负"一说，其基本含义如《解师策书诀》所言："承者为前，负者为后；承者，乃谓先人本承天心而行，小小失之，不自知，用日积久，相聚为多，今后生人反无辜蒙其过谪，连传被其灾，故前为承，后为负也。负者，流灾亦不由一人之治，比连不平，前后更相负，故名之为负。负者，乃先人负于后生者也；病更相承负也，言灾害未当能善绝也。"[11]《想尔注》第三十章"其事好还"句注云："以兵定事，伤煞不应度，其殃祸反还人身及子孙。"饶宗颐先生认为，此报应之理，亦《太平经》"承负"之说。[12]不过实际上这句话的承负思想比较模糊，或者说比较勉强，《想尔注》残卷中并没有任何地方直接提及"承负"。这使我们有理由相信，《想尔注》并未采纳《太平经》的承负思想，它力倡行善，不主张行善会得到恶报，否则其行善成仙的观念何以收束人心？

其次，行善和奉道诚密切相关。本质上说，行善和积精实际上都是奉道诚的一部分，重视戒律是教团式道教的重要特点，也是区别于流散方士的一个重要方面。葛洪在《抱朴子内

---

[11] 王明：《太平经合校》，第 70 页。"承负说"是《太平经》的基础理论，主要有两层含义：一是善恶报应，继承汉代之前中国本土的善恶报应思想；二是对汉代社会危机提出的一套解释系统，此与灾异论的盛行具有重要关联。前者为《太平经》对下层民众进行宗教教化准备了前提，后者为其政治改良方案的提出铺平了道路。关于这一问题的详细讨论见拙文《"承负说"与两汉灾异论》，《史学月刊》2007 年第 12 期。

[12] 饶宗颐：《老子想尔注校证》，第 70 页。

篇·微旨》中对行善、道诫以及成仙的关系有更详细的说明，他说："览诸道戒，无不云欲求长生者，必欲积善立功，慈心于物，恕己及人，仁逮昆虫，乐人之吉，愍人之苦，赒人之急，救人之穷，手不伤生，口不劝祸，见人之得如己之得，见人之失如己之失，不自贵，不自誉，不嫉妒胜己，不佞谄阴贼，如此乃为有德，受福于天，所作必成，求仙可冀也。"[13]

第三，行善与批判其他神仙方术相辅相成。《想尔注》一面强调行善，一面激烈批判那些与积善相悖的成仙思想，因为后者能够动摇或者瓦解前者的信念。其一如仙有骨录说，第十九章"绝圣弃知民利百倍"注云："今人无状……先为身，不劝民真道可得仙寿，修善自勤。反言仙自有骨录，非行所臻，云无生道，道书欺人。此乃罪盈三千，为大恶人，至令后学者不复信道。"其二如祭餟祷祠，第二十四章"曰余食餟行物有恶之"注云："天之正法，不在祭餟祷祠也。道故禁祭餟祷祠，与之重罚。祭餟与耶同，故有余食器物，道人终不欲食用之也。"又"故有道不处"注云："有道者不处祭餟祷祠之间也。"

在所有的神仙方术中，炼丹术虽说是技术成仙模式的典型代表，但其早期形态与《想尔注》在个别思想方面有共通之处，最典型的是炼丹术也非常反对祭祀。如葛洪引述东汉丹经《太清丹经》说："长生之道，不在祭祀事鬼神也，不在道

---

[13] 王明：《抱朴子内篇校释》，第126页。

引与屈伸也,升仙之要,在神丹也。"[14] 他自己也强调说:"夫福非足恭所请也,祸非禋祀所禳也。若命可以重祷延,疾可以丰祀除,则富姓可以必长生,而贵人可以无疾病也。"[15] "夫长生制在大药耳,非祠醮之所得也。昔秦汉二代,大兴祈祷,所祭太乙五神,陈宝八神之属,动用牛羊谷帛,钱费亿万,了无所益。况于匹夫,德之不备,体之不养,而欲以三牲酒肴,祝愿鬼神,以索延年,惑亦甚矣。"[16] 不过必须注意,尽管《想尔注》和炼丹术反对祭祀的态度几无二致,但原因则完全不同。对五斗米道而言,反对祭祀在于顺利推行它自己的教义,对炼丹家而言,则在于突出神丹的作用。与重视积善守诫的教团不同,炼丹家采取的是技术成仙方式,早期尤其如此,他们用各种药物来炼制神丹,一旦炼成,无论上士、中士还是愚人,只要适量服食便可升仙,甚至连牲畜亦可。这一点在早期丹经里有相当多的明确记载,用《九转流珠神仙九丹经》中的话说就是"道人度世无种,事在人耳,奴婢鸡狗皆可得仙,凡人服药亦皆然"。[17] 在这样的成仙理论中,劝善思想无足轻重,甚至其他技术型的神仙方术也被视为低等方法,(如葛洪引《黄帝九鼎神丹经》曰:"虽呼吸道引,及服草木之药,可得延年,不免于死也;服神丹令人寿无穷已,与天地相毕,乘云驾龙,

---

[14] 王明:《抱朴子内篇校释》,第 77 页。
[15] 王明:《抱朴子内篇校释》,第 171 页。
[16] 王明:《抱朴子内篇校释》,第 256 页。
[17]《道藏》第 19 册,第 431 页。

上下太清。"[18]）只有金丹才是真正的不死方术,仙道之极。（如葛洪云："余考览养性之书,鸠集久视之方,曾所披涉篇卷,以千计矣,莫不皆以还丹金液为大要者焉。然则此二事,盖仙道之极也。服此而不仙,则古来无仙矣。"[19]）

当然,也有试图"规范"炼丹术的现象出现,主张服药亦须以积善为前提。如葛洪引《玉钤经中篇》云："积善事未满,虽服仙药,亦无益也。若不服仙药,并行好事,虽未便得仙,亦可无卒死之祸矣。吾更疑彭祖之辈,善功未足,故不能升天耳。"[20] 但这种"规范"恰恰反映出服药方术本身最初并无积善之说。具体到炼丹术,不仅服丹者如此,受丹经口诀者亦如此,其资格依据是看是否志诚,而非行善或富贵与否,即葛洪所谓"夫求长生,修至道,诀在于志,不在于富贵也。苟非其人,则高位厚货,乃所以为重累耳"。[21]

上述分析表明,重视道诫、主张积善的五斗米道和崇尚技术的炼丹术在成仙思想上是矛盾的。对五斗米道而言,与它极力反对的祭祀、仙有骨录说相比,炼丹术对其教义信念更具威胁。因此,东汉五斗米道教义中并没有适宜炼丹术生存的土壤。此外还有一个问题需要考虑到,即道教的建立和成熟是一个逐渐的过程,《太平经》和半部《想尔注》都不言金丹黄白,

---

[18] 王明：《抱朴子内篇校释》,第74页。
[19] 王明：《抱朴子内篇校释》,第70页。
[20] 王明：《抱朴子内篇校释》,第53—54页。
[21] 王明：《抱朴子内篇校释》,第17页。

太平道和五斗米道中也没有炼丹活动，这其中除了教义原因以外，很可能太平道和五斗米道在当时原本就未与炼丹术合流，从事炼丹的都是流散方士，且行为比较隐秘，自晋代葛洪公开倡导金丹黄白以后，这种方术与大型道团的关系才逐渐趋于密切。

二 史籍仙传中的张道陵

关于张道陵事迹的记载，最早见于陈寿（233—297）《三国志》，其书卷八《魏书·张鲁传》云：

> 张鲁字公祺，沛国丰人也。祖父陵，客蜀，学道鹄鸣山中，造作道书以惑百姓，从受道者出五斗米，故世号米贼。陵死，子衡行其道。衡死，鲁复行之。[22]

陈寿生活于蜀汉至西晋，与张道陵的时代相去不远，一般认为其记述最为可信。稍后东晋常璩（约291—361）《华阳国志》所记内容与《三国志》大同小异，云：

> 汉末，沛国张陵，学道于蜀鹄鸣山，造作道书，自称太清玄元，以惑百姓。陵死，子衡传其业。衡死，子鲁传

---

[22]《三国志》，第263页。

其业。[23]

而刘宋范晔（398—445）所撰《后汉书》卷七十五《张鲁传》所记亦基本相同：

> 鲁字公旗。初，祖父陵，顺帝时客于蜀，学道鹤鸣山中，造作符书，以惑百姓。受其道者辄出米五斗，故谓之"米贼"。陵传子衡，衡传于鲁，鲁遂自号"师君"。[24]

上述三书所记张道陵的事迹皆不言他曾事炼丹，而且它们对五斗米道活动的记载（本节未引述）与《想尔注》的思想也完全符合，以上两点可以说毫无疑义。然而，问题出在《神仙传》上——据称出自葛洪的《神仙传·张道陵传》记载，张道陵是一个地道的炼丹家。由于葛洪（约283—363）所处时代与常璩大致相同，又深谙丹道及其历史，故很容易令人产生疑惑，《三国志》等早期史籍所记张道陵的形象是否完整？要探究这一谜题，首先需要解决一个关键问题，即《神仙传·张道陵传》究竟是否葛洪本人撰写？由于《神仙传》至迟在隋唐时便已不存，目前所存辑本及他书引述内容所载《张道陵传》主要有三，它们所描绘的张道陵形象在整体上有很多不同，以下

---

[23] ［晋］常璩：《华阳国志校补图注》，任乃强校注，上海古籍出版社，1987年，第72页。
[24] ［宋］范晔：《后汉书》，中华书局，1965年，第2435页。

仅将有关炼丹的主要内容摘录如下:

1.《四库全书》本《神仙传》卷五:

天师张道陵,字辅汉,沛国丰县人也。本太学书生,博采五经,晚乃叹曰:"此无益于年命。"遂学长生之道,得《黄帝九鼎丹经》,修炼于繁阳山。丹成服之,能坐在立亡,渐渐复少……初,天师值中国纷乱,在位者多危,退耕于余杭……陵年五十,方退身修道,十年之间,已成道矣。闻蜀民朴素可教化,且多名山,乃将弟子入蜀于鹤鸣山隐居。既遇老君,遂于隐居之所,备药物,依法修炼,三年丹成,未敢服饵,谓弟子曰:"神丹已成,若服之,当冲天为真人,然未有大功于世,须为国家除害兴利以济民庶,然后服丹即轻举,臣事三境,庶无愧焉。"……[25]

2.《太平广记》卷八引《神仙传》:

张道陵者,沛国人也。本太学书生,博通五经,晚乃叹曰:"此无益于年命。"遂学长生之道,得黄帝九鼎丹法,欲合之,用药皆糜费钱帛。陵家素贫,欲治生,营田牧畜,非己所长,乃不就。闻蜀人多纯厚,易可教化,且多名山,乃与弟子入蜀,住鹄鸣山……陵乃多得财物,以

---

[25] 胡守为:《神仙传校释》,中华书局,2010年,第190页。

市其药，合丹。丹成，服半剂，不愿即升天也……其有九鼎大要，唯付王长。而后合有一人从东方来，当得之。此人必以正月七日日中到，其说长短形状。至时果有赵升者，不从东方来，生平未相见，其形貌一如陵所说。陵乃七度试升，皆过，乃受升丹经。……[26]

3.《云笈七签》卷一〇九引《神仙传》：

张道陵字辅汉，沛国丰人也。本大儒生，博综五经。晚乃计此无益于年命，遂学长生之道。弟子千余人。其九鼎大要，惟付王长。后得赵升，七试皆过……乃止谷中，授二人道要。[27]

今本《神仙传》有后人掺入内容，关于这一问题前人已有很多讨论，兹不赘述。具体到《张道陵传》，如本节开头所述，多数意见主张它晚出，并非出于葛洪原本《神仙传》。然而，即便确实如此，也无法得知张道陵炼丹一事究竟是否属实，我们还需要进一步分析。事实上，以上诸本《张道陵传》无论在整体上有多大差异，但在炼丹一事上记载比较一致，都说张道陵得到黄帝九鼎丹法，这是问题的关键。我们知道，《抱朴子内篇》不曾言及张道陵，这是众人怀疑现存《张道陵传》非葛

---

[26] [宋]李昉等编：《太平广记》，中华书局，1961年，第55—56页。
[27]《云笈七签》，第2381—2383页。

洪所撰的重要依据之一。但是，关于黄帝九鼎丹法在《抱朴子内篇》中有明确记载。据葛洪所言，汉末时左慈在天柱山中精思，得神人授《黄帝九鼎神丹经》，后携其至江东授予葛玄，玄又授郑隐，隐授葛洪，（江东）其他道士了无知者：

> 昔左元放于天柱山中精思，而神人授之金丹仙经，会汉末乱，不遑合作，而避地来渡江东，志欲投名山以修斯道。余从祖仙公，又从元放受之。凡受《太清丹经》三卷及《九鼎丹经》一卷、《金液丹经》一卷。余师郑君者，则余从祖仙公之弟子也，又于从祖受之，而家贫无用买药。余亲事之，洒扫积久，乃于马迹山中立坛盟受之，并诸口诀诀之不书者。江东先无此书，书出于左元放，元放以授余从祖，从祖以授郑君，郑君以授余，故他道士了无知者也。[28]

上述诸本《张道陵传》皆言张道陵晚年学道，而库本更说此事发生在他退耕余杭之后，实际上这与《抱朴子内篇》的记载相悖，因为葛洪说《黄帝九鼎神丹经》直至汉末才由左慈携至江东，而且除了他们师徒外其他道士了无所知，此其一。其二，库本言张道陵炼成神丹后能"臣事三境"，然而九鼎丹的功能《抱朴子内篇》有引述，为"上下太清"，无三境之说

---

[28] 王明：《抱朴子内篇校释》，第71页。

(其实早期丹经皆言太清,三境乃晚出之说),二者同样矛盾。仅据以上两点便可断定,库本也即现存最早的《张道陵传》并非葛洪所撰,当为晚出内容。[29] 此外,《神仙传·张道陵传》与前引《三国志》等关于张道陵的记载有一个很大的矛盾以前无人注意,即后者都说张道陵学道于蜀山,而前者库本言其道成后赴蜀,《太平广记》本则云赴蜀前已学道并得九鼎丹法,这也是《张道陵传》不可视为信史的证据之一。因此,结合葛洪和常璩的记载我们基本可以断定,至少在东晋时张道陵的形象尚未与炼丹术建立起联系。

三　托名张道陵的丹经

张道陵炼丹之名传之既久,丹经多有托其名下者,《正统道藏》所存文本主要有三种,不难发现,它们均为后人托天师之名所作。

其一为《太清金液神丹经》卷上序文,题"正一天师张道陵序"。文中提到弟子赵升、王长,又有重玄思想,仅据后者可知其时代晚出显而易见。

---

[29] 李剑国考证认为,诸本《神仙传》中库本来源较古,大约是宋本的一个残本,但也不是最初的本子(李剑国:《唐前志怪小说史》,人民文学出版社,2011年,第401页)。刘屹进一步从内容上分析,认为库本《张道陵传》最简单,《太平广记》等是一个综合文本(刘屹:《〈画云台山记〉与东晋的张道陵传说》)。

其二为《太清经天师口诀》。此书本不题撰人,但既言"天师口诀",显然是托名于张道陵。唐初《黄帝九鼎神丹经诀》卷三引述该诀,径称"太清诸丹等张天师诀文",可谓明证。《神仙传·张道陵传》言张道陵炼丹,也只说他得到的是黄帝九鼎丹法,但该书却属《太清经》,其出世时间可能更晚一些。关于《太清丹经》的情况,《抱朴子内篇》中有明确记载,除葛洪得到左慈所传的三卷外,还提到阴长生也通晓此法:"近代汉末新野阴君,合此太清丹得仙。"[30]另外《神仙传》又记载,《太清丹经》最早于东汉后期由齐国临淄方士马鸣生受自某道士,马鸣生授新野阴长生。[31]此记载与《抱朴子内篇》相互印证,当为葛洪所撰。

其三为《太上八景四蕊紫浆五珠绛生神丹方经》,一名《三华飞纲丹经》,题"张道陵撰并注",收入《上清太上帝君九真中经》卷下。陈国符认为是书乃西汉末东汉初出世,[32]容志毅认为当出于晋。[33]该书不论其中是否包含有古法渊源,但整体系上清法,其出世必晚,云"张道陵撰并注"系托名无疑。

此外,饶宗颐先生曾对张道陵的著作进行过考释,其中存

---

[30] 王明:《抱朴子内篇校释》,第77页。
[31] 胡守为:《神仙传校释》,第167、171页。
[32] 陈国符:《陈国符道藏研究论文集》,第86页。
[33] 容志毅:《〈太上八景四蕊紫浆五珠绛生神丹方〉外丹黄白研究》,《自然科学史研究》2007年第1期。

疑目中有《刚子丹诀》一卷，未作解释。[34] 按此书见于《崇文总目》，此前不见著录。"刚子"疑即"狐刚子"，他是汉末西晋之际的一位炼丹家，[35] 而且其著作在宋以前从未托名于张道陵。又《宋史·艺文志》中子类道家类著录有《张天师石金记》一卷，应当也是托名作品。

[本节原刊刘仲宇、吉宏忠主编《正一道教研究》第二辑，宗教文化出版社 2013 年]

---

[34] 饶宗颐：《老子想尔注校证》，第 94 页。
[35] 关于狐刚子参见赵匡华《狐刚子及其对中国古代化学的卓越贡献》（《自然科学史研究》1984 年第 3 期）、陈国符《〈道藏〉经中外丹黄白法经诀出世朝代考》（《陈国符道藏研究论文集》，第 89—94 页）及笔者《狐刚子及其著作时代考疑》（《自然科学史研究》2013 年第 4 期）。

伍　四件敦煌道经残片考辨

在数量众多的敦煌道经写本中，有相当一部分是破损严重的残片，由于文字残缺不全或者模糊不清，为今人研究带来很大困难，有时候甚至在初步研究环节上都会形成很大分歧。我们在研究与道教有关的残片的过程中，发现有不少可以进行更为精确的辨识。以下择取四件写本作为例证，就其主要内容、文献归属、与《道藏》经书的关系等问题进行扼要考辨，并释录其文字。不当之处，敬请方家指正。

一　S.9936、S.11363及S.11363V《石镇宅法》（残片，图1）

英藏写本S.9936[1]仅存一小块残片，存三行半文字。S.11363[2]亦为一残片，正面存三行文字，背面存一行文字。这两种残片由于残缺严重，题名及撰者均不得而知。荣新江《英

---

[1]《英藏敦煌文献》第12卷，四川人民出版社，1995年，第288页。
[2]《英藏敦煌文献》第13卷，第245页。

国图书馆藏敦煌汉文非佛教文献残卷目录（S.6981-13624）》推测其内容为方士所用巫术方，故命名为《疗服石方》。[3]《英藏敦煌文献》采用此名。马继兴《当前世界各地收藏的中国出土卷子本古医药文献备考》将 S.9936 衔接在 S.11363 之后，分别称为《五石药方·甲本》和《五石药方·乙本》。[4] 王淑民《英藏敦煌医学文献图影与注疏》亦认为，此二残片内容为医学文献所提到的亡佚已久的五石药方，当属同书的不同传写本（亦称为甲本和乙本）。[5]《敦煌道藏》未收录。王卡首次发现这两种残片为道经，认为应当缀合在一起，并且其笔迹与残存的《押衙邓存庆镇宅文》相同，所以认定为该文献的一部分。他又补充说："按道士镇宅之法，不仅用符咒，且用石镇压。P.3594 抄本有《用石镇宅法》：'凡人居宅处不利，有疾病逃往耗财，以石九十斤镇宅门上，大吉利；人家居宅已来数亡遗失，钱不聚，市买不利，以石八十斤镇辰地，大吉；居宅以来数遭兵乱，口舌年年不绝，以石六十斤镇大门下，大吉利。'"。[6]

这两种残片确实应当为同写卷上下断裂而成，S.9936 在上，S.11363 在下，S.11363V 左接 S.11363。不过比对后发

---

[3] 荣新江：《英国图书馆藏敦煌汉文非佛教文献残卷目录（S.6981-13624）》，台湾新文丰出版公司，1994 年，第 143、200 页。
[4] 马继兴：《当前世界各地收藏的中国出土卷子本古医药文献备考》，载《敦煌吐鲁番研究》第 6 卷，北京大学出版社，2002 年，第 140 页。
[5] 王淑民：《英藏敦煌医学文献图影与注疏》，人民卫生出版社，2012 年，第 258—259 页。
[6] 王卡：《敦煌道教文献研究——综述·目录·索引》，第 238 页。

图1 英藏S.9936、S.11363及S.11363V（图片据国际敦煌项目网站）

现，不仅其字迹与《押衙邓存庆镇宅文》残片显然不同，内容也不衔接，所以不应是《押衙邓存庆镇宅文》的一部分。至于医书所谓的五石方与本残片内容更不相干。该方实际与《正统道藏》收录的《摄生纂录》中的"推月德法"所附镇宅法以及法藏敦煌文献《阴阳五姓宅图经》（P.4667V1）中的石镇宅法很相近，只是在石头和粮食重量方面有所不同，显然是同类方。由于镇宅法在道教内外均广泛流行，此残片内容是否抄自道经目前难以判断，故拟名"石镇宅法（残片）"。

录文（完全残缺字或部分残缺而无法明确识别的字以"□"表示，缺字数目不清的以"⊠"表示，括号中为笔者补充内容。下同）：

⊠南方，黑石十斤，大豆（一升）。东方，白石十四斤，白米一升。西方，赤石十二斤，赤小豆一（升）。北方，黄石六十斤，黍米一升。中央，青石十三斤，青米一升。中□□瓦瓮□，更着残石东北角☒□安符□□□□拜讫□食四方☒

笔者按：《摄生纂录》中相应内容为："凡居宅有火，起土造作及在太岁、太阴、大将军、月刑杀上者，宜于天仓上掘坑，方深五尺，坑内安石千斤，石上累擎千枚，并泥其上，大吉。（阳宅天仓在丁，正月丙辛日治。阴宅天仓在癸，七月丁壬日治。）若犯南方，以黑石一枚，重十一斤，大豆一斗，埋南墙下，灾祸不起，大吉。犯东方，以白石一枚，重一十斤，白米一斗，埋东墙下，灾祸消灭，大吉。犯西方，以赤石一枚，重十二斤，赤小豆一斗，埋西墙，灾害不起，获大吉。犯北方，以黄石十斤，及雄黄五两，黍米一斗，埋北墙下，大吉。若犯宅内宫，以青石一枚，重十三斤，青米一斗，埋中庭，大吉。"[7]

法藏敦煌文献《阴阳五姓宅图经》（P4667V1）中的石镇宅法有两处，一为："南方以黑石十一斤，大豆一升，南墙下，吉。东方[□]白石十二斤，[□]米一升，东墙下，吉。西方以赤石十斤，赤小豆一升，西墙下，大吉。北方[□]雄黄五两，黍米一升，北墙下，吉。庭中以青石十斤，青米一升，

---

[7]《道藏》第10册，第712页。

五谷各一升，五色绢各一尺，炭铁各二两，钱七文，七宝各一事，已上物中庭镇之（已上物以瓦器盛之）。"另一处为："南方以黑石一枚，重十一斤，大豆一升，埋南墙下，大吉。东方以白石一枚，重十二斤，白米一升，埋东墙下，大吉良。西方以赤石一枚，重十斤，赤小豆一升，埋西墙下，大吉良。北方以雄黄五两，黍米一升，埋北墙下，大吉良。庭中以青石一枚，重十斤，青米一升，埋庭中，大吉良。桃板九片，朱砂、射香，已上四方镇之，宜人及下钱、六畜、财物等，世世安乐吉庆，无人病痛死亡，大吉利。"[8]

二　ДХ06057《太清金液神气经》和《神仙金汋经》（残片，图2）

俄藏 ДХ06057[9] 首尾残损，无卷题，《俄藏敦煌文献》未定名。残存文字分为两段，前段八行，后段七行。此卷大渊忍尔《敦煌道经·目录编》和李德范《敦煌道藏》均未收录。王卡《敦煌道教文献研究》著录，主张前段文字见于《道藏》本《太清金液神气经》，而后段则不见，故而认为《道藏》本《太清金液神气经》是残缺本。[10] 李应存等《俄罗斯藏敦煌医药

---

[8] 据关长龙：《敦煌本堪舆文书研究》，中华书局，2013年，第339—341页。
[9] 《俄藏敦煌文献》第12册，第336页。
[10] 王卡：《敦煌道教文献研究》，第214—215页。

文献释要》根据内容拟名为"道家丹方",但未能识别内容来源。[11] 经我们核查,写本内容实际上抄自两部道经,前段文字为《太清金液神气经》中太玄九阴灵华丹的内容,后段文字为《抱朴子神仙金汋经》卷一经文内容,故拟名"《太清金液神气经》和《神仙金汋经》(残片)"。

《道藏》本《抱朴子神仙金汋经》有小字注文,有的经文可能与注文混合,敦煌抄本虽然仅残存少量文字,但抄写的全为经文部分,故可作为《道藏》本的补充,对其成书年代亦有参考价值。

录文(一):

☐太阳再☐十二分,清水服☐日止,亦白日升晨。上士服丹,可不须☐☐又但单服九符酒一合,百日则神仙无极,庆云见而真人至。若人有病者,但以口嘘之,立愈。若欲呼召鬼神致天厨者,可闭气而存之,则所命立至。人死已三日者以降,人死已三日者,以阴丹如粱米者,合水灌其☐

笔者按:本方内容为《太清金液神气经》卷上的太玄九阴灵华丹方,其法详为:"太玄九阴灵华丹,一名九晨阴刚丹,

---

[11] 李应存、李金田、史正刚:《俄罗斯藏敦煌医药文献释要》,第112—113页。

一名素灵明珠，一名月影玉华，一名紫琼灵腴，一名丹药九符液……又以九符玄水一合，阴丹一匕，向太阳再拜，服之立登仙矣。又亦可阴丹三两，分为十二分，清水服之，十二日亦白日升晨。上士服丹，可不须此玄水。又但单服九符玄水一合，百日则神仙无极，庆云见而真人至。若人有病者，但以口嘘之，立愈。若欲呼召鬼神致天厨者，可闭气而存之，则所命立至。又死已三日者，以阴丹如黍米者，合水灌其口，立生矣。"[12]

录文（二）：

▢取黄金屑一斤，合以▢以清水洗之。盛以竹管，加▢□固其口，置之淳酰中五▢皆为水。以金水煮汞一▢与水银自别不合。猛火▢出。水银裹以黄土堰▢旦至暮，皆化为丹。刀▢

笔者按：本段内容为《抱朴子神仙金汋经》卷上的金液经经文，其法详为："上黄金十二两，水银十二两。取金鍱作屑，投水银中，令和合。乃以清水洗之十过也。以生青竹筒盛之，多少令得所，勿令长大。加雄黄、硝石各二两。漆其口，板固之，帛际，须令际会，内左味中百日。勿令少日也，日足即药成，日数少即不能化也。却如此置之，令药成也。筒不能颠倒也。百日皆化为水。以金水煮水银二斤，以淳苦酒汩渍其上，

---

[12]《道藏》第18册，第779—780页。

苦酒与水银自别不合。猛火中煅之三十日，水银皆紫色。水银以黄土瓯盛之。以六一泥，曝之于日，极燥乃用。从旦至暮，皆化为丹，所谓之还丹也。刀圭粉提，黄白成焉。"[13]

图 2　俄藏 ДX06057（图片据《俄藏敦煌文献》）

三　S.6030《策使鬼神通灵诀》（残片，图 3）

S.6030[14] 首尾均残缺，书名及撰者不详。共存十九行文

---

[13]《道藏》第 19 册，第 204—205 页。引用时对原文稍有调整。
[14]《英藏敦煌文献》第 10 卷，第 48 页。

字，内容为道教通神役鬼之术，包括药物和符印法，末附七步足迹图。其中有两段内容假托道教神仙陵阳子明。

马继兴认为后半部分与医学无关，故仅录前七行文字。其书称，后汉王逸《楚辞注》引有《陵阳子明经》佚文，《隋书·经籍志》著录有《陵阳子说黄金秘法》，又写本内容系古代方士所用巫术禁方，故名其为"陵阳禁方"。[15]李应存、史正刚将其命名为"道家陵阳禁方"，全文收录，并分为"陵阳隐身禁方"和"陵阳禳役鬼神法与七步足迹图"两个部分。[16]王淑民先是在《敦煌学大辞典》中名其为"陵阳禁方"，并说疑为陵阳子撰，为古代巫医方术，是研究巫医的文献资料。[17]后来在其《英藏敦煌医学文献图影与注疏》中全文收录，名称改为"禁方"，但说明中补充说"疑是陵阳子禁方写本"。[18]《英藏敦煌文献》采纳医学研究界的意见，称为"陵阳禁方"。王卡认为写本疑即隋唐史志或梅彪经目著录的"陵阳子秘诀法"之残钞本，故拟名为"陵阳子说黄金秘法"，且云："此类召役鬼神法术，又见于《太玄金锁流珠引》、《太上通玄灵印经》、《鬼谷子天髓灵文》等唐代道经。《道藏》中所收此类经书有十余种。或托老君、玄女、仙公所说，或托鬼谷子、李淳

---

[15] 马继兴主编：《敦煌古医籍考释》，第484页。
[16] 李应存、史正刚：《敦煌佛儒道相关医书释要》，民族出版社，2006年，第275页。
[17] 季羡林主编：《敦煌学大辞典》，上海辞书出版社，1998年，第620页。
[18] 王淑民编著：《英藏敦煌医学文献图影与注疏》，人民卫生出版社，2012年，第255页。

风、诸葛先生等。敦煌本托陵阳子虽甚罕见，但可肯定是道士召神役鬼经诀，而非古巫医禁方。"[19]

关于此本的抄写年代以往研究未予讨论。从文字写于纸张正面、楷书工整且不避"世"字讳（第14行）来看，或许抄于唐初以前。

陵阳子明的事迹最早见于《列仙传》记载，以服食之法而仙："陵阳子明者，铚乡人也。好钓鱼于旋溪，钓得白龙，子明惧，解钩，拜而放之。后得白鱼，腹中有书，教子明服食之法，子明遂上黄山，采五石脂，沸水而服之。三年，龙来迎去。止陵阳山上，百余年，山去地千余丈，大呼下人，令上山半，告言：'溪中子安当来问子明钓车在否？'后二十余年，子安死，人取葬石。山下有黄鹤来栖其冢边树上，鸣呼子安云。"[20] 东汉时有《陵阳子明经》，其所涉神仙方术不同于《列仙传》所载，为食气之术。东汉王逸《楚辞章句·远游》引该书佚文云："春食朝霞，朝霞者，日始欲出赤黄气也。秋食沧阴，沦阴者，日没以后赤黄气也。冬饮沆瀣，沆瀣者，北方夜半气也。夏食正阳，正阳者，南方日中气也。并天地玄黄之气，是为六气也。"[21] 不过，汉晋及至隋唐时陵阳子与炼丹术的关系最为密切，不仅其名字是水银和火的隐名，丹经多次提

---

[19] 王卡：《敦煌道教文献研究》，第152页。
[20] 此据王叔岷：《列仙传校笺》，中华书局，2007年，第158页。
[21] 王逸注以及另外多种唐宋文献的征引均见黄灵庚：《楚辞章句疏证》第三册，中华书局，2007年，第1770—1771页。

及陵阳子，而且目录文献著录的三种陵阳子著作全部为炼丹文献，具体包括：(1)《陵阳子说黄金秘法》一卷，《隋书·经籍志》著录，列入医方类炼丹著作中；(2)《陵阳子经》，《石药尔雅》卷下"叙诸经传歌诀名目"著录；(3)《陵阳子秘诀》一卷，明月公撰，《旧唐书》著录，列入杂经方炼丹著作中（《新唐书》列入医术类炼丹著作中）。宋代时，上述陵阳子著作似乎都已失传，不过仍有炼丹资料得以保存，《通志·艺文略》著录《四家要诀》一卷，乃"集刘向、陵阳子、抱朴子、狐刚子所记炼丹事"。

S.6030 的内容既为通神役鬼之术，显然不同于任何一种上述陵阳子著作，况且其中只有两段文字托于陵阳子，故以往命名均不恰当。抄本文中有"为此《策使鬼神通灵诀》，经卷极妙"之语，其名当为《策使鬼神通灵诀》。

录文：

……木三两五月五日收，地神枝三两九月九日收，人神根三两七月七日收……此药出处，人间多饶，此木故不言耳。人持木饵、蚕子，更不重玄也。

地神枝者，桑木东向根肥皮入土是也。此药案四方取之，东行桑木乃可用，余者不用耳。

人神根者，构木根东向是也。此药出处，人间偏饶。此药取一名楮，一名白荅，一名茄木，一名构木，凡有四名，能通四方鬼，与人通灵也。

此三种神药至其日收之，各别阴干百日，各别捣三百杵，凡三药总捣九百杵。毕，捣和丸，以井华水少许和之为丸，大如羊屎。为丸以五色彩囊盛之，药随身即隐，不过七日，皆自见形。木人使人目睹分明。□若欲役使之，法摇振五彩囊三遍，一切鬼神立至，随言语预来报人矣。若欲知他家有金玉钱财谷米人口大小，皆振囊召鬼神而问之，尽能报人，种种妙耳。或家有病，或家平安，或家有贼来侵害人，或有恶人欲来煞害己，皆召而问之，能逆知未然之事，预睹来告人也。若人家遭疫病时患，或生或死，皆来告人吉凶。

　　陵阳曰：一切欲得使鬼与人通灵种种妙，在者先受持此策鬼印。

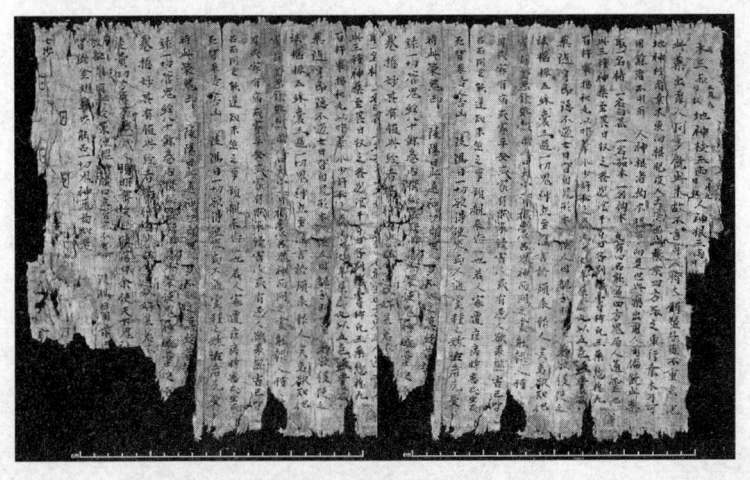

图3　英藏 S.6030（图片据国际敦煌项目网站）

陵阳曰：此通神诀印，世人多不知之。真经昔□……录一切管鬼经八十余卷，内撰秘要行用，为此《策使鬼神通灵诀》，经卷极妙。其有值（执）此经者，策使百鬼如人间奴婢矣。若不……徒费功力耳，万无一成，人须明审矣。

陵阳曰：余使天下鬼神……效验，唯有此经，策使鬼神，随口立至，万不失一。

陵阳曰：用前□……皆踏金翅鸟步，能占一切鬼神耳。图如是。

七步

陵……

金……

[本节原刊《敦煌研究》2016年第5期]

第三编 道教医药学

壹　马王堆一号汉墓女尸铅汞中毒原因正误

1972年，长沙马王堆一号汉墓出土了一具女尸，经学者认定死者应为西汉长沙国丞相轪侯利苍的妻子，入葬时间在汉文帝十二年（前168）以后数年。令人吃惊的是，研究人员发现古尸体内有严重的铅、汞中毒症状。对此异常现象研究人员高度重视，先后使用多种手段对尸体进行了详细检测，最后认为中毒症状系死者生前曾大量服用炼制的仙丹所致。此观点后来得到一些学者赞同。由于炼丹术在西汉武帝时期始有明确记载，故仙丹的成分直接决定了西汉初是否已经出现炼丹术的问题，因而这一论断的确切性非常重要。然而通过对《马王堆一号汉墓古尸研究》（以下简称《研究》）中的相关讨论重新审查后，笔者发现其最后结论与分析过程不符，结论对古尸体内铅、汞中毒原因解释有误。本节拟对此问题重新讨论，不当之处，敬请指正。

一

《研究》对出土女尸各部位铅、汞中毒情况的检测结果如下：

　　古尸组织的铅、汞含量高于现代正常人水平。其中尤以骨骼及大动脉壁的铅含量及肾、肝、大脑中的汞含量增高更为显著。同时，大肠、小肠及其内容物以及骨骼中含汞亦高。古尸各器官的铅、汞分布是极不均匀的，如骨铅为肾铅的1 700多倍，肾汞为肌肉汞的47倍，除头发含汞较高之外，体表或浅层组织（如肌肉等）铅、汞含量均较深层器官（如骨、肾、肝、脑等）的含量为低。[1]

　　古尸组织内铅、汞来源不外乎两种，即死者生前摄入物积蓄而成与死后由外界渗入。通过进一步分析与比较，《研究》基本排除古尸体内铅、汞由外界渗入的可能性，认为死者生前应当服用过一定量的铅、汞化合物，其论据及结果令人信服。然而在结论中《研究》贸然将铅、汞化合物直接认定为炼丹术中的"仙丹"，云："死者生前口服'仙丹'之类含汞、铅的药物，以及其它生活中的接触，可能是古尸摄入铅、汞的主要途径。"以及"死者生活在公元前一百多年的西汉时期，当时铅、汞化合物已广泛应用，特别是'炼丹'术盛行，尸体小肠内又有大量含汞物质残留，因此，生前口服'仙丹'之类的药物可

---

[1] 湖南医学院主编：《长沙马王堆一号汉墓古尸研究》，文物出版社，1980年，第215—225页。本节有关马王堆女尸铅、汞中毒资料均出自该书，不再详细注明。

能是古尸体内铅、汞的主要来源。"后来蒙绍荣更进一步认为："这表明在汉代初期可能已经有人服食由铅汞炼制的仙丹，因当时人们已不会单独服食铅、汞，而若服食天热硫化汞，则因其在体内的残留量甚微，故不会在体内造成铅、汞含量大大超过正常水平的现象。所以这种仙丹很可能就是当时已广泛炼制成功的 Pb_3O_4 和 HgO。"[2] 如果马王堆一号汉墓女尸生前服用过炼制的仙丹的判断正确，自然可以说炼丹术于汉初已出现。然而仔细审查研究检测报告，实情并非如此。由于《研究》未对古尸铅中毒原因作深入讨论，我们主要来看它对汞中毒的分析。根据 X 射线衍射图，尸体各部分中毒现象如下：

> 古尸体内的汞化合物至少有三种：肠道冲洗物中的汞系辰砂（六方晶系 HgS），而肝、肾中的汞为氯化汞，头发中的汞则为黑辰砂（等轴晶系 HgS）。可见组织内的汞是一系列复杂变化过程的结果。氯化汞是自然界不存在的，西汉时代尚不能人工合成，棺液中未检出氯化汞，因此，认为氯化汞是死后由外界渗入的意见是难于成立的。头发内的硫化汞与棺液中的辰砂系两种不同的晶系，前者可能是古尸生前摄入的汞（与蛋白质结合或与含巯基的低分子化合物结合）在组织崩解过程中析出并与腐败产生的气体硫化氢结合而成，这种现象在活着的汞吸收者口腔粘

---

[2] 姜生、汤伟侠主编：《中国道教科学技术史·汉魏两晋卷》，第 282 页。

膜上也能看到（汞与口腔中食物分解产生的硫化氢结合，在粘膜下形成硫化汞黑色沉着带——"汞线"）。……至于肠道内辰砂（六方晶系 HgS）的来源，可能由外界渗入，大肠内容物含汞高于小肠内容物支持这种推测，但小肠组织含汞却高于大肠组织，似乎也不能排除临死前口服辰砂的可能性。

根据上述文字可知，古尸体内主要存在三种汞化合物：$HgCl_2$（肝、肾）、六方晶系 HgS（肠道）与等轴晶系 HgS（头发），另外棺液中检测有六方晶系 HgS，与肠道内 HgS 晶系相同。关于古尸体内汞化合物的来源，《研究》认为：

（1）由于 $HgCl_2$ 在自然界及棺液中均不存在，而西汉又不能人工合成，故尸体内的 $HgCl_2$ 最可能系死者生前吸入的汞在体内的合成物；

（2）头发中的等轴晶系 HgS 由于与棺液中的辰砂系不同晶系，故不可能由外界渗入，最可能系死者生前摄入的汞在体内化合而来，而且实验也间接证实了这一点；

（3）肠道中六方晶系 HgS 的来源有两种可能：一为棺液成分渗入（大肠内容物含汞高于小肠内容物支持这种推测），二为死者临死前口服之辰砂（小肠组织含汞高于大肠组织支持这种推测）。

很明显，《研究》将死者汞中毒的原因归结为死者生前曾服用过一定剂量的汞化合物。然而，众所周知，炼丹家早期炼制的仙丹主要成分为铅与汞的氧化物，至于中国古代人工合成硫化汞的具体时间，一般认为隋唐时期这一技术才相对成熟，至今没有确凿证据表明东汉至南北朝时期已能人工合成硫化汞，更遑论西汉初期了。[3] 所以马王堆女尸生前服用的应当为其肠道中检测出的辰砂（六方晶系 HgS），即天然硫化汞（$HgCl_2$ 与等轴晶系 HgS 中汞的来源亦与此有关，详见下文）。且不说氧化汞在古尸体内并无任何存留痕迹（氧化汞较稳定，加热至 500℃分解为汞和氧气），《研究》结论部分与其分析过程出现矛盾本身就比较令人惊讶，将死者生前服用的天然硫化汞视为炼丹家炼制的"仙丹"并不确切。至于说"这种仙丹很可能就是当时已广泛炼制成功的 Pb_3O_4 和 HgO"更不知秉自何据。

二

丹砂是一种极难溶于水的化合物，其溶解度为 $1.4×10^{-24}$ g/L，因此有观点认为服用丹砂由于体内残留量甚微，因而一般不会

---

[3] 早期化学史研究者多认为东汉《周易参同契》已能合成硫化汞，现在这种观点一般不被认同。赵匡华认为中国最早合成硫化汞的是孙思邈《太清丹经要诀》中的"造小还丹法"与"炼紫精丹法"（赵匡华、周嘉华：《中国科学技术史·化学卷》，第 425 页）。新近有学者认为南北朝或晋代甚至汉代已经能够人工合成硫化汞，但所举几条早期证据似过牵强，有待进一步论证（容志毅：《中国始炼硫化汞时间新证》，《山东大学学报》2006 年第 2 期）。

引起中毒。李约瑟曾引述过一个人体对硫化汞吸收情况的实验，内容如下：

> Ghosh 在一九三一年以灵敏的 Bardach's test 作一试验，他发现在体外以 0.05～0.2% 的盐酸溶液来模拟胃液，在 37℃ 连续搅动，二小时后，约 0.02% 的硫化汞可进入溶液中。另外在试验狗的肝脏中，也有硫化汞的反应，但未于其他器官中发现。所以结论是除非习惯性地大量服食，否则单单食用辰砂，由于其低溶解度，无论是为了消毒或抗霉毒或防止化脓而增加肠、脏及体液内的汞含量，是一相当安全的方法。故古代及中古时代的医生使用它是不错的。[4]

实验表明，两小时内有 0.02% 的 HgS 进入胃液，由于医用丹砂剂量很小，而且一般不会长期服用，因而李约瑟认为若非习惯性大量服食而只是根据治疗需要来单服丹砂是相当安全的，古代及中古时代的医生使用它是不错的。言丹砂无毒实际上是一种严重误解，两小时即有 0.02% 的硫化汞进入溶液，这绝不是微量。尽管医方中丹砂的剂量一般很小，而且病愈即止，不会长期服用，然而越来越多的医学实验表明，丹砂对人体的危

---

[4]〔英〕李约瑟：《中国之科学与文明》（第十五册），陈立夫主译，台湾商务印书馆，1985年，第52页，注一。

害绝不可忽视。

丹砂虽然难溶于水，但仍有部分可溶性汞存在，同时还含有游离汞。其中研磨朱砂游离汞含量为 30～68 μg/g，可溶性汞含量为 18～38 μg/g；水飞朱砂游离汞含量为 27～35 μg/g，可溶性汞含量为 8～17 μg/g，水飞次数越多，朱砂中可溶性汞含量相应会降低。[5] 但无论产地、加工方法等有何不同，其可溶性汞和游离汞含量仍很高，高者甚至可超出我国饮用水标准 300 多万倍。[6] 马王堆女尸肝、肾部位检测出的 $HgCl_2$ 其汞的来源当与此有关。

另外，丹砂在厌氧有硫的条件下，pH7、温度 37℃的暗环境中与带甲基的物质相遇均能产生甲基汞，而人体肠道正具备这一条件，要知道人体对无机汞的吸收率为 5%，而对甲基汞的吸收率可达 100%。该研究还指出，动物实验表明，口服朱砂的吸收半衰期为 0.2 h，血液中含汞量达到峰值时间为 11 h，而汞在人体内的半衰期为 65～70 d，可见人体对丹砂的吸收并不缓慢，体内停留时间长，很容易形成蓄积性中毒。[7] 正因为如此，《中国药典》对朱砂剂量的规定越来越严格，如 1963 年版为 1.3 g，1977、1985、1990 年版为

---

[5] 张保国：《矿物药》，中国医药科技出版社，2005 年，第 156 页。

[6] 田南卉等：《朱砂毒性成分的研究与评估》，《北京中医药》1996 年第 5 期。

[7] 于从兰：《朱砂的药用价值、毒性及合理应用》，《中国中医药信息杂志》2002 年第 10 期。

0.3~1.5 g, 1995年版为0.3~0.5 g, 2000年版为0.1~1.5 g, 2005年版又改为0.1~0.5 g。多项医学实验表明，朱砂对人体各器官的毒害以肝、肾最甚。如小鼠服朱砂后从第一天起各脏器及血液中汞含量就明显高于空白组；朱砂会造成生育能力下降，并可通过胎盘屏障影响仔鼠；朱砂中的汞会在体内各脏器蓄积，服用3个月时肾汞含量高出空白组644倍，并使肾脏系数减少，血液生化指标异常，肾脏组织发生病理性改变，它在神经系统方面具有相似的药理作用。[8] 朱砂的急性毒性实验表明，小鼠静脉注射朱砂煎剂LD_{50}为12 g/kg，动物中毒表现为少动、反应迟钝、肾缺血、肝脏肿大。亚急性实验结果显示，小鼠经口给朱砂9.5 g/kg连续给药10~30 d, 经病理组织学检查发现心、肝、肾等脏器均出现不同程度的病理学改变，心脏组织出现轻度浊肿，给药时间较长者，肝脏出现明显浊肿，严重者出现局部坏死。随着给药时间的延长，肾组织损害从轻度浊肿到肾小管的广泛浊肿，肾小管上皮细胞核消失呈区域性坏死。[9] 很明显，丹砂对人体器官的毒理学研究符合《研究》对古尸中毒情况的分析。

至于女尸体内铅含量较高同样与丹砂有关。丹砂无论是天然还是人工合成的，都不纯净，尤其含Pb量常可高达

---

[8] 田南卉等：《朱砂毒性成分的研究与评估》。
[9] 管英英：《朱砂的药理、毒理与临床应用》，《中国药业》2002年第4期。

0.1%。[10] 总之，丹砂（天然硫化汞）的成分及毒理学研究均与《研究》对女尸体内中毒情况的描述相符。

三

丹砂在中国古代很早就有被用于墓葬的传统，如安特生《甘肃考古记》称甘肃的石器时代墓葬中就曾发现有丹砂。[11] 河南偃师二里头早商遗址中曾发现一些玉器与铜器均裹在丹砂里，几座墓坑的底部甚至发现存有大量丹砂，其中一座坑中的丹砂带长2.4米、宽1.5米、厚1.5—5厘米，另一座坑中丹砂带长1.7米、宽0.74米、厚5—6厘米，所用丹砂量之大令人震惊。[12] 春秋至秦汉时期，墓葬中出现了用水银的情况，如齐桓公墓、吴王阖庐墓、秦始皇墓等据说都曾大量使用水银，不过用丹砂的传统仍然延续了下来。马王堆一号汉墓中所用丹砂，除内棺内壁上髹的一层朱漆主要成分为天然硫化汞，封棺的黑漆中含有1%的天然硫化汞，死者身裹的泥金泥银的袆衣上有朱砂染料外，其棺内沉渣及棺液浮悬物经检测也主要是天然硫化汞，可能是当时有意识加入的。[13] 湖北江陵凤凰山

---

[10] 李鸿超等：《中国矿物药》，地质出版社，1988年，第101页。
[11] 朱晟：《我国人民用水银的历史》，《化学通报》1957年第4期。
[12] 中国科学院考古研究所二里头工作队：《河南偃师二里头遗址三、八区发掘简报》，《考古》1975年第5期；中国科学院考古研究所二里头工作队：《偃师二里头遗址新发现的铜器和玉器》，《考古》1976年第4期。
[13] 湖南医学院主编：《长沙马王堆一号汉墓古尸研究》，第258页。

一六八号西汉墓与马王堆一号汉墓下葬时间相当接近，为汉文帝十三年（前167），其棺液底部有一层厚达20—30厘米的绛红色堆积物，经检测其中含有大量天然丹砂，[14]当系下葬时有意放入。

与墓葬中使用丹砂相比，秦汉时期开始流行服食丹砂，这种情况主要受神仙服食的影响。先秦至秦汉神仙家主要有服食、行气与房中三派。服食派方士相信，服金者寿如金，服玉者寿如玉，通过长期服食某些种类的药物便可以长生不死。其中最重要的一类药物即丹砂，它被视为仙药最上品，其功效甚至在黄金之上。这种观念在汉代很普遍，所以编撰于东汉初的《神农本草经》将丹砂列为玉石部上品、全书365种药之首，云其"久服通神明不老"，[15]明显受神仙服食影响。在这种氛围中，不少人大量服食丹砂，如《列仙传》中的任光，"上蔡人也。善饵丹（指丹砂），卖于都市里间，积八十九年……晋人常服其丹也"。再如主柱，"不知何所人也。与道士共上宕山，言此有丹砂，可得数万斤。宕山长吏知而上山封之。砂流出飞如火，乃听柱取焉。邑令章君明饵砂三年，得深砂飞雪。服之五年，能飞行。与柱俱去"。[16]由于用量较大，丹砂在秦汉一时洛阳纸

---

[14] 武忠弼主编：《江陵凤凰山一六八号墓西汉古尸研究》，文物出版社，1982年，第251—252页。

[15] ［清］孙星衍等辑：《神农本草经》，人民卫生出版社，1963年，第3页。

[16] 《道藏》第5册，第69、71—72页。

贵，成为紧俏商品。秦始皇时有一巴地商人世家专营丹砂，获利无数，《史记·货殖列传》云："巴寡妇清，其先得丹穴，而擅其利数世，家亦不訾。清，寡妇也，能守其业，用财自卫，不见侵犯。秦皇帝以为贞妇而客之，为筑女怀清台。"[17]

炼丹术兴起以后，尽管丹砂仍然可以用来服食，如葛洪引《神农四经》曰："五芝及饵丹砂、玉札、曾青、雄黄、雌黄、云母、太乙禹余粮，各可单服之，皆令人飞行长生。"[18]但炼丹家最推崇的不再是天然丹砂，而是经过烧炼的丹砂，由于仍呈红色，最初炼丹家误认为它仍然是丹砂，故称其为"还丹"，正所谓"丹砂烧之水银，积变又还成丹砂"。在这个过程中，炼丹家对天然丹砂的态度逐渐转变，认为只有上品丹砂才堪不经炼制而直接服食，如唐代丹经《龙虎还丹诀》云："若得上品丹砂，不假烧合，便堪服饵，是自然之还丹也。"[19]而其他由于杂质较多，均需精炼。大概认识到早期的还丹并非真正的丹砂，隋唐时期炼丹术中出现一派用水银与硫黄人工合成丹砂，由于其功能无法与大还丹相比，故称其为小还丹。本草学家将人工合成的丹砂用作医药，称为灵砂。宋代炼服丹砂的现象仍很常见，因此而得祸者亦不乏其人。宋人叶梦得《避暑录话》卷二记载："士大夫服丹砂死者，前此固不一，余所目击：林彦振平日充实，饮啖兼人，居吴下，每以强

---

[17]［汉］司马迁：《史记》卷一百二十九，第3260页。
[18] 王明：《抱朴子内篇校释》，第196页。
[19]《道藏》第19册，第108页。

壮自夸。有医周公辅，言得宋道方炼丹砂秘术，可延年而无后害。道方，拱州良医也，彦振信之。服三年，疽发于脑，始见发际如粟。越两日，项颔与胸背略平，十日死。方疾亟时，医使人以帛渍所溃脓血，濯之水中，澄，其下略有丹砂，盖积于中与毒俱出也。谢任伯平日闻人畜伏火丹砂，不问其方，必求之服，唯恐尽，去岁亦发脑疽。有人与之语，见其疾将作，俄顷觉形神顿异，而任伯犹未之觉。既觉，如风雨，经夕死。十年间亲见此两人，可以为戒矣。"[20]

四

据以上分析可知，马王堆一号汉墓女尸体内铅、汞中毒，并非由于死者生前曾服食道教炼制的"仙丹"，而是服食天然丹砂的结果。战国至秦汉，神仙服食非常流行，受此影响，死者生前很可能长期服食丹砂。当然该女尸体内铅、汞中毒情况无法作为当时已经出现炼丹术的证据。

［本节未单独发表，曾收入《知识断裂与技术转移——炼丹术对古代科技的影响》第四章第一节，山东文艺出版社 2009 年版］

---

[20] ［宋］叶梦得：《石林避暑录话》卷二，上海书店，1990 年。

贰　医药化学家孙思邈

孙思邈（约 581—682）是隋唐时期著名的道士、伟大的医药学家。他一生献身医学，淡泊名利，对中医药学的发展做出了巨大贡献，被后人尊称为"药王"。孙思邈生前以高超的医术、崇高的医德治愈病人无数，其身后留下两部不朽的医药学著作《千金要方》与《千金翼方》。孙思邈的医学贡献非常多，如在治疗伤寒病方面的进展，对唐以前医方的综合与创新，对缺乏营养病的防治，奠定了妇科与儿科发展的初步基础，发展了养生长寿学说等。除上述几个方面以外，孙思邈还有一个非常重要的医药学贡献不被人们所熟知，即他首次将炼丹术中的化学制药方法正式引入中医学，成为中国古代医药化学的先驱。

一

中国古代医方中使用金石药物有悠久的历史。如马王堆汉墓出土《五十二病方》（抄写年代不晚于秦汉之际）使用水银傅"痈"，用雄黄、水银、铜屑等傅"加"（痂）。东汉郑玄记载了当时使用的一种治疗疮疾的"五毒方",系用五种矿物烧炼而成,文见《周礼·天官冢宰下·疡医》:"今医人有五毒之药,作之,合黄堥,置石胆、丹砂、雄黄、礜石、慈石其中,烧之三日三夜,其烟上著,以鸡羽扫取之,以注创,恶肉破骨则尽出。"[1] 不过总的来看,唐以前医方中的金石方基本都是外用,不用于内服。魏晋时期虽然流行服食五石散,而且有研究者认为它的确具有某种医疗功能,但五石散在当时并不被医家视为医方,而是一种与神仙服食有关的现象。唐代以前的医方著作中没有纯粹的内服金石方,其中治疗五石散病发的方法倒是很多。

孙思邈之前曾出现两位著名道医,分别是晋代的葛洪与梁代的陶弘景,他们对道教与医学两个领域均有重要贡献。葛洪在大力宣扬金丹黄白与神仙道教的同时,对医学十分用心,编撰有《玉函方》一百卷及《救卒方》(或《肘后救卒方》《肘后备急方》)三卷,在医学史上占有一定地位。但总体而言,金丹与医学在葛洪那里是两种不同的知识体系。体现在"药"上,作为治病的药方与作为成仙手段的丹药其性质与功能完全不同,医方治病是为服丹成仙作准备的。如《抱朴子内篇·极言》云:"先将服草木以救亏缺,后服金丹以定无穷,长生之理,尽于此矣。"[2] 因此葛洪虽然掌握有许多烧炼丹

---

[1]《周礼》卷五,中华书局1980年影印十三经注疏本,第688页。
[2] 王明:《抱朴子内篇校释》,第246页。

药的方法，但并未将其用于医方。与葛洪相比，梁代著名道士陶弘景在本草学与炼丹术融合方面取得的成就要显著得多。早在东汉时，中国历史上第一部本草著作《神农本草经》就吸收了很多神仙服食知识。陶弘景在编撰《本草经集注》的时候很好地继承了这种传统，将许多道教炼丹服食知识融入本草学，他说："道经、仙方、服食、断谷、延年、却老，乃至飞丹转石之奇，云腾羽化之妙，莫不以药导为先。用药之理，一同本草，但制御之途，小异世法。犹如梁、肉，主于济命，华夷禽兽，皆共仰资。"[3] 当然，虽然陶弘景在医道融合方面较之葛洪更进一步，但如葛洪一样，他也未能将化学制药方法引入医方，因而丹方还是不能像本草药物一样单独用于治疗疾病。

二

唐代是炼丹术发展的鼎盛时期，随着炼丹术广泛流行，丹药的功能逐渐发生重要变化：仙丹除成仙功能外，开始具备治病的"低级"功能，炼丹化学开始与医方融合。根据比较可靠的资料，这种典型变化较早出现在著名医药学家孙思邈身上。孙思邈十八岁时开始习医，后来他对道教也非常留心。根据《太清丹经要诀·序》记载，每当孙思邈读到道书中说身生羽

---

[3] ［梁］陶弘景编：《本草经集注》，尚志钧、尚元胜辑校，第27页。

翼、飞行轻举都是因为吃丹药的时候，他便对炼丹切慕于心，于是便开始亲自试验丹火之事，"虽艰远而必造，纵小道而亦求"，可见其心有多么虔诚。但孙思邈逐渐发现，丹药并非如道书所言有飞升轻举的神奇功效，那都是道士自炫其能、趋利世间的结果。孙思邈炼丹飞升虽然失败了，但他开始以医家的探索精神来研究丹药，发现丹药虽然成仙不足，但却可以治疗某些疾病。于是便抱着救疾济危的目的，对一些金石矿物与丹诀反复亲自试炼，毫末之间，一无差失。然后再谨慎地将金石丹药在临床实践中试用。[4] 孙思邈炼丹出于救疾济危的目的，此又可证之于《千金翼方》卷第十四"退居·服药第三"："世有偶学合炼，又非真好，或身婴朝绂，心迫名利，如此等辈，亦何足言？今退居之人，岂望不死羽化之事？但免外物逼切，庶几全其天年。然小小金石事，又须闲解神精丹，防危救急所不可缺耳。"[5] 孙思邈试用金石药时甚至以自身作为试验对象。《千金要方》卷第二十四"解毒并杂治·解五石毒第三"云，他在三十八九岁的时候，曾亲服乳石五六两，察验其效果。[6] 这是一种非常可贵的神农尝百草精神，因为金石矿物大多都有毒，这样做有时候要冒生命危险。孙思邈在《千金要方》卷第二十二"痈疽第二"提到他一生曾"数病痈疽"，这可能与他服金石药有关。在这一过程中，孙思邈获得了治疗痈疽的第一

---

[4]《道藏》第 22 册，第 492 页。
[5]〔唐〕孙思邈：《药王千金方》，华夏出版社，2004 年，第 701 页。
[6]〔唐〕孙思邈：《药王千金方》，第 417 页。

手资料:"余平生数病痈疽,得效者皆即记之。考其病源,多是药气所作,或有上世服石,遂令子孙多有此疾。食中尤不宜食面及酒、蒜,又慎温床厚被,能慎之者,可得终身无它。此皆躬自验之,故特此论之也。"[7]

经过长期探索,孙思邈首先在单味金石药疗效方面形成了规律性认识,对哪些矿物益于身体,哪些矿物有毒,无不了然于胸。如他在《千金要方》卷第二十四"解毒并杂治·解五石毒第三"记载道:"然其乳石必须土地清白光润,罗纹鸟翮一切皆成,乃可入服。其非土地者,慎勿服之。多皆杀人,甚于鸩毒。紫石、白石极须外内映彻,光净皎然,非此亦不可服……宁食野葛,不服五石。明其大大猛毒,不可不慎也。有识者遇此方,即须焚之,勿久留也。"他甚至对服石的年龄规律也有深入认识:"人不服石,庶事不佳。恶疮、疥癣、瘟疫、疟疾,年年常患,寝食不安,兴居常恶,非止己事不康,生子难育。所以石在身中,万事休泰,要不可服五石也。人年三十以上可服石药,若素肥充,亦勿妄服;四十以上,必须服之;五十以上,三年可服一剂;六十以上,二年可服一剂;七十以上,一年可服一剂。又曰:人年五十以上,精华消歇,服石犹得其力。六十以上转恶,服石难得力,所以常须服石,令人手足温暖,骨髓充实,能消生冷,举措轻便,复耐寒暑,不著诸病,是以大须服。"服石还须忌食某些食物,如:"凡服石人,

---

[7] [唐]孙思邈:《药王千金方》,第381—382页。

甚不得杂食口味，虽百品具陈，终不用重食其肉。诸杂既重，必有相贼，聚积不消，遂动诸石。如法持心，将摄得所，石药为益，善不可加。"[8] 现代医学研究表明，人需要摄入铁、铜、锌、锰、碘、钴、钼、硒、氟、钡等多种微量元素，若缺乏就会引起疾病。因此，孙思邈强调人要服石确有合理之处。当然，他的方法是很危险的，有很多不科学的地方，我们应辩证看待。

除研究单味金石药，孙思邈在用化学方法合成药物方面也取得了重要成就。孙思邈炼制的丹药很多，他把这方面的成果编成多种著作，如《烧炼秘诀》《太清真人炼云母方》《太清丹经要诀》等，可惜现在这些著作大部分都已失传，唯有《太清丹经要诀》保存在《云笈七签》中。《太清丹经要诀》记载了很多道教的神仙丹方，其中有一些可以作为医药使用，孙思邈在书中有明确说明。如小还丹可以去心忪、热风、鬼气、邪痊虫毒、天行瘟虐，镇心，益五藏，利关节，除胀满心痛、中恶，益颜色，明耳目。另外一种成分不同的小还丹用来治风癫痫、失心鬼魅魍魉等，久服凝骨髓，益血脉，润肌肤，出颜色，安魂魄。艮雪丹则主镇心安藏，除邪瘴恶气，痊杵、风癫风痫等疾，治传尸、虐瘴、疠时气，一切热病入口立愈，神效，若用入面脂，治奸黵。其他如赤雪流朱丹、紫精丹、流珠丹等均有具体疗效。如此丰富的炼丹实践为孙思邈从事医药化

---

[8] [唐] 孙思邈：《药王千金方》，第 417 页。

学研究打下了坚实基础。

孙思邈大约在七十岁前后编撰成《千金要方》，这时他从事炼丹研究已多年，积累了丰富的医药化学知识。但是出于医生的高度责任心，他并未将炼制的全部金丹药物记载进《千金要方》中，而只是选择了个别确实有疗效且服用安全的丹方，如太一神精丹。《千金要方》卷第十二"胆腑·万病丸散第七"明确记载，太一神精丹为道教神仙方，"古之仙者，以此救俗，特为至秘"。此药由丹砂、曾青、雌黄、雄黄、磁石、金牙合炼而成。孙思邈说他曾在隋朝大业年间（605—617）数次合炼，但当时苦于雄黄、曾青两种药难得，试炼不顺利。后来孙思邈在蜀地行医，恰巧碰上雄黄大贱，又在飞乌玄武得到很多曾青，如此良机，遂于蜀县魏家合成一釜，用其来治病，结果效果非常神验。[9] 孙思邈详细记录了太一神精丹的炼法、疗效及服用方法。由于炼丹需要用丹釜，孙思邈一并记载了两种丹釜的制法，以及密闭材料六一泥的原料与炼制方法。这些都是孙思邈从炼丹家那里直接学来的，他为了医学目的而将其详细公布出来。经过几十年的临床实践反复检验，孙思邈才在《千金要方》中记录了这种化学药方，可见他对化学药物的审慎态度。这一点可以理解，虽然本草著作一开始就记载了各种金石矿物的药用价值，但合炼化学药品在唐代以前向来都是炼丹家为求成仙而进行的活动，为此丧命者不计其数。孙思邈却反其

---

[9] [唐] 孙思邈：《药王千金方》，第 234 页。

道而行之，积极探索丹药的医药功能，如不慎重，很容易重蹈炼丹家们的覆辙，孙思邈对此十分清醒。

《千金要方》完成时，孙思邈虽已进入古稀之年。在古代，七十岁已属高寿，但对孙思邈而言，他的成就才刚完成一半。尽管《千金要方》所取得的成就足以使孙思邈彪炳史册，但他并没有沉溺在兴奋中，反而对《千金要方》的欠缺耿耿于怀，"犹恐岱山临目，必昧秋毫之端；雷霆在耳，或遗玉石之响"，于是他很快又忙碌在《千金翼方》的艰辛编撰工作中。[10] 经过三十年的呕心沥血，《千金翼方》终于在孙思邈满百岁的时候完成。此时孙思邈已是油尽灯枯，翌年他便与世长辞。在《千金翼方》中，孙思邈针对《千金要方》进行了多方面的补充与完善，特别是在医药化学方面，他在临床实践中取得进一步突破，对后世产生重要影响。

孙思邈晚年一直未曾中断对化学制药的研究，在《千金翼方》中，他一方面进一步深刻揭露金丹的欺骗性，另一方面又将更多的金丹药物应用于医学。他在《千金翼方》卷第十四"退居·服药第三"中说："世有偶学合炼，又非真好，或身婴朝绂，心迫名利，如此等辈，亦何足言？今退居之人，岂望不死羽化之事？但免外物逼切，庶几全其天年。然小小金石事，又须闲解神精丹，防危救急所不可缺耳。伏火丹砂，保精养魄，尤宜长服；伏火石硫黄，救脚气，除冷癖，理腰膝，能

---

[10]〔唐〕孙思邈：《药王千金方》，第 539 页。

食有力；小还丹，愈疾去风；伏火磁石，明目坚骨；火炼白石英、紫石英，疗结滞气块，强力坚骨；伏火水银，压热镇心；金银膏，养精神、去邪气。此等方药，固宜留心功力，各依《本草》。"[11] 以上所记诸丹药，除太一神精丹首次记载于《千金要方》中，其余都是《千金翼方》补充的新药，而这些药方及其炼制方法在孙思邈的炼丹著作《太清丹经要诀》中都有记载。如伏火石硫黄为流珠丹，伏火水银为艮雪丹，火炼白石英、紫石英则与太一玉粉丹相似，只是《千金翼方》没有用它们的原名而已。这说明，孙思邈经过进一步临床检验，已经确认它们的疗效，于是便将它们作为正式医药使用。不仅如此，孙思邈还相信化学药物将来会更多地在医学中使用，只是需要进一步临床检验。由于自己余日不多，他把这项工作留给了后人，"其余丹火，以冀神助，非可卒致。有心者亦宜精恳，倘遇其真"。[12]

三

大医精诚，百世流芳。孙思邈将自己的一生都贡献给了医学，以其精湛的医术与高尚的医德，为中国古代医药学做出了巨大贡献。尤其是他作为医家首次将丹方引入医药学，化害为

---

[11] [唐] 孙思邈：《药王千金方》，第 701 页。
[12] [唐] 孙思邈：《药王千金方》，第 701 页。

宝，开创了中国医药化学的新局面。唐代以后，化学制药成为中医方剂学的重要内容，丹方也成为一种重要的方剂类型。孙思邈开创的医药化学事业在其身后得到广泛应用，对古代社会贡献巨大。无独有偶，文艺复兴时期，西方炼金术也出现医药化学运动，一些炼金术士积极尝试将化学药物用作医药，经过长期实践，最终逐渐发展出近代医药化学技术。

［本节原刊《南京中医药大学学报（社会科学版）》2010年第2期］

叁 炼丹术与宋代医用丹方

在中医方剂学发展史上,唐宋之际是一个重要时期,然而其中一个显著特点曾被长期忽视,即"丹"作为一种剂型在宋代以前的医方著作中极其罕见,到了宋代却如雨后春笋般突然大量出现于医方中。宋代以后,丹方作为一种剂型一直应用于临床实践。我们知道,作为仙药的金丹在唐代曾风靡一时,随着世人对其危害程度的觉醒,鞭挞之声一浪高过一浪,然而为何能够在宋代被广泛接受而大量著录于医方中呢?宋代丹方与炼丹术之间究竟有何因缘?日本学者冈西为人在整理中国古代的丹方时首先注意到上述问题。他将宋代丹方分为两类,并重点讨论了它们与炼丹术的关系。[1] 后来中国学者朱晟与何端生亦注意到同一问题,并同样认为宋代医方中的丹剂大部分来自道教。[2] 以上研究虽然已经指出丹方的本质,但论证仍有进一步完善的必要,对丹方从炼丹术发展到医学过程的讨论尤其比较薄弱。在上述研究成果的基础上,本节分别从仙丹的医用发

---

[1] [日]冈西为人:《中国医学之丹方》,《科学史译丛》1986 年第 4 期。
[2] 朱晟、何端生:《中药简史》,广西师范大学出版社,2007 年,第 207—211 页。

展过程与宋代医用丹方的来源两个问题入手，对炼丹术与宋代医用丹方的关系作进一步讨论。

一　仙丹的医用发展过程

所谓"丹"，最初指丹砂，《说文解字》云："丹，巴越之赤石也。"在战国至秦汉时期流行的神仙服食活动中，丹砂是一种重要的服食药物。自汉代炼丹术兴起以后，"丹"一般指人工烧炼的还丹，其功能有了十分明确的界定，即神仙不死。如《黄帝九鼎神丹经》云："凡欲长生而不得神丹、金液，徒自苦耳。虽呼吸导引、吐故纳新及服草木之药可得延年，不免于死也。服神丹令人神仙度世，与天地相毕，与日月同光，坐见万里，役使鬼神，举家升虚，无翼而飞，乘云驾龙，上下太清，漏刻之间，周游八极，不拘江河，不畏百毒。"[3] 早期炼丹家将神丹、金液视为成仙不死的唯一手段，草药因只能延年而被视为次等技术，这种观念显然有别于一般的神仙服食。我们知道，早期神仙服食的一部分内容被整合到汉代本草学中，然而在汉魏两晋甚至南北朝时期，神仙不死一直为金丹的唯一功能，这一特点在葛洪与陶弘景身上有鲜明体现。

很多学者将葛洪视为道医的重要代表之一，然而在葛洪的观念中，金丹与医药是两种不同的知识体系，其功能有显著区

---

[3]《道藏》第18册，第795页。

别。关于服食,《抱朴子内篇》以金丹、黄白与仙药分别立论。普通服食药物尽归入仙药,这些药物除了具有延年益寿的功能外,还可以直接用作医药,如木芝,"又可以治病,病在腹内,刮服一刀圭,其肿痛在外者,随其所在刮一刀圭,即其肿痛所在以摩之,皆手下即愈,假令左足有疾,则刮涂人之左足也"。云母可制成多种合剂,"服之一年,则百病除"。雄黄色泽不好者"不任以作仙药,可以合理病耳"。[4] 尽管这些功能多虚妄夸张之辞,但仍然表明仙药与医药部分功能重叠。然而金丹并不具有类似特征。《抱朴子内篇》记载的丹方多达几十种,尽管个别丹方也涉及治疗疾病,如岷山丹"以井华水服如小豆,百日,盲者皆能视之,百病自愈,发白还黑,齿落更生",墨子丹"服之一刀圭,万病去身,长服不死",[5] 但这只是成仙的先奏,其最终功能仍在于成仙。《抱朴子内篇》中的神丹尚未具备治疗具体疾病的功能,葛洪的医方著作《肘后方》中自然也不会有丹方内容。

与葛洪相比,陶弘景尽管在丹道理论方面的成就要略逊一筹,但在促进本草学与炼丹知识融合上却超乎其上,如《本草经集注》(以下简称《集注》)中的药物知识即大量融摄道教内容。在陶弘景看来,道、医实殊途同归,"道经、仙方、服食、断谷、延年、却老,乃至飞丹转石之奇,云腾羽化之妙,

---

[4] 王明:《抱朴子内篇校释》,第 199、200、203 页。
[5] 王明:《抱朴子内篇校释》,第 78、81 页。

莫不以药导为先。用药之理，一同本草，但制御之途，小异世法"。[6]《集注》每种药下均有详细注解，其中多引"仙经"（主要为服食与炼丹资料）内容补医家之不足，矿物药尤其明显，主要表现在四个方面：第一，在药物性状、种类及鉴别方法方面，仙经中多有较医家本草更为详尽的描述；第二，在药物产地方面，仙经所记常较医家为广；第三，药物的炮炙方法，道教较之世医多有独特之处，此即陶氏所云"制御之途，小异世法"；第四，一些药物仅用于仙经中，这部分知识主要来自道教。由上可知，陶弘景援道入医的程度相当之深。然而，并没有证据表明陶弘景曾将炼制之神丹用于治病。

隋唐之际，丹药的功能发生了重要变化，除去传统的成仙功能外，开始具备治病的"低级"功能，而且此消彼长的趋势愈来愈明显。这种典型变化较早出现在著名医家孙思邈身上，他在《太清丹经要诀》中云：

> 余历观远古方书，金云身生羽翼、飞行轻举者，莫不皆因服丹。每咏言斯事，未尝不切慕于心。但恨神道悬邈，云迹疏绝，徒望青天，莫知升举。始验还丹伏火之术，玉醴金液之方，淡乎难窥，杳焉靡测，自非阴德，何能感之？是以五灵三使之药，九光七曜之丹，如此之方，其道差近。此来握玩，久而弥笃。虽艰远而必造，纵小道

---

[6]［梁］陶弘景编：《本草经集注》，尚志钧、尚元胜辑校，第27页。

而亦求。不惮始终之劳，讵辞朝夕之倦？研穷不已，冀有异闻。良以天道无私，视听因之而启。不违其愿，不夺其志，报施功效，其何速欤！岂自炫其所能，趋利世间之意？意在救疾济危也。所以撰二三丹诀，亲经试炼，毫末之间，一无差失，并具言述，按而行之，悉皆成就。[7]

据孙氏所言，其合丹意在"救疾济危"。检索《太清丹经要诀》，其中许多丹方确实具有较为具体的治病功效（表1）。

表1 《太清丹经要诀》中部分医用丹方

丹 名	主要成分及用量	功 效
太一玉粉丹	朱砂一斤，雄黄一斤，玉粉十两，磁石粉十两，紫石英五两，白石英五两，银粉五两，空青十两，流艮雪一斤	能延人寿命，愈疾
小还丹	水银一斤，石硫黄四两，光明砂三两，犀角末四两，麝香二两	去心忪、热风、鬼气、邪疰虫毒、天行瘟虐，镇心，益五藏，利关节，除胀满心痛，中恶，益颜色，明耳目
小还丹	石亭脂四两，水银一斤，铅黄华三两，金一两	治风癫痫、失心鬼魅魍魉等，久服凝骨髓，益血脉，润肌肤，出颜色，安魂魄，通神仙

---

[7]《道藏》第22册，第492页。

(续表)

丹 名	主要成分及用量	功　　效
艮雪丹	汞一斤，吴白矾六两，黄矾四两，太阴玄精二两，朴消二两，伏龙肝四两，盐六两等	主镇心安藏，除邪瘴恶气、痊杵、风癫风痫等疾，治传尸、虐瘴、疗时气，一切热病入口立愈，神效，若用入面脂，治奸黷
赤雪流朱丹	雄黄一斤及其他辅药	治其鬼邪之病，小小疟疾，入口即愈
太阳粉（丹）	石亭脂十斤，盐花五升，伏龙肝二斤，左味三斗	治脚气、男子阴痿、阳道衰弱、妇人体冷、腹内雷鸣、冷疾
铅丹	铅四斤，水银一斤	治一切热及鬼疟，癫痫病及疟疾，每有诸热病者，皆治之
紫精丹	水银一斤，石亭脂半斤	去诸风疾，明目补心
流珠丹	硫黄一斤	所有冷风等病，无不愈者（忌蒜米醋）

孙思邈的确将其金丹实践应用于医术，如《千金翼方》云："世有偶学合炼，又非真好，或身婴朝绂，心近名利，如此等辈，亦何足言。今退居之人，岂望不死羽化之事，但免外物逼切，庶几全其天年。然小小金石事，又须闲解神精丹防危救急，所不可缺耳。伏火丹砂保精养魂，尤宜长服。伏火石硫黄救脚气，除冷癖，理腰膝，能食有力。小还丹愈疾去风。伏火磁石明目坚骨。火炼白石英紫石英疗结滞气块，强力坚骨。伏火水银压热镇心。金银膏养精神，去邪气。此等方药，固宜留心功力，各依《本草》。其余丹火以冀神助，非可卒致。有

心者亦宜精恳，傥遇其真。"[8] 冈西为人曾认为孙思邈医方中丹方仅有太一神精丹与小还丹，实际上这是误会。从成分及功效判断，上述《千金翼方》矿石药均可在《太清丹经要诀》中找到对应丹方，如伏火石硫黄为流珠丹，伏火水银为艮雪丹，火炼白石英、紫石英则与太一玉粉丹相似，这表明孙思邈对道教丹方的采用绝不止两种，只不过《千金翼方》中没有用其丹名而已。

在唐代，以医家身份研究丹方并将其用作医方，孙思邈是一个拓荒者，但是丹方医用并非始于孙思邈，炼丹家才是真正的发明者。如太一神精丹后孙氏云："古之仙者，以此救俗，特为至秘。"[9] 另《医心方》（982年）引《服石论》云："凡诸丹，皆是众石之精，论其功力，可济生拔死……余及少年已来，常好事，每以诸小丹救疾，十分而愈其七八。"[10]《服石论》今佚，高文铸认为系唐代道教徒所为，或出于唐初，或稍后。[11] 可见炼丹家在这个过程中起到关键作用，《服石论》一段佚文对此有所反映："金液华神丹本是太上真人九元子之秘方，此药所合，非俗人所知。但以五阴相催，四时轮转，有生之类，倏忽如流，先贤愍而零涕，往哲睹而兴感，遂乃流传俗

---

[8] 李景荣等：《千金翼方校释》，人民卫生出版社，1998年，第218页。
[9] ［唐］孙思邈：《备急千金要方》，人民卫生出版社，1982年，第231页。
[10] ［日］丹波康赖：《医心方》，高文铸等校，华夏出版社，1996年，第406页。
[11] ［日］丹波康赖：《医心方》，第791页。

代，以救苍生之病，使百姓有病之徒，咸能除愈，至如腐肠之疾，遇药便除，膏肓之疴，无不瘳愈。"[12] 唐代中后期，炼丹家在丹方医用方面的探索明显增多，许多丹方被应用于医学，如《张真人金石灵砂论》（763—804 年）中的"雄黄……作丹服补泥丸，实脑户，养三宫"，[13] 以及"水银、硫黄烧成小还丹，伏火名紫粉。小还丹服之止虚热、压惊痫，未得度世，不堪点化。"[14] 这方面的成就在道书《太清石壁记》与《通玄秘术》中有集中体现，以下分别述之。

《太清石壁记》[15]，题"楚泽先生编"。《新唐书·艺文志》神仙家类著录"玄晋苏元明《太清石壁记》三卷，乾元中剑州司马纂，失名"，《通志·艺文略》道家类著录"《太清石壁记》一卷，晋苏元明撰"。"曹元宇、袁翰青、张子高、吉田光邦认为出自唐，李约瑟认为系三世纪末晋代青霞子苏元朗（明）撰，六世纪初楚泽先生编，张觉人、朱晟认为出自宋。"[16]《太清石壁记》明确将丹分为大丹与小丹，小丹不足以服之神仙，只可救世疗病："小丹皆是神仙救世疗病之丹，服之身轻延年。"该书几乎全为诸小丹制法及疗效的记载。当然，除部分丹方介绍了其功效外，尚有更多（如紫游丹方、五味丹方、五

---

[12]〔日〕丹波康赖：《医心方》，第 408 页。
[13]《道藏》第 19 册，第 5 页。
[14]《道藏》第 19 册，第 6 页。
[15]《道藏》第 18 册，第 763—776 页。
[16] 朱越利：《道藏分类解题》，华夏出版社，1996 年，第 244 页。

岳真人小还丹方、太一硫黄丹、八神丹、太一雄黄丹、五石丹等）仅有炼法。《太清石壁记》中部分医用丹方见表2。

表2 《太清石壁记》中部分医用丹方

丹 名 （括号中为又名）	主要成分及用量	功 效
召魂丹（反魂丹、更生丹、归命丹）	朱砂、雄黄、雌黄、曾青、石硫黄、矾石、礜石各五两，水银三斤（又云一斤）	见石硫黄丹
石硫黄丹	石硫黄、蒲黄、禹余粮、茯苓各二两	召魂一丸，和石硫黄二丸同服，治万病
无忌丹（坚骨丹、无畏丹、凝神丹）	金牙一两，寒水石二两，石乳一两，雄黄、雌黄各四两，白石英一两，芒硝二两，紫石英一两半，硝石一两，麦饭石一两，朴硝二两，牡蛎二两，钟乳一两	久服延年
艮雪丹（水银霜丹、流珠白雪丹、流汞素霜丹、玄珠绛霜丹、太阳红粉丹、飞虹化药丹、朝霞散彩丹、夕月流光丹、辰锦流晖丹、凝阶积雪丹）	锡十二两，鸿霜一斤，特生礜石一斤，绛矾石一斤，朴硝五两，太阴玄精六两，盐一斤，矾石三两，朴硝三两，白盐一斤，玄精三两	一服四五丸，加至六七丸，万病皆愈；脚气服一百丸；食不下，心头胀满，腹内气填胃，多吐冷沫，身体虚冷气，肠鸣一百丸；食噎不下五十丸；吐血不止，不下食一百丸……
太一小还丹（太精丹、朝景丹、凝霞丹、落晖丹）	水银一斤，石硫黄五两	每日服五丸，至五百丸，万病除矣

(续表)

丹 名 （括号中为又名）	主要成分及用量	功 效
五灵丹（升霞、凌霄、灵化、太一招魂、还霞丹）	汞霜、雄黄、石硫黄、朱砂、雌黄各十两；或汞霜三斤，雄黄、石硫黄、朱砂各二斤	一服一丸，治万病
内丹（据"造内丹法"而名之）	艮雪丹	治疥癣，丁疮，内痈，久瘘痔，蛇咬，牙疼，悉用之
八石丹（丽日丹、素月丹、度厄丹、济世丹）	朱砂、雄黄、雌黄、曾青；或雄黄、雌黄、石硫黄、空青、绿青、礜石、朱砂、矾石各十四两；或朱砂、雄黄、雌黄、曾青各四两，礜石、磁石、朴硝、矾石各一两；或白石英无礜石如前法	治人癞病（凡癞有五种：一青风生青虫，二黄风生黄虫，三白风生白虫，四赤风生赤虫，五黑风生黑虫）

《太清石壁记》丹方及异名大多在《太清丹经要诀》中已经出现，但有重要区别。《太清丹经要诀》记载"神仙大丹异名三十四种""神仙出世大丹异名十三种"以及"非世所用诸丹等名有二十种"，其中许多与表2丹方及异名相合，如：

神仙大丹：太一召魂丹、五灵丹、升霞丹、灵化丹、八石丹、丽日丹、素月丹、度厄丹、艮雪丹，水银素霜丹[17]。

---

[17]《太清石壁记》为水银霜丹与流汞素霜丹。

非世所用诸丹：凝霜积雪丹[18]。

这些丹方在《太清丹经要诀》中尚视为大丹，服之可以成仙，然而至《太清石壁记》时已成为神仙救世的小丹，不仅具有医效，服药法度亦与医家相似。如卷下"服诸丹法"云："取枣肉裹如大豆，日服一丸，不得觉触加二丸，每一剂百丸，唯八十下二十上年宜服，两岁长病儿、三岁已下小儿女恐力弱不得服之，自外服皆得，唯不治疸黄一色，余病皆治，量病加减，下内最良。"俨然一副道地的医家口吻。当然，《太清石壁记》中的小丹与真正的医用丹方相比其神仙色彩之残余仍清晰可见，表明它尚处于医用丹方发展的过渡阶段。

《通玄秘术》[19]，晚唐布衣沈知言撰。据该书序言可知，作者所载丹方来源有二：一为太和（827—835）初授自道士马自然的"秘诀兼玄通如意丸五解之法"，多为采补延生方；另者为咸通五年（864）故友荥阳郑公传授的"神丹诸家秘要"，包括"济世治疗人间一切诸疾延驻之门，并制伏五金八石、点变造化、辟除寒暑、绝粒休粮或箭镞入肉取不去"等内容。《通玄秘术》共载医用丹方22种（表3）及其他方剂5种，可大致了解唐后期丹方医用的发展情况。

---

[18]《太清石壁记》为凝阶积雪丹。
[19]《道藏》第19册，第356—363页。

表3 《通玄秘术》中的医用丹方

丹方名	主要成分及用量	功　　效	用法
郑氏三生丹	伏火丹砂、伏火北庭、伏火龙脑各一两半，磁石一两，钟乳一两，赤石脂三两	解百毒，治心腹痛，传尸病，臭腋，鼾䘐邪气，恶疰气及鬼疰气攻心，头面上刺痛及头旋风，妇人产后风痛诸疾，血气冲心，一切毒虫痫疾心邪，吐血不定等	内服
		治背疮脓血不止，箭簇入肉，漆咬疮痒	外敷
青花丹	空青、定粉各一两，白石脂、光明砂、白盐花、桃花石各半两	治霍乱，肚胀，冷气，小子疳蚴，肠风，女子血气，一切冷疾	
太阳流珠丹	太阳一斤，马牙硝、盐花各四两，北庭三两	治一切宿冷风气，癥癖结块，女子宿血气块赤白带下，肠风泻血，多年气痫冷瘕，吐清水反胃吐食等	内服
黄庭丹	硫黄、北庭各一两	治女子宿血气，身轻健，服后百病不生	内服
华盖丹	黑铅三斤	能变人头发，延驻颜色，兼治热毒风，筋骨疼痛	含服
紫金丹	伏火北庭五两，生地黄十斤，杏仁五升，金州椒、蜀附子各半斤	治丈夫五劳七伤，一切冷病风气，久服变白驻颜延年，补益筋骨	内服
黄英丹	玉屑、砒霜、乳头香、人粪霜各一两，密陀僧□两	治冷气，心痛，女子血气，心病等	内服

(续表)

丹方名	主要成分及用量	功　　效	用法
阴伏紫金丹	硫黄五两，盐花一升	治女子血气，暖子宫，驻颜悦色，治肠风泻血不止兼赤白带下，冷疾等	内服
太阳紫粉丹	硫黄、马牙硝、汞各三两	治反胃痃癖，一切冷病	内服
胜金丹	朱砂三两，雌黄一两半，太阳半两	治一切风疾，半身不遂，口不收敛，转动不得	内服
绮金丹	京黄丹二两，丹砂、汞各六两	久服驻颜延年，添益精髓，补阴阳，去腰脚疼痛，治冷风气，女子血气，子宫冷绝嗣，有子破恶血，去邪魅	内服
下元走马丹	伏火北庭、伏火硫黄等分一两	补益精气，暖水藏	内服
走马四神丹	悉吝脂、朱砂各一分	治丈夫女子一切冷病，去女子宿血，暖子宫，驻颜悦色，兴阴阳，补益筋骨，壮气脉	内服
阴伏下元丹	汞、硫黄各二两，败铁一斤	功效自知如神	内服
延生保命丹	炼了阳起石、伏火硫黄各四两，雄黄、石盐各一两	治男子女人冷病，女子血气	内服
抵圣固阳丹	雄雀儿肝二十四枚，犬内肾并茎，雄蚕蛾四十枚，枸杞子，雄黄一分	治男子阳道衰弱不兴，水藏积冷，腰脚烦疼，行步无力	内服

(续表)

丹方名	主要成分及用量	功效	用法
下元补骨丹	补骨脂二两，楮实、百馈、附子各二两，桑螵蛸三七枚，茯苓、蛇床仁、五味子各二两	治男子水藏冷，补筋骨，建阳益精	内服
御仙丹	鹿茸三两，天雄、山附子、茛蓉子、硫黄、蛇床仁、磁石霜、韭子、桂心、伏火北庭、龙骨各一两	功力自知	内服
羊肾丹	白羊肾一具，雀苏、钟乳粉、伏火硫黄各一两	补暖水藏，兴阳道，壮筋血	内服
辟暑丹	雌黄，白石脂，丹砂，磁石	服后夏月可以衣裘，并无炎气相逼	内服
御寒丹（阙名，笔者补）	雄黄，赤石脂，丹砂，干姜	冬不寒冷，不着绵衣，可以赤体于水中行坐	内服
掷果丹	伏火北庭，雄雀儿二七个，雄鸡肝七具，白羊血半斤，牛黄半两，白马茎一具，青金半两，人参、桂心、当归、干地黄、芎䓖、芍药、防风、黄蓍、甘草、杏仁、郁李仁、石菖蒲、兔丝子、车前子、决明、肉苁蓉、草豆蔻、黄牛酥各一大两，肉豆蔻	治男子无力虚小弱者，服三十日增长	内服

表 3 与表 1、2 比较，可见《通玄秘术》中的丹方有几个显著变化：第一，出现金石与草木混用趋势，丹方为金石药的观念开始出现分化；第二，丹方功效进一步向医药靠近，早期医用丹方功效笼统不切实际的特点得以明显改善，而且大部分丹方均有相对合理的服食规范。另外，一些丹方还具有驻颜、壮阳、治疗男女性病甚至避暑御寒等功能，丹方用途进一步多样化与复杂化。总的来看，《通玄秘术》中的丹方已经很接近宋代医用丹方。

以上对几部道书的分析表明，唐代金丹已不能简单地视为神仙不死药，其功能及配料的变化，在道教中逐渐发展出一类作为医药使用的丹方，一方面加剧了传统仙丹观念的瓦解，另一方面又为宋代医学对其融摄埋下了伏笔。需要特别指出的是，道教中的医用丹方并未被唐代正统医学广泛接受，这也是唐代绝大部分医方著作均未记载丹方的原因所在。

二　宋代医用丹方的来源

方剂学在宋代进入一个发展高峰期，出现多部颇有影响的方剂学著作，官修者如《太平圣惠方》（992 年）、《圣济总录》（1111—1117 年）、《太平惠民和剂局方》（1110 年）等，私人著作如《博济方》（1047 年）、《鸡峰普济方》（1133 年）、《普济本事方》（1132 年）、《济生方》（1253 年）等。与唐代不同，这些著作中均记录有大量丹方，其究竟来源于何处？以下以

《太平圣惠方》与《太平惠民和剂局方》为例,对炼丹术与宋代方剂学的合流问题作进一步考察。

1.《太平圣惠方》中的丹方

《太平圣惠方》(以下简称《圣惠方》)[20],始撰于太平兴国三年(978),成书于淳化三年(992),是宋初官方编撰的一部大型方剂著作,共100卷、1 670门、16 834个验方。该书对以后的方剂学影响很大,后来的《圣济总录》即以此为基础广泛吸收民间验方汇编而成。《圣惠方》主撰者及成书背景《宋史·方技上》有简略记载:"王怀隐,宋州睢阳人。初为道士,住京城建隆观,善医诊。太宗尹京,怀隐以汤剂祇事。太平兴国初,诏归俗,命为尚药奉御,三迁至翰林医官使。……初,太宗在藩邸,暇日多留意医术,藏名方千余首,皆尝有验者。至是,诏翰林医官院各具家传经验方以献,又万余首,命怀隐与副使王祐、郑奇,医官陈昭遇参对编类。每部以隋太医令巢元方《病源候论》冠其首,而方药次之,成一百卷。太宗御制序,赐名曰《太平圣惠方》,仍令镂板颁行天下,诸州各置医博士掌之。"[21] 可见《圣惠方》主要以搜集的民间验方为基础编撰而成,其主撰者为一具有道士背景的医官。

---

[20] [宋] 王怀隐等:《太平圣惠方》,人民卫生出版社,1958年。
[21] [元] 脱脱等:《宋史》卷四百六十一,中华书局,1985年,第13507—13508页。

冈西为人曾将《圣惠方》中的丹方分为两类：第一类是卷九十五"丹药序"中的42种丹方，第二类是散见于卷九至卷九十三中的41种丹方。他推测第一类丹方来源于道教，并且原来即有单行本，王怀隐将其按原样收入《圣惠方》。这42种丹方为（其中1种以散命名）：玉芝丹、紫粉灵宝丹、白金丹、青金丹、伏火水银硫黄紫粉丹、紫灵丹、四壁柜朱砂、太阳紫粉丹、青花丹、太阳流珠丹、四灵丹、四灵丹（成分与前者异）、伏火玄石柜灵砂丹、玄英散、金液含化灵丹、含化朱砂丹、金液丹、紫霞丹、玄石紫粉丹、阴伏紫灵丹、倚金丹、黄庭丹、保神丹、安魂定魄丹、返魂丹、护命丹、柳花丹、胜金丹、黄英丹、伏火四神玉粉丹、小三生丹、紫精丹、碧珠丹、碧玉丹、还元丹、玉液丹、曾青丹、神朱丹、铜粉丹、白雪丹、神符玉粉丹、华盖丹。笔者将以上丹方与《道藏》中的丹方进行了初步比较，发现许多能够找到道教出处，详见表4。

表4 《太平圣惠方》卷九十五"丹药序"部分丹方的炼丹术来源

丹方名称	文献出处	主要成分及用量	功效
白金丹	《圣惠方》	朱砂三两，雌黄一两半，硫黄一两	治一切风，遍风日不收敛，及半身不遂
	《通玄秘术》（胜金丹）	朱砂三两，雌黄一两半，太阳半两	治一切风疾，半身不遂，口不收敛，转动不得

（续表）

丹方名称	文献出处	主要成分及用量	功效
伏火水银硫黄紫粉丹	《圣惠方》	硫黄六两，水银二两半，针砂二两，太阴玄精二两	治一切冷气，反胃吐食，冷热血气，冷劳伤风，一切冷病
	《通玄秘术》（太阳紫粉丹）	硫黄、马牙硝、汞各三两	治反胃痃癖，一切冷病
	另《张真人金石灵砂论》云：水银、硫黄烧成小还丹，伏火名紫粉。小还丹服之止虚热、压惊痫，未得度世，不堪点化。		
紫灵丹	《圣惠方》	硫黄八两，白盐花三斤	治一切冷气消食，破女子宿血冷病
	《通玄秘术》（阴伏紫金丹）	硫黄五两，盐花一升	治女子血气，暖子宫，驻颜悦色，治肠风泻血不止兼赤白带下，冷疾等
四壁柜朱砂	《圣惠方》	针砂一斤，硫黄四两，朱砂三两，白矾七（四）两，盐一两	除风冷，温暖骨髓，悦泽颜色，久服无疾，延年益寿
	《云笈七签》卷76	针砂一斤，硫黄四两，朱砂三两，白矾四两，盐一两	除风冷，温暖骨体，悦泽颜色，久服无疾，延年益寿
太阳紫粉丹	《圣惠方》	硫黄、马牙硝、水银各三两	治男子久冷，妇人血气冷劳，五膈气反胃痃癖，一切冷疾，无不差者

（续表）

丹方名称	文献出处	主要成分及用量	功效
太阳紫粉丹	《通玄秘术》	硫黄、马牙硝、汞各三两	治反胃痃癖、一切冷病
青花丹	《圣惠方》	空青、定粉、白石脂、朱砂、桃花石各一两，盐花四两	治霍乱，肚胀，冷气，心痛肠风，血气虚冷病，小儿疳痼
青花丹	《通玄秘术》	空青、定粉各一两，白石脂、光明砂、白盐花、桃花石各半两	治霍乱，肚胀，冷气，小子疳蛔，肠风，女子血气，一切冷疾
太阳流珠丹	《圣惠方》	硫黄一斤，马牙硝四两，盐花四两，硼砂二两	治一切夙冷风气，症癖结块，女人血气，赤白带下，肠风下血，多年气痢痃癖，常吐清水，及反胃吐逆
太阳流珠丹	《通玄秘术》	太阳一斤，马牙硝、盐花各四两，北庭三两	治一切宿冷风气，癥癖结块，女子宿血气块赤白带下，肠风泻血，多年气痢冷痃，吐清水反胃吐食等
阴伏紫灵丹	《圣惠方》	硫黄四两，盐花一升	治男子女人久积冷气，肠风痢疾，脐腹疼痛，颜色萎黄，不思饮食

(续表)

丹方名称	文献出处	主要成分及用量	功效
阴伏紫灵丹	《通玄秘术》（阴伏紫金丹）	硫黄五两，盐花一升	治女子血气，暖宫，驻颜悦色，肠风泻血不止，赤白带下，冷疾等
倚金丹	《圣惠方》	丹砂三两，水银三两，黄丹一斤	治风邪癫痫，鬼疰心痛，解百毒，疗恶疮，丹石发动，消渴阴黄，安心神，止惊悸，除头面风，止赤白带下
	《通玄秘术》（绮金丹）	京黄丹二两，丹砂、汞各六两	久服驻颜延年，添益精髓，补阴阳，去腰脚疼痛，治冷气，女子血气，子宫冷绝嗣，破恶血，去邪魅
黄庭丹	《圣惠方》	硫黄一两，硼砂二两	治男子女人积冷气块，破宿血，止疼痛
	《通玄秘术》	硫黄、北庭各一两	治女子宿血气，身轻健，服后百病不生
黄英丹	《圣惠方》	硫黄粉、砒霜、密陀僧、乳头香、人粪霜各一两	治男子女人久患心腹痛不可忍
	《通玄秘术》	玉屑、砒霜、乳头香、人粪霜各一两，密陀僧□两	治冷气，心痛，女子血气，心病等

(续表)

丹方名称	文献出处	主要成分及用量	功效
华盖丹	《圣惠方》	黑铅五斤	变髭发，能延驻，偏去热毒风
	《通玄秘术》	黑铅三斤	能变人头发，延驻颜色，兼治热毒风，筋骨疼痛

尽管未能找到全部42种丹方的道教出处，但据表4基本上可以断定《圣惠方》第一类丹方确实来自道教，此或与宋初《道藏》的编撰有关。这部分丹方以比较原始的面貌进入《圣惠方》，或与编撰者王怀隐的道教背景有关。当然，表4中道书与《圣惠方》中的丹方有一部分在原料用量及功效方面的记载并不完全相同，可能其所据有别，亦有可能医家在吸纳道教丹方时有所斟酌。

《圣惠方》第二类丹方实际上有45种（其中3种以圆命名），散见于全书各卷中，现总结如表5。

表5 《太平圣惠方》卷九十五以外的丹方

丹名、出处	主要成分	功效
绿玉丹，卷7	青古钱	治肾脏积冷，气攻心腹，疼痛不可止
神丹圆，卷8	朱砂、附子、川乌头、半夏、赤茯苓、人参	治伤寒三阴三阳
发汗神丹圆，卷9	人参、川乌头、半夏、赤茯苓、朱砂	治伤寒一日头痛，遍身壮热，时时恶寒

(续表)

丹名、出处	主要成分	功效
正阳圆（丹），卷9	太阴玄精、消石、硫黄、硇砂	治伤寒三日，头痛壮热，四肢不利
返阴丹，卷11	硫黄、太阴玄精、消石、附子、干姜、桂心	治阴毒伤寒，心神烦躁，头痛，四肢冷
回阳丹，卷11	硫黄、木香、荜澄茄、附子、干姜、桂心、干蝎、吴茱萸	治阴毒伤寒，面青，手足逆冷，心腹气胀，脉候沉细
来苏丹，卷11	硫黄、消石、太阴玄精	治阴毒伤寒
返魂丹，卷19	生玳瑁、朱砂、雄黄、白芥子	治卒中风不语
黑龙丹，卷20	朱砂、硫黄、水银、雄黄、硇砂、紫石英、金箔、银箔、曾青、自然铜、古字钱、硫黄，及非金石药21味	治摊缓，并诸风
雄朱丹，卷22	雄黄、朱砂、水银、雌黄	治风痫，失性倒仆恶声，吐沫口噤
三灵丹，卷23	朱砂、雌黄、硫黄	治中风，偏枯不遂，口不收涎
黑虎丹，卷24	天灵盖、虾蟆、麝香、桃仁、雄黄、杏仁、人中白	治大风恶疾，腹内生虫，皮肤疮肿，手足欲堕
灵宝丹，卷25	光明沙、硫黄、雄黄、自然铜、磁石、阳起石、长理石、紫石英、钟乳及非金石药24味	治一切风，牙关紧急，及尸厥暴亡

(续表)

丹名、出处	主要成分	功效
黑星丹, 卷25	曾青、杨梅青、胡椒青、桃花石、紫石英、白石英、硫黄、雄黄、光明砂、黄丹、定粉、水银、生金屑、山泽银屑、真珠末、龙脑、牛黄、铅霜、麝香、光明砂、雄黄、犀角屑	治一切风
走马丹, 卷25	朱砂、雄黄、硫黄、水银,及非金石药14味	治一切风
雄朱丹, 卷25	雄黄、朱砂,及非金石药34味	治一切风
太一丹, 卷25	川乌头、干蝎、白僵蚕、天麻、天南星、羌活、踯躅、朱砂、乳香、白附子、附子、牛黄、雄黄、安息香、麝香、白花蛇、龙脑	治一切风
太白丹, 卷25	鹿角霜、瓷药、蛤粉、天南星、白蒺藜、蝲螂、麝香、川乌头	治一切风
神效太一丹, 卷28	禹余粮、乌头	治冷劳,大肠转泄不止
神效金髓丹, 卷28	吴茱萸	治冷劳及冷气诸疾
黑虎丹, 卷31	芦荟、雄黄、麝香、白狗粪、虾蟆、天灵盖、蛤蚧、乌驴蹄、乳香、猪胆	治骨蒸劳

(续表)

丹名、出处	主要成分	功效
大黑虎丹,卷31	蛤蚧、虾蟆、丹砂、金薄、银薄、白鲜皮、苦参、蛇蜕皮、白狗粪、皮巾子、金刚子、乌驴蹄、硫黄、雄黄、天灵盖、麝香、沉香、甲香、乳香、夜明沙、人中白	治传尸复连,及一切劳,不问冷热大小
四神丹,卷44	硼砂、阳起石、白矾、太阴玄精	治下元风湿,久患腰痛
红英丹,卷52	雄黄、朱砂、硫黄、天雄、丁香、虎头骨、黄丹、赤小豆、麝香	治劳疟极效
太一追命丹,卷56	蜈蚣、巴豆、附子、白矾、藜芦、雄黄、鬼臼	治五虫及中恶气,心腹胀满,不得喘息,心痛积聚,及疝瘕,夙食不消,吐逆呕哕,寒热瘰疬
返魂丹,卷56	生玳瑁、朱砂、雄黄、白芥子、麝香	治尸厥不语
五神返魂丹,卷56	朱砂、牛黄、安息香、砒霜、大蜘蛛	治卒死但有微气,心上稍暖者
内固接骨丹,卷67	古字钱、自然铜、硫黄、朱砂末、麝香末、犀角末	治伤折,筋骨疼痛
催生丹,卷77	金箔、银箔、麝香、朱砂	治难产
七圣丹,卷85	朱砂、牛黄、麝香、蝎尾、白僵蚕、羌活、天南星	治小儿慢惊风,面青口噤,四肢拘急

(续表)

丹名、出处	主要成分	功效
保生丹,卷85	朱砂、天麻、白附子、白僵蚕、干姜、干蝎、牛黄、麝香	治小儿慢惊风,多涎昏闷,或口噤搐搦,发歇无时
延生丹,卷85	朱砂、天南星、牛黄、麝香、蝎梢、白僵蚕、羌活	治小儿慢惊风,发歇搐搦,喉内多涎
万灵丹,卷85	牛黄、麝香、熊胆、腻粉、干蝎、朱砂、巴豆、木香、白附子、蝉壳	治小儿慢惊风,多涎,腹胀,发歇搐搦
回生丹,卷85	天麻、白附子、白僵蚕、桃胶、天南星	治小儿慢惊风,痰涎壅闷,发歇搐搦
返魂丹,卷85	蝙蝠、人中白、干蝎、麝香	治小儿慢惊风,及天瘹夜啼
正液丹,卷85	白附子、赤箭、白僵蚕、腻粉	治小儿慢惊风,及天瘹,热疳,心胸惊悸等
救生丹,卷85	龙脑、朱砂、雄黄、牛黄、芦荟、胡黄连末、麝香、铅霜、天竹黄、曾青、真珠末、金箔、银箔、犀角屑、干蝎末、雀儿饭瓮	治小儿急惊风,四肢搐搦,多涎沫,身热如火,心神惊悸,发歇不定
定命丹,卷85	蟾酥、桑螵蛸、独角仙、牛黄、天浆子、犀角屑、雄黄、朱砂、天竹黄、麝香、青黛、天南星、白附子、干蝎梢、腻粉、龙胆	治小儿急惊风
鹤寿丹,卷85	天浆子、蝉壳、牛黄、青黛、地龙、蟾酥、朱砂、防风、蚕纸、麝香、乌蛇	治小儿急惊风,口噤,手足抽掣,眼目直视,多吐涎沫,四肢壮热

(续表)

丹名、出处	主要成分	功效
必效碧霞丹，卷85	硫黄、腻粉、青黛、巴豆	治小儿急惊风
保生定命丹，卷85	光明砂、腻粉、金箔、牛黄、龙脑、麝香、水银	治小儿天瘹，四肢抽掣，眼目戴上，精神恍惚，皮肤干燥，身体似火，夜卧不安，心中躁烦，热渴不止
保命丹，卷85	牛黄、干蝎、蝉壳、白附子、蟾酥、白僵蚕、天浆子、天麻、犀角屑、天南星、青黛、朱砂、麝香	治小儿天瘹，心胸痰壅，攻咽喉作呀声，发歇多惊，不得眠卧
擅圣归命丹，卷85	锡吝脂、牛黄、水银、麝香	治小儿天瘹，多涎，及搐搦不定
青金丹（还命保生丹），卷86	雌蟾、芦荟、人粪、蝉壳、猪牙皂荚、雄黄	治小儿一切疳
通玄丹，卷93	巴豆、油、麝香	治小儿暴痢久不差，腹多鼓胀，痢如枣花

通过比较可以发现，这部分丹方不仅非常分散地记载于《圣惠方》卷八至卷九十三中，而且其成分与第一类丹方也有明显差别。第一类成分比较简单，基本上为矿物药，草木药很少。第二类虽然也为丹方，然而大部分为矿物与草木的合成剂，甚至还有几种无金石丹方。第一类42种丹方，纯金石方39种，合成方3种，二者比例分别为92.9%与7.1%；第二类45种丹方，其中纯金石方6种（绿玉丹、正阳丹、来苏

丹、雄朱丹、三灵丹、四神丹），无金石方3种（金髓丹、回生丹、通玄丹），其余36种为金石草木混合方，所占比例分别为13.3%、6.7%、80.0%。冈西为人曾推测第二类丹方为出于治病目的而制定的处方，大概因仍出自道家之手而名之为丹。一些丹方的确表明与道教有关，如灵宝丹云："此药虽不能龙飞羽化而致神仙，得之服十豆许，寿限之内，永无疾苦。"此即炼丹家所说的"小丹"，不足以成仙，仅可愈疾而已。但更可能的情况是，此类丹方最初为道教方，后来流入民间后经过长期临床实践，其成分逐渐发生变化，很多非金石药在这个过程中被添加。尽管其成分已经改变，但"丹"之名称却得以延续，后来编撰《圣惠方》时这部分丹方主要从民间而非道经中被搜集出来。

2.《太平惠民和剂局方》中的丹方

《太平惠民和剂局方》（以下简称《和剂局方》）[22]是北宋后期出现的一部更为成熟的官修方剂著作。熙宁九年（1076）宋廷在汴梁设立熟药所，后来又进一步分为"和剂"（制药场）和"惠民"（药店）二局，其所用药方"或取于鬻药之家，或取于陈献之士"，后医官陈承、裴宗元与陈师文奉命对诸方进行校订，"顷因条具，上达朝廷，继而被命，遴选通医，俾之

---

[22]［宋］太平惠民和剂局编：《太平惠民和剂局方》，刘景源点校，人民卫生出版社，1985年。

刊正。于是请书监之秘文，采名贤之别录，公私众本，搜猎靡遗，事阙所从，无不研核。或端本以正末，或溯流以寻源，订其讹谬，折其淆乱。遗佚者补之，重复者削之，未阅岁而成书，缮写甫毕，谨献于朝。将见合和者得十全之效，饮饵者无纤芥之疑，颁此成书，惠及区宇"（陈师文等《进表》）。经过名医严格筛选，首批297种药方于大观初颁行海内。南宋时期，《和剂局方》经多次增补修订，药方增至788种，是为今本数。尽管数量减少，然而药方却经过名医反复试验，正如宋元之际的周密所言："和剂局方，乃当时精集诸家名方，凡经几名医之手，至提领以从官内臣参校，可谓精矣。"[23]

《和剂局方》中丹方的地位进一步提高，然而其道教特征显著淡化，反映出丹方在宋代与医学的融合趋势。《和剂局方》共收载丹方76种，各自名称及成分见表6。

表6 《太平惠民和剂局方》中的丹方

序号、丹方名称	主要成分（括号中数字为非金石药种类）
1. 至宝丹	朱砂、雄黄、金箔、银箔（7）
2. 灵宝丹	硫黄、自然铜、雄黄、光明砂、磁石、紫石英、阳起石、长理石（21）
3. 透冰丹	（13）
4. 龙虎丹	硫黄、寒水石、牙硝、水银、雄黄、朱砂（31）

---

[23] [宋]周密：《癸辛杂识》，吴企明点校，中华书局，1988年，第225—226页。

(续表)

序号、丹方名称	主要成分（括号中数字为非金石药种类）
5. 银液丹	黑铅、铁粉、水银、朱砂、腻粉（1）
6. 碧霞丹	石绿（3）
7. 八风丹	滑石、寒水石（6）
8. 牛黄金虎丹	白矾、腻粉、金箔、雄黄（5）
9. 太阳丹	同方17
10. 没药降圣丹	同方50
11. 大圣一粒金丹	白矾、朱砂、金箔（9）
12. 据风丹	（6）
13. 活络丹	（6）
14. 大圣保命丹	同方11
15. 经进地仙丹	（24）
16. 伏虎丹	（8）
17. 太阳丹	石膏（5）
18. 水浸丹	黄丹（1）
19. 定喘瑞应丹	煅砒（3）
20. 养气丹	禹余粮、紫石英、赤石脂、代赭、磁石、朱砂、阳起石、钟乳粉（18）
21. 平补镇心丹	朱砂（14）
22. 接气丹	硫黄、黑锡、阳起石（13）
23. 三仙丹	（3）
24. 降心丹	朱砂（10）
25. 四神丹	雄黄、雌黄、硫黄、朱砂

(续表)

序号、丹方名称	主要成分（括号中数字为非金石药种类）
26. 平补镇心丹	辰砂（12）
27. 三建丹	阳起石、钟乳粉（1）
28. 伏火二气丹	硫黄、黑锡、水银（2）
29. 灵砂[1]	水银、硫黄
30. 上丹	（13）
31. 玄兔丹	（4）
32. 龙齿镇心丹	（12）
33. 二气丹	硫黄、朱砂（3）
34. 金液丹	硫黄
35. 震灵丹	禹余粮、紫石英、赤石脂、丁头代赭石、朱砂（3）
36. 来复丹	硝石、太阴玄精、舶上硫黄（3）
37. 养正丹	水银、硫黄、朱砂、黑锡
38. 黑锡丹	阳起石、黑锡、硫黄（9）
39. 玉华白丹	白石脂、阳起石、钟乳粉（1）
40. 金锁正元丹	朱砂（7）
41. 秘传玉锁丹	（3）
42. 胜冰丹	（8）
43. 灵液丹	寒水石、石膏（6）
44. 朝真丹	硫黄、朱砂、白矾
45. 灵砂丹	硝石、砒霜、腻粉、粉霜、黄丹、枯矾、朱砂、滑石（1）
46. 神应黑玉丹	（9）
47. 缠金丹	硇砂、朱砂、黄丹、砒霜（6）

（续表）

序号、丹方名称	主要成分（括号中数字为非金石药种类）
48. 夺命丹	（2）
49. 太岳活血丹	硇砂（8）
50. 没药降圣丹	自然铜（8）
51. 安息活血丹	（19）
52. 催生丹	（4）
53. 神仙聚宝丹	辰砂（6）
54. 济危上丹	太阴玄精、硫黄（6）
55. 琥珀黑龙丹	花乳石、硫黄（8）
56. 济阴丹	（25）
57. 白垩丹	白垩、禹余粮、白石脂（18）
58. 益阴丹	同方56
59. 妙应丹	石膏、马牙硝（23）
60. 黑龙丹	同方55
61. 反魂丹	朱砂、雄黄、水银、腻粉、硫黄、金箔（53）
62. 定命丹	（6）
63. 八珍丹	朱砂、腻粉、雄黄、银箔（5）
64. 太一银朱丹	黑铅、水银、铁粉、朱砂、腻粉（2）
65. 软金丹	腻粉（7）
66. 鹤顶丹	朱砂、牙硝、寒水石粉（2）
67. 至圣丹	腻粉、朱砂、铅霜、雄黄、水银（8）
68. 定吐救生丹	粉霜、腻粉、水银、黑铅（5）
69. 五福化毒丹	牙硝、银箔、金箔（7）

(续表)

序号、丹方名称	主要成分（括号中数字为非金石药种类）
70. 灵砂归命丹	腻粉、辰砂、金箔（4）
71. 六神丹	（6）
72. 太一丹	（8）
73. 睡惊丹	铁粉、银箔、金箔（6）
74. 至圣保命丹	朱砂、金箔（8）
75. 急风丹[2]	辰砂（2）
76. 镇心至宝丹	雄黄、辰砂、腻粉、滑石（7）

1)《和剂局方》实视灵砂为丹方，方后"此丹按仙经服饵之法"之语可为证。
2) 该方无处方，唯云"方见诸风类"，而诸风类中有急风散，盖指此。

以上76种丹方，除去重复的5种实有71种，占全部药方（788种）的9%强，而《圣惠方》丹方87种，仅占全部药方（16 834种）的0.5%强，可见丹方在宋代方剂中的地位愈来愈高。71种丹方中纯金石方5种，合成方48种，无金石方18种，所占比例分别为7.0%、67.6%、25.4%，与《圣惠方》比较情况见表7。

表7 《太平惠民和剂局方》与《太平圣惠方》中的丹方特征比较

文献		金石方占总丹方比例（%）	合成方占总丹方比例（%）	无金石方占总丹方比例（%）
《和剂局方》		7.0	67.6	25.4
《圣惠方》	第一类	92.9	7.1	0
	第二类	13.3	80.0	6.7

与《圣惠方》比较,《和剂局方》表现出两种明显趋势:

(1) 纯金石丹方地位明显下降。这或许与《和剂局方》没有出现像《圣惠方》那样大量摘录道书丹方的情况有关。然而《和剂局方》丹方亦有与道教有直接关系者,如:

经进地仙丹　此方陶隐居编入《道藏经》……

伏虎丹　此方乃建康府乌衣巷有一老人姓钟,平生好道,朝夕瞻仰茅山,缘多酒,偶患风疾,百治无效。一日忽有一道人至,言其困酒大过,教服此药,道人遂不见,服之果验,乃知仙方。

震灵丹　紫府元君南岳魏夫人方,出《道藏》,一名紫金丹。

养正丹　出宝林真人谷伯阳《伤寒论》中,一名交泰丹。

黑锡丹　丹阳慈济大师受神仙桑君方。

不过这5种中纯金石方仅1种,无金石方2种,合成方2种,可见即便与道教有关的丹方纯金石者也不多。

(2) 无金石丹方大量出现。《和剂局方》中收载18种无金石丹方,这在唐代是不可能出现的。尽管有迹象表明此类丹方中个别仍与道教有关,但大多应系医家方,仅名之为丹而已。《圣惠方》中的情况有多种原因,如王怀隐的道士背景以及丹方医学化在宋初医学领域处于初期阶段等。而至北宋末期,丹方医用在医学界已有百余年的实践。

以上两点表明，宋代医学对炼丹术的融摄并非简单的拿来主义，而是有自己的创新与发展，丹方不仅成为医方，而且其成分也不再仅仅限于金石。正由于成分及功能的变化，丹方的原本含义逐渐消解，形成医学上的丹剂，如《圣济总录》（1117年）所言"丹者烹炼而成，有一阳在中之义；……今以火炼及色赤者为丹，非炼者为丸"[24]，《圣济经》（1118年）所言"至于成丹，则火力烹养，有一阳在中之宜，金石之类多取焉"[25]。以后又经过长期的融合，丹方终于成为方剂的有机组成部分。

三 余 论

以上笔者以丹方为中心，从仙丹的医用发展过程与宋代医用丹方的炼丹术来源两个角度，考察了方剂学与炼丹术的融合问题。有一个现象值得注意，即随着丹方在医药学中的发展，其原始背景——炼丹术逐渐淡化，而医学特征渐显，以至后人对丹方的原本含义已经淡忘，这正是炼丹技术成功转型的表现。在宋代，类似转型有诸多实例，除丹方以外，本草学、制药工艺、金属技术等方面也很明显。炼丹术经过唐代发展之

---

[24] [宋] 赵佶:《圣济总录》，人民卫生出版社，1962年，第171页。
[25] [宋] 赵佶:《圣济经》，人民卫生出版社，1990年，第182页。

后，在宋代进入一个转折调整时期。在这个时期内，炼丹黄白活动仍然非常活跃，然而对于科技史研究而言，炼丹活动积累的一些相关技术成果转入世俗的现象则有待进一步讨论。

[本节原刊《自然科学史研究》2008年第3期]

肆　从《红楼梦》看清代民间道教医疗风俗

一

明清时期，佛、道二教与世俗社会风俗早已成交融之态势，宗教成为百姓日常生活不可缺少的部分。这一现象在文学作品中有很多表现。以小说为例，当时不仅出现像《西游记》《封神演义》《三遂平妖传》《女仙外史》等一大批蕴含丰富道教内容的神魔小说，而且在现实主义小说中，道教也是不可缺少的角色。《红楼梦》是一部伟大的现实主义小说，描绘了一幅全景式的社会画面，自然它里面的道教内容也非常丰富。《红楼梦》中的道教人物形象有三类：一类是神仙，如太虚幻境中的警幻仙子及其他仙女，她们中很多是凡人死后变成的，成仙后便不再与凡人直接接触；第二类是介于神仙与凡人之间的高道，如将宝玉携入凡间、又在多次关键时刻出现的渺渺真人（即跛足道人），与《红楼梦》传播有关的空空道人，以及得道后的甄士隐等，他们既能出入仙境，又可与凡人打交道；第三类是现实生活中的普通道士，如胡诌妒妇方的王道士，宝玉的干妈马道婆，贾府每逢红白事聘请作法事道场以及依附于贾府的道士等。通观这三类道士可以发现一个有趣的现象，即后两类在《红楼梦》中经常参与治疗疾病。《红楼梦》对人物患病的描述非常多，其医治者除医生外，其余基本皆为道士。

道教以成仙不死为最高理想。宋代以前，道教相信可以借助外部技术达到目的，所谓"假求外物以自坚固"，所以那些注重技术的成仙方式如服食与炼丹很盛行。这类神仙方术主要与各种药物打交道，所以医与道长期不分家，道士大多兼通医学，如晋代葛洪、梁代陶弘景与唐代孙思邈便是古代著名的三大道医。由于这种原因，历史上道教在医药学方面做出了很多贡献，道士行医是很正常的事情。然而唐代以后，随着中国文化的转型，[1] 道教的神仙思想也发生重要变化，道教对服食金丹可以成仙这类外部技术逐渐丧失信心，其修炼方向逐渐转向自身，内丹之学遂兴，金丹术的地位及声望每况愈下，明清时期甚至成为街头骗术的代名词，为人所不齿。由于道教对药物成仙方式的抛弃，唐宋以后道教中再未出现在医学史上占有重要地位的道医，道士在医学领域的威望自然日益沉沦。尽管清代道士仍有相当多的兼事医术，但整体上看他们的医术水平与医

---

[1] 二十世纪初，日本著名历史学家内藤湖南从分期的角度提出"唐宋变革"论，认为唐宋文化在性质上有显著差异，唐代是中世纪的结束，而宋代则是近世的开始。其后"唐宋变革"论逐渐在史学界形成共识。唐宋变革表现在许多方面，其中文化方面的一个重要特征就是唐代文化尚外而宋代以后逐渐转向内在，对外在世界探索的兴趣下降，而心性之学兴起。这一变化在儒、释、道三教中都很明显。

道不分时期已不可同日而语。在《红楼梦》中道士或其他人用道术来治病的例子很多，尽管具体事例出于小说作者之虚构，但它们生动反映了当时道教参与社会医疗的一些真实情况。

二

1. 跛足道人以"风月宝鉴"治贾瑞相思病

第12回讲述贾瑞对王熙凤起淫心，不料却被王熙凤接连戏弄，最后病倒在床，无论吃何药总不见好转。贾瑞患的是心病，心结解不开，药有何用？就在其病入膏肓的时候，曹雪芹安排跛足道人登场。跛足道人虽是一位神道，但他用现实中的道术而非仙术为贾瑞治病。他口称专治冤业之症，且看他为贾瑞开具的药方：

> 那道士叹道："你这病非药可医。我有个宝贝与你，你天天看时，此命可保矣。"说毕，从褡裢中取出一面镜子来——两面皆可照人，镜把上面錾着"风月宝鉴"四字——递与贾瑞道："这物出自太虚幻境空灵殿上，警幻仙子所制，专治邪思妄动之症，有济世保生之功。所以带他到世上，单与那些聪明杰俊、风雅王孙等看照。千万不可照正面，只照他的背面，要紧，要紧！三日后吾来收取，管叫你好了。"说毕，佯常而去，众人苦留不住。

贾瑞收了镜子，想道："这道士倒有意思，我何不照一照试试。"想毕,拿起"风月鉴"来,向反面一照,只见一个骷髅立在里面,唬得贾瑞连忙掩了,骂:"道士混帐,如何吓我!——我倒再照照正面是什么。"想着,又将正面一照,只见凤姐站在里面招手叫他。[2]

这位以正面形象出现的道士给了贾瑞一把警幻仙子所制专治邪思妄动之症的宝镜,两面皆可照人,背面为一具骷髅,正面为美女,题为"风月宝鉴"。此镜实际上是对风月中人的宗教劝诫。佛教早有革囊盛血的故事,视女人为臭皮囊。《后汉书·襄楷列传》记载大臣襄楷上书汉桓帝说:"或言老子入夷狄为浮屠。浮屠不三宿桑下,不欲久生恩爱,精之至也。天神遗以好女,浮屠曰:'此但革囊盛血。'"[3] 全真道也非常强调戒女色,丘处机更视女人为骷髅,其《假躯》词云:"一团脓,三寸气。使作还同傀儡。夸体段,骋风流。人人不肯休。白玉肌,红粉脸。尽是浮华庄点。皮肉烂,血津干。荒郊你试看。"[4] "风月宝鉴"正面为美女反面为骷髅,正是以这种思想劝诫沉溺于女色而不能自拔的贾瑞识其本质,回头是岸,如执迷不悟,最后只能落得白白丧命的结局。所以能够医治贾瑞之病的并非宝镜的神力,实际上是道教的禁欲思想。

---

[2] [清] 曹雪芹:《红楼梦》,中国艺术研究院红楼梦研究所校注,人民文学出版社,1982年,第171—172页。
[3]《后汉书》,第1082页。
[4] [南宋] 丘处机:《丘处机集》,赵卫东辑校,齐鲁书社,2005年,第90页。

2. 马道婆施厌魅法及道士以符水治病

第 25 回贾宝玉与王熙凤得了一种非常奇怪的疾病，二人几乎因此丧命，此病系宝玉的干妈马道婆所施之厌魅法所致。厌魅，或叫厌胜，是一种古已有之的巫术，在道教与民间都经常使用。据说厌魅能以诅咒制胜，压服人或物，所以常被用来攘除自身灾祸、镇压妖邪或敌人等，尤其在宫廷的政治斗争中，这种方术是迫害对手的常见方式。如东汉章帝时期，宋贵人因得皇帝宠爱而招致窦皇后嫉恨，窦氏诬告前者"欲作蛊道祝诅，以菟为厌胜之术"，宋贵人因此逐渐被皇帝疏远。[5] 唐高宗时，王皇后因武则天受宠而不自安，遂与其母柳氏秘密"求巫祝厌胜"，事发后高宗大怒，于永徽六年废后为庶人，囚之别院。其母柳氏、兄尚衣奉御全信等人均配流岭外。[6] 甚至在《红楼梦》成书不久之前，康熙朝时发生的皇储纷争事件中还用到厌魅方术，当时称为镇魇。康熙帝初立的太子允礽因暴戾荒唐被废，但很快康熙又懊悔，想办法为其开脱，三皇子允祉会意，说允礽因中了喇嘛的镇魇术才发疯的。经搜查，果真在允礽居处发现许多镇魇物，允礽随后又被复立为太子。厌魅在《红楼梦》中也叫镇魇，第 80 回夏金桂为陷害香菱，在自己的枕头中藏了一个纸人，"上面写着金桂的年庚八字，有五根针钉在心窝并四肢骨节等处"。当薛蟠要拷打众人时，金桂笑道：

---

[5]《后汉书·章帝八王列传》，第 1799 页。
[6]［后晋］刘昫等：《旧唐书》，中华书局，1975 年，第 2170 页。

"何必冤枉众人，大约是宝蟾的镇魇法儿。"[7]

第 25 回中，赵姨娘因忌恨宝玉与王熙凤，遂买通马道婆加害二人。马道婆便使出了她的看家本领——厌魅，且看其法：

> （马道婆）又向裤腰里掏了半晌，掏出十个纸铰的青面白发的鬼来，并两个纸人，递与赵姨娘，又悄悄的教他道："把他两个的年庚八字写在这两个纸人身上，一并五个鬼都掖在他们各人的床上就完了。我只在家里作法，自有效验。千万小心，不要害怕！"[8]

马道婆的方法与夏金桂的并无二致，都是在纸人上写上要迫害之人的生辰八字，以针刺之要害部位，并将其置于受害人贴身之处。然后，便可在异地念咒施法，偷偷加害受害者。当马道婆施法时，贾、王二人顿时如疯了一般，闹得天翻地覆，最后又渐至奄奄一息：

> 宝玉忽然"嗳哟"了一声，说："好头疼！"林黛玉道："该，阿弥陀佛！"只见宝玉大叫一声："我要死！"将身一纵，离地跳有三四尺高，口内乱嚷乱叫，说起胡话来了。林黛玉并丫头们都唬慌了，忙去报知王夫人、贾母

---

[7]《红楼梦》，第 1154 页。
[8]《红楼梦》，第 351—352 页。

等。此时王子腾的夫人也在这里，都一齐来时，宝玉益发拿刀弄杖，寻死觅活的，闹得天翻地覆。……正没个主见，只见凤姐手持一把明晃晃钢刀砍进园来，见鸡杀鸡，见狗杀狗，见人就要杀人。众人越发慌了。……看看三日光阴，那凤姐和宝玉躺在床上，亦发连气都将没了。合家人口无不惊慌，都说没了指望，忙着将他二人的后世的衣履都治备下了。[9]

马道婆只此一回便发了一笔数目非常可观的横财：一张五百两的欠条，外加一堆白花花的银子。马道婆以此术到处招徕生意。第81回写道她受一个叫潘三保的人收买，加害当铺掌柜的内人。当她被抓送到锦衣府后，竟然被"问出许多官员家大户太太姑娘们的隐情事来"，抄家时又发现几本小账，"上面记着某家验过，应找银若干。得人家油钱香分也不计其数"。[10]可见马道婆的生意实在是红火，也反映出当时这种方术是多么流行。厌魅作为一种巫术，实际上并不能对人产生身体上的直接伤害，但在古代人们却并不这样认为。这种方术之所以能够长期流行，与古人相信其效果是分不开的。更令人惊讶的是，由于古人相信厌魅邪恶色彩及其杀伤力均较强，所以历来受到正统舆论的严厉批判，一些朝代甚至从法律上对施此术者

---

[9]《红楼梦》，第 354—355 页。
[10]《红楼梦》，第 1170 页。

严加制裁。唐代律法规定："诸有所憎恶，而造厌魅及造符书咒诅，欲以杀人者，各以谋杀论减二等；于期亲尊长及外祖父母、夫、夫之祖父母、父母，各不减。以故致死者，各依本杀法。欲以疾苦人者，又减二等。子孙于祖父母、父母，部曲、奴婢于主者，各不减。即于祖父母、父母及主，直求爱媚而厌咒者，流二千里，若涉乘舆者，皆斩。"[11] 这一条法律根据厌魅造成的伤害程度及迫害对象不同作了相应量刑规定，可以看出其制裁相当严厉。唐以后历代律法基本延续此刑罚，至清代，《大清律例》对其略有修订："若造魇魅符书咒诅，欲以杀人者（凡人、子孙、奴婢、雇工人、尊长、卑幼），各以谋杀（已行未伤）论，因而致死者，各依本（谋）杀法。欲（止）令人疾苦（无杀人之心）者，减（谋杀已行未伤）二等。其子孙于祖父母、父母（不言妻妾于夫之祖父母、父母，举子孙以见议）、奴婢、雇工人于家长者，各不减（仍以谋杀已行，论斩）。"[12] 由于马道婆多次涉嫌以厌魅杀人，其行为严重触犯了法律，所以事发后定为死罪。第 81 回王夫人说："才刚老爷进来说起宝玉的干妈竟是个混帐东西，邪魔外道的。如今闹破了，被锦衣府拿住送入刑部监，要问死罪的了，前几天被人告发的。"[13] 这一量刑符合《大清律例》。

---

[11]《律附音义》，上海古籍出版社，1984 年，第 124—125 页。
[12]《大清律例》，田涛、郑秦点校，法律出版社，1998 年，第 429—430 页。
[13]《红楼梦》，第 1169 页。

马道婆有时候不仅以厌魅害人，还为受害人治病，捞取两份好处。如她加害潘三保的内人后，"他又去说这个病他能治，就用些神马纸钱烧献了，果然见效。他又向人家内眷们要了十几两银子"。这真是解铃还须系铃人，曹雪芹将这个可恨的道婆刻画得入木三分。不过我们不要误会，以为马道婆这样的形象只是曹雪芹因个人好恶而编造出的个例，实际上这是当时道士以法术行医普遍现象的现实反映。贾府中的人患病通常请太医诊治，哪怕一个丫头也是如此，如第51回晴雯患了风寒，第一位太医开的药方宝玉不满意，复请贾府熟客王太医二诊。但仔细分析可以发现，太医诊治的都是一些普通疾病，对另外一些怪病贾府的人更相信道士，贾宝玉与王熙凤这一回就很典型，且看情急之时众人用的医治方法：

> 当下众人七言八语，有的说请端公送祟的，有的说请巫婆跳神的，有的又荐玉皇阁的张真人，种种喧腾不一。也曾百般医治祈祷，问卜求神，总无效验。……也有送符水的，也有荐僧道的，总不见效。……贾赦还各处去寻僧觅道。贾政见不灵效，着实懊恼，因阻贾赦道："儿女之数，皆由天命，非人力可强者。他二人之病出于不意，百般医治不效，想天意该如此，也只好由他们去罢。"贾赦也不理此话，仍是百般忙乱，那里见些效验。[14]

---

[14]《红楼梦》，第354—355页。

众人想到各种医治方法：有的说请端公送祟，有的说请巫婆跳神，这两种显然是巫术。有的推荐玉皇阁张真人，《红楼梦》虽未言及这位道士治病的具体方法，但从前两种方术来看，这张真人断非以医术名世，很可能是装神弄鬼之类，即道术。其他方法如符水，最初也是一种道教常用来治病的方式，如东汉张角太平道以此方式传教，裴松之注《三国志》引《典略》文云："太平道者，师持九节杖为符祝，教病人叩头思过，因以符水饮之，得病或日浅而愈者，则云此人信道，其或不愈，则为不信道。"[15] 另外还有荐僧道的。有意思的是，当这些方法总不见效时，贾赦仍是一味"寻僧觅道"，甚至贾政干涉也不理。贾政虽然表面上说生死有命，可是当神仙茫茫大士与渺渺真人出现时，他们的对话却别有意味：

> 正闹的天翻地覆，没个开交，只闻得隐隐的木鱼声响，念了一句："南无解冤孽菩萨。有那人口不利，家宅颠倾，或逢凶险，或中邪祟者，我们善能医治。"……那僧笑道："长官不须多话。因闻得府上人口不利，故特来医治。"贾政道："倒有两个人中邪，不知你们有何符水？"[16]

贾政首先问的是他们有没有符水，可见这位封建礼教的卫道士

---

[15]《三国志》，第 264 页。
[16]《红楼梦》，第 356—357 页。

骨子里也是相信这个的。事实上，道符在宋代就被记载于医方著作，如宋初官修大型方剂著作《太平圣惠方》用道符来治疗难产、胞衣不出、小儿卒中客忤、小儿夜啼等疾。明清时期，道符进一步被吸收进医学中，如明代方剂学发展的高峰、由朱元璋第五子朱橚主持编撰的巨著《普济方》卷二百六十九至二百七十一为符禁门，专门介绍符禁治病法，收录道符之多令人眼花缭乱，分别治疗各种瘟疫、疟疾、尸注、疮肿、金疮、身体各部位疼痛、产乳诸疾、小儿啼哭、恶兽诸虫、客忤（即中邪）等病。在这种背景下，民间用符水的情况非常普遍，所以说明清小说中出现大量道符治病的现象毫不奇怪，而且这跟作者的宗教信仰往往没有直接关系。由此可见，明清时期道教的符禁在社会上的确有着广泛影响，尤其是在治疗中邪等一类疾病时，老百姓对道教的接纳尤其普遍。

最后，茫茫大士与渺渺真人将被声色货利所迷的宝玉持颂之后，宝玉的驱邪功能恢复，大士对贾政说："此物已灵，不可亵渎，悬于卧室上槛，将他二人安在一室之内，除亲身妻母外，不可使阴人冲犯。三十三日之后，包管身安病退，复旧如初。"[17] 这一段话中包含着道教关于妇女的一条重要禁忌。我们知道，道士炼仙丹时最好的地方是在人烟稀少的大山中，其主要原因在于躲避干扰。这些干扰包括鸡犬、小儿、女人、生人及不信道之人，如果这几类人看到了道士合药，那么仙药便会

---

[17]《红楼梦》，第357—358页。

失去效用。不仅道教如此，就是在古代医学处方中，标明"勿令鸡犬小儿妇人见之"禁忌的现象也非常普遍，其原因正如葛洪所说："今之医家，每合好药好膏，皆不欲令鸡犬小儿妇人见之。若被诸物犯之，用便无验。"[18]

3. 王一贴的膏药及壮阳药

第80回宝玉随贾母往城外天齐庙还愿，众嬷嬷请当家的王道士陪他聊天。这位王道士是隔着窗户吹喇叭——名声在外，初看是一位医术高明的道士，"专意在江湖上卖药，弄些海上方治人射利，这庙外现挂着招牌，丸散膏丹，色色俱备，亦长在宁荣两宅走动熟惯，都与他起了个浑号，唤他作'王一贴'，言他的膏药灵验，只一贴百病皆除之意。"[19] 而王道士对自己的医术也颇会卖弄：

> 宝玉道："可是呢，天天只听见你的膏药好，到底治什么病？"王一贴道："哥儿若问我的膏药，说来话长，其中细理，一言难尽。共药一百二十味，君臣相际，宾客得宜，温凉兼用，贵贱殊方。内则调元补气，开胃口，养荣卫，宁神安志，去寒去暑，化食化痰；外则和血脉，舒筋络，出死肌，生新肉，去风散毒。其效如神，贴过的便

---

[18] 王明：《抱朴子内篇校释》，第85页。
[19] 《红楼梦》，第1158页。

知。"宝玉道:"我不信一张膏药就治这些病。我且问你,倒有一种病可也贴的好么?"王一贴道:"百病千灾,无不立效。若不见效,哥儿只管揪着胡子打我这老脸,拆我这庙何如?只说出病源来。"[20]

王道士对其膏药的功效似乎颇为自信,并保证说如不见效不怕来拆他的庙。然而当宝玉屏退李贵等人,只有贴身小厮茗烟在旁时,王道士道出了其膏药的实情,"实告你们说,连膏药也是假的。我有真药,我还吃了作神仙呢。有真的,跑到这里来混?"[21]《红楼梦》中参与治病的道士很多,但只有这位王道士的身份算是医生。与一些治病道士以正面或中性形象出现不同,王道士在曹雪芹笔下是不折不扣的被讽刺对象。曹雪芹不仅借王道士之口揭穿其医术的虚伪,又进一步敲打道教的另外一根软肋——房中术。房中术在秦汉时期已非常发达,早期为道教所重。如晋代葛洪虽然贬斥金液还丹以外的其他方术,但仍然肯定房中的养生功效,认为"宜知房中之术,所以尔者,不知阴阳之术,屡为劳损,则行气难得力也","人不可以阴阳不交,坐致疾患。若欲纵情恣欲,不能节宣,则伐年命。善其术者,则能却走马以补脑,还阴丹以朱肠,采玉液于金池,引三五于华梁,令人老有美色,终其所禀之天年。"[22]然而房中术

---

[20]《红楼梦》,第 1159 页。
[21]《红楼梦》,第 1160 页。
[22] 王明:《抱朴子内篇校释》,第 114、129 页。

行之渐广，对其淫乱实质之批评愈甚，久而久之，此术几成道教羞于启齿的包袱，于是南北朝时期，房中术遂成为道教清整的重点处理对象。自此以后，房中术的声誉每况愈下。尽管清代道教仍有行房中术者，但其早已成为台面以下的东西，所以当王道士一提到房中壮阳药时，宝玉的小厮茗烟立刻斥责之：

> 这茗烟手内点着一枝梦甜香，宝玉命他坐在身旁，却倚在他身上。王一贴心有所动，便笑嘻嘻走近前来，悄悄的说道："我可猜着了。想是哥儿如今有了房中的事情，要滋助的药，可是不是？"话犹未完，茗烟先喝道："该死，打嘴！"宝玉犹未解，忙问："他说什么？"茗烟道："信他胡说。"[23]

这一呵斥把满肚子浑水的王一贴吓得不敢再问。理解这段话时我们要注意茗烟的为人，这位小厮可不是贾政般的礼教卫道士，他不仅引诱宝玉看那些所谓的淫书（第23回），甚至大白天在书房与一丫环"干那警幻所训之事"，所以对男女之事的了解茗烟较之宝玉不知高出多少，其行为又不知轻浮多少！可就是这样一位小厮，当王道士一提到壮阳药时，便立刻斥责，其反应愈敏感激烈，愈表明房中术及春药等事物在当时正统舆论中的真实境况。

---

[23]《红楼梦》，第1160页。

4. 扶乩探问病源

扶乩在《红楼梦》中也曾被用于治病。扶乩，又叫扶鸾、扶箕，是道教的一种占卜术，其工具主要有乩架、乩笔与乩盘。扶乩时，先由两名"鸾生"扶着乩架两端，使乩笔悬于乩盘上，然后焚香念咒请神，神至，乩笔会自动在乩盘上写出文字，或与人唱和诗词，或示人吉凶休咎，或为人开方治病。扶乩兴起于唐宋，明清时非常流行，很多士大夫用扶乩来占卜功名。清代著名学者纪昀所著《阅微草堂笔记》中记载了大量扶乩事例，其中开方治病者数例，当然也有很多骗人的。由于乩神预言纪昀父亲的功名和登第时间均应验，所以纪昀认为扶乩确有一定根据："大抵幻术多手法捷巧。惟扶乩一事，则确有所凭附，然皆灵鬼之能文者耳。"[24] 他还曾亲自体验过扶乩，可见扶乩在清代的影响力。

扶乩在《红楼梦》中用到两次。第一次是在第4回，出身葫芦庙的门子向贾雨村献计，以扶乩作为蒙骗手段来判案。第二次是妙玉为探宝玉病由而扶乩问仙，这是用扶乩来治病开方的典型例子。第94回宝玉将所佩之玉丢失，邢岫烟提到妙玉精通扶乩，众人遂央求岫烟速往栊翠庵求妙玉，妙玉扶乩就发生在第95回，且看其操作过程：

> 妙玉笑了一笑，叫道婆焚香，在箱子里找出沙盘乩

---

[24] ［清］纪昀：《阅微草堂笔记》，上海古籍出版社，1980年，第61页。

架,书了符,命岫烟行礼,祝告毕,起来同妙玉扶着乩。不多时,只见那仙乩疾书道:

　　噫!来无迹,去无踪,青埂峰下倚古松。欲追寻,山万重,入我门来一笑逢。

书毕,停了乩。岫烟便问请是何仙,妙玉道:"请的是拐仙。"[25]

妙玉扶乩一事看似平常,首先由道婆焚香、书符,再由岫烟行礼祝告,然后岫烟、妙玉一同扶乩请出道教神仙铁拐李写出告求内容,书毕停乩。但我们不要忘了妙玉是一位尼姑而非道姑,所以这件事情反映出清代佛道融合很深的现实。

5. 道术治疗中邪及驱邪逐妖

第 102 回尤氏晚经大观园时偶感风寒,岂知服药后不但不见起效,而且更加发起狂来。于是贾蓉便疑其撞鬼中邪,遂请了一位称为毛半仙的江湖术士来算卦。半仙最后算得尤氏之症因撞着白虎所致,并且贾珍也会受到牵连。贾珍、贾蓉父子竟然信以为真,不再让尤氏吃药,只买些纸钱到园里烧化,尤氏反而倒渐渐病愈了。接着贾珍又患病,正与毛半仙推算相合,于是贾珍也不吃药,病轻则到园中烧纸许愿,病重则详星拜斗。贾珍病好后,贾蓉复病,自然仍以道术治疗。民间常有撞

---

[25]《红楼梦》,第 1341 页。

鬼中邪的说法，其主要症状表现为胡言乱语、神志不清，直到今天农村一些地方仍然相信这种思想。如遇此症，用道教或佛教法术来驱妖降魔是常有的事。

贾珍一家人的瞎折腾似真的一样，引得两府人心惶惶，风声鹤唳，草木皆妖。贾赦开始时不大相信，待到园中走了一回，竟也胆怯起来，没办法，只得请道士到园中作法驱邪逐妖。且看其道法排场：

择吉日先在省亲正殿上铺排起坛场，上供三清圣像，旁设二十八宿并马、赵、温、周四大将，下排三十六天将图像。香花灯烛设满一堂，钟鼓法器排两边，插着五方旗号。道纪司派定四十九位道众的执事，净了一天的坛。三位法官行香取水毕，然后擂起法鼓，法师们俱戴上七星冠，披上九宫八卦的法衣，踏着登云履，手执牙笏，便拜表请圣。又念了一天的消灾驱邪接福的《洞元经》，以后便出榜召将。榜上大书"太乙混元上清三境灵宝符箓演教大法师行文敕令本境诸神到坛听用"。

……只见小道士们将旗幡举起，按定五方站住，伺候法师号令。三位法师，一位手提宝剑拿着法水，一位捧着七星皂旗，一位举着桃木打妖鞭，立在坛前。只听法器一停，上头令牌三下，口中念念有词，那五方旗便团团散布。法师下坛，叫本家领着到各处楼阁殿亭房廊屋舍山崖水畔洒了法水，将剑指画了一回，回来连击牌令，将七星旗祭起，众道士将旗幡一聚，接下打怪鞭望空打了三下。本家众人都道拿住妖怪，争着要看，及到跟前，并不见有什么形响。只见法师叫众道士拿取瓶罐，将妖收下，加上封条。法师朱笔书符收禁，令人带回在本观塔下镇住，一面撤坛谢将。[26]

《红楼梦》将道士作法驱邪的过程描写得非常生动细致，但这种道场的作用实在令人生疑。尤氏之症实为风寒，贾珍、贾蓉等先后传染患病，而贾蓉却编造说是撞见了鬼。但就是这个始作俑者，面对如此大排场的道坛时，却又嘲笑个不停，这实际上是作者借贾蓉之口揭露道法驱鬼的欺骗性：

贾赦恭敬叩谢了法师。贾蓉等小弟兄背地都笑个不住，说："这样的大排场，我打量拿着妖怪给我们瞧瞧到底是些什么东西，那里知道是这样收罗，究竟妖怪拿去了没有？"贾珍听见骂道："糊涂东西，妖怪原是聚则成形，散则成气，如今多少神将在这里，还敢现形吗！无非把这妖气收了，便不作祟，就是法力了。"众人将信将疑，且等不见响动再说。那些下人只知妖怪被擒，疑心去了，便不大惊小怪，往后果然没人提起了。贾珍等病愈复原，都道法师神力。独有一个小子笑说道："头里那些响动我也

---

[26]《红楼梦》，第1430—1431页。

不知道,就是跟着大老爷进园这一日,明明是个大公野鸡飞过去了,拴儿吓离了眼,说得活像。我们都替他圆了个谎,大老爷就认真起来。倒瞧了个很热闹的坛场。"众人虽然听见,那里肯信,究无人住。[27]

三

如上所述,《红楼梦》中的道士或他人以各种道术治病的例子的确不少,有跛足道人以"风月宝鉴"治贾瑞的相思病、马道婆施厌魅法、符水治病、王一贴的万能膏药、扶乩探问病源、道术治疗中邪、道士作法驱邪逐妖等。如果考虑到跛足道人是在以道诫警示色迷心窍者,身兼医生的王一贴其膏药不过是徒有虚名,那么《红楼梦》中道教治病实质上就是道术治病。与当时一般医学方法治病不同,《红楼梦》中适用于道术的疾病全与鬼神有关。从作者对这些事件的描述来看,此类道术在当时社会上有相当广泛的影响,因此对《红楼梦》中的道术治病现象,我们不能简单地视其为作者受封建迷信影响的结果。因为它们相当程度上反映了作者所处的社会风俗,正如许多历史资料记载的那样,佛、道二教在明清百姓的现实生活中有着不可替代的作用。且不说道术治病,其实整部《红楼梦》又何尝不是作者借一虚幻的悲情神仙故事而为芸芸众生开具的一副良药呢?

---

[27]《红楼梦》,第 1431—1432 页。

伍　道教与沉香

一　沉香概述

香料的使用在中国有非常悠久的历史，商周时期就有采栽香料的记载，香被用于祭祀、插戴、避秽、祛虫、医疗等很多方面。不过，先秦时期人们使用的香料都是一些本土生长的芳香草木，如兰、蕙、椒、艾、芷、桂、茅等。秦汉大一统以后，尤其是汉代时岭南的开拓和丝绸之路的开通，边陲和域外香料开始输入内地，并很快风靡社会，促成了中国香文化的繁荣。

汉魏两晋南北朝时期，人们使用的香料种类相对较少。迄至唐宋，由于中外交通的繁荣，加上人们对香料的认识更加细致，香料种类大量增加，名目极其繁多。南宋时陈敬撰《陈氏香谱》一书，汇集此前多部香谱于一编，总其大成，所列香料多达八十余种。古代香料大多产自域外，产地遍及世界各地，其中尤以南海为最重要的产区和集散中心，故《陈氏香谱·序》云：" 汉唐以来，言香者必取南海之产。" 卷一又引《香品举要》说："香最多品类出交、广、崖州及海南诸国。"[1] 在琳琅满目的香料中，沉香是最重要的一种。

三国时吴人万震《南州异物志》较早提及沉香，透露出它最初是从东南亚地区输入："木香出日南。欲取当先斫坏树，着地积久，外白朽烂，其心中坚者置水则沈，名曰沈香。其次在心白之间，不甚坚精，置之水中，不沉不浮，与水平者，名曰栈香。其最小粗白者，名曰槃香。"（《法苑珠林》卷三十六引）[2] 本草著作中《名医别录》最早著录该香，列入草木上品，但与薰陆香、鸡舌香、藿香、詹糖香、枫香合为一条，说它们"并微温。悉治风水毒肿，去恶气。薰陆、詹糖去伏尸。鸡舌藿香治霍乱、心痛。枫香治风瘾疹痒毒。"[3] 不过未提及沉香的产地情况。陶弘景《本草经集注》进一步说："此六种香皆合香家要用，不正复入药，唯治恶核毒肿，道方颇有用处。詹糖出晋安岭州。上真淳泽者难得，多以其皮及柘虫屎杂之，唯轻者为佳，其余无甚真伪，而有精粗尔。外国用波津香明目。白檀消风肿，其青木香别在上品。"[4] 但同样没有提及沉香产地。至西晋，嵇含《南方草木状》记载交趾亦产沉香，而且认为它与蜜香、鸡骨香、黄熟香、栈香、青桂香、马蹄香、鸡舌香同出一树："交趾有蜜香树，干似柜柳，其花白而繁，其叶

---

[1]《陈氏香谱》据《四库全书》本。
[2] [唐] 释道世撰，周叔迦、苏晋仁校注：《法苑珠林校注》，中华书局，2003年，第1162页。
[3] [梁] 陶弘景：《名医别录》，尚志钧辑校，人民卫生出版社，1986年，第64页。
[4] [梁] 陶弘景编：《本草经集注》，尚志钧、尚元胜辑校，第256页。

如橘。欲取香，伐之经年，其根干枝节，各有别色也。木心与节坚黑，沉水者为沉香，与水面平者为鸡骨香。其根为黄熟香，其干为栈香，细枝紧实未烂者为青桂香，其根节轻而大者为马蹄香。其花不香，成实乃香，为鸡舌香。"[5] 至唐初，《新修本草》则认为，"沉香、青桂、鸡骨、马蹄、笺香等，同是一树，叶似橘叶，花白，子似槟榔，大如桑椹，紫色而味辛。树皮青色，木似榉柳。薰陆香，形似白胶，出天竺、单于国。鸡舌香，树叶及皮并似栗，花如梅花，子似枣核，此雌树也，不入香用。其雄树著花不实，采花酿之，以成香，出昆仑及交、爱以南。詹糖树似橘，煎枝叶为香，似沙糖而黑，出交、广以南。又有丁香根，味辛，温，主风毒诸肿。此别一种树，叶似栎，高数丈，凌冬不凋，惟根堪疗风热毒肿，不入心腹之用，非鸡舌也。詹糖香，疗恶疮，去恶气，生晋安"。[6]

宋代时，关于沉香的产地和质量情况有了更为详细的记载。苏颂《图经本草》云："沉香、青桂香、鸡骨香、马蹄香、栈香同是一本，旧不著所出州土，今惟海南诸国及交、广、崖州有之。其木类椿、榉，多节，叶似橘，花白。子似槟榔，大如桑椹，紫色而味辛。交州人谓之蜜香。欲取之，先断其积年老木根，经年其外皮干俱朽烂，其木心与枝节不坏者即是香

---

[5] [晋] 嵇含：《南方草木状》，《丛书集成初编》，中华书局，1985年，第8页。
[6] [唐] 苏敬等：《新修本草》，尚志钧辑校，安徽科学技术出版社，2004年，第179—180页。

也。细枝紧实未烂者，为青桂。坚黑而沉水，为沉香。半浮半沉与水面平者，为鸡骨。最粗者，为栈香。又云：栈香中形如鸡骨者，为鸡骨香，形如马蹄者，为马蹄香。然今人有得沉香奇好者，往往亦作鸡骨形，不必独是栈香也。其又粗不堪药用者，为生结黄熟香。其实一种，有精粗之异耳。"[7] 由此可知，沉香当时主要产于东南亚和我国岭南地区。

总体上而言，宋代时由东南亚地区舶来的沉香质量上乘，最为流行。周去非《岭外代答》卷七对不同产地的沉香有详细比较，云："沉香来自诸蕃国者，真腊为上，占城次之。真腊种类固多，以登流眉所产香，气味馨郁，胜于诸蕃。若三佛齐等国所产，则为下岸香矣，以婆罗蛮香为差胜。下岸香味皆腥烈，不甚贵重。沉水者，但可入药饵。交址与占城邻境，凡交址沉香至钦，皆占城也。海南黎母山峒中，亦名土沉香，少大块，有如茧栗角，如附子，如芝菌，如茅竹叶者，皆佳。……顷时香价与白金等，故客不贩，而宦游者亦不能多买。中州但用广州舶上蕃香耳。唯登流眉者，可相颉颃。"[8] 不过，当时舶来沉香虽然流行，但是我国岭南地区所产者品质有了很大提高，尤其是海南产品开始受到推崇。譬如丁谓贬官海南岛时，撰有《天香传》一文，对海南沉香称颂有加，尤其是黎母山出

---

[7] [宋] 唐慎微著，郭君双等校注：《证类本草》，中国医药科技出版社，2011年，第400页。

[8] [宋] 周去非著，杨武泉校注：《岭外代答校注》，中华书局，1999年，第241页。

者"甲于天下"。[9]自此以后，海南沉香受到重视。蔡绦《铁围山丛谈》卷五云："大凡沈水、婆菜、笺香，此三名常出于一种，而每自高下其品类名号为多尔，不谓沈水、婆菜、笺香各别香种也。三者其产占城国则不若真腊国，真腊国则不若海南，诸黎洞又皆不若万安、吉阳两军之间黎母山。至是为冠绝天下之香，无能及之矣。"[10]

明代时，李时珍在《本草纲目》中对前人关于沉香的认识作了总结。关于沉香之名，他说："木之心节置水则沉，故名沉水，亦曰水沉。半沉者为栈香，不沉者为黄熟香。"关于沉香的品类和等级，他说："香之等凡三：曰沉，曰栈，曰黄熟是也。沉香入水即沉，其品凡四：曰熟结，乃膏脉凝结自朽出者；曰生结，乃刀斧伐仆，膏脉结聚者；曰沉柔韧，革沉纹横，皆上品也。海岛所出，有如石杵，如肘如拳，如凤雀龟蛇，云气人物。及海南马蹄、牛头、燕口、茧栗、竹叶、芝菌、梭子、附子等香，皆因形命名尔。"[11]

二　道教崇尚沉香

在古代，道教是使用香料的重要领域之一。香的用途非常

---

[9]《天香传》载《陈氏香谱》。
[10]［宋］蔡绦：《铁围山丛谈》，中华书局，1983年，第98页。
[11]［明］李时珍：《本草纲目》（校点本），人民卫生出版社，2009年，第1936、1938页。

广泛，在诸如传授仪、祭祀、斋醮、辟邪、制药、炼丹等方面都不可或缺。

从一些迹象来看，道教最初就重视香的使用。例如东汉《黄帝九鼎神丹经》（《九鼎丹经诀》卷一）记载，传授丹经时需要烧香，合药前需要沐浴五香，起火时施祭需要焚香，服药时需要斋戒沐浴焚香等。尽管没有指明香的具体品属，但无疑表明香在炼丹过程中的使用已经很普遍。另据《九鼎丹经诀》卷二十所载，合药前之祭法烧的是熏陆香。五香所指不明，道教后来有很多种说法，有的包括沉香，诸方略举如下：

1. 青木香。六朝《洞真太一帝君太丹隐书洞真玄经》云："五香者，青木香也。青木华叶五节，五五相结，故曰五香之草也。辟恶气，检魂魄，制鬼烟，致灵迹，以其有五五之节，所以为益于人耶。此香多生于沧浪之东，故东方之神人名之为青木之香焉。"[12]（《云笈七签》卷四十一引同）元明时所编《道法会元》卷一百七十七亦云："五香者，则青木香，仙人所谓五节青香也。"[13]《本草纲目》卷十四木香条"释名"云："……《三洞珠囊》云：五香者，即青木香也。一株五根，一茎五枝，一枝五叶，叶间五节，故名五香，烧之能上彻九天也。古方治痈疽有五香连翘汤，内用青木香。古乐府云，氍毹毾𣰦五木香，皆指此也。……徐锴注云：道家谓青木香为五香，亦云五

---

[12]《道藏》第 33 册，第 530 页。
[13]《道藏》第 30 册，第 137 页。

木，多以为裕是矣。"[14]

2. 兰香、荆花、零陵香、青木香、白檀香。《云笈七签》卷四十一引《三皇经》云："五香汤法，用兰香一斤，荆花一斤，零陵香一斤，青木香一斤，白檀一斤，凡五物切之，以水二斛五斗煮，取一斛二斗以自洗浴也。此汤辟恶，除不祥炁，降神灵，用之以沐，并治头风。"[15]《无上黄箓大斋立成仪》卷二"每修斋之前当煮五香之水以浴"一句注云："青木、荆芥、零陵、兰香、真檀。"[16]《洞玄灵宝道学科仪》卷上云："当依《洞神尊经》用五香法：青木香、荆华香、零陵香、兰香、真檀香，多少随分，细切，煮之令香，水熟已。"[17]

3. 鸡舌香、青木香、零陵香、薰陆香、沉香。《云笈七签》卷四十一引《太上七晨素经》云："每以月一日、十五日、二十三日，一月三取三川之水一斛（一经云，三川水取三江口水。一经云，取三井水亦佳），鸡舌、青木香、零陵香、薰陆香、沉香，五种各一两，捣内水中煮之，水沸便出，盛器之中，安着床上，书通明符，着中以浴。"[18]

4. 白芷、桃皮、柏叶、零陵香、青木香。《云笈七签》卷四十一引《沐浴身心经》云："五香者，一者白芷，能去三尸；

---

[14]［明］李时珍：《本草纲目》，第855页。
[15]《道藏》第22册，第282—283页。
[16]《道藏》第9册，第389页。
[17]《道藏》第24册，第770页。
[18]《道藏》第22册，第283页。

二者桃皮，能辟邪气；三者柏叶，能降真仙；四者零陵，能集灵圣；五者青木香，能消秽召真。此之五香，有斯五德。"[19]

5. 青木香、白檀香、茅香、沉香、熏陆香。南宋王希巢撰《洞玄灵宝自然九天生神玉章经解》卷下："五香，青木香、白檀香、茅香、沉香、熏陆香。"[20] 此方又见《太上金柜玉镜延生洞玄烛幽忏》："老君曰：凡礼是经，皆当香汤沐浴斋戒，必获感通，功德无量普救。曰：斋沐之法，敢告指导。老君曰：香汤者，五香汤也。法取青木香、白檀香、茅香、沉香、熏陆香，多少随宜。取净水一石，先以桃白皮、竹叶下煎数沸，滤去滓。次下五香，多少随宜。若在山林幽栖，贫薄无力，止以桃竹为善。先以沐发，取木杓，以柄指月建，思五色云炁满室，三辰光照盆上，以杓左行搅香水三十六度，视香汤，咒曰……"[21]

6. 青木香、甘松、丁香、沉香、白芷。南宋金尤中编《上清灵宝大法》卷五"诵持存思品"云："欲行道诵经，当预备香汤沐浴。今只用桃白皮、淡竹叶煎汤，旧用五香汤。"注曰："即青木香、甘松、丁香、沉香、白芷五件，共煎汤。天台法中令人用熏陆香，非也，道家所忌之物，非古法也。"[22]

7. 白芷、青木香、沉香、白檀香、甘松香。明代编集《灵

---

[19]《道藏》第22册，第283页。
[20]《道藏》第6册，第459页。
[21]《道藏》第18册，第344页。
[22]《道藏》第31册，第374页。

宝无量度人上经大法》卷三云:"凡诵经行道,须佩真符,而行此道,则万神敬从矣。行道之日者,谓应是诵经之日,皆当沐浴也。香汤,五香之汤也,以白芷、青木香、沉香、白檀香、甘松香,各以二十四铢,治下筛,用东流长泉一石煎数沸。先当解衣,烧香,于左就座,存日光华五色交错,入于五香汤中。存五方五色仙童五人,玉女五人,烧香散华,执巾执水左右,即以杓搅水三十二下,临水咒曰……"[23]

8. 朱砂、青木香、鸡舌香、茅香、熏陆香。元林灵真编《灵宝领教济度金书》卷二百六十一:"用朱砂一两,木香一两,鸡舌香一两,茅香一两,熏陆香一两,煎水,名五香汤。"[24]

9. 沉香、熏陆香、白檀香、青木香、丁香、龙脑香、丹砂、雄黄。这种五香方掺杂有其他药物,香料亦不限于以上几种。如唐张万福撰《传授三洞经戒法箓略说》卷下记载:"五香　沈香(一)、熏陆(二)、白檀(三)、青木(四)、丁香(五)、龙脑(七)、砂(三)、雄(四)。"[25]《灵宝玉鉴》卷十八所载浴汤使用的是桃皮、乳香、竹叶、茅香、柏香、木香和安息香。[26]

由上可见,五香的称呼并没有固定组合。倒是诸方中全都包含青木香,似乎最初道教最重视此香。其实,从通真达神的

---

[23]《道藏》第 3 册,第 621 页。
[24]《道藏》第 8 册,第 258 页。
[25]《道藏》第 32 册,第 195 页。
[26]《道藏》第 10 册,第 282 页。

角度而言，沉香等几种名香最受道教重视，正如宋人丁谓《天香传》引仙书所云："真仙所焚之香，皆闻百里，有积烟成云，积云成雨，然则与人间所共贵者，沉水、薰陆也。故《经》云：沉水坚株。又曰：沉水香，神导从有捧炉香者，烟高丈余，其色正红，得非天上诸天之香耶？"（见《陈氏香谱》）现存道经也有相关记载。如六朝灵宝经《洞玄灵宝太上真人问疾经》之"治鼻戒神通普闻香品第四"云："诸天自然香，陀罗微妙香，沙摩泥鳞香，波提漫华香，风生密河香，青华白华香，紫华赤华香，苍华黄华香，两地阴云香，金刚色名香，十方高真身形之美香，诸天彩女之气香，栴檀沈水香，高凉青桂香，安息雀头香，艾蒳薜蒜香，虫蜱茞档香，熏陆安息香，芝草明兰香，美水药品香，畜华真形香，人头鸟羽香，童男童女香，毛鲜轲月香，口气柔嫩香，天上天下如此种种之香气，皆悉能闻知，犹不乱鼻根，皆治戒所得神通故也。"[27] 如《太上说玄天大圣真武本传神咒妙经》卷三曰："香通真达诚，唯降真沉香可。"[28] 又如《三洞枢机杂说》之"通灵真香法"云："夫香者，所以降灵通神，传言驿行，导达往来，表明远近，所以典香侍香、玉童玉女、香官使者，专司其职，不可轻也（出《三洞备炼科》）。《流珠经》云：烧异域秽臭毒恶辛烈之香（谓乳香、螺甲香），此犯道禁，非真人常修行之香也。真人爱紫

---

[27]《道藏》第 24 册，第 677 页。
[28]《道藏》第 17 册，第 117 页。

微幽木之香，闻者皆喜（谓沈水、笺香）。胡香辛烈毒恶，真人恶之（胡香谓乳香）。桐柏真人王子晋谓清虚真人王子登曰：昔苏上卿爱烧辛烈之香，炁冲于中华天尊形像之前，地府上奏，太上恶之，乃退减仙位。"又引《神仙香谱》云："世人多以乳香供天。夫乳香者，一名胡香，上帝与五星恶闻者，盖炁味辛烈熏秽故也。螺甲麝脐，尤为所忌。沈香、笺香、降真香、白檀香、苏合香、青木香，此香上冲四十里。丁香、安息香，此香辟邪却秽。龙脑只可用生者，熟龙脑虑其木之炁间杂。"[29] 当然，由于香在道教中的用途广泛，不同领域要求不尽相同，很多香品包括辛烈之香实际上都有使用，这是需要注意的。

三 沉香在道教中的应用

1. 传授经书时作盟誓信物

南北朝《太真玉帝四极明科经》卷三记载，紫度盟（传授《紫度炎光玄真变经》）的信物用五色锦各五十尺、上金五两、沉香五斤、真珠一斤、书刀一口、金镮七枚、绛文七十尺。[30]《云笈七签》卷四引《玄都上品》有相近记载，说传《紫度炎光》需五色锦各五十尺、上金五两、沉香五斤、真朱一斤、书

---

[29]《道藏》第 18 册，第 489 页。
[30]《道藏》第 3 册，第 428 页。

刀一口、金札七枚、绛纹七十尺。[31]

南宋董思靖《洞玄灵宝自然九天生神章经解义》卷二云："……其科云，赍上金三两、紫纹百尺、青缯二十七尺、丝五两、沉香一斤、丹一两，诣师造斋，上誓九元北帝，太灵万真领仙玉司以为盟信，誓约宝秘，奉行灵文，不得轻泄，宣露神真，愆盟负科，殃及九祖，皆此意也。"[32]

2. 作沐浴药物

沐浴斋戒在道教各种科仪中非常普遍，上文介绍的沐浴香汤中有数种包括沉香，这里不再赘述。

3. 作醮坛用品

南宋《无上玄元三天玉堂大法》卷十一"延生度厄品"云，凡有男女深灾重厄，身染沉痼，困苦床枕，或遭官讼，连岁家宅不宁，宜清心醮告北斗，依按古法结坛，其中所用物品包括沉香在内的多种香料，如降真香一斤、沉香三两、乳香半两、匀香一两、脑子半两、茅香一斤。[33]

《无上黄箓大斋立成仪》卷五十"斋坛香数"注云："斋主有力者，好香多尤妙。"使用的香料包括降真香、檀香、笺香、

---

[31]《道藏》第22册，第24页。
[32]《道藏》第6册，第409页。
[33]《道藏》第3册，第33页。

速香（黄熟香）、沉香等。[34]

《上清六甲祈祷秘法》中的摄请五方星君法，首先用沉香一块，重二斤，好大香炉，或银盆内立放，旋旋火烧。[35]

4. 作辟邪物

唐《摄生纂录》记载："凡营造起动，改故造新，移徙远行，嫁娶临官，产妇，避病逐医，得黄道即大吉，黑道大凶……若犯岁月黑道，及诸犯触未发，即须治之所犯之处。五功已下为小犯，五功已上为大犯。即取黄道及岁月德上及中庭，可掘土深一尺已上，各取土五升相和，筛之令细。以酒五升，熏陆、白檀、零陵、青木、沉香等各一两许细切，水煮之，水无限，以酒和之。将所取土共搅和作泥，如煎饼，泥以新笤帚，将此泥扫岁月黄及岁月德墙壁上，及堂屋房舍，皆扫之。若大犯，则扫二丈已下，一丈已上，小犯则扫三尺已上，一丈已来，随其高下，若是墙则尽高下。须是家中子弟及家长自扫。此日不得高声嗔怒。凡阳宅丈夫扫外，阴宅妇人扫内，皆须着新净衣。若不知阴阳，则内外俱扫。扫讫仍须扫灶。凡和泥水慎无杀虫。此法神奥，卒难言尽，君子勿可轻也。"[36]

---

[34]《道藏》第9册，第663页。
[35]《道藏》第10册，第762页。
[36]《道藏》第10册，第713—714页。

5. 神像雕刻原料

宋张大淳编《三茅真君加封事典》卷上"赐仪物"云："沉香描金如意一事，系降真香柄，黄罗袋、黑漆匣盛，锁钥全锡，献大茅君。"[37]

元刘大彬编《茅山志》卷四记载，宋淳祐年间加封三茅真君时，曾御赐沉香描金如意一事献大茅君。[38]

元《东岳大生宝忏》中提到"唐皇镂刻沉香像"。[39]

《金锁流珠引》卷十三"五行六纪所生引"述请岁星神之法，乃画岁星君系在肘后，或者用沉香木为之戴头上："一画岁星君一人与青童一人及木符三道，同袋系之于肘后。一云香木为之，长一二寸，戴安头，此谓之戴王入相，盛之无穷。异域香木及香不入中华用者不堪，犯道禁。"小字注曰："香笺沉木堪，余木不可也。"又曰："夫大道，中华正教，天地神仙之言，我中国神仙之乡人，不合夷戎蛮狄之宝为神仙之器，不合烧异域熏臭秽毒烈辛之香，此香犯道禁，又非真人常修行之香也。真人爱紫微幽木之炁，笺沈之木，闻之皆喜。胡狄之香，故皆恶，闻其炁，上真为之辛烈毒恶之炁也。王桐柏谓王子登曰：苏上卿爱烧辛烈之炁，冲于中华天尊形象之前，地府奏上，太上大恶之，退仙一等，减位阶。"[40]

---

[37]《道藏》第 3 册，第 338 页。
[38]《道藏》第 5 册，第 573 页。
[39]《道藏》第 10 册，第 2 页。
[40]《道藏》第 20 册，第 416—417 页。

《玄天上帝启圣录》卷四记载，宋代时曾有福州百姓林守卿曾用好沉香雕装金缕真武一堂，终身供养。[41]

6. 建筑木料

《历世真仙体道通鉴》卷三十七李白的故事中有"帝坐沈香亭"之语，[42] 可见沉香木被用作建筑木料。

7. 仙药成分

《太上灵宝五符序》卷中载"乐子长炼胡麻膏方"，是一种服食仙药，沉香是重要成分，其方为："以二斗（胡麻）膏、一斗水，合二升熏陆香、二升沈香、（胡麻）屑二两，合煮，令水尽，唯余膏在。剂其屑，日以酒服五合，百日玉女侍之，神效，五百日神仙至，迎人去。道家秘此方，初不轻传。"[43] 胡麻膏的制法书中亦有叙述："熬胡麻一斗，令香。捣为屑，令如粉，囊盛，纳五斗酒中，封泥二十日，以酒服，胡麻膏也。屑亦可服。"[44]

8. 服符汤料

宋《灵宝玉鉴》卷十八"上章沐浴法"之浴汤没有用沉

---

[41]《道藏》第19册，第601页。
[42]《道藏》第5册，第314页。
[43]《道藏》第6册，第331页。
[44]《道藏》第6册，第331页。

香，但服五神符需用沉香枣汤："上清诀，五方炁，沉香枣汤化服。"[45] 可惜书中没有记载此汤的熬制方法。

9. 炼丹

炼丹术使用香料相当早，不过最初只是用于相关仪式中，不作为合丹药物使用。但魏晋南北朝时期，炼丹家对香料的重视程度明显提高，所以《太清金液神丹经》卷下在介绍域外炼丹药物之余，不忘在末尾罗列诸香料的域外产地，其中首先提到的便是沉香："众香杂类，各自有原。木之沉浮，出于日南，都梁青灵，出于典逊，鸡舌芬萝，生于杜薄，幽简茹来，出于无伦，青木天竺，郁金罽宾，苏合安息，薰陆大秦，咸自草木，各自所珍，或华或胶，或心或枝。唯夫甲香螺蚌之伦，生于歌营句稚之渊。菱蕤月支，硫黄都昆，白附师汉，光鼻加陈，兰艾斯调，幽穆优钱，余各妙气，无及震檀也。"[46] 这一时期外来香料开始作为炼丹药物使用。例如太上八景四蕊紫浆五珠绛生神丹方，其所用二十四种原料中香料有三种：第五灵华沉腴三斤，口诀是薰陆香；第八东桑童子七两，口诀是青木香；第十四亭炅独生六两，口诀是鸡舌香，取味辛者。[47] 当然在仪式中香仍然不可或缺。如《太清金液神丹经》卷上有祭受

---

[45]《道藏》第 10 册，第 282 页。
[46]《道藏》第 18 册，第 762 页。
[47]《道藏》第 34 册，第 41 页。

之法,"用好清酒一斗八升,千年沈一斤,乃沈香也"。[48]

唐宋时期,相关香料的用途变得非常广泛,几乎涉及炼丹所有重要方面。合丹方面,如《修炼大丹要旨》卷上神雪丹阳四皓丹、四皓丹转四宝神雪丹都用乳香,[49]《铅汞甲庚至宝集成》卷四沉附黑锡丹用沉香和青木香。[50]服丹方面,如《太清修丹秘诀》"采种灵砂修丹法"服金砂时服乳香使砂快利,[51]《铅汞甲庚至宝集成》卷三"紫河车雄黄木第十"以伏火雄黄粉和生龙脑、楮汁为丸服之。[52]医用炼丹药物方面,如《太清石壁记》卷下"服艮雪小还丹等法"用熏陆香和其他药物治疮,"紫雪法"(用于治脚气毒遍内外,烦热,口中生疮,狂惕叫走,发解诸草石热药毒发,卒热黄瘅后毒等)用到的香料包括沉水香、丁香、青木香。[53]《云笈七签》卷七十七所载镇魂固魄飞腾七十四方灵丸、南岳真人郑披云传授五行七味丸、《九真中经》四镇丸等使用香料较多,包括鸡舌香、青木香、沉香、熏陆香、詹糖香、安息香等。[54]水法方面,如《轩辕黄帝水经药法》第三十空青石水原料中用到降真香,饮此水时又

---

[48]《道藏》第18册,第752页。
[49]《道藏》第19册,第142页。
[50]《道藏》第19册,第266页。
[51]《道藏》第18册,第792页。
[52]《道藏》第19册,第264页。
[53]《道藏》第18册,第774、775页。
[54]《道藏》第22册,第543—545页。

需以安息香擦于人中，可令人隐形。[55] 黄白术方面，如《九转灵砂大丹》第五转水仙丹法云，丹成后"如要成宝，以河水并乳香少许煮一伏时，入甘锅内熔成至宝，任用之。至此不用铅煎，自体成宝矣"。第六转通玄丹法，"用水仙丹，取四两，依前用河水并乳香煮过，熔成宝，打造室合，三两做底，一两做盖"。[56] 仪式方面，如南宋吴悞《丹房须知》所述炼丹程序，其中第九为合香法，引青霞子言曰："降真香半斤，丹参五两，苏合香四两，老柏根四两，白檀香四两，沉香半斤，白胶香少许。右七味，以蜜拌和，丸如弹子大，每日只烧一丸。"[57]

四　道教沉香方举略

1. 降真香珠法 / 上元香珠法

以沈水香三斤，熏木香二斤，青木香九两，鸡舌香五两，乌参三两，雀头香六两，香白芷二两，詹匐香二两，白檀二两，艾香三两，安息香四两，木兰三两，凡十二物，别捣筛。毕，内干枣肉十两，捣三万杵，于白瓷器中蒸一日。以白蜜三斤和令相得，捣熟，丸之如鸡头子大，青线穿之，曝令干，名曰三真九和香珠丸。坛内烧之，上

---

[55]《道藏》第19册，第321—322页。
[56]《道藏》第19册，第32页。
[57]《道藏》第19册，第58页。

彻九天，天真玉女闻之，降鉴于虚空之中。[58]

以上香方载于《三洞枢机杂说》，原文称出自道经《九天生神斋仪》。另外《无上秘要》卷六十六有类似香方，称为"上元香珠法"，云出自《洞神经》，可与降真香珠法相参照。方如下：

用沈香三斤，熏陆香二斤，青木香九两，鸡舌香五两，玄参三两，雀头香六两，占城香二两，白芷二两，真檀四两，艾香三两，安息胶四两，木兰三两，凡十二种，别捣绢筛之。毕，内枣十两，更捣三万杵，内器中密盖，蒸香一日。毕，更蜜和捣之，丸如梧子，以青绳穿之，日曝令干，此三皇真元香珠。烧此皆香彻九天。[59]（此法又载《太上三皇宝斋神仙上录经》[60]）

2. 香油神烛法

《洞神经》香油法：以沈水香九斤，青桂皮三斤，青木香十两，真檀十两，鸡舌香八两，苏合香八两，雀头香十两，零陵香十八两，干枣脂二十两，藿香十两，萱苏六两，白芷八两，凡十二物。先斋，取平建开成日东向或南

---

[58]《道藏》第18册，第489页。
[59]《道藏》第25册，第221页。
[60]《道藏》第18册，第560页。

向刬，绢囊盛沈油中，七日勿开。若捣节蜜和，阳燧火烧之，感降真灵。[61]

此方载于《三洞枢机杂说》，原文称出自道经《三洞道士修炼科》。

3. 神烛油法

詹匐五两，熏陆三两，零陵香六两，甘松六两，白茅香三两，乌参三两，白芷三两，凡七物。刬令细，绢囊盛之，沈油中三日或五日、七日，然后用之然灯，则灵香馥郁，可以感降天真矣。修香灯之要，必在彩笼罩之，护虫拒风，而光延久尔。斋坛灯烛之外，蜡炬以多为佳，不可阙也。[62]

此方见载于《三洞枢机杂说》，原文称出自道经《九天生神仪》。

---

[61]《道藏》第18册，第489页。
[62]《道藏》第18册，第489页。

第四编 技术与设备

壹　早期道教与中国古代之镜思想

　　中国使用铜镜的历史非常悠久，目前发现最早的铜镜属于齐家文化时期，随后商代墓中亦有出土。但是，根据考古发掘和文献记载来看，中国普遍使用铜镜应该肇始于春秋战国时期，其后铜镜的发展在两汉及唐代形成两个高峰期，唐代之后逐渐走向衰落。自从小小的铜镜进入千家万户，便与人们的生活密不可分了。这种密不可分不仅仅包括镜成了人们生活中的必需品，还包括镜思想的产生。从出土铜镜的背面纹饰题材，到许多文学作品中的神话描述，再到许多民间建筑，均可看到镜思想对中国古代文化的影响。学者以往过多地将注意力放在镜背纹饰及镜铭的研究上，忽视了关键的思想问题。日本学者对中国古代镜思想的起源有过研究，提出了不少灼见，[1]但由于对早期道教关注不够充分，因此其探讨稍有疏漏之处。中国有学者专门讨论过唐代的道教镜实物问题，[2]但没有深入到思想

---

[1] ［日］福永光司：《道教的镜与剑——其思想的源头》，刘俊文主编：《日本学者研究中国史论著选译》第七卷，中华书局，1993年。

[2] 王育成：《唐代道教镜实物研究》，《唐研究》第六卷，北京大学出版社，2000年。

的层面上来。实际上，中国古代的镜思想主要源出于道家与道教，之后千余年间鲜有变化，并且逐渐被社会所广泛接受，形成了独特的镜文化。

一

通观有关文献记载及出土的众多铜镜，我们可以断定春秋战国时期的铜镜基本上属于日常生活用品，虽然有时会用于陪葬，但并不具有任何后期那种神圣性和神秘性。这一倾向在儒家经典中尤其明显。例如《诗·邶风·柏舟》："我心匪鉴，不可以茹。"《诗·大雅·荡》："殷鉴不远，在夏后之世。"《尚书·酒诰》："人无于水监，当于民监。"可以看出，儒家其时已经具有"以史为鉴""以民为鉴"的思想，但其中并不蕴含神秘意义之端倪。

同样，先秦其他一些学派对镜的认识亦不出于儒家之右。《管子·白心》篇云："镜大清者，视乎大明。"《墨子》卷五云："古者有语曰：'君子不镜于水而镜于人。'镜于水，见面之容。镜于人，则知吉与凶。"《韩非子·观行》篇云："古之人目短于自见，故以镜观面；智短于自知，故以道正己。镜无见疵之罪，道无明过之恶。目失镜，则无以正须眉；身失道，则无以知迷惑。"《吕氏春秋·恃君览第八·达郁》云："万乘之主，人之阿之甚矣，而无所镜，其残亡无日矣。孰当可耳镜乎？其唯士乎！"

与儒家相似，以上关于镜的论述虽然引申了镜的含义，提出以史为鉴、以人为鉴的思想，但丝毫看不出镜有任何神秘的意义。道家与此稍有不同。《庄子·骈拇》有言："至人之用心若镜，不将不迎，应而不藏。"同书《天道》又云："圣人之心静乎！天地之鉴也，万物之镜也。"《文子·精诚》云："是故圣人若镜，不将不迎，应而不藏，万物而不伤。"道家崇尚无为，当他们观察到镜对物体的影像与物体毫无二致时，便展开了他们特有的丰富联想，将镜看作完美的具有无为而治思想的"实物圣人"，而真正的圣人对待外部世界也应该像镜对物体那样"无为而无不为"。通过比较可以看出，道家对镜含义的引申已经超出了儒墨法等各家，将镜映物看作一种得道的境界，此种境界正是道家的圣人所具有的。这里虽然仍旧看不出镜有任何神秘性，但道家这种关于镜的思想成为后来镜具有神圣性、神秘性思想的源头，这种观点最早由日本学者福永光司提出："在中国古代，认为镜不只是映照物象的实用器物，而且具有某种哲学或神灵意义的思想，起源于道家，不见于儒家本来的经典。"[3]

西汉自武帝罢黜百家，独尊儒术，神仙谶纬思想随之泛滥，充斥当时社会的各个角落，几乎成为一副人们观察世界的万能眼镜。镜的思想亦未能幸免于被改造。然而令人吃惊的

---

[3] [日] 福永光司：《道教的镜与剑——其思想的源头》，刘俊文主编：《日本学者研究中国史论著选译》第七卷，第399页。

是，镜竟被当作帝王权力及治世明道的象征，正如福永光司所言："而把镜当作世界政治的支配者，帝王权力的象征加以神秘化、神灵化，是从公历纪元前后，前汉王朝末期开始兴盛的神仙谶纬思想。"[4] 纬书《尚书帝命验》曰："桀失玉镜，用其噬虎。"东汉郑玄注曰："镜喻明道也。"《尚书考灵曜》云："秦失金镜，鱼目入珠。"注曰："金镜，喻明道也。"《春秋孔录法》曰："有人卯金刀，握天镜。"以上的"玉镜""金镜""天镜"等具有了政治上的神圣性，但不难看出，这种思想是拔高庄子等人的"至人之心若镜"的思想而来，将对应于镜的圣人换成了治世的明道，镜成为清明之道的象征。同时，镜还具有了神秘性，纬书《考经援神契》云："神灵滋液，则琉璃镜"，"神灵滋液，百宝为用，则玑镜出。"另外据《后汉书·西羌列传》记载，当时战争中甚至出现了"执铜镜以象兵"的现象，表明镜确实具有某种神秘性。

从出土文物来看，从西汉末期开始，铜镜纹饰一扫春秋战国及汉初朴素简单的风格而趋于华丽与复杂，其中最突出的一点便是反映道家思想的题材广泛流行。西汉前期铸造的铜镜在纹饰上与战国镜相比并无多大差别，在样式及题材方面多继承战国，少有创新。汉武帝时期，真正意义上的汉代铜镜开始兴起。至东汉后期，画像镜与神兽镜异军突起，其镜面纹饰大

---

[4]〔日〕福永光司：《道教的镜与剑——其思想的源头》，刘俊文主编：《日本学者研究中国史论著选译》第七卷，第401页。

量采用神仙思想的题材。这其中有两个重要内容与早期道教关系极为密切：一是以西王母为代表的道教神仙，二是渴求长生不老的镜铭。对西王母的崇拜是汉代社会特定历史条件下的产物，其产生过程与原始道教的形成过程密切相关。汉代董仲舒天人感应的思想对强化皇帝权威、维护中央集权制产生了重大作用，然而至西汉后期及整个东汉时期，社会动荡不安，自然灾害频频发生，这时，天人感应思想对统治秩序的毁灭性与颠覆性就突显出来了。通观整个汉代历史，各种灾异记载不绝于书，到后来，灾异论终于导致了末世论的出现。[5] 在这样一种社会背景下，人们必然会寻求度过灾厄的方法，而宗教则是一种常用的手段，因此古代的西王母便被发掘出来并被完全神化。《汉书·天文志》云："哀帝建平元年正月丁未日出时，有著天白气，广如一匹布，长十余丈，西南行，谨如雷，西南行一刻而止，名曰天狗。传曰：'言之不从，则有犬祸诗妖。'到其四年正月、二月、三月，民相惊动，谨哗奔走，传行诏筹祠西王母，又曰'从目人当来'。"又《五行志》曰："哀帝建平四年正月，民惊走，持稿或梜一枚，传相付与，曰行诏筹。道中相过逢多至千数，或被发徒跣，或夜折关，或逾墙入，或乘车骑奔驰，以置驿传行，经历郡国二十六，至京师。其夏，京师郡国民聚会里巷阡陌，设张博具，歌舞祠西王母。又传书

---

[5] 姜生：《原始道教之兴起与两汉社会秩序》，《中国社会科学》2000年第6期；姜生、汤伟侠主编：《中国道教科学技术史·汉魏两晋卷》，第93—99页。

曰：'母告百姓，佩此书者不死。不信我言，视门枢下，当有白发。'至秋止。"《哀帝纪》文曰："（建平）四年春，大旱。关东民传行西王母筹，经历郡国，西入关至京师。民又会聚祠西王母，或夜持火上屋，击鼓号呼相惊恐。"[6] 除了西王母，同时出现的还有其他一些道教神仙，如天皇、五帝、王乔、赤诵（即赤松子）等。汉代画像镜中大量西王母及其他神仙画像的出现正是当时社会历史的真实反映。

以追求长生不老为目的的镜铭出现本早于神仙画像镜，新莽时期的四神规矩镜镜铭中即已经吸收了社会上流行的道教思想，如"左龙右虎辟不祥，朱鸟玄武顺阴阳""尚方作镜真大好，上有仙人不知老，渴饮玉泉饥食枣，浮游天下遨四海，寿如金石为国宝"等等。这样鲜明的道教思想在东汉中后期流行的神兽镜和画像镜中得到进一步强化，流行也更加普遍，出现了"五帝天皇，白牙弹琴，黄帝除凶，白虎青龙"这样的铭文。而且，四灵中的玄武形象也以龟蛇合体的形式出现。

通过以上分析可以看出，与先秦时期对镜认识的理性化不同，汉代铜镜从地位、功能两方面来说都发生了重大变化。首先，谶纬思想发挥了道教"至人之心若镜"的思想，将镜喻为明道，进而成为帝王权力的象征，使镜具有了崇高的神圣性；其次，以长生成仙为主的道教思想扩大了镜的功能，将其作为一种瑞物、避邪物等，使镜具有了不可捉摸的神秘性。谶纬思

---

[6]《汉书》，第 1311—1312、1476、342 页。

想与神仙思想几乎同时与铜镜联姻，至此，铜镜成为道教修炼的重要法器之神学基础已经奠定完毕。

二

西汉末期镜的思想转变完成的同时，道士修炼使用铜镜的思想萌芽也于早期道教经典《太平经》中出现。与金丹派不同，《太平经》一书非常重视内修，其法主要有两种：一为守一，一为存思。

"守一"并非《太平经》独创，先秦道家早有此说。《老子》："载营魄抱一，能无离乎？"（《老子》第十章）"昔之得一者，天得一以清，地得一以宁，神得一以灵，名得一以盈，万物得一以生，侯王得一以为天下正。"（《老子》第三十九章）《庄子·在宥》："天地有官，阴阳有藏，慎守女身，物将自壮，我守其一，以处其和，故我修身千二百岁矣，无形未尝衰。"《太平经》继承并发挥了老庄的思想，将"守一"看作各种养生修炼的根本方法加以推崇：

古今要道，皆言守一，可长存而不老。人知守一，名为无极之道。人有一身，与精神常合并也。形者乃主死，精神者乃主生。常合即吉，去则凶。无精神则死，有精神则生。常合即为一，可以长存也。常患精神离散，不聚于身中，反令使随人念而游行也。故圣人教其守一，言当守一身也。念而不休，精神自来，莫不相应，百病自除，此即长生久视之符也。[7]

另外在《修一却邪法》《守一明法》《守一入室知神戒》《分别形容邪自消清身行法》中反复论述守一的重要性及方法。由于《太平经》非成书于一人一时，对一的解释出现矛盾之处也就不足为怪了。大略地说，《太平经》中的"一"有三种意思：一种即是神，如"一者，心也，意也，志也。念此一身中之神也"。[8]一种意思为"人的精、气、神的统一"，如"人有一身，与精神常合并也。形者乃主死，精神者乃主生。常合即吉，去则凶。无精神则死，有精神则生。常合即为一，可以长存也"。[9]还有一种意思乃继承了先秦道家的思想，如"一者，数之始也；一者，生之道也；一者，元气所起也"。[10]但总的说来《太平经》的作者倾向将"一"看作神，守一即守神，其他思想可能出于《太平经》造作过程中不同人之手的缘故。[11]

存思，即存神，在汉代之前已经出现，《庄子·刻意》中云："纯素之道，唯神是守，与神为一，合于天伦。"存思与守一不同，所存之神不须是人自身的神，可以是自然神，如《斋

---

[7] 王明：《太平经合校》，第716页。
[8] 王明：《太平经合校》，第369页。
[9] 王明：《太平经合校》，第716页。
[10] 王明：《太平经合校》，第60页。
[11] 姜生、汤伟侠主编：《中国道教科学技术史·汉魏两晋卷》，第623—625页。

戒思神救死诀第一百九》中传授了思四时五行神之法："天地自有神宝，悉自有神精光，随五行为色，随四时之气兴衰，为天地使，以成人民万物也。……不知其大法者，神亦不可得妄空致，妄得空使也。"[12] 再如《盛身却灾法》中云："千二百二十善神为其使，进退司候，万神为其民，皆随人盛衰。此天地常理，若以神同城而善御之，静身存神，即病不加也，年寿长矣，神明佑之。"[13] 另外，"守一"为守自身之神并使之勿失，存神也可以念自身已失之神使之复来，如《以乐却灾法》中介绍了人神离身之后可以通过存想使之返回体内的方法："夫人神乃生内，返游于外，游不以时，还为身害，即能追之以还，自治不败也。追之如何，使空室内傍无人，画象随其藏色，与四时气相应，悬之窗光之中而思之。"[14] 再如《悬象还神法》言："夫神生于内，春，青童子十。夏，赤童子十。秋，白童子十。冬，黑童子十。四季，黄童子十二。此男子藏神也，女神亦如此数。男思男，女思女，皆以一尺为法。画使好，令人爱之。不能乐禁，即魂神速还。"[15]

不论是守一还是存思，修炼时均需于僻静之处，"凡精思之道成于幽室"，"守一之法，始思居闲处，宜重墙厚壁，不闻喧哗之音"。修炼的效果，"关炼积善，瞑目环视形容，容象

---

[12] 王明：《太平经合校》，第 292 页。
[13] 王明：《太平经合校》，第 722 页。
[14] 王明：《太平经合校》，第 14 页。
[15] 王明：《太平经合校》，第 22 页。

若居镜中，若窥清水之影也，已为小成"。[16] 关于修炼方法有一种"画像"之法。《以乐却灾法》中有画自身像还神的具体描述：

> 悬象还，凶神往。夫人神乃生内，返游于外，游不以时，还为身害，即能追之以还，自治不败也。追之如何，使空室内傍无人，画象随其藏色，与四时气相应，悬之窗光之中而思之。上有藏象，下有十乡，卧即念以近悬象，思之不止，五藏神能报二十四时气，五行神且来救助之。万疾皆愈。男思男，女思女，皆以一尺为法，随四时转移。[17]

另外在《斋戒思神救死诀》中有画四时五行精神像的修炼方法：

> 四时五行之气来入人腹中，为人五藏精神，其色与天地四时色相应也，画之为人，使其三合，其王气色者盖其外，相气色次之，微气最居其内，使其领袖见之。先斋戒居闲善靖处，思之念之，作其人画像，长短自在。五人者，共居五尺素上为之。使其好善，男思男，女思女，其

---

[16] 王明：《太平经合校》，第 306、740、724 页。
[17] 王明：《太平经合校》，第 14 页。

画像如此矣。……此四时五行精神，入为人五藏神，出为四时五行神精。其近人者，名为五德之神，与人藏神相似；其远人者，名为阳历，字为四时兵马，可以拱邪，亦随四时气衰盛而行。其法为其具画像……[18]

这种"画像思神"的思想非常有意思，这很可能就是后来道教中明镜法的直接思想渊源。由于镜既方便又较手画像精确得多，便逐渐被道士们所采用来想象自己的尊神。《初学记》卷二十五"器物部·镜"引《刘振（根）别传》曰："以九寸明镜照面视之，曰：今日识己形，当令不忘。如此其神不散，疾患不入。"[19]《太平御览》卷七百十七亦引同书曰："思形状可以长生。以九寸明镜照面，熟视之，令自识己身形，常令不忘，久则身神不散，疾患不入。"[20]

关于刘根，《神仙传》卷八记载：

> 刘根，字君安，长安人也。少时明五经，以汉孝成皇帝绥和二年（前7年）举孝廉，除郎中。后弃世道，遁入嵩高山石室中，峥嵘峻绝，高五千丈，自崖北而入。[21]

---

[18] 王明：《太平经合校》，第292页。
[19] ［唐］徐坚等：《初学记》，中华书局，2004年，第607页。
[20] ［宋］李昉等：《太平御览》，第3179页。
[21] 胡守为：《神仙传校释》，第298页。

下文中讲述了刘根的种种奇异本领，当少室庙掾王珍向他询问如何得道的时候，刘根说："昔入山精思，无处不到。"以后刘根传授王珍"守一行气、存神先生"等道法。从这些记载来看，刘根的道法与《太平经》的关系非同一般。另外据《神仙传》的记载显示，当时精思的修炼法相当流行，伯山甫、介象、左慈甚至墨子都曾入山"精思"。《神仙传》中许多内容当然不可据为信史，但其书反复宣扬这种思想反而可以使我们相信，至迟至魏晋时期这种修炼方法即很普遍，铜镜已经被用于修炼过程。葛洪《抱朴子内篇·杂应》云：

> 或用明镜九寸以上自照，有所思存，七日七夕则见神仙，或男或女，或老或少，一示之后，心中自知千里之外，方来之事也。明镜或用一，或用二，谓之日月镜。或用四，谓之四规镜。四规者，照之时，前后左右各施一也。用四规所见来神甚多。[22]

上面所说的日月镜、四规镜均为当时道士们的存思法，而且这样的修行方法地位很高，"不出帷幕而见天下，乃为入神矣"。在这里，铜镜的作用已非同一般，应用重点也由守一转向了存思。

在镜与道教修炼方法的结合上还有一个人物同样应引起重

---

[22] 王明：《抱朴子内篇校释》，第273页。

视,此人即左慈。《后汉书·方术列传》记载:"左慈字元放,庐江人也。少有神道。"[23] 葛洪《神仙传》卷八记载:"左慈者,字元放,卢江人也。少明五经,兼通星纬,见汉祚将尽,天下乱起,乃叹曰:'值此衰运,官高者危,财多者死,当世荣华不足贪也。'乃学道术,尤明六甲,能役使鬼神,坐致行厨,精思于天柱山中,得石室内《九丹》《金液经》,能变化万端,不可胜纪。"[24] 据以上记载,左慈对精思之道及炼丹术均通晓。曹魏时期,由于方士在民间甚为活跃,曹操恐其对统治不利,便对他们采取聚而禁之的政策。左慈因此受到曹操迫害,后逃至江东,将其炼丹经书传授给葛玄,葛玄传给郑隐,郑隐又传给葛洪,这一过程在《抱朴子内篇》中记载的很明确:

> 昔左元放于天柱山中精思,而神人授之金丹仙经,会汉末乱,不遑合作,而避地来渡江东,志欲投名山以修斯道。余从祖仙公,又从元放受之。凡受《太清丹经》三卷及《九鼎丹经》一卷、《金液丹经》一卷。余师郑君者,则余从祖仙公之弟子也,又于从祖受之,而家贫无用买药。余亲事之,洒扫积久,乃于马迹山中立坛盟受之,并诸口诀诀之不书者。江东先无此书,书出于左元放,元放以授余从祖,从祖以授郑君,郑君以授余,故他道士了无

---

[23]《后汉书》,第2747页。
[24] 胡守为:《神仙传校释》,第275页。

知者也。[25]

左慈其他道术是否也同时传给了葛玄，葛洪虽然没有明确说明，但答案当没有疑问。以与镜有重要关系的分形术为例，《神仙传》卷八记载曹操拘捕了左慈，"狱吏欲考讯之，户中有一慈，户外亦有一慈，不知孰是。曹公闻而愈恶之，使引出市杀之。须臾，有七慈相似，官收得六慈，失一慈。有顷，六慈皆失。寻又见慈走入市，乃闭市四门而索之。或不识者，问慈形貌何似，传言慈眇一目，青葛巾单衣，见有似此人者便收之。及尔，一市中人皆眇一目，葛巾单衣，竟不能分"。[26]此即分形术，左慈运用得出神入化。另外该书同卷记载葛玄"尤长于治病、收劾鬼魅之术，能分形变化"。[27]同样郑隐也通晓分形术，他曾口授葛洪："欲得通神，当金水分形。形分则自见其身中之三魂七魄，而天灵地，皆可接见，山川之神，皆可使役也。"[28]葛玄、郑隐的分形术当受于左慈，且一直传至葛洪，《抱朴子内篇》云：

守玄一，并思其身，分为三人，三人已见，又转益之，可至数十人，皆如己身，隐之显之，皆自有口诀，此

---

[25] 王明：《抱朴子内篇校释》，第 71 页。
[26] 胡守为：《神仙传校释》，第 276 页。
[27] 胡守为：《神仙传校释》，第 269—270 页。
[28] 王明：《抱朴子内篇校释》，第 326 页。

所谓分形之道。左君及蓟子训、葛仙公所以能一日至数十处，及有客座上，有一主人与客语，门中又有一主人迎客，而水侧又有一主人投钓，宾不能别何者为真主人也。师言守一兼修明镜，其镜道成则能分形为数十人，衣服面貌，皆如一也。[29]

至葛洪的时候，道教内修法已经多至泛滥，正如葛洪所说："吾闻之于师云，道术诸经，所思存念作，可以却恶防身者，乃有数千法。如含影藏形，及守形无生，九变十二化二十四生等，思见身中诸神，而内视令见之法，不可胜计，亦各有效也。"[30] 葛洪一派除了重视金丹之外，对"守一"及"守玄一"两种方法也甚为推崇。《抱朴子内篇》中所记的"守一法"与《太平经》一脉相承，葛洪在其师郑隐处见到的经书中就有《太平经》。而"守玄一"也即分形术应该是由"守一"发展而来的一种修炼法术，"玄一之道，亦要法也。无所不辟，与真一同功。吾《内篇》第一名之为《畅玄》者，正以此也。守玄一复易于守真一"。[31] 从它受到葛洪格外重视来看，可能自左慈时就一直修炼。至于分形术与明镜法的结合未必是左慈所传，亦有可能由分形术传承过程中发展而来。很明显，这种分形术是人在修炼过程中出现的一种幻觉，镜的作用正可增加

---

[29] 王明：《抱朴子内篇校释》，第325—326页。
[30] 王明：《抱朴子内篇校释》，第324页。
[31] 王明：《抱朴子内篇校释》，第325页。

这种幻觉的效果。

除此之外，在魏晋时期还有一种关于镜的思想在道士中间流行，即镜的照妖作用。《抱朴子·登涉》篇曰：

> 又万物之老者，其精悉能假托人形，以眩惑人目而常试人，唯不能于镜中易其真形耳。是以古之入山道士，皆以明镜径九寸已上，悬于背后，则老魅不敢近人。或有来试人者，则当顾视镜中，其是仙人及山中好神者，顾镜中故如人形。若是鸟兽邪魅，则其形貌皆见镜中矣。又老魅若来，其去必却行，行可转镜对之，其后而视之，若是老魅者，必无踵也，其有踵者，则山神也。[32]

这种思想从何而来？福永光司认为"大概是源于《淮南子·淑真训》的（明镜）形物之性也的思想加以神化而来的"。[33] 其言可信。另外《淮南子·修务训》有"明镜之始下型，朦然未见形容，及其粉以玄锡，摩以白旃，鬓眉微毫，可得而察"[34] 的说法。"鬓眉微毫，可得而察"，镜的这种本来十分平常的物理功能后来被过分夸大，《太平御览》卷七百十七引《西京杂记》曰："高祖入咸阳宫，周行府库。有方镜九寸，

---

[32] 王明：《抱朴子内篇校释》，第 300 页。
[33] ［日］福永光司：《道教的镜与剑——其思想的源头》，刘俊文主编：《日本学者研究中国史论著选译》第七卷，第 406 页。
[34] 何宁：《淮南子集释》，中华书局，1998 年，第 1339 页。

表里（有）明。人直来照之，影则倒见。以手掩心而来，即肠胃五藏历然无碍。人有病在内，则掩心而照之，即知病之所在。女子有邪心，则胆张心动。秦始皇帝以照宫人，胆张心动者则杀之。"[35] 这里秦镜能够照出人身体的内部结构即是这种夸张的杰作。在《太平经》中，这种倾向同样十分强烈，"故是天洞明照心之镜也，不失铢分"，"古者神人自占是非，得与不得，其事立可观也，不但暗昧，昭然清白。神道至众，染习身神，正心意，得无藏匿，善者出，恶者伏，即自知吉凶之法，如照镜之式也"。[36] 值得注意的是，这里出现了"照镜之式"，似乎说明当时确实已经将镜用于修炼，但由于资料匮乏，无法作出进一步的分析。

汉末三国时期，众多方士道人"入山精思"。由于古代人烟稀少，入山会碰到种种危险，"凡为道合药，及避乱隐居者，莫不入山。然不知入山法者，多遇祸害。故谚有之曰，太华之下，白骨狼藉。皆谓偏知一事，不能博备，虽有求生之志，而反强死也。山无大小，皆有神灵，山大则神大，山小即神小也。入山而无术，必有患害。或被疾病及伤刺，及惊怖不安；或见光影，或闻异声；或令大木不风而自摧折，岩石无故而自堕落，打击煞人；或令人迷惑狂走，堕落坑谷；或令人遭虎狼毒虫犯人，不可轻入山也"。[37] 为此，入山时必须严格遵守一

---

[35] [宋] 李昉等：《太平御览》，第 3178 页。
[36] 王明：《太平经合校》，第 154、718 页。
[37] 王明：《抱朴子内篇校释》，第 299 页。

定的程序，配带入山符，携带铜镜。葛洪所见的经书中有一部专门讲入山的《入山经》。在这里，镜的清晰映照物体的功能被充分夸大，一切妖魔鬼怪均会在镜的映照下现出原形的思想应运而生，并被道士在实践中应用。这种思想后来为中国民间思想所吸收，影响甚大。

三

葛洪在郑隐那里见到的众多经书中与镜有关的道经除《入山经》外，还有《四规镜》《明镜经》《日月临镜经》等多部。其时郑隐已经年逾八十，后来预感晋室将乱，于公元302年东投霍山，不知所终。而吴国灭亡于公元280年，从时间上推测，这些经书很可能在吴灭以前就已经出现。如果是这样的话，则说明在三国时期镜用于道教修炼的理论已经完全成熟。福永光司认为："强调镜的咒术的威力，把它和神仙术的修行密切地联系起来的，是晋代的抱朴子即葛洪。"[38] 从笔者以上的分析来看，葛洪在很大程度上只是一个记录者、发扬者，而非创造者。

曾有学者认为："中国的铜镜，始终只是一种日常的生活用具，并不像日本的弥生时代和古坟时代那样把从中国输入

---

[38] [日]福永光司：《道教的镜与剑——其思想的源头》，刘俊文主编：《日本学者研究中国史论著选译》第七卷，第405页。

的铜镜当作珍宝或神器。"[39] 通过以上分析，这种观点显然难以成立。铜镜在先秦时期基本上是被视为普通之物，用于日常生活，但经过两汉谶纬神仙思想改造后，被道教应用于宗教修炼，主要形成三种思想：存神、分形及照妖。这三种思想在葛洪那里得到系统全面的记录与阐述，之后便以一种成熟的形态一直延续于中国古代文化长河之中，基本观点鲜有变化。另外还有一种关于镜的思想，即在炼丹炉上植刀和镜，它的出现可能在葛洪之后的南北朝时期，唐宋时很流行。严格地讲，这种思想是汉末三国时期业已形成的道教镜思想在炼丹中的应用。以上这些镜思想后来被六朝时期发迹于江东的道教上清派和灵宝派所继承，并在唐代时得到进一步发扬，宋代之后趋向衰落。不仅如此，道教中的镜思想还直接推动了中国古代铜镜制造技术，尤其是镜面处理技术的进步。[40] 在道教之外，大量普通铜镜背面图案、志怪小说等文学作品、建筑物避邪构件等方面都可以看到这种镜思想在社会上的广泛存在与影响。[41]

[本节原刊《山东教育学院学报》2005年第6期]

---

[39] 王仲殊：《汉代考古学概论》，中华书局，1984年，第60页。
[40] 韩吉绍：《〈道藏〉中的两种磨镜药研究》，《自然科学史研究》2005年第2期。
[41] 本节初稿曾投寄《中国道教》，后在笔者不知情的情况下被删节发表于2006年第1期，题为《铜镜与早期道教》。

贰 道教中的"镜法"

铜镜的使用在我国有悠久的历史,最早可以追溯到距今四千年前的齐家文化时期,但铜镜与道教结缘是在两汉魏晋时期。两汉之际,由于谶纬神仙思想的影响,铜镜从普通的日常生活用品摇身一变成为具有神圣性、神秘性的宝物。纬书《春秋孔录法》曰:"有人卯金刀,握天镜。"《西京杂记》卷一云:"宣帝被收系郡邸狱,臂上犹带史良娣合彩婉转丝绳,系身毒国宝镜一枚,大如八铢钱。旧传此镜见妖魅,得配之者为天神所福,故宣帝从危获济。及即大位,每持此镜,感咽移辰。"[1] 在这样一种思想背景下,铜镜与刚刚兴起的原始道教结下了缘分,道士在修炼时开始使用铜镜,这个过程的细节笔者将另撰文论述。《太平御览》卷七百十七引《刘根别传》曰:"思形状可以长生。以九寸明镜照面,熟视之,令自识己身形,常令不忘,久则身神不散,疾患不入。"[2] 到了魏晋时期,道教中形成了三种关于镜的思想,葛洪在他的《抱朴子内篇》中记载的很详细。

第一种是用镜来存思的思想。《抱朴子·杂应》篇云:

---

[1] 此据《汉魏六朝笔记小说大观》,上海古籍出版社,1999年,第81页。
[2] [宋]李昉等:《太平御览》,第3179页。

或用明镜九寸以上自照，有所思存，七日七夕则见神仙，或男或女，或老或少，一示之后，心中自知千里之外，方来之事也。明镜或用一，或用二，谓之日月镜。或用四，谓之四规镜。四规者，照之时，前后左右各施一也。用四规所见来神甚多。或纵目，或乘龙驾虎，冠服彩色，不与世同，皆有经图。欲修其道，当先暗诵所当致见诸神姓名位号，识其衣冠。不尔，则卒至而忘其神，或能惊惧，则害人也。为之，率欲得静漠幽闲林麓之中，外形不经目，外声不入耳，其道必成也。三童九女节寿君，九首蛇躯百二十官，虽来勿得熟视也。或有问之者，或有诃怒之者，亦勿答也。或有侍从为昈晔，力士甲卒，乘龙驾虎，箫鼓嘈嘈，勿举目与言也。但谛念老君真形，老君真形见，则起再拜也。老君真形者，思之，姓李名聃，字伯阳，身长九尺，黄色，鸟喙，隆鼻，秀眉长五寸，耳长七寸，额有三理上下彻，足有八卦，以神龟为床，金楼玉堂，白银为阶，五色云为衣，重叠之冠，锋铤之剑，从黄童百二十人，左有十二青龙，右有二十六白虎，前有二十四朱雀，后有七十二玄武，前道十二穷奇，后从三十六辟邪，雷电在上，晃晃昱昱，此事出于仙经中也。见老君则年命延长，心如日月，无事不知也。[3]

---

[3] 王明：《抱朴子内篇校释》，第273—274页。

第二种是照妖镜的思想,《抱朴子·登涉》篇云:

又万物之老者,其精悉能假托人形,以眩惑人目而常试人,唯不能于镜中易其真形耳。是以古之入山道士,皆以明镜径九寸已上,悬于背后,则老魅不敢近人。或有来试人者,则当顾视镜中,其是仙人及山中好神者,顾镜中故如人形。若是鸟兽邪魅,则其形貌皆见镜中矣。又老魅若来,其去必却行,行可转镜对之,其后而视之,若是老魅者,必无踵也,其有踵者,则山神也。昔张盖蹋及偶高成二人,并精思于蜀云台山石室中,忽有一人着黄练单衣葛巾,往到其前曰,劳乎道士,乃辛苦幽隐!于是二人顾视镜中,乃是鹿也。因问之曰:汝是山中老鹿,何敢诈为人形。言未绝,而来人即成鹿而走去。林虑山下有一亭,其中有鬼,每有宿者,或死或病,常夜有数十人,衣色或黄或白或黑,或男或女。后郅伯夷者过之宿,明灯烛而坐诵经,夜半有十余人来,与伯夷对坐,自共樗蒲博戏,伯夷密以镜照之,乃是群犬也。伯夷乃执烛起,佯误以烛烬爇其衣,乃作燋毛气。伯夷怀小刀,因捉一人而刺之,初作人叫,死而成犬,余犬悉走,于是遂绝,乃镜之力也。[4]

---

[4] 王明:《抱朴子内篇校释》,第300页。

第三种是用镜来分形的思想，《抱朴子·地真》篇云：

> 守玄一，并思其身，分为三人，三人已见，又转益之，可至数十人，皆如己身，隐之显之，皆自有口诀，此所谓分形之道。左君及蓟子训、葛仙公所以能一日至数十处，及有客座上，有一主人与客语，门中又有一主人迎客，而水侧又有一主人投钓，宾不能别何者为真主人也。师言守一兼修明镜，其镜道成则能分形为数十人，衣服面貌，皆如一也。[5]

南北朝时期出现了多部关于镜法的经书，其中《上清明鉴要经》《洞玄灵宝道士明镜法》以及《太上明鉴真经》这三部赖《道藏》得以保存下来，所以今天我们有幸看到书中的内容。另外《隋书·经籍志·子部》著录有道书《乾坤镜》两卷，下面又注释说："梁《天镜》、《地镜》、《日月镜》、《四规镜》经各一卷，《地镜图》六卷，亡。"[6]

我们知道，葛洪在《抱朴子·遐览》篇中著录有《四规经》《明镜经》《日月临镜经》等关于镜法的经书，前文介绍的葛洪《抱朴子内篇》中的镜法，内容正是来自他见到的这些经书。南北朝之际造作的三部书正是在这些经书的基础上完成

---

[5] 王明：《抱朴子内篇校释》，第 325—326 页。
[6] 《隋书》，第 1038 页。

的。《上清明鉴要经》[7]全面继承了葛洪总结的镜法思想，从内容上看明显有袭取《抱朴子》的痕迹，而且上清经大多于东晋中叶以后造作，陶弘景在《真诰》卷十九中有详细记载：

> 伏寻《上清真经》出世之源，始于晋哀帝兴宁二年（364）太岁甲子，紫虚元君上真司命南岳魏夫人下降，授弟子琅邪王司徒公府舍人杨某（杨羲），使作隶字写出，以传护军长吏句容许某（许谧），并第三息上计掾某某（许谧第三子许翙）。二许又更写起，修行得道。[8]

所以《上清明鉴要经》当在葛洪之后出世。该经中"神仙除百病枕药方第五"中云"槁本是老芎藭母也"，王家葵先生认为这句话是确定该经年代的关键，"按藁本与芎藭本是两药，而唐以前人多不区分，《淮南子》云：'夫乱人者，若芎藭之于槁本'，《本草经集注》好本条陶弘景云：'俗中皆用芎藭根须，其形气乃相类。'唐《新修本草》则明确说：'藁本，茎、叶、根与芎小别，以其根上苗下似藁根，故名藁本。'由此知本经必作于芎藭与藁本相混淆之六朝。"[9]这种观点很有启发性。又该

---

[7]《上清明鉴要经》见《道藏》第28册，第418—422页。
[8]《道藏》第20册，第603页。
[9] 以上观点见王家葵在2004年第三届中国道教科学技术史国际会议提交的论文《六朝隋唐五代道教医学研究所涉及部分道经年代琐证》。（笔者注：该文修订后收入姜生主编《中国科学与文明》第一辑，山东大学出版社，2010年）

文"老子白华散辟兵度世方第三"中有"若有县兵之急,兵贼见围"等语明显透露出当时社会的混乱情况,以此可知该书作于唐前当没有疑义。另外前面提及梁代著录的亡佚之作《天镜》《地镜》虽然原文无从阅览,但唐代经书《神仙炼丹点铸三元宝照法》中有铸天照、地照法,其天镜、地镜的区分主要由镜子背面的纹饰内容所决定,而且铸造时间及功能也有所不同。梁代著录的《天镜》《地镜》经很可能正是《神仙炼丹点铸三元宝照法》中镜法思想的理论渊源之一。从四部镜经并列来看,天镜、地镜似乎是与日月镜、四规镜不同的镜法。这说明在葛洪之后到梁代这一段时期镜法又有新的发展,增加了《天镜》《地镜》。《上清明鉴要经》中的镜法综合了魏晋时期出现的镜法,包括日月镜与四规镜,而独没有天镜、地镜,从这个角度来看,该经很可能最晚在梁代之前就已经存在,当然这种说法目前只是一种推测,尚需更多的材料才能将问题解释清楚。

《洞玄灵宝道士明镜法》[10]的内容明显抄袭了《上清明鉴要经》中的《作明镜法经第一》及《真人道士磨镜经第二》,抄文中脱字、句及讹字有多处,如《上清明鉴要经》中有"见好神童玉女年十五六""修明镜有三童九女"等,《道藏》及《四库全书》本的《云笈七签》中的内容均与此同,而《洞玄灵宝道士明镜法》中则为"见好神童玉女年五六""修照镜有三童

---

[10]《洞玄灵宝道士明镜法》见《道藏》第 32 册,第 326 页。

九女"等等，这些明显属于传抄过程中的疏漏。经书造作时互相袭取的现象在《上清经》《灵宝经》造作过程中的东晋后期至南北朝初期带有普遍性，据《真诰》卷二十介绍，葛巢甫造《灵宝经》时曾取《上清经》相杂糅。笔者猜测该经的造作不会太晚于《上清明鉴要经》，当也在唐以前。

从思想逻辑来看，《太上明鉴真经》[11]的成书要晚于以上两部经，但不会迟于隋朝。该经的作者称"某年某月某日某州某郡某县某乡里道士某以老子四规明镜要诀授学者某州某郡某县某乡某里某"，《云笈七签》中无"某郡"二字，似为脱漏。中国古代州郡县三级行政区划并行的制度存在于魏晋至隋前的这一段时期，隋初废郡，之后有多次反复，逐渐形成一种新的三级制行政区划。[12]所以朱越利称该经"当出自南北朝"[13]是可信的。

这三部经书一方面继承了魏晋时期形成的镜法思想，另一方面又有所发展。《上清明鉴要经》中的《作明镜法经第一》分为两部分，前面一部分介绍了用镜来存思的过程，从修炼的场所、环境、修炼者坐的方位、修炼时间，以及修炼过程中出现的各种反应、现象等方方面面均作了详细交代，与《抱朴子》相比，更具操作性。后半部分则介绍了分形术的修炼方法，其中最引人注意的是分形术的威力与葛洪时相比已不可同

---

[11]《太上明鉴真经》见《道藏》第28册，第422—425页。
[12] 陈仲安、王素：《汉唐职官制度研究》，中华书局，1993年。
[13] 朱越利：《道藏分类解题》，第123页。

日而语,《抱朴子·地真》篇中云"师言守一兼修明镜,其镜道成则能分形为数十人",而本经中则说"令子分形万千"。关于镜的照妖作用经中第二部分《真人道士摩镜经第二》有所涉及,但大抵是引述《抱朴子》中的语言,基本上没有发展。

稍晚的《太上明鉴真经》中的镜法明显趋于复杂,这种情况是道教发展过程中戒律繁多的必然结果。经中首先概括了镜法的种种功能:"此道分身散形,以一为万,立成六军,千亿里外,呼吸往还,乘云履水,出入无间。天神地祇,邪鬼老魅,隐蔽之类,皆可见也。审其精思,逆见方来。"这些功能比《上清明鉴要经》明显又有增加。下面接着叙述了修炼之前必须遵守的种种繁琐禁忌:"行明镜勿入丧家产乳之中,精衣香熏沐浴五香并饮兰桂之液,无食熏辛之物,绝弃腥臊,无近妇人。"另外《抱朴子·杂应》中已经出现了日月镜与四规镜的些许区别:"明镜或用一,或用二,谓之日月镜。或用四,谓之四规镜。四规者,照之时,前后左右各施一也。用四规所见来神甚多。"[14] 在本经中,这种区别被夸大,日月镜与四规镜成为两种不同层次的镜法:

老子曰:"以九寸镜各一枚侠其左右,名曰日月,亦以延年矣。若欲分身散形,坐在立亡,上升黄庭,长生不死,役使百灵,入水、入火、入金、入石、入木、入土,

---

[14] 王明:《抱朴子内篇校释》,第273页。

飞行在意者，当用吾四规镜。若但欲逆知吉凶，日月足矣。"

对于镜的照妖作用《太上明鉴真经》中也有所涉及："欲治病人及入大山，恐山神及百鬼试人者，以一规着户上，一器华水着下，拔刀剑横水上，以刀向外，百鬼不前。"这种思想后来发展成炼丹时于炉旁置刀和镜。《道枢》卷二十九《上清金碧篇》云："……置于八卦之炉。八卦者，八角是也，其阔一尺二寸，其高上如之。八方各植剑，系镜于剑之端。"同书卷三十三《参同契中篇》亦云："……四面植刀，应乎四时也。八方复悬镜焉……"[15] 这种做法当是镜的思想在外丹术中的应用，思想上没有超出前文中的理论框架。

唐代前期比较有影响的关于镜的经书当属上清派大道士司马承祯的《上清含象剑鉴图》，他在书中说："夫四规之法，独资于神术，千年之奇唯求于乌影，含光写貌，虽视其仪，尚象通灵，罕存其制。而鉴之为妙也，贞质内凝，湛然惟寂，清晖外莹，览焉遂通，应而不藏，至人之心。愈显照而无影，精变之形斯复，所谓有贞明之道也。"[16] 这种思想与庄子等先秦道家思想的关系非常密切，日本学者福永光司对此有精辟论述。[17] 经中画有几幅镜图，另外在《上清长生宝鉴图》中也画有一些

---

[15]《道藏》第 20 册，第 753、782 页。
[16]《道藏》第 6 册，第 683 页。
[17] 见［日］福永光司：《道教的镜与剑——其思想的源头》，刘俊文主编：《日本学者研究中国史论著选译》第七卷，中华书局，1993 年。

镜图，这些镜图与许多出土铜镜的纹饰非常相似，其中的镜铭"百炼神金，九寸圆形，禽兽翼卫，七曜通灵，鉴包天地，威伏鬼精，名山仙佩，奔轮上清"，[18] 这明显是上清派传统思想的流传。在唐代末年，铜镜在道教中仍然有很重要的作用，甚至道士需要亲自参与制造，《神仙炼丹点铸三元宝照法》就是主要记载铜镜铸造的经书。[19] 此时的天照、地照及人照等已是威力倍增、无所不能了。其天照"铸成若遇五星失度，彗孛出天，霜雹霖旱，开此照斋洁虔诚，助威扬德，奇灾自殄"；地照"铸成若遇地动山川崩裂，虫蝗稼穑不登，津梁阻塞，开地照虔诚严洁，修德助威，其灾自灭"；人照"铸成若遇干戈未偃，兆民疫疠，开此照洁诚祈祭，灾疠自息"，且"若人照非时，有光突辉出匣，随其所指之方，必有妖叛之孽，可御之无能动作，四夷来宾寰宇廓清也"。还有一点需要注意，天镜、地镜与日月镜、四规镜的区分标准有所不同，它抛弃了以镜子数量及摆放位置来命名镜法的传统做法，而代之以镜子的纹饰题材及铸造时间。

另外在唐宋时期的其他一些经书中还有一些零碎的镜法资料，如《金锁流珠引》中有用七面铜镜来存思的方法："常以一年之中取中元日，排镜七面，可为一尺八寸阔，照身中神，看有七魄。"[20] 这种法术在理论上仍是延续旧例，少有突破。唐

---

[18]《道藏》第 6 册，第 679 页。
[19] 该书见《道藏》第 18 册，第 649—652 页。
[20]《道藏》第 20 册，第 398 页。

代之后，由于外丹术衰落，儒释道杂糅的内丹术兴起，镜的思想在道教法术中的地位也随之下降，但并没有消失，其中一些流向世俗，明清许多小说等文学作品中出现有照妖镜。这种转移到民间的镜的思想直到现在仍在一些地方流传。

［本节原刊香港期刊《弘道》2005年第1期］

叁 《道藏》中的两种磨镜药研究

一 中国古代磨镜药之谜

我国使用铜镜有悠久的历史，早在四千多年的齐家文化时期墓葬中即已发现两枚铜镜。[1]另外，中国历史博物馆也藏有一面齐家文化铜镜。[2]至春秋战国时期，铜镜的使用开始进入普及阶段。古代铜镜流传至今的多不胜数，其中绝大多数系由考古出土。通过对这些铜镜分析发现，其表面常覆盖有一层特殊物质，颜色多种多样，常见的有漆黑色、绿黑色、灰黑色、灰白色等，即通常所说的"黑漆古""绿漆古""铅背""水银沁"等。铜镜表面这层特殊物质早在宋代时就引起一些学者注意，也出现了几种相关的解释。[3]但由于缺乏现代技术手

---

[1] 齐家文化铜镜至今共发现两面：一面为素镜，1975年出土于甘肃广河齐家坪；另一面为七角星纹镜，1976年出土于青海贵南尕马台。
[2] 石廉：《齐家文化铜镜》，《中国文物报》1987年7月10日。
[3] 何堂坤先生在其《中国古代铜镜的技术研究》（紫禁城出版社，1999年）一书中总结了这些解释：（1）接触条件说。如宋代赵希鹄《洞天清禄集·古钟鼎彝器辨》认为："铜器入土千年，纯青如铺翠……间有如蚀处，或穿或剥"，"铜器坠水千年，则纯绿色而莹如玉；未及千年，绿而不莹，其蚀处如前"，"传世古，则不曾入水土，惟流传人间，（转下页）

段，这些观点多属经验性猜测。真正对这一问题进行深入的研究是从二十世纪三十年代国外学者中开始的，国内的相关研究是在新中国成立后，尤其是八十年代后。学者通过对各个时期铜镜的镜面检测，发现大部分铜镜表面存在一种非常相似的现象，即镜面一薄层区域内铜锡两种元素的含量与镜体比较存在很大差异。我们知道，铜镜主要由铜锡两种合金铸造而成。通过统计分析，汉唐时期铜镜中锡的含量一般在20%—30%之间，宋代之后的铜镜锡含量多在10%以内，铜的含量在以上两个时期大多均在70%以上。而在表面层中却出现锡含量急剧升高的锡富集现象，同时铜的含量由镜表至镜体逐渐升高，相反，锡的含量则由镜表至镜体逐渐降低。[4] 围绕这一问题学者们展开了热烈讨论，至今不休。大体上可以分为两类观点：

（接上页）色紫褐而有朱砂斑，甚者其斑突起，如上等辰砂。"明初曹昭《格古要论》卷八也有类似的观点："铜器入土千年，色纯青如翠；入水千年，色纯绿如瓜，皆莹润如玉；未及千年，虽有青绿而不莹润。"（2）合金成分说。明代的方以智《物理小识》则认为："铜剂多，久则绿，更久则翠，因汞气乃生朱砂水银；其铜剂多者，久则黯绿，更久则黑，或如漆；今渐生者遇地气或盐醋气，铜地日变，生色与铜地所变之色异也。"（3）铜质清杂说。清代学者谷应泰在《博物要览》认为："余思铸铜之时，铜质清莹不杂者多发青，质之浑杂者多发绿。譬之白金，成色足者作器纯白，久乃成黑色，不足者久则成红、成绿，此论质不论制，理可推矣。"

[4] 何堂坤：《关于古镜表面透明层的科学分析》，《自然科学史研究》1985年第3期；何堂坤：《鄂城铜镜表面分析》，《自然科学史研究》1987年第2期；何堂坤：《几面表层黑漆古的古铜镜之分析研究》，《考古学报》1987年第1期；何堂坤执笔：《汉代铜镜的成分与结构》，《考古》1988年第4期；何堂坤：《中国古代铜镜的技术研究》，第32—49、198、219页。

人工处理说与自然腐蚀说。实质上问题的焦点在于磨镜药问题上。铜镜虽然由高锡青铜铸造，但铸成之后并不能直接用于映照，必须经过表面处理，即用磨镜药将镜面处理至清晰可鉴的程度。宋代之前记载磨镜药的史料十分罕见，学者多认为仅见于《淮南子·修务训》：

> 明镜之始下型，蒙然未见形容，及其粉以玄锡，摩以白旃，鬓眉微豪，可得而察。[5]

这一条记载十分模糊，"玄锡"究竟为何物不得而知。[6] 宋代之后关于磨镜药的记载逐渐增多，如宋赵希鹄《洞天清禄》云："以水银杂锡末，即今磨镜药是也。"[7] 明刘基《多能鄙事》卷五："磨镜药：白矾（六钱），水银（一钱），白铁（一钱），鹿角灰（一钱，即）。右将白铁为砂子，用水银研如泥，淘洗白，入鹿角灰及矾，研极细用，如色青，再洗令白。"[8] 明冯梦祯《快雪堂漫录》："铸成后开镜药：好锡一钱六分，好水银一钱。先熔锡，次投水银，取起，入上好明矾一钱六分，研细听

---

[5] 何宁：《淮南子集释》，第1339页。
[6] 对"玄锡"的解释先后出现多种观点，有水银说、铅说、铅汞说以及锡汞齐说。但这些观点均属推测，目前尚没有发现确凿的证据来说明"玄锡"的真正成分，需要进一步研究。
[7] 《全宋笔记·第七编》二，大象出版社，2016年，第22页。
[8] [明] 刘基：《多能鄙事》，明嘉靖四十二年范惟一刻本。

用。"[9]明末方以智的《物理小识》卷八"铸条"亦云:"今磨镜之药,乃锡汞也。"[10]《古今秘苑》卷十一:"磨镜丹药:水银一两,上好锡夏秋七分,春冬八分,明矾夏秋一钱二分,春冬一钱半。先将锡熔化,入水银搅匀,冷定,同矾研细如飞面,大略要不起霜,矾少为妙,加鹿顶骨更妙。一云鹿角烧灰。"[11]

近年来,随着研究的深入,以前众多的观点逐渐集中到两种解释:腐殖酸说与锡汞齐说。腐殖酸说最早在二十世纪初期由西方学者盖顿斯(R. J. Gettens)提出,当时只是一种理论设想。近些年来一些学者通过模拟试验证明了盖顿斯的设想,认为黑漆古铜镜是镜体与土壤中的腐殖酸长期作用的结果。[12]而锡汞齐说则以古代文献记载为立足点,认为战国至明清的铜镜均是以锡汞齐来处理表面的,镀锡层的自然腐蚀才是导致黑漆古镜及其他各种镜的根本原因。[13]

---

[9] [明]冯梦祯:《快雪堂漫录》,四库全书本。
[10] [明]方以智:《物理小识》,清光绪宁静堂刻本。
[11] [清]墨磨主人编:《古今秘苑》,哈佛大学藏十二桐楼刻本。
[12] 孙淑云等:《土壤中腐殖酸对铜镜表面"黑漆古"形成的影响》,《考古》1992年第12期;孙淑云等:《铜镜表面"黑漆古"中"痕像"的研究——"黑漆古"形成机理研究之二》,《自然科学史研究》1996年第2期;马肇曾等:《腐殖酸使锡青铜镜表面生成黑漆古的研究》,《考古》1994年第3期;马肇曾等:《多元酚类使铜镜产生黑漆古及黑漆古结构——铜镜黑漆古的研究(Ⅱ)》,《考古》1994年第11期。
[13] 何堂坤:《中国古代铜镜的技术研究》,第230—252页;何堂坤:《也谈腐殖酸与"黑漆古"镜表面呈色的关系》,《自然科学史研究》1996年第2期;陈玉云等:《模拟"黑漆古"铜镜试验研究》,《考古》1987年第2期。

但这两种观点均有难以解释的盲点：前者完全抛弃史料记载，试图以模拟环境的方法得出一个普遍的结论，但是这种观点只将注意力放在模拟环境上，却忽视了模拟古铜镜镜面原始状况的首要前提，而且模拟的结果与实际情况也并非完全吻合；后者则无法解释出土铜镜何以几乎均检测不到汞存在的事实，[14] 而且由于宋代之前缺少史料，因而在史料的运用上有以后证前的嫌疑。笔者在研究《道藏》的过程中发现其中有两则详细的磨镜史料，在下文中拟进行详细讨论，以期为解决争论已久而未决的磨镜药问题提供一条新线索。

二 《道藏》中的磨镜药讨论

1.《上清明鉴要经》与《洞玄灵宝道士明镜法》的成书年代

记载这两则史料的《上清明鉴要经》[15] 及《灵宝道士明镜法》[16] 两部经书均收录于《道藏》中。

《上清明鉴要经》的成书年代，祝亚平认为大约是在南北

---

[14] 何堂坤在《中国古代铜镜的技术研究》（第 197—220 页）中用扫描电镜法共分析铜镜 72 面，其中早期铜镜 2 面，黑漆古 10 面，绿漆古、铅背、透明面、玉状斑、草黄色表面共 15 面，水银沁 11 面，宋后镜 24 面，时代上涵盖了从春秋战国至明清的主要王朝，结果显示仅有 2 面宋镜及 1 面金代镜检测有汞，含量分别为 2.527%、4.817%、15.002%。其他学者也做过一些检测，但很少在铜镜中发现有汞。

[15] 《道藏》第 28 册，第 418—422 页。

[16] 《道藏》第 32 册，第 326 页。

朝时期，[17] 但没有提出证据。我们知道，葛洪在《抱朴子内篇》的《地真》《杂应》和《登涉》等篇对他之前的镜法有详细的记载，这些内容来自他见到的《四规经》《明镜经》《日月临镜经》三部经书，"上清明鉴要经"的题名与《明镜经》明显有因袭关系，在内容上也明显有袭取《抱朴子》的痕迹，而且上清经大多于东晋中叶以后造作，陶弘景在《真诰》卷十九中有详细记载：

> 伏寻《上清真经》出世之源，始于晋哀帝兴宁二年（364）太岁甲子，紫虚元君上真司命南岳魏夫人下降，授弟子琅邪王司徒公府舍人杨某（杨羲），使作隶字写出，以传护军长吏句容许某（许谧），并第三息上计掾某某（许谧第三子许翙）。二许又更写起，修行得道。[18]

因此《上清明鉴要经》当在葛洪之后出世。另外该经中"神仙除百病枕药方第五"中云"藁本是老芎䓖母也"，王家葵认为这句话是确定该经年代的关键，"按藁本与芎䓖本是两药，而唐以前人多不区分，《淮南子》云：'夫乱人者，若芎䓖之于藁本'，《本草经集注》好本条陶弘景云：'俗中皆用芎䓖根须，其形气乃相类。'唐《新修本草》则明确说：'藁本，茎、叶、

---

[17] 祝亚平：《道家文化与科学》，中国科学技术大学出版社，1995年，第297页。
[18]《道藏》第20册，第603页。

根与劳小别，以其根上苗下似蘼根，故名蘼本。'由此知本经必作于芎䓖与蘼本相混淆之六朝。"[19] 又该文"老子白华散辟兵度世方第三"中有"若有县兵之急，兵贼见围"等语明显透露出当时社会的混乱情况，以此可知该书作于唐前当没有疑义。又《隋书·经籍志·子部》著录有道书《乾坤镜》两卷，下面的注文称："梁《天镜》、《地镜》、《日月镜》、《四规镜》经各一卷，《地镜图》六卷，亡。"由于经书亡佚，《天镜》《地镜》的具体内容我们已不得而知，从四部镜经并列来看，天镜、地镜似乎是与日月镜、四规镜不同的镜法。唐代经书《神仙炼丹点铸三元宝照法》中有铸天照、地照法，其天镜、地镜的区分主要由镜子背面的纹饰内容所决定，而且铸造时间及功能均有所不同。梁代著录的《天镜》《地镜》经很可能正是《神仙炼丹点铸三元宝照法》中镜法思想的理论渊源之一。这说明在葛洪之后到梁代这一段时期镜法又有新的发展，增加了《天镜》《地镜》。《上清明鉴要经》中的镜法综合了魏晋时期出现的镜法，包括日月镜与四规镜，而独没有天镜、地镜。从这个角度来看，该经很可能在梁代之前就已经存在。当然这种说法目前只是一种推测，尚需更多的材料才能将问题解释清楚。

至于《洞玄灵宝道士明镜法》明显抄袭了《上清明鉴要

---

[19] 以上观点见王家葵在第三届中国道教科学技术史国际会议提交的论文《六朝隋唐五代道教医学研究所涉及部分道经年代琐证》，该文没有发表。（笔者注：该文修订后收入姜生主编《中国科学与文明》第一辑，山东大学出版社，2010年）

经》中的《作明镜法经第一》及《真人道士磨镜经第二》，抄文中脱字、句及讹字有多处，如《上清明鉴要经》中有"见好神童玉女年十五六""修明镜有三童九女"等，《道藏》及《四库全书》本的《云笈七签》中的内容均与此同，而《洞玄灵宝道士明镜法》中则为"见好神童玉女年五六""修照镜有三童九女"等等，这些明显属于传抄过程中的疏漏。经书造作时互相袭取的现象在《上清经》《灵宝经》造作过程中的东晋后期至南北朝初期带有普遍性，据《真诰》卷二十介绍，葛巢甫造《灵宝经》时曾取《上清经》相杂糅。笔者猜测该经的造作不会太晚于《上清明鉴要经》，当也在唐以前。

2.《上清明鉴要经》与《洞玄灵宝道士明镜法》中记载的磨镜药方

《上清明鉴要经》中的药方如下：

> 昔有摩镜道士游行民间，赁为百姓摩镜，镜无大小，财费六七钱耳。不以他物摩也，唯以药涂而拭之，而镜光明不常有。……是以道士有摩镜之药，药方出于白子高。方以锡四两，烧釜猛下火，令釜正赤，与火同色，乃内锡末，又胡粉三两合内其中。以生白杨刻作人，令长一尺，广二寸，厚一寸，其后柄长短在人耳。以此搅之，手无消息，尽此人七寸。又复内真丹四两，胡粉一两，复搅之，人余二寸。内摩镜锡四两，搅令相得。欲用时，末如

胡豆，以唾和之，得腽脂为善。又以如米者，于前齿上嘘之后，以唾傅拂其上，以自拂之，即明如日月。[20]

以上整个过程可以分为四步：

（1）将锡熔化，锡的熔点为237℃，放到烧红的釜中当极易熔化。

（2）加入胡粉后用杨木搅拌。

胡粉即铅粉，其成分为碳酸铅（$PbCO_3$）或碱式碳酸铅[$Pb(OH)_2 \cdot 2PbCO_3$]，加热后易分解生成氧化铅（PbO），氧化铅可进一步与变成炭的杨木进行反应生成单质铅。这一过程的化学反应式为：

$$PbCO_3 = PbO + CO_2 \uparrow$$

$$或 Pb(OH)_2 \cdot 2PbCO_3 = 3PbO + H_2O + 2CO_2 \uparrow$$

$$2PbO + C = 2Pb + CO_2 \uparrow$$

（3）加入真丹、胡粉用杨木搅拌。

真丹为道士烧炼成的丹药，据赵匡华先生考证，以硫黄、水银合炼丹砂的时间当始于隋末唐初之际，隋以前推崇铅汞大丹。《参同契》云："以金（铅）为堤防，水（水银）入乃优游。……二者以为真，金重如本初。"《参同契》所烧炼的第一

---

[20]《道藏》第28册，第418页。笔者引用时根据《四库全书》本《云笈七签》做了修订。这一则磨镜材料最早由祝亚平在其《道家文化与科学》（第294—298页）一书中引用讨论，笔者的分析参考了他的解释。

种丹——"黄舆"即为铅汞齐。隋以前能被称作"真丹"者，一般为铅汞的氧化物混合而成，其成分主要为氧化铅（PbO、Pb_3O_4 等）、氧化汞（HgO），这些化学药品加热后均可分解。氧化铅的反应在上一步中已经介绍，氧化汞在稍高于汞的沸点时（汞的沸点为356.58℃）也可以分解，未挥发的一部分溶入铅锡形成铅锡汞齐。这一过程氧化汞的化学反应式为：

$$2HgO + C = 2Hg + CO_2\uparrow$$
$$或 HgO + CO = Hg + CO_2\uparrow$$

（4）再加锡熔化。

以上反应过程若温度控制得当，最后产物应该是锡、铅和汞的混合物，其中汞的含量可能不高。原文中有形象的描述，"得腽脂为善"。"腽"，《玉篇·肉部》解释为："腽，久脂也。"也就是说放了很久的油脂，这应当是反应产物冷却之前的状态，也即涂镜应该在锡、铅和汞合金冷却之前进行，如《抱朴子神仙金汋经》中有"用之（道士烧炼的金丹）涂九剑也，如涂物，可用新烧未凝时涂之"，"用新烧未凝时涂之"之法正与涂镜的过程相同。这里出现的磨镜药是目前所知古代最早关于用"汞齐"来处理镜面的确切文献记载，而且也是最详细的。[21] 用这种"腽脂"状的"汞齐"来处理镜面，效果应该不

---

[21] 华自圭等认为，中国古代最早记载"锡铅汞齐"作为钎料的著作是明末学者方以智的《物理小识》，其文为："水银、铅、锡三合亦成焊药。"经过模拟试验证明，这是一种性能优良的低温钎料（转下页）

错。至于这种效果能保持多久，需要实验来证明，学者对此意见不一。鄂州市博物馆的董亚巍先生通过镜面镀锡汞齐实验发现，由于汞的扩散，镜面很快就会发雾以致难以使用。

《洞玄灵宝道士明镜法》中的药方如下：

> 昔有摩镜道士，赁为百姓摩镜，财责六七。镜无他法，唯以药涂拭之，而镜明。……道士摩镜药方出白子高经中。向得摩镜人云，药用锈锭，边有铁，锽（黄）赤者好。打铁人烧锈锭，打之即出。鏊铁亦有之，名赤渣，是取之于铁白中，热捣细筛，用帛子箩过，又用蛇黄，亦捣细筛，用生油和此二物即是药也。[22]

引文中的"锽（黄）赤者""赤渣"等物即是铁锈，其成分主要为Fe_3O_4；"蛇黄"又名"蛇含石"，其主要成分为含水的Fe_2O_3。这两种铁锈混合物的碎屑明显是作为一种研磨剂来使用

（接上页）（见华自圭、徐建国：《中国古代低温钎料"锡铅汞齐"的研究》，《自然科学史研究》1991年第1期）。从《上清明鉴要经》的记载来看，这种观点应该被推翻。实际上，由于方士及道士们变炼黄金白银的黄白术与修炼成仙丹药的炼丹术的丰富经验，汞与银铜铁锡的合金很可能在外丹术的早期就被充分认识（对金汞合金的认识更早），如《神农本草经》中水银条下记载："杀金、银、铜、锡毒，熔化还复为丹。"成于汉代的《太清经天师口诀》中有消铅锡水银法；南北朝时期的《太极真人九转还丹经要诀》中有锡汞炼白银法；唐代时甚至将一种锡汞银的合金用于补牙。所以《上清明鉴要经》中磨镜药方的出现并非偶然，有道士丰富的炼丹实践作为基础。

[22]《道藏》第32册，第226页。

的，与前文的药方有本质的区别。在古代，铁锈是一种较常见的研磨剂，陶弘景（456—536）《本草经集注》铁精条注："铁精，出煅灶中，如尘，紫色，轻者为佳，亦以摩莹铜器用也。"摩莹铜器云云正与《洞玄灵宝道士明镜法》中的用法相同。

3. 两种磨镜药与白子高药方

以上两种磨镜药完全不同，但有意思的是二者均称药方出自"白子高"经中，而《云笈七签》中则为"药方出于帛子"。古代"白"与"帛"同音，均由"傍""陌"切，所以有时会通用，如《抱朴子·祛惑》篇云："乃复有假托作前世有名之道士者，如白和者。"[23] 道教中并无"帛子"其人，至于帛和乃是汉代人，与《太平经》的传授有重要关系，于炼丹一事似无瓜葛。因此《云笈七签》中的"帛子"当为"白子高"的漏写。[24]

---

[23] 王明：《抱朴子内篇校释》，第 350 页。
[24] 白子高究竟为何人也有待考证。宋代郭茂倩所编的《乐府诗集》卷六十三收有魏晋诗人傅玄一首题为《云中白子高行》的乐府诗，其文为："陵阳子，来明意，欲作天与仙人游……"，按其意，白子高似为陵阳子。陵阳子的身世目前也不清楚，但毫无疑问他是一位卓有成就的炼丹家。《隋书》卷三十四录中有《陵阳子说黄金密法》一卷；《旧唐书》卷四十七录有《陵阳子秘诀》一卷，题明月公撰；《新唐书》卷五十九也收录了这本经书；另外《通志》卷六十七录有《四家要诀》一卷，记刘向、陵阳子、抱朴子、狐刚子所记炼丹事。若白子高果真即为陵阳子，而且《上清经鉴要经》和《洞玄灵宝道士明镜法》记载属实的话，那么磨镜药的年代要早于经书年代，即最晚在晋代之前已经出现，至于当时是否将这一药方用于磨镜仍需考证。以上观点尚无其他证据，还需要进一步的研究。

这种情况有两种可能:

(1) 二者所言均属实，但由于其他原因，两部经书各记了白子高经中药方的一部分，也即两种磨镜药方合起来才是真正的白子高经中的药方，其中铁渣用以打磨，锡汞齐用以外镀。学者一般认为镜子铸造出来后首先要对镜面进行机械加工，所用的方法是切削、刮削及研磨等，然后再镀锡。[25]另外，山东大学宗教、科学与社会问题研究所的容志毅博士认为，文中所给文字应是先作涂药，再以唾液和"胡豆"大小之铅锡汞齐颗粒，使其涂覆于作为坯体的低锡镜体上，再以"如米大者"之小颗粒，吹拂于粗糙如齿形的胡豆颗粒间隙中（如《淮南子》之"粉以玄锡"，"玄"可解作铅），然后将覆盖这样一层铅锡汞齐颗粒的镜体放入炉内，再以猛火煅烧。这时，表面的铅锡汞齐颗粒便受热熔化，其中的汞由于"猛火"之故，大部分被挥发掉了，而铅锡齐则黏附于镜面上，体积较大的镜体因适当控制加热温度和时间而未被熔化，于是便得到了铜镜表面涂覆着铅锡齐的铜镜。然后再用下面《洞玄灵宝道士明镜法》中的铁锈粉末打磨（如《淮南子》的"摩以白旃"），如此，即可获"明如日月"般光洁明亮的镜面了。这里的诀窍在于短时猛火，这也就不难理解方中以"其火欲猛"为不传之秘的缘由了。如此，前面一条是涂覆之药，而下面一条记载的乃是细磨之药，

---

[25] 何堂坤:《中国古代铜镜的技术研究》，第183页；凌业勤:《中国古代传统铸造技术》，科学技术文献出版社，1987年，第287—289页。

二药各司其职，以共济镜面之鉴人须眉。考古发掘的铜镜表面之高锡层，实是以锡汞齐熔化并将汞挥发后再"拂拭"的结果。此法与汉代之"涂杖法"亦颇多相似之处，可名之为"涂镜法"。以上两种情况似乎均可以解释以上推测，但与铜镜表面成分检测结果有一定差距，未必尽合历史事实，而且这种推测与《洞玄灵宝道士明镜法》抄袭《上清明鉴要经》的判断相矛盾。

(2)《洞玄灵宝道士明镜法》中药方非白子高药方，而是另有来源，理由有三：

(i) 经书被道士奉为至宝，特别是早期的炼丹道士。炼丹术仅在师徒间盟誓而传，以后虽不仅限于师徒间传授，但仍有严格的程序，特别是重要的口诀多口口相传。以葛洪为例，葛洪虽然与其师郑隐关系非同一般，但经过很长一段时间的考察后，郑隐才将一些重要的金丹著作给葛洪研读，而郑隐其他众多的弟子则无此缘分了。至于抄袭别派的秘本经书更非轻而易举。同时有材料证明，在《上清经》和《灵宝经》这两组经书造作的过程中，双方均有抄袭对方之举，上文的葛巢甫即是，所以问题很可能就出现在《洞玄灵宝道士明镜法》抄袭《上清明鉴要经》的过程中。

(ii)《上清明鉴要经》中说到道士磨镜"不以他物摩也，唯以药涂之而拭之"，言外之意似乎说明当时还有其他的磨镜药方，而道士特别强调自己独有的特效药，而这种药方是在当时炼丹术中产生出来的。古代史书中记载的磨镜药不仅仅限于一种。用锡汞齐来磨镜的记载最多，前文已经提及。如此多的记载致使许多学者认为磨镜药非锡汞齐莫属了，实际上应该有其他的磨镜药。宋代苏轼在他的《东坡志林》中记载："(樊山)有洞穴，土紫色，可以磨镜。"[26] 这种紫色的土应当是一种硬度较高的矿物粉粒，这足以说明直到宋代仍在使用研磨剂磨镜。《洞玄灵宝道士明镜法》中的铁锈粉末很可能是由于没有得到《上清明鉴要经》中至秘的磨镜药方，于是造经者便补以当时比较普遍使用的磨镜药。原文中已经透露出些许信息，《上清明鉴要经》中文为："是以道士有摩镜之药，药方出于白子高。方以……"；而《洞玄灵宝道士明镜法》中则为："道士摩镜药方出白子高经中。向得摩镜人云……"，也即它的药方并非直接来自白子高经书中，而是出自另一磨镜人之口。基于这种逻辑来考虑，仍将两种药方作为两道不同工序的磨镜药来解释似乎不大恰当。

(iii) 众多出土铜镜的分析中极少有检测到汞的，这是用锡汞齐磨镜无法回避却又难以解释的问题。鄂州市博物馆的董亚巍先生做过模拟试验，[27] 具体过程如下：取四块碎镜片镀上锡汞齐，第一块镀一层，第二块镀两层，第三块、第四块依次递增。镜片合金成分为：Cu68%、Sn24%、Pb8%；锡汞齐的

---

[26] [宋] 苏轼：《东坡志林》，王松龄点校，中华书局，1981年，第75页。
[27] 该试验过程及表格均引自董亚巍的《"锡汞齐"与"水银沁"镜》，该文没有正式发表，见于鄂州市博物馆网站，笔者引用时经过董先生证实。

比例为：Sn70%、Hg30%(wt%)。镀完以后将四块镜片放在300—400℃的环境中约16小时，然后检测镜片，结果见表1：

表1　锡汞齐镀镜分析报告（wt%）

样品编号	分析部位	铜	锡	铅	汞	铁	硅	铝	注
Shh1	表	70.41	24.55	3.20	1.84				镀1层
Shh2	表基	63.24 70.77	23.84 22.74	7.93 4.30	2.63 0	0.97 0.83	0.34 0.22	1.06 1.16	镀2层
Shh3	表表	57.24 58.46	25.46 26.07	5.89 6.00	9.00 9.47	0.64	0.62	1.14	镀3层
Shh4	表	56.41	24.38	7.44	9.40	0.93	0.58	0.85	镀4层

表1数据表明，汞的含量随镀层的增加而升高，即使镀一层的镜片汞的含量也很明显。汞在常温下一般很稳定，要自然蒸发很困难。另外我们可以与鎏金器相比较。众所周知，一件器物表面是否鎏金，其表层中是否含有汞是一个重要依据。北京钢铁学院化学教研室的钱振朋等人将搜集到的部分鎏金器及残片做了光谱定性分析，结果显示所检测的器物均含有汞；另外又将两件鎏金铜片由有色金属研究院电子探针室采用电子探针鉴定，发现残留的汞均匀分布在金层中。[28] 国外曾有人做过汞镀金属器物的温度实验，将一片汞镀金试样加热到500℃，保温24小时，光谱检测仍有汞残留。[29] 如果铜镜表面使用锡

---

[28] 北京钢铁学院冶金史组：《鎏金》，《中国科技史料》1981年第1期。
[29] 凌业勤：《中国古代传统铸造技术》，第36页。

汞齐来外镀的话，应该也有汞的残留，而在众多的技术分析中只有极个别的检测到有汞。对此有学者认为这主要是因为残存的汞含量不高，用扫描电镜分析时容易为铅强度线所掩盖，[30]而且即使检测有汞也应该仔细对待，首先要确定铜镜的时代，其次要看该铜镜是否鎏金镜，因为鎏金镜最迟在西汉就已出现。

三 结 论

根据《道藏》中的磨镜药史料以及以上分析，笔者试作以下推论：

（1）至晚在南北朝时期中国已经发明了用锡汞齐镀镜的技术。[31]根据笔者所掌握的资料来看，该项技术很可能是方士或道士在炼制黄金白银、金丹大药的过程中发展起来的，而且所用合金配方并不十分固定，这与外丹术的发展水平密切相关。关于这一问题笔者将另撰文讨论。

（2）在宋代之前，用锡汞齐磨镜的技术仅仅在部分炼丹道士中应用流传，而大部分铜镜仍用物理方法研磨打光，研磨

---

[30] 何堂坤：《中国古代铜镜的技术研究》，第24页；何堂坤：《关于古镜表面透明层的科学分析》，《自然科学史研究》1985年第4期。

[31] 有学者认为早在西汉时期铜镜即使用锡汞齐来进行表面处理，他们的依据是《淮南子·修务训》中的"明镜之始下型，蒙然未见形容，及其粉以玄锡，摩以白旃，鬓眉微豪，可得而察"。中国的炼丹家们很早就掌握了汞与五金（锡、铅）等合金的性质及制作技术，但是否那么早就用于磨镜尚无确凿证据。

剂很可能不止一种。这种方法的加工效果已不容置疑。董亚巍先生经过模拟试验证明，完全可以得到映照效果非常好地镜面。[32] 宋代之后（包括宋），由于道教外丹术的衰落，用锡汞齐磨镜的技术流传于民间，由"道用"转化为民用，并由许多学者和文人记载下来，像《古今秘苑》中所说的"磨镜丹药"的"丹药"正是这种转化留下的痕迹。但这种技术转化在多大程度上普及开来还需要进一步的探讨。

[本节原刊《自然科学史研究》2005年第2期]

---

[32] 董亚巍：《从铅含量看古铜镜的铸造月份》，《全国第五届科技考古论文集》，2000年。

肆 《上清明鉴要经》磨镜药方模拟试验研究[1]

2005年，笔者发表《〈道藏〉中的两种磨镜药研究》一文（以下简称《磨镜药》），讨论了道经《上清明鉴要经》记载的一种磨镜药方，认为至迟在南北朝时期道教已经发明了用锡汞齐镀镜的技术。[2] 最近笔者通过进一步分析发现一些新问题，此前的观点需稍加修正，药方最终产物应该为锡铅合金而非锡铅汞齐。在此基础上，为了验证这一技术是否真实可行，又对药方进行了模拟试验。本节便是对上述工作的详细介绍，希望这项补充研究能够较好地解决在道教磨镜药问题上存在的疑惑。

---

[1] 本节初稿撰于2014年。文中物质熔沸点数据据王箴主编：《化工词典》第四版，化学工业出版社，2000年。模拟试验所用熔炼炉和坩埚由山东大学材料科学与工程学院教育部重点实验室材料液固结构演变与加工实验室提供，感谢当时提供无私帮助的实验室主任刘相法教授、张洁高级工程师和朱向镇博士。

[2] 韩吉绍：《〈道藏〉中的两种磨镜药研究》，《自然科学史研究》2005年第2期。

一　磨镜药方发明者的补充证据

《上清明鉴要经》中的磨镜药方记载如下:

> 昔有摩镜道士，游行民间，赁为百姓摩镜，镜无大小，财费六七钱耳。不以他物摩也，唯以药涂而拭之，而镜光明不常有。……是以道士有摩镜之药，药方出于白子高。方用锡四两，烧釜猛下火，令釜正赤，与火同色，乃内锡（《云笈七签》作"乃内锡末"）。又末胡粉（《云笈七签》无"末"字）三两合内其中。以生白杨刻作人，令长一尺，广二寸，厚一寸，其后柄长短在人耳。以此搅之，手无消息，尽此人七寸。又复内真丹四两，胡粉一两，复搅之，人余二寸。内摩镜锡四两，搅令相得。欲用时，末如胡豆，以唾和之，得膃脂为善。又以如米者，于前齿上嘘之，后以唾傅拂其上，以自拂之，即明如日月。[3]

《磨镜药》一文认为，《上清明鉴要经》编撰于南北朝时期。但经中提到磨镜药方出自白子高，对此人的身份《磨镜药》未作解释。今找到两条新材料，可证其身份及时代。其一，隋代类书《北堂书钞》卷一百四十八"酒六十·仙酒"引

---

[3]《道藏》第28册，第418页。

《世语》云:"白子高少好隐沦之术,而未遇至人,常为美酒给过客。一旦有四仙人赍药集其舍求酒,子高知非凡,乃欲取他药杂之。仙人云:吾亦有仙药。于是宾主各出其药。仙人谓子高曰:卿药陈久,可服吾药少许。子高服之,因随仙人飞去。子高仙酒至今称之。"[4] 其二,唐代梅彪《石药尔雅》(撰于806年)卷下"叙诸经传歌诀名目"中有《白子高玄图录》。以上两条材料表明,南北朝时确有炼丹家白子高其人。

二 磨镜药方炼制过程再分析

《磨镜药》一文将磨镜药的炼制过程分为四步,这里再细分为五步,具体内容也有重要修正。

第一步,将釜烧红。

经中要求烧釜要猛下火,令其赤如火色方可下锡。根据此描述判断,它使用的肯定是铁釜,更进一步的讨论见下文。

第二步,加入锡四两。

锡,熔点231.9℃,沸点2 507℃,放入釜中会快速熔化。

第三步,加入胡粉三两,用杨木充分搅拌。

胡粉即铅粉,主要成分为碱式碳酸铅 [$2PbCO_3 \cdot Pb(OH)_2$],加热至400℃左右会分解成一氧化铅和氧气。一氧化铅(熔点888℃),加热到1 200℃左右能与炭或一氧化碳(由杨木提供)

---

[4] [唐] 虞世南:《北堂书钞》,学苑出版社,1998年,第495页。

发生还原反应，生成单质铅（熔点 327.4℃，沸点 1 740℃）。以上过程的化学反应式为：

$$2PbCO_3 \cdot Pb(OH)_2 \xrightarrow{\triangle} 3PbO + H_2O \uparrow + 2CO_2 \uparrow$$

$$2PbO + C \xrightarrow{\triangle} 2Pb + CO_2 \uparrow$$

第四步，加入真丹四两、胡粉一两，用杨木充分搅拌。

关于真丹，祝亚平曾认为是烧炼过的丹砂，成分为硫化汞或氧化汞。[5] 笔者在《磨镜药》中认为是烧炼成的丹药，成分为氧化铅和氧化汞的混合物。以上两种意见其实都是误解，真丹在经中别无他意，尤其不是真金丹之意，只是铅丹的别名。真丹不仅在中医方剂中经常使用，在炼丹术中也是一种常见原料，炼丹家经常大量使用。例如初唐《黄帝九鼎神丹经诀》卷十二提到三种铅丹（雄铅、雌铅、神飞铅），其主要原料均为真丹，且用量都多达百斤。[6] 此外，南北朝《九转流珠神仙九丹经》说"菌芝有五色，其赤者如真丹"，[7] 证明真丹是红色的。而《抱朴子内篇·金丹》中的李公丹法用真丹和五石（书中指丹砂、雄黄、白礜、曾青、慈石，或雄黄、丹砂、雌黄、矾石、曾青）水火之而成，可见真丹也不是丹砂。[8] 综上所

---

[5] 祝亚平：《道家文化与科学》，第 295 页。
[6] 《道藏》第 18 册，第 832 页。又参见陈国符：《中国外丹黄白法考》，上海古籍出版社，1997 年，第 340—341 页。
[7] 《道藏》第 19 册，第 436 页。
[8] 王明：《抱朴子内篇校释》，第 82 页。

言，真丹即铅丹，其主要成分为橙红色的四氧化三铅，加热至500℃左右会分解成一氧化铅和氧气。胡粉反应同第三步，亦生成一氧化铅。一氧化铅在高温下与炭生成铅。以上过程真丹的化学反应式为：

$$2Pb_3O_4 \xrightarrow{\triangle} 6PbO + O_2 \uparrow$$

$$2PbO + C \xrightarrow{\triangle} 2Pb + CO_2 \uparrow$$

第五步，加入四两锡，用杨木搅拌均匀。

锡搅拌均匀后，得到的理想产物应该是低熔点的锡铅合金。

根据以上分析我们可以看出，该药方炼制的关键条件是釜的温度能否达到1 200℃，只有熟铁或钢釜才能符合这一条件，生铁熔点在1 200℃上下，达不到要求。关于该药方的炼制过程以及最终产物的性能描述，有两个方面需要特别注意。第一，经中描述釜与猛火的颜色相同，从钢料加热火色与温度的关系来看，这是加热温度极高时表现出来的特征，说明釜质是能承受高温的熟铁或钢。第二，经中描述得到的产物使用的时候要先粉碎，再以唾沫和之成膩脂状（膩，久脂也。《玉篇·肉部》），然后涂抹到镜面上擦拭。这个步骤的描述或许有夸张之嫌，它尽管没有提到需要将镜子或药物加热，但显然磨镜药比较容易地涂抹擦拭到镜面上，且处理后的映照效果相当突出，明如日月。基于以上两个依据，我们认为药方最终得到的产物就是锡铅合金。根据各种药物的用量，若胡粉和铅丹完全发生反应，理论上应得到 6.8 两铅，锡应占合金的质量比为 54%，铅占 46%，实际操作中铅含量应该会低于理论值。

表 1　钢料加热火色和温度的关系

火色	温度（℃）
暗褐色	520～580
暗红色	580～650
暗樱红	650～750
樱红色	750～780
淡樱红	780～800
淡红色	800～830
桔黄微红	830～850
淡桔黄	880～1 050
黄色	1 050～1 150
淡黄色	1 150～1 250
黄白色	1 250～1 300
亮白色	1 300～1 350

（摘自《机床零件热处理》[9]）

三　炼制磨镜药模拟试验

设备：SP-25A 高频感应炉，氧化铝坩埚一个（直径 4.5 cm，

---

[9] 机床零件热处理编写组：《机床零件热处理》，机械工业出版社，1982 年，第 442 页。

高9 cm)。

药物：纯锡粒80 g，胡粉40 g，铅丹40 g，干木条一根（直径约0.5 cm，长约50 cm)。

试验过程：

(1) 先将锡40 g放入坩埚中。

(2) 启动熔炼炉，锡很快熔化。

(3) 加入胡粉30 g，用木条不停搅拌。其间用测温计数次测量，坩埚内料物温度达到1 100℃以上。

(4) 加入铅丹40 g、胡粉10 g，用木条不停搅拌，直至剩余一小截。其间用测温计数次测量，坩埚内料物温度升到1 200℃以上。

(5) 最后加入锡40 g，以木条搅拌均匀，停止加热，将料物倾入铁模中冷却。

(6) 经称量，得到银白色合金一块，重121 g，残渣23 g，共计144 g。见图1。

图1 试验所得产物及残渣

四　试验分析与结论

肉眼观察所得残渣，其中可见混杂有部分金属和少量木炭等。考虑到残渣收集过程中的损失，所得产物总重量与理论产物 148 g（锡 80 g、铅 68 g）粗略相当。忽略锡的损耗，合金块除去 80 g 锡，铅为 41 g，锡和铅所占合金的质量比分别为 66% 和 34%，与理论值（54%、46%）相差较多，但与最低共熔点的组成很接近。研究称锡铅合金最低共熔点为 183℃，其组成为锡占 61.9%，铅占 38.1%，此时合金具有最大的焊接强度和湿润能力，因此目前焊料和焊接镀层大都采用 60% 锡和 40% 铅的合金镀层。[10] 考虑到残渣中混杂的铅，若试验操作更仔细一些，反应更充分一些，合金块中铅的质量会大一些，锡铅比例能够进一步接近合金最低共熔点时的比例。

综上所述，本次模拟试验至少可以得出以下结论：

（1）炼丹家很早即懂得用胡粉、铅丹和木炭来炼制单质铅，且对反应物和生成物的数量关系有一定认识。关于胡粉能还原为铅，早在汉代《周易参同契》中就有初步认识："胡粉投火中，色坏还为铅。"氧化铅还原为铅的例子如唐初《黄帝九鼎神丹经诀》卷十七云："锡（即铅）本出于黄丹（即铅丹）。"[11]

---

[10] 柳玉波主编：《表面处理工艺大全》，中国计量出版社，1996 年，第 330 页。
[11]《道藏》第 18 册，第 845 页。

（2）磨镜药方实际上是锡铅合金，其组分与合金最低共熔点时接近，表明炼丹家对锡铅合金的规律有相当科学的认识。炼丹家很早就使用锡铅制作伪银，在这方面有长期使用经验。如《抱朴子内篇·金丹》记载："成都内史吴大文，博达多知，亦自说昔事道士李根，见根煎铅锡，以少许药如大豆者投鼎中，以铁匙搅之，冷即成银。"[12]

（3）用磨镜药磨镜，实际上是用涂抹擦拭法在青铜器上镀锡，这对研究古代镀锡工艺提供了重要线索，遗憾的是经中对这一操作叙述不够详细。另外一部丹经《抱朴子神仙金汋经》提到用丹金涂物时说："可用新烧未凝时涂之。"[13]

［本节原刊《广西民族大学学报（自然科学版）》2021 年第 2 期］

---

[12] 王明：《抱朴子内篇校释》，第 284 页。
[13] 《道藏》第 19 册，第 205 页。

伍 论道教镜

中国使用铜镜的历史很悠久，最早可以追溯到齐家文化时期。随后商代墓中也有出土。不过，根据目前的考古发现和文献记载来看，铜镜的普遍使用肇始于春秋战国时期，其后在汉唐形成两个高峰期，唐代以后逐渐走向衰落。汉唐时期制作的许多精美绝伦的铜镜流传至今。观察这些铜镜可以发现，它们的纹饰图案中有大量与道教有关的内容。这一现象已经引起很多学者注意，相关研究也出现不少。但正如王育成所指出的那样，这类研究存在一个问题："镜学专家们在探讨、论述铜镜或唐镜纹饰的道教内容时，绝少引用道教文献材料进行对比研究，完全没有理睬道书里有关铜镜或唐镜的记载，致使许多结论性意见始终在'反映'或'受到道教影响'等一类笼统含混的字眼上打转转，既缺乏充实的文献例证，又没有深层次的开掘。事实上，道教对古镜或唐镜不仅仅是影响、被影响的关系，在有关文献记载中，道士还根据教理教义提出、设计、制造过相当数量的道教铜镜，最著名的是唐代天照、地照、人照三件道教大镜。"[1]

---

[1] 王育成：《唐代道教镜实物研究》，《唐研究》第六卷，第27—56页。

这种观点无疑是正确的，道教与铜镜的关系的确非同一般。王育成曾对目前所存的唐代道教镜实物进行过专门介绍，本节主要对道教镜的思想渊源及其发展过程试作探讨，并重新界定道教镜的含义。不当之处，敬请方家批评指正。

一　道教中镜思想的孕育

先秦时期，镜经常被引申为以史为鉴、以人为鉴的意思。如《诗·大雅·荡》："殷鉴不远，在夏后之世。"《尚书·酒诰》："人无于水监，当于民监。"《墨子》卷五："古者有语曰：'君子不镜于水而镜于人。'镜于水，见面之容。镜于人，则知吉与凶。"《吕氏春秋·恃君览·达郁》："万乘之主，人之阿之甚矣，而无所镜，其残亡无日矣。孰当可耳镜乎？"显然，铜镜在当时并没有任何神秘意义。

与其他诸子相比，道家的镜思想稍有不同。《庄子·骈拇》云："至人之用心若镜，不将不迎，应而不藏。"《天道》篇云："圣人之心静乎！天地之鉴也，万物之镜也。"《文子·精诚》云："是故圣人若镜，不将不迎，应而不藏，万物而不伤。"可以看出，道家普遍将镜与圣人相提并论。镜"不将不迎，应而不藏"，这是无为，但实际上镜又无不为，凡被它映照的东西，无一遗漏。在道家看来，镜的这种特点就像圣人对待外部世界那样"无为而无不为"。所以，道家将镜映物看作一种得道的境界。这里的铜镜虽然也没有任何神秘性，但这种思想后来却成为镜的神圣性、神秘性的源头。

两汉时期，神仙与谶纬思想流行，充斥到社会各个角落，镜的思想亦未能幸免于被改造。令人吃惊的是，镜竟然被当作帝王权力及治世明道的象征。[2] 如纬书《尚书帝命验》曰："桀失其玉镜，用其噬虎。"东汉郑玄注曰："玉镜，喻清明之道。"[3]《尚书考灵曜》云："秦失金镜，鱼目入珠。"宋均注曰："金镜，喻明道也。"[4]《春秋孔录法》曰："有人卯金刀，握天镜。"[5] 以上的"玉镜""金镜""天镜"等具有了政治上的神圣性。这种思想引申了道家"至人之心若镜"的思想，将对应于镜的圣人换成了治世明道，镜成为清明之道的象征。同时，镜还具有了神秘性。纬书《考经援神契》云："神灵摰液，百宝为用，则仪镜见。""神灵滋液，百宝用，则珠母见，珠母玑镜。"[6] 另外据《后汉书·西羌列传》记载，时羌人作战竟有以铜镜象兵的现象："先零别种滇零与钟羌诸种大为寇掠，断陇道。时羌归附既久，无复器甲，或持竹竿木枝以代戈矛，或负

---

[2] "而把镜当作世界政治的支配者，帝王权力的象征加以神秘化、神灵化，是从公历纪元前后，前汉王朝末期开始兴盛的神仙谶纬思想。"见［日］福永光司：《道教的镜与剑——其思想的源头》，刘俊文主编：《日本学者研究中国史论著选译》第七卷，第 401 页。

[3] ［日］安居香山、中村璋八辑：《纬书集成》，河北人民出版社，1994 年，第 370 页。

[4]《纬书集成》，第 356 页。

[5]《纬书集成》，第 891 页。

[6]《纬书集成》，第 979 页。

板案以为楯，或执铜镜以象兵，郡县畏懦不能制。"[7] 以上记载，有的将镜看作瑞兆，有的镜则具有特异功能，其神秘性不言而喻。

从汉代铜镜纹饰上可以清楚地看出镜思想的转变。西汉前期铸造的铜镜在样式及纹饰题材方面多继承战国，少有创新。汉武帝时期，真正意义上的汉代铜镜开始兴起。西汉晚期特别是新莽时期，铜镜纹饰一扫朴素简单的风格而趋于华丽与复杂，瑞兽图案、长生不死铭文等广泛流行。至东汉中后期，画像镜与神兽镜异军突起，其镜背纹饰与铭文大量采用与神仙相关的内容。如西王母、东王公、天皇、五帝、王子乔、赤松子等神仙题材，以及"左龙右虎辟不祥，朱鸟玄武顺阴阳""尚方作镜真大好，上有仙人不知老，渴饮玉泉饥食枣，浮游天下遨四海，寿如金石为国宝"等一类铭文。这些神仙题材的普遍流行，使铜镜的功能超出了日常使用的范围，开始具有祈福、辟邪等功能。

总之，汉代铜镜从地位、功能两方面来说都发生了重要变化。首先，谶纬思想发挥了道家"至人之心若镜"的思想，将镜喻为明道，进而成为帝王权力的象征，使镜具有了崇高的神圣性；其次，神仙思想进一步扩展了镜的功能，将其视为瑞物、避邪物等，赋予了镜不可捉摸的神秘性。谶纬思想与神仙思想几乎同时与铜镜联姻，为道教镜思想的出现奠定了基础。

---

[7]《后汉书》，第 2886 页。

二 道教中镜思想的发展

道教修炼时使用铜镜的记载最早见于汉代道教经典《太平经》。《太平经》中有一种修炼方术叫存思，即存想各种神仙。存思有多种方式，其中有一种画像思神法，即把要存想的神的像画出来，据画存想。如《太平经钞乙部》之《以乐却灾法》云：

> 悬象还，凶神往。夫人神乃生内，返游于外，游不以时，还为身害，即能追之以还，自治不败也。追之如何，使空室内傍无人，画象随其藏色，与四时气相应，悬之窗光之中而思之。上有藏象，下有十乡，卧即念以近悬象，思之不止，五藏神能报二十四时气，五行神且来救助之。万疾皆愈。男思男，女思女，皆以一尺为法，随四时转移。[8]

又《悬象还神法》云：

> 夫神生于内，春，青童子十。夏，赤童子十。秋，白童子十。冬，黑童子十。四季，黄童子十二。此男子藏神

---

[8] 王明：《太平经合校》，第14页。

也，女神亦如此数。男思男，女思女，皆以一尺为法。画使好，令人爱之。不能乐禁，即魂神速还。[9]

这种"画像思神"的方法很有意思，它导致了镜法修炼的出现。由于铜镜既方便又较画像精确，所以逐渐被道士用于存思。《初学记》卷二十五"器物部·镜"引《刘振（根）别传》曰："以九寸明镜照面视之，曰：今日识己形，当令不忘。如此其神不散，疾患不入。"[10]《太平御览》卷七百十七引同书云："思形状可以长生。以九寸明镜照面，熟视之，令自识己身形，常令不忘，久则身神不散，疾患不入。"[11]据葛洪《神仙传》记载，刘根为西汉末期人，善精思存神之术。至魏晋时期，用铜镜来存思已经发展出多种方法，在道教中被普遍应用，或用一镜，或用二镜，或用四镜，各自有法。葛洪《抱朴子内篇·杂应》记载：

或用明镜九寸以上自照，有所思存，七日七夕则见神仙，或男或女，或老或少，一示之后，心中自知千里之外，方来之事也。明镜或用一，或用二，谓之日月镜。或用四，谓之四规镜。四规者，照之时，前后左右各施一也。用四规所见来神甚多。或纵目，或乘龙驾虎，冠服彩

---

[9] 王明：《太平经合校》，第22页。
[10] [唐] 徐坚等：《初学记》，第607页。
[11] [宋] 李昉等：《太平御览》，第3179页。

色，不与世同，皆有经图。[12]

除存思使用铜镜外，这一时期道教又发展出其他一些铜镜修炼方法，主要有分形术与照妖术。分形术见于《抱朴子内篇·地真》：

> 守玄一，并思其身，分为三人，三人已见，又转益之，可至数十人，皆如己身，隐之显之，皆自有口诀，此所谓分形之道。左君及蓟子训、葛仙公所以能一日至数十处，及有客座上，有一主人与客语，门中又有一主人迎客，而水侧又有一主人投钓，宾不能别何者为真主人也。师言守一兼修明镜，其镜道成则能分形为数十人，衣服面貌，皆如一也。[13]

照妖术见于《抱朴子内篇·登涉》：

> 又万物之老者，其精悉能假托人形，以眩惑人目而常试人，唯不能于镜中易其真形耳。是以古之入山道士，皆以明镜径九寸已上，悬于背后，则老魅不敢近人。或有来试人者，则当顾视镜中，其是仙人及山中好神者，顾镜中

---

[12] 王明：《抱朴子内篇校释》，第273页。
[13] 王明：《抱朴子内篇校释》，第325—326页。

故如人形。若是鸟兽邪魅，则其形貌皆见镜中矣。又老魅若来，其去必却行，行可转镜对之，其后而视之，若是老魅者，必无踵也，其有踵者，则山神也。[14]

　　道士们在修炼镜法的同时，还撰写了多种与镜有关道经，如《抱朴子内篇·遐览》著录的《四规镜》《明镜经》《日月临镜经》等。这些道经为以后道教镜法修炼的流行与道教镜的出现起到很大的促进作用。

　　南北朝时期，道教镜法修炼得到进一步发展，又出现一些新的相关道经。如《上清明鉴要经》《洞玄灵宝道士明镜法》《太上明鉴真经》等，这三种都见于明《道藏》。另外《隋书·经籍志·子部》还著录有《乾坤镜》两卷，《天镜》《地镜》《日月镜》《四规镜》各一卷，《地镜图》六卷，这些道经则早已失传。

　　南北朝时期出现的镜法修炼道经在继承魏晋时期道教镜法的基础上又有进一步发展。《上清明鉴要经》的镜法内容主要集中在《作明镜法经》一节。该节文字分为两部分：第一部分介绍用镜来存思的过程，对修炼场所、环境、修炼者坐的方位、修炼时间、修炼时出现的各种反应等均作了详细记载。第二部分介绍分形术的修炼方法，此时分形术的威力与葛洪时已不可同日而语。《抱朴子内篇·地真》云"守一兼修明镜，其

---

[14] 王明：《抱朴子内篇校释》，第300页。

镜道成则能分形为数十人",而此时却可以"令子分形万千"。镜的照妖作用在该道经第二节《真人道士摩镜经》有所涉及,不过内容与《抱朴子内篇》大抵相同。

《太上明鉴真经》中的镜法明显趋于复杂。该经首先概括镜法的种种功能:"此道分身散形,以一为万,立成六军,千亿里外,呼吸往还,乘云履水,出入无间。天神地祇,邪鬼老魅,隐蔽之类,皆可见也。审其精思,逆见方来。"接下来叙述修炼禁忌:"行明镜勿入丧家产乳之中,精衣香熏沐浴五香并饮兰桂之液,无食熏辛之物,绝弃腥臊,无近妇人。"然后详细介绍各种镜法,其中包括日月镜与四规镜,它们此时已被视为两种不同层次的镜法:

> 以九寸镜各一枚侠其左右,名曰日月,亦以延年矣。若欲分身散形,坐在立亡,上升黄庭,长生不死,役使百灵,入水、入火、入金、入石、入木、入土,飞行在意者,当用吾四规之道。若但欲逆知吉凶,日月足矣。[15]

有一点需要特别指出,南北朝时的镜法修炼特别强调镜的表面清晰度,如"无令面中有疵瑕,正令清明","无令面有偏缺、毁损、疵瑕,务欲清明周正,不失人容色者善",这一点在此前没有见到。为此,道士甚至自己发明了一种先进的镜面

---

[15]《道藏》第28册,第422页。

处理技术，即锡汞齐镀镜法。《上清明鉴要经·真人道士摩镜经》云：

> 昔有摩镜道士游行民间，赁为百姓摩镜。镜无大小，财费六七钱耳。不以他物摩也，唯以药涂而拭之，而镜光明不常有。……道士有摩镜之药，药方出于白子高。方用锡四两，烧釜猛下火，令釜正赤，与火同色，乃内锡。又末胡粉三两合内其中。以生白杨刻作人，令长一尺，广二寸，厚一寸，其后柄长短在人耳。以此搅之，手无消息，尽此人七寸。又复内真丹四两，胡粉一两，复搅之，人余二寸。内摩镜锡四两，搅令相得。欲用时，末如胡豆，以唾和之，得胭脂为善。又以如米者，于前齿上嘘之后，以唾傅拂其上，以自拂之，即明如日月。[16]

以上反应过程如果温度控制得当，最后产物应该是一种锡、铅和汞的混合物，原文形象地称其为"胭脂"。这则材料是目前所知中国古代最早用锡汞齐来处理镜面的确切文献记载，宋代以前仅此一则。[17] 该药方发明者白子高身世不明，但唐代道书《石药尔雅》（撰于806年）著录有《白子高玄图录》，可知他

---

[16]《道藏》第28册，第418页。
[17] 关于这项技术的详细研究，可参见祝亚平：《道家文化与科学》，第294—298页；韩吉绍：《〈道藏〉中的两种磨镜药研究》，《自然科学史研究》2005年第2期。

的确为炼丹家。

三　道教镜的流行

　　道教的镜法修炼在唐代得到进一步继承与发扬，上清派尤其重视此法，自南北朝《上清明鉴要经》到唐《上清含象剑鉴图》《上清长生宝鉴图》，镜法一直是上清派的传统方术。不过，唐代以前的镜法修炼除要求镜面清晰外，对其他铜镜技术没有要求，尚没有证据表明当时道士自己制造或设计过道教镜。但唐代时情况发生了重要变化，道教在重视镜法的同时也关注起制镜技术，过去那种对铜镜不加选择而随意用之的现象已经一去不复返了。当时，只有特定种类的镜——镜的形状、大小、镜背纹饰、铸镜材料、铸镜时间及过程等均须遵守特定的道教思想与戒律而铸成的镜，我们称之为道教镜——才会具有相应的宗教功能。唐初上清派著名道士司马承祯将道教镜思想用于制镜实践，开道士制造道教镜之先河，真正意义上的道教镜开始出现。他的道教镜设计思想在《上清含象剑鉴图》中有详细记载：

　　　　夫四规之法，独资于神术。千年之奇，唯求于乌影。含光写貌，虽睹其仪，尚象通灵，罕存其制。而鉴之为妙也，贞质内凝，湛然惟寂，清晖外莹，览焉遂通。应而不藏，至人之心愈显。照而征影，精变之形斯复。所谓有贞

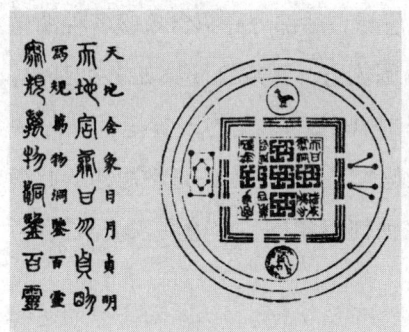

图1 《上清含象剑鉴图》中的含象鉴图[18]　图2　北京故宫博物院藏含象鉴拓本

明之道也，有神灵之正也。捧玩之宝，莫先兹器。既可以自见，亦可以鉴物。此鉴所以外圆内方，取象天地也。中列爻卦，备著阴阳也。太阳之精，离为日也。太阴之精，坎为月也。星纬五行，通七曜也。雷电在卯，震为雷也。天渊在酉，兑为泽也。云分八卦，节运四时也。此表天之文矣。其方周流为水，以泻四渎。内置连山，以旌五岳。山泽通气，品物存焉。此立地之文也。词铭四句，理应三才。类而长之，可以意得。此寄言以明人之文也。故曰含象鉴，盖总其义焉。[19]

这段文字分为两部分。前部分从总体上来解释镜的哲学与宗教意义，尽管只有几句话，却是站在先秦以来千年历史之

---

[18] 本节道教镜实物图皆摘自王育成《唐代道教镜实物研究》一文。
[19] 《道藏》第6册，第683页。

上，综合了道家与道教的镜思想。后部分介绍含象鉴各种图像的思想含义，从镜之所以外圆内方，到纹饰图案如各种卦象、太阳、月亮、星纬、云纹、连山纹、铭文的设置等都一一说明，以此可见这枚含象鉴中蕴含了非常丰富的道教思想。此镜大概就是司马承祯为唐玄宗所铸含象鉴。此镜后来流落民间，为宋代吴及家族所得：

> 臣先收得唐司马天师为明皇所铸含象鉴一面，家传累世，掌秘多年。其鉴外圆法天，内方则地。配坎离于日月，布云气于山川。右则定位于天渊，左则表威于雷电。八卦咸列，四渎克周。包其道于乾坤，震其功于邪魅。故名含象以应。[20]

图 3 《上清含象剑鉴图》中的龟自卜镜图

---

[20]《道藏》第 6 册，第 686 页。

《上清含象剑鉴图》还绘有另外两种镜图，可以称之为"龟自卜镜"。两镜图中央均有一个乌龟图像，且有相同的铭文："龟自卜，镜自照，吉可慕，光不曜。"其中一镜图还有四象图案，非常精美。

另外一部道经《上清长生宝鉴图》著录镜图达七幅之多。该经撰者不明，从这些镜图内容来看，属唐代镜无疑。"上清长生宝鉴图"之名表明这些镜图或出于道教上清派，它们可能是当时上清派道士铸镜时所用图式。与司马承祯的含象鉴一样，这些镜图也是根据道教思想来设计的。

第一种镜图内容最复杂，包括四部分图案。最中心处是星象图案，有北斗七星，辰星、岁星、太白、镇星、荧惑五大行

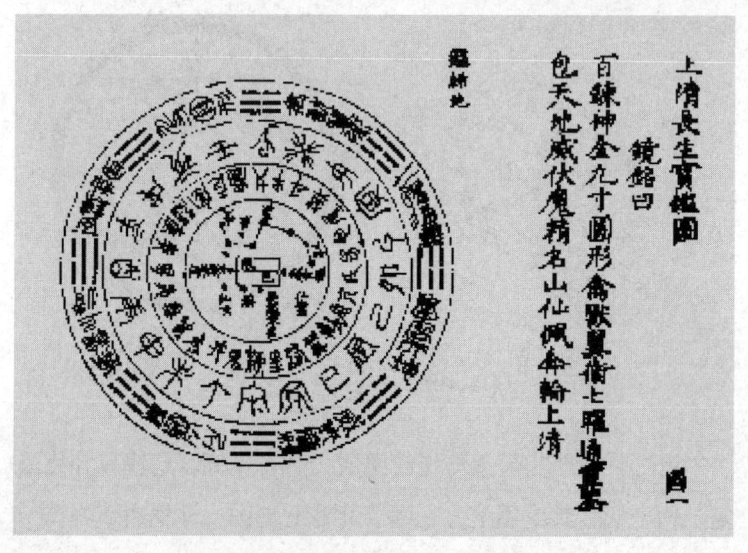

图4 《上清长生宝鉴图》中的镜图一

星、青龙、白虎、朱雀、玄武四象，以及仙人、仙女、仙童等名号；由内向外第二部分为二十八星宿名称；第三部分为八天干（戊、己在镜钮处）与十二地支；最外部分为间隔排列的八卦符号与32个铭文，铭文即镜图右侧文字："百炼神金，九寸圆形，禽兽翼卫，七曜通灵，鉴包天地，威伏魔精，名山仙佩，奔轮上清。"

第二种镜图内容分三部分。最里圈图案最复杂，包括十二生肖、八卦卦象及青龙、白虎、朱雀、玄武四灵图像，皆环绕排列。十二生肖为鼠、牛、虎、兔、龙、蛇、马、羊、猴、鸡、狗、猪。由内向外第二部分为二十四个道教字符。最外圈为两乾卦卦象。

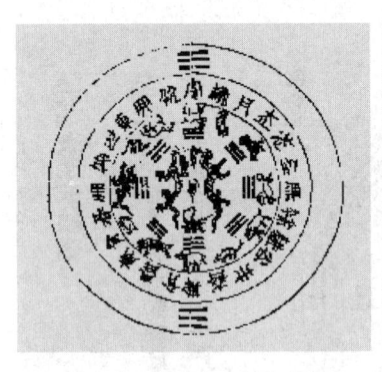

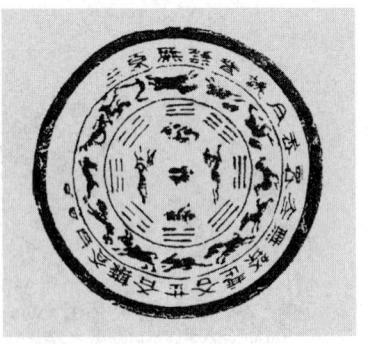

图5 《上清长生宝鉴图》中的镜图二　图6 徐乃昌《小檀栾室镜影》之"八卦十二肖生境"图

第三种镜图由星象与道符组成，共有4幅。这里只介绍最复杂的一幅。其内圈上方是两个北斗七星图。斗柄右下方有一组星象图，正下方有两组数字"四三一"与"四三"，具体含

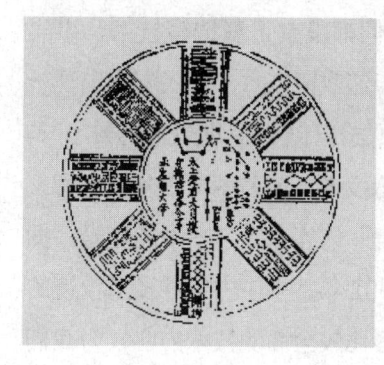

图 7 《上清长生宝鉴图》中的镜图三　图 8　河南省博物院藏唐"八方星座镜"图

义不明。北斗图左下方为一组文字，从右至左为："真君，四员星，太上老君大员护身籍君，司命令箒，参星皇大帝"。外圈由八幅道符组成，道符中又夹杂着星图与汉字。

《上清长生宝鉴图》最后一种镜图与司马承祯的含象鉴相似，这里不再介绍。最后需要特别指出，这些道教镜图的真实性毋庸置疑。王育成根据这些镜图先是找到了 21 件尚存的、或见于其他资料的实物镜，[21] 后来据称已增至近百件[22]（以上几种实物镜图即摘自王先生《唐代道教镜实物研究》）。这些实物镜虽然不一定全是道士设计制造的道教镜，但其中肯定不少是唐代道教镜的遗物。

《上清含象剑鉴图》与《上清长生宝鉴图》虽然著录了很

---

[21] 王育成：《唐代道教镜实物研究》，《唐研究》第六卷，第 27—56 页。
[22] 王育成：《道教文物艺术与考古发现》，法国远东学院北京中心编印：《历史、考古与社会——中法学术系列讲座》第七号，2004 年 9 月。

多道士设计的道教镜图，但它们都没有记载铸镜技术。事实上，唐代道教还发展出专门的铸道教镜技术。唐代末期出现一部道书《神仙炼丹点铸三元宝照法》（以下称《宝照法》），[23] 其中记载有比较详细的道教镜铸造技术。该书序文中有"时唐天复二年仲春月归耕子述"，"天复"为唐末昭宗李晔的年号。据此判断，该道书应当撰于公元 902 年。书中内容涉及道教镜的纹饰、形状、大小、铸造时间等比较全面的技术内容，为我们研究唐代道教镜的铸造技术提供了重要资料。

三元宝照即三种镜（青铜或铁铸造）：天照、地照、人照。宋代为避赵匡胤之祖赵敬讳，将"镜"改为"照"。天照、地照、人照分别对应天、地、人三才，这种思想在道教修炼仪器中很常见。三种镜的纹饰图案也分别与天、地、人相关，其设计完全继承了唐代前期道教镜的风格。如天照"背上内象紫微星君所居，外列二十八宿"；地照"背上铸山川、五岳、四渎、八卦、九州、十六神"；人照"背上铸璇玑之星、六十甲子神名、天子帝号、本命神君、左龙右虎、图号星辰、分野所属郡邑"。这些图案内容非常丰富，都是道教镜常用图像，如二十八宿、山川、五岳、八卦、璇玑之星、六十甲子神名、天子帝号、本命神君、左龙右虎、图号星辰等几乎都可以在《上清含象剑鉴图》与《上清长生宝鉴图》中的镜图中找到。显然，唐初道教镜的设计思想在唐代一直得以传承发展。

---

[23]《道藏》第 18 册，第 649—652 页。

《宝照法》对三种镜的形制有具体记载。天照"厚三寸，重七十二斤，面广三十六寸"，地照及人照"亦厚三寸，重七十二斤，面广三十六寸"。根据唐制，换算成现代的尺寸为：厚 9.33 cm，重 42.97 kg，面广 111.96 cm。[24] 这组数据可能有误，镜的厚度偏大，三分即 0.933 cm 比较合理。但此镜为特大镜无疑。中国古镜直径一般多在 30 cm 以下，特大镜较罕见，见于史籍记载的仅有数种。如《西京杂记》卷三云："高祖初入咸阳宫，周行库府，金玉珍宝，不可称言……有方镜，广四尺，高五尺九寸，表里有明……"[25] 如《太平御览》卷七百十七"服用部·镜"引陆机《与弟云书》曰："仁寿殿前有大方铜镜，高五尺余，广三尺二寸，立着庭中，向之便写人，形体了了，亦怪也。"[26] 另《资治通鉴》卷二百二记载唐少府监裴匪舒曾为高宗造镜殿："成，上与仁轨观之，仁轨惊趋下殿。上问其故，对曰：'天无二日，土无二王，适视四壁有数天子，不祥孰甚焉。'上遽令剔去。"[27] 此镜殿之镜当非普通小镜。以上为文献记载的几种特大镜，至于实物更为罕见。1978—1980 年，淄博市西汉初期墓葬中出土一面矩形蟠螭镜，长 115.1 cm，宽 57.5 cm，厚 1.2 cm，重 56.5 kg。[28] 另外

---

[24] 该数据根据吴承洛《中国度量衡史》一书推算（上海书店，1984 年）。
[25] 此据《汉魏六朝笔记小说大观》，第 97 页。
[26] ［宋］李昉等：《太平御览》，第 3179 页。
[27] ［宋］司马光：《资治通鉴》，中华书局，2011 年，第 6516 页。
[28] 山东省淄博市博物馆：《西汉齐王墓随葬器物坑》，《考古学报》1985 年第 2 期。

图9 武当山发现的明代特大铜镜（据《北京娱乐信报》）

据2004年3月5日的《北京娱乐信报》报道，湖北武当山的文物档案创建组工作人员在武当山金顶皇经堂发现一面特大古铜镜，直径达1.23米，厚1厘米多，重达数百斤。镜铸于明正德年间，时间较晚。

与小型镜相比，特大镜由于形体较大，铸造过程复杂，需要克服的技术困难很多。首先，制作整块大面积的镜范比较困难，如果采取分范分模复制法的话，由于模块之间存在缝隙，铸造时很容易在镜表面形成接痕。其次，由于特大镜体薄面广，要保证镜正面的平整与光滑，浇注系统的设置尤为关键。为防止浇不足现象发生，浇注口与冒口可能要设置多个，而且铜合金的流动性必须好，冷却时间又不能过快，这对青铜合金的成分含量有较为严格的要求。因此，无论从模范制作，还是浇铸过程来看，铸作三元宝照需要非常高的技术水平。

另外，三种宝照的铸造时间还有特别要求。其中天照"天元甲子之纪，六六之首，阳火大盛，取其真精，炼五金灵丹之气，铸成天照"，地照"发火铸时当太阴望中铸成"，人照"铸用丙午日太阳中时铸成"。古代铸镜有讲究吉日的传统，许多镜铭中都有某年某月某日甚至某时铸镜的记载，五月丙午、五月五日、正月丙午等这些日期最为常见。如唐代著名的扬州百炼镜便是五月五日午时铸造而成，白居易《百炼镜》诗云："百炼镜，熔铸非常规。日辰置处灵且奇，江心波上舟中铸，五月五日日午时。"对铜镜的纪日问题我们应该区别对待，不能一概而论。何堂坤曾对纪日镜作过研究，发现多数情况下镜铭中的铸镜日期只是一种象征，这与中国古代阴阳五行思想盛行有关。但也有不少与实际日期相符合的。[29] 道教有非常严格的时间观念，无论修炼还是炼丹，都有很多时间规范，所以对《宝照法》中的铸镜时日应当以真实时间来看待。

三种宝照的铸造时间甲子之纪、太阴望中、丙午日太阳中时并没有科学根据，它们同样来源于阴阳思想。我们之所以重视铸镜日期，是因为不同季节温度不同，会对铜镜铸造过程产生影响。甲子之纪、太阴望中、丙午日太阳中时这三个时间均未提到季节问题，但像太阴望中、丙午日太阳中时均会交替出现，而冬天与夏天的同一时日温度相差很大。因此，若三种宝照为青铜铸造的话，不同温度下铸镜是一个必须解决的技术难题。我们知道，铜镜主要含有铜、锡、铅三种金属。在不同温度下铸镜，要保证镜子的质量，合金成分必须相应的调整。古人对锡在青铜中的作用认识非常早，但对铅的作用则不甚明

---

[29] 何堂坤：《中国古代铜镜的技术研究》，第131—139页。

确。现在一般认为，铅能够降低合金的结晶温度，从而推迟合金的凝固时间，这样有利于合金液的补缩，减少废品出现。铅的这种作用非常重要，董亚巍结合多年的铸镜实践，认为青铜含铅量必须根据气温的变化而变化，原则上冬季含铅量最高，夏季含铅量最低，随着气温的变化，含铅量需作相应调整，否则会出现铸造缺陷。[30] 据此可知，如果同在太阴望中或丙午日太阳中时铸造铜镜，由于不同季节温度不同，青铜中的铅含量应作相应变动，否则容易造成铸镜失败。从这一方面来看，《宝照法》中三种特大镜的铸造并不简单，需要掌握高超的铸造技术。

《宝照法》提到在铸镜之前须点炼"火龙丹"，这是一种道教丹药，具体成分不明。从《宝照法》对火龙丹的介绍来看，它不是一种镜体材料，主要是出于道教神学原因放入的。尽管如此，火龙丹毕竟是一种丹药，其中可能含有金属成分，这样会影响到镜体成分。从一些证据来看，道教镜无论是铜镜还是铁镜，在铸造时往往会添加一些普通镜没有的特殊金属成分。《上清含象剑鉴图》中的"铸剑镜法并药"就记载了这样一种特殊成分：

凡铸剑镜，须得百炼真铁可铸。凡炼铁既精，无朱

---

[30] 董亚巍：《从铅含量看古铜镜的铸造月份》，王昌燧主编：《科技考古论丛》第二辑，中国科学技术大学出版社，2000年，第148—153页。

砂银勾铁，不名精剑。所以太古剑神镜自轩辕黄帝受神胥公法，后传左丘子、镆铘干将、吴越奇霄公，皆会神鉴灵剑法。后人不得朱砂银勾添精铁，难以铸成。今先火炼朱砂成银，次炼铁勾添相杂，取年月日时，剑镜如前法所图样，又别做尺寸展样，或大小各有法度也。

炼砂成银法

上色山泽银半斤，丹砂半斤，铅末半斤，汞半斤。

右件杵令匀。纳瓷合中，面裹一重，三指厚。坐沙甑中蒸七日。冷，取出，成上色银。复以埚合成固济，入炭池中养火十四日，日足五斤火煅，取出盐盖辅之，立成至宝。[31]

根据上文可知，这种特殊成分为朱砂银。根据赵匡华等的研究，朱砂银较早在五代道士独孤滔《丹房鉴原》中有著录，但无详细炼法。其后道书《庚道集》及宋应星《天工开物》中有朱砂银的炼法，其主要成分为铅汞合金。[32] 我们将《天工开物》卷中"五金"部分所附朱砂银的炼法列出，可以发现其方法与《上清含象剑鉴图》的方法大致相同：

朱砂银：凡虚伪方士以炉火惑人者，唯朱砂银［令］愚人易惑。其法以投铅、朱砂与白银等分，入罐封固，温

---

[31]《道藏》第 6 册，第 686 页。
[32] 赵匡华、张惠珍：《中国古代炼丹术中诸药金、药银的考释与模拟试验研究》，《自然科学史研究》1987 年第 2 期。

养三七日后，砂盗银气，煎成至宝。拣出其银，形存神丧，块然枯物。入铅煎时，逐火轻折，再经数火，毫忽无存。"[33]

在古代铜镜的表面处理技术研究中，汞是一个特别重要而争议颇多的问题。有一种观点认为，古代铜镜普遍使用锡汞齐进行表面处理，过程如鎏金法，汞的残留是这种观点的重要证据。然而，出土铜镜中却很少有检测到汞成分的存在。《上清含象剑鉴图》的资料表明，在道教镜中，汞可以作为铸造材料而非磨镜材料使用。只是经过铸造高温后，汞在镜体中不知是否可能有微量残留。

四　道教镜的衰落

唐代以后道教用镜的现象仍然较常见，如五代著名道士谭峭在《化书》中记载了四种镜："小人常有四镜：一名圭，一名珠，一名砥，一名盂。圭，视者大；珠，视者小；砥，视者正；盂，视者倒。观彼之器，察我之形；由是无大小，无短长，无妍丑，无美恶。"[34] 他还研究了多面镜子组合成像问题，得出比较科学的认识："以一镜照形，以余镜照影，镜镜

---

[33] ［明］宋应星著，潘吉星译注：《天工开物译注》，上海古籍出版社，2013年，第107页。
[34]《道藏》第23册，第590页。

相照，影影相传。不变冠剑之状，不夺黼黻之色。是形也，与影无殊；是影也，与形无异。乃知形之非实，影之非虚，无虚无实，可与道俱。"[35] 不过总体来看，唐代以后镜在道教中的地位已经衰落，尽管一些修炼中仍然使用镜，但道士自己设计或制作道教镜的情况已经很少见。而世俗中流行的道教题材的铜镜，实际上与真正的道教镜不同。因此，我们对道教镜的探讨到这里为止。

五　研究道教镜的意义

根据上文对道教镜的讨论，那些出于商业目的而非道士设计制作的镜子，包括唐代世俗社会生产的大量道教题材的镜子，应该与纯粹意义上的道教镜有所区别。因为普通镜尽管也可用于道教修炼，但其制造过程缺乏特定的道教因素而与真正的道教镜有别。这些道教因素既有思想方面的，如道教神学或哲学、戒律、禁忌等，也有技术方面的，如铸造材料、工序等具有特殊要求。总之，道教镜的文化、艺术及技术均有明显的道教特点。唐代以后，道教题材的镜子仍然相当普遍，但它们几乎都是商品，而不是一种独立的道教现象，这与唐代道教镜由道士独立设计制作不同。我们之所以重新界定道教镜的概念，主要出于以下几方面考虑：

---

[35]《道藏》第23册，第590页。

首先，道教镜是一种重要的道教研究图像资料。作为一种独立的道教现象，道教镜图像蕴含了非常丰富的道教思想，可以补充一般材料的不足。

其次，道教镜对古代镜文化起到重要推动作用。道教中的镜思想以及道教镜艺术深刻影响了古代铜镜文化与艺术，如世俗铜镜纹饰中道教题材的流行、文学作品或民间流行的照妖镜思想等，都是道教镜思想或文化的流变。

最后，道教镜可以对古代铜镜制造技术研究起到补充作用。在古代发达的铸镜业中，道教镜的一些技术是比较独特的，这一点在以往的铜镜技术研究中没有给予充分注意。

［本节原刊姜生主编《中国科学与文明》第一辑，山东大学出版社2010年］

陆 《神仙炼丹点铸三元宝照法》所见唐代道教铸造工艺

道教炼丹器具种类繁多，但唐代以前多用泥土制作，唐宋时金属设备渐趋流行，其中不少是用铸造方式制作，因此《道藏》中保存有不少关于铸造技术的资料。虽然道教在铸造方面的成就没有化学、矿物学、药物学等方面取得的成就那样辉煌，但它是中国古代冶金技术的重要组成部分。事实上，由于需要适应炼丹术发展的要求，金属炼丹设备的制造技术一直在不断进步，有不少先进工艺掌握在道士手中。《正统道藏》收录的《神仙炼丹点铸三元宝照法》[1]（以下称《宝照法》）就是一部专门记载几种金属设备铸造技术的道经。根据该书序言介绍，其作者为归耕子，他在游历嵩、少之间时遇到一位老者，授其神仙炼丹点铸三元天地人宝照之法，时为唐天复二年仲春月，即公元902年，也即《宝照法》最迟的成书时间。该书内容包含铸镜法、铸鼎法、作坛炉法及火候法等，综合反映了唐代道教在铸镜、铸鼎等方面的工艺水平，以下略予介绍。

---

[1]《道藏》第18册，第649—652页。

一　铸镜工艺

中国古代铜镜的出现要远早于道教的初创时间，在距今四千多年前的齐家文化墓葬中就曾出土过铜镜。不过当时铜镜的使用还不广泛，其普及要晚至春秋战国时期。迄至汉魏，道教开始将镜用于宗教修炼，如《抱朴子·遐览》著录有《四规经》《明镜经》《日月临镜经》等多种关于镜法修炼的道经。南北朝时，镜在道教中得到进一步应用，出现《上清明鉴要经》《洞玄灵宝道士明镜法》《太上明鉴真经》等多种新的镜法道书。除修炼外，由于铜镜的降妖驱邪功能，道士炼丹时也常在丹炉旁悬镜。不过，当时道教虽然将铜镜用于宗教修炼，但没有明显证据表明道教直接参与了铸镜活动，道教对铜镜制造业的影响一般仅限于镜背纹饰题材方面，即便在镜法修炼中，强调的往往也是仪式、禁忌等方面的内容，对镜本身的要求除了镜面清晰度外，没有过多讲究。但是到了唐代，随着整个社会风气的改变，当时镜思想的内涵得到多方面的充实和提高，道教在使用镜的同时逐渐关注起造镜技术。由于这个原因，唐代时出现一些道士自己设计、制造的铜镜，此类镜与世俗中使用的包含道教题材的铜镜有一定区别，是真正意义上的道教镜。例如著名道士司马承祯曾为唐明皇铸"含象鉴"，此镜图与另外两种镜图均见于《上清含象剑鉴图》中。另一部道书《上清长生宝鉴图》收录道教镜图多达七种。这些镜图虽然设计独特，蕴含了非常丰富的道教思想，但可惜对铸镜工艺缺乏记载。而《宝照法》中除镜背纹饰外，对镜的规格及铸造工艺有详细介绍，是古代铸造工艺的难得资料。以下我们从镜背纹饰、镜的大小及铸镜时间三个方面来进行讨论。

1. 镜背纹饰

早在西汉末到三国期间，铜镜制造便受到神仙思想的明显影响，镜背纹饰中有关内容广泛流行，尤其是东汉后期异军突起的画像镜与神兽镜大量采用神仙思想题材，是当时铜镜一个非常显著的特点。魏晋南北朝时期这一特点仍然比较突出。唐代时由于道教发展受到官方支持，社会影响日益扩大，铜镜制造业自然脱离不了道教文化的影响，镜背纹饰图案中出现更为丰富的道教题材。而且更为重要的是出现了道士亲自设计铜镜的情况，正如有学者所言："事实上，道教对古镜或唐镜不仅仅是影响、被影响的关系，在有关文献记载中，道士还根据教理教义提出、设计、制造过相当数量的道教铜镜，最著名的是唐代天照、地照、人照三件道教大镜。"[2] 这里所谓的天照、地照、人照即《神仙炼丹点铸三元宝照法》中的三种铜镜，宋代为避赵匡胤之祖赵敬嫌讳，将"镜"改为"照"。其纹饰内容各不相同：

---

[2] 王育成：《唐代道教镜实物研究》，《唐研究》第六卷，第 28 页。

天照厚三寸，重七十二斤，面广三十六寸，背上内象紫微星君所居，外列二十八宿。

地照亦厚三寸，重七十二斤，面广三十六寸，背上铸山川、五岳、四渎、八卦、九州、十六神。

人照亦厚三寸，重七十二斤，面广三十六寸，背上铸璇玑之星、六十甲子神名、天子帝号、本命神君、左龙右虎、国号星辰分野所属郡邑。

很显然其纹饰图案相当丰富，包括众多道教中的崇拜对象。若对有唐一代道教镜的纹饰题材略作考察，便不难发现《神仙炼丹点铸三元宝照法》中的纹饰实际上渊源有自。

唐初司马承祯曾著《上清含象剑鉴图》，一方面继承唐代以前道教之镜思想，另一方面又将镜思想用于铸镜实践，开道士制作道教镜之先河。其文开篇便介绍所铸"含象鉴"的神学根据及含义：

夫四规之法，独资于神术。千年之奇，唯求于乌影。含光写貌，虽睹其仪，尚象通灵，罕存其制。而鉴之为妙也，贞质内凝，湛然惟寂，清晖外莹，览焉遂通。应而不藏，至人之心愈显。照而无影，精变之形斯复。所谓有贞明之道也，有神灵之正也。捧玩之宝，莫先兹器。既可以自见，亦可以鉴物。此鉴所以外圆内方，取象天地也。中列爻卦，备著阴阳也。太阳之精，离为日也。太阴之精，坎为月也。星纬五行，通七曜也。雷电在卯，震为雷也。天渊在酉，兑为泽也。云分八卦，节运四时也。此表天之文矣。其方周流为水，以泻四溟。内置连山，以旌五岳。山泽通气，品物存焉。此立地之文也。[3]

司马承祯在书中收录了三幅镜图，其中第一幅即"含象鉴"。正如序中所言，该镜外圆内方，方圆以八卦卦象为界隔开。外区四方有日、月、星图，日中有三足乌，月中有玉兔及桂树。内区东、西、南、北四方及中央有五组连山纹，代表五岳；方形四角位置各有四个篆文，合起来即图旁的镜铭："天地含象，日月贞明，写规万物，洞鉴百灵。"

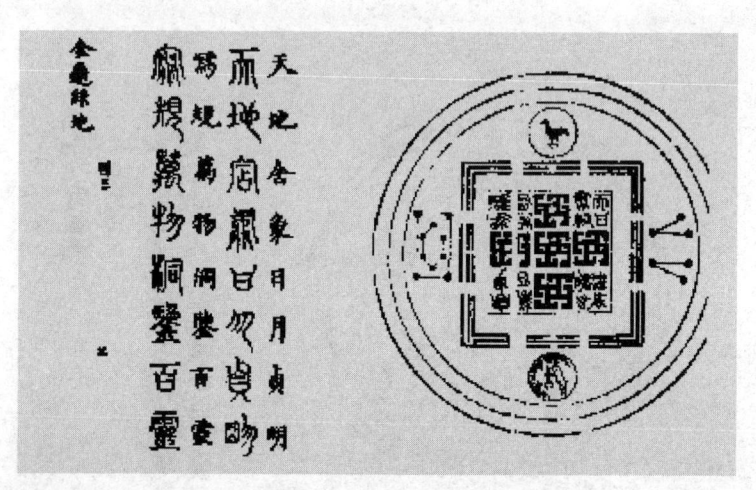

图1 《上清含象剑鉴图》之"含象鉴"图

---

[3]《道藏》第6册，第683页。

另外一种"龟自卜镜"则画有四象图案，内容较为单一。其上铭文为："龟自卜，镜自照，吉可募，光不曜。"

《上清长生宝鉴图》是一部道教镜图汇编之书，从内容上看应是唐代作品，其中载有多幅镜图，这里介绍其中三幅。第一幅内容较复杂，最右边是镜铭："百炼神金，九寸圆形，禽兽翼卫，七曜通灵，鉴包天地，威伏魔精，名山仙佩，奔轮上清。"镜图共分隔为

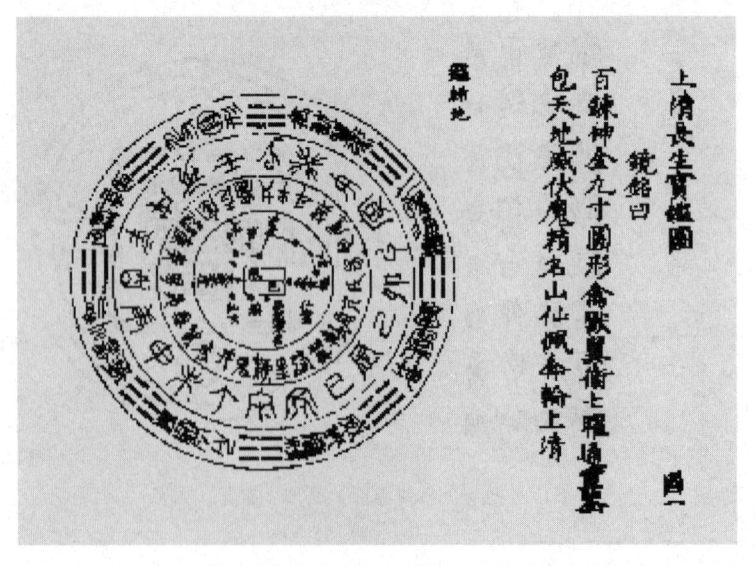

图2 《上清含象剑鉴图》之"龟自卜镜"图

图3 《上清长生宝鉴图》中的镜图一

四个部分，由外向里看最外区由八卦卦象与镜铭铭文组成；第二区由八天干（戊、己在中心）与十二地支组成；第三区为二十八星宿的名称；中心部分内容较多，有戊、己二字，北斗七星，辰星、岁星、太白、镇星、荧惑五大行星，青龙、白虎、朱雀、玄武四象，以及仙人、仙女、仙童等名号。

第二幅镜图分为三部分，由外向里第一区为上下两乾卦卦象；第二区是二十四种道符；第三区又可分为三部分，最外圈是十二生肖图案，中间一圈是八卦卦象，最里圈是青龙、白虎、朱雀、玄武四灵图案。从镜图中的两个乾卦卦象来判断，这种镜可能与早期的"天镜"有关。

第三幅镜图内容相对来说比较单一，可以分为两部分。外区由八种道符组成，符中有一些可以辨认的汉字，如右下角的符中有十五个山字。内区为两幅北斗七星图，一组星相图，以及真君、四员星、太上老君大员护身籍君、司命令箓、

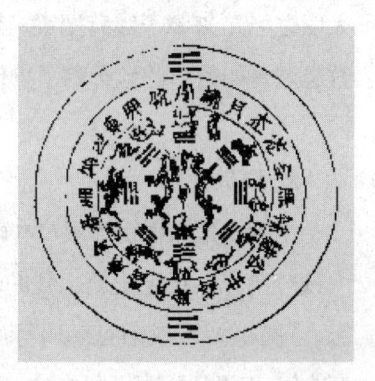

图4 《上清长生宝鉴图》中的镜图二

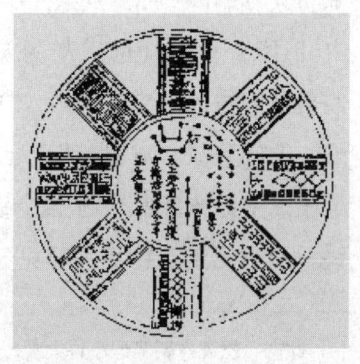

图5 《上清长生宝鉴图》中的镜图三

参星皇大帝等名号。与此相类似的镜图《上清长生宝鉴图》中还有四幅，不再赘述。

与《上清含象剑鉴图》和《上清长生宝鉴图》中的镜图比较，《宝照法》的铜镜纹饰内容明显继承了这些内容，只是根据天、地、人原则对其进行了重新组合，其所谓天照、地照、人照之名正来源于镜背图案。通过这些图案我们可以看到，道教思想是如何广泛地影响了唐代社会。

2. 镜的大小

中国古代的铜镜一般尺寸较小，直径多在 30 cm 以下，特大镜较罕见，见于史籍记载的仅有数种。如《西京杂记》卷三云："高祖初入咸阳宫，周行库府，金玉珍宝，不可称言……有方镜，广四尺，高五尺九寸，表里有明……"[4] 如《太平御览》卷七百十七"服用部·镜"引陆机《与弟云书》曰："仁寿殿前有大方铜镜，高五尺余，广三尺二寸，立着庭中，向之便写人，形体了了，亦怪也。"[5] 另《资治通鉴》卷二百二记载唐少府监裴匦舒曾为高宗造镜殿："成，上与仁轨观之，仁轨惊趋下殿。上问其故，对曰：'天无二日，土无二王，适视四壁有数天子，不祥孰甚焉。'上遽令剔去。"[6] 此镜殿之镜当非普通小镜。至于出土实物更为罕见。1978—1980 年，淄博市西汉初

---

[4] 此据《汉魏六朝笔记小说大观》，第 97 页。
[5] [宋] 李昉等：《太平御览》，第 3179 页。
[6]《资治通鉴》，第 6516 页。

期墓葬中曾出土一面矩形蟠螭镜，长 115.1 cm，宽 57.5 cm，厚 1.2 cm，重 56.5 kg。[7] 另外据 2004 年 3 月 5 日《北京娱乐信报》报道，湖北武当山的文物档案创建组工作人员在武当山金顶皇经堂发现一面特大古铜镜，直径达 1.23 米，厚 1 厘米多，重达数百斤。镜铸于明正德年间，时间较晚。

《宝照法》中铜镜的大小很特别，均"厚三寸，重七十二斤，面广三十六寸"。按唐制，换算成现代的尺寸为：厚 9.33 cm，重 42.97 kg，面广 111.96 cm。[8] 这组数据可能有误，镜的厚度偏大，但此镜为特大镜无疑。

中国古代铸镜技术大致采用以下工艺流程：[9]

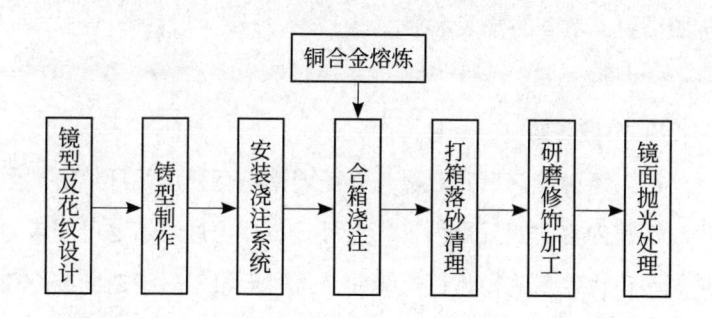

```
                        铜合金熔炼
                            ↓
镜型及花纹设计 → 铸型制作 → 安装浇注系统 → 合箱浇注 → 打箱落砂清理 → 研磨修饰加工 → 镜面抛光处理
```

与小型镜相比，特大镜由于形体较大，铸造过程复杂，需要克服的技术困难也很多。首先，制作整块大面积的镜范比较困难，如果采取分范分模复制法的话，由于模块之间存在缝

---

[7] 山东省淄博市博物馆：《西汉齐王墓随葬器物坑》，《考古学报》1985 年第 2 期。

[8] 数据换算据吴承洛《中国度量衡史》。

[9] 该流程图摘自凌业勤：《中国古代传统铸造技术》，第 277 页。

隙，铸造时很容易在镜表面形成接痕。李正光曾注意到，某些出土铜镜的镜背地纹"都是分成几个部分所组成的，每部分的纹样都一模一样，并且，在每部分相接的地方，现出有明显的接痕，因此，它都应该是同出于一个母模，也就是说它是先做好一个母模，然后翻印出很多镜范，把每个范拼合起来，构成地纹"。[10] 其次，由于特大镜体薄面广，要保证镜正面的平整与光滑，浇注系统的设置尤为关键。为防止浇不足现象发生，浇注口与冒口可能要设置多个，而且铜合金的流动性必须好，冷却时间又不能过快，这对青铜合金的成分含量有较为严格的要求。因此，无论从模范制作，还是浇铸过程来看，铸作三元宝照需要非常高的技术水平。

3. 铸镜时间

古人铸镜非常讲究吉日，许多镜铭中有某年某月某日甚至某时铸镜内容，如五月丙午、五月五日、正月丙午等日期最为常见。唐代著名的扬州百炼镜便是五月五日午时铸造而成，白居易《百炼镜》诗云："百炼镜，熔铸非常规。日辰置处灵且奇，江心波上舟中铸，五月五日日午时。"对铜镜的纪日问题我们应该区别对待，不能一概而论。何堂坤先生曾对《汉三国六朝纪年镜图说》中的"纪日镜"作过粗略统计，在大约40

---

[10] 李正光：《略谈长沙出土的战国时代铜镜》，《考古通讯》1957年第1期。

面干支纪日镜中，干支日与实际历法完全相符的共有 12 面，占总数的 38.7%；完全不符的有 18 面，占总数的 58.1%；朔日不符，铸镜日相符的 1 面，占总数的 3.2%。可见多数情况下镜铭中的铸镜日是一种象征，这与中国古代阴阳五行思想盛行有关。以五月丙午日为例，《淮南子·天文训》云："五月夏至……夏至日则火从之，故五月火正。"《白虎通·五行》亦云："五月谓之蕤宾。蕤者，下也；宾者，敬也。言阳气上极，阴气始宾敬之也。"因此，"依五行看来，这'五月'便是火月，'丙午日'便是火日，因火胜金，这'五月丙午日'便是熔金作镜的佳期"。[11] 当然也有确实按照特定日期来铸造的，前文介绍的唐代百炼镜就是如此。

《宝照法》中的三种铜镜铸造时间各不相同：

神仙文曰："天元甲子之纪，六六之首，阳火大盛，取其真精，炼五金灵丹之气，铸成天照"，"地照……发火铸时当太阴望中铸成"，"人照……铸用丙午日太阳中时铸成"。

天照、地照分别于阳气、阴气最盛时铸作，而人照也需丙午日太阳中时阳气盛时铸作。道士无论是修炼还是炼丹，对时间要求均非常严格，所以对《宝照法》中的铸镜日期我们倾向以真

---

[11] 何堂坤：《中国古代铜镜的技术研究》，第 131—139 页。

实日期来看待。

之所以重视铸镜日期，是因为不同季节温度不同，可能会对铸造过程产生影响。如太阴望中、丙午日太阳中时均与季节无关，一年之中会多次出现，冬天与夏天的同种吉日温度会相差很大。甚至在同一季节里，太阴望中和太阳中时也有温度差。而铸造如在不同温度下进行，要保证铸件质量，其合金成分往往须作相应调整。铜镜主要含有铜、锡、铅三种金属。古人对锡在青铜中的作用认识非常早，否则就不会有商代发达的青铜文明了，但对铅的作用则不甚明确，故其含量波动较大。我们知道，铅能够降低青铜合金的熔点，从而有利于合金液的补缩，减少废品出现。铅的这种性质非常重要。上文说过，铸镜吉日会在一年中出现多次，由于夏季与冬季气温不同，合金液体的凝固速度自然不同。要铸造大型镜，若气温稍不合适，很容易造成铸件缩松甚至缩孔。董亚巍先经过多年青铜铸镜实践，总结出两条规律：第一，铅含量与镜体剖面几何形状有密切关系，原则上小镜及小钮镜含铅量低，大镜及大钮镜含铅量高。这条规律可以解决我们在"镜的大小"一节中提到的特大镜铸造中遇到的困难。第二，含铅量应根据气温的变化而变化，原则上冬季含铅量要高，夏季含铅量最低。[12] 从

---

[12] 这两条规律分别见董亚巍《论古代铜镜合金成分与镜体剖面几何形状的关系》(《中国历史博物馆馆刊》2000年第2期)和《从铅含量看古铜镜的铸造月份》[《全国第七届民间收藏文化高层（湖北荆州）论坛文集》，2007年]。

这两条规律来看，铅含量对于青铜镜的质量影响很大。如果同在太阴望中铸地照，由于冬夏温度不同，青铜中的铅含量应作相应变动，否则容易造成铸镜失败。从这一方面来看，《宝照法》中三种特大镜的铸作并不简单，需要掌握高超的铸造技术。

二　铸鼎工艺

根据相关资料，炼丹术中的铸鼎技术有两个重要特征：一是在尺寸上有一套独特标准，二是对铸造质量有十分严格的要求。

先说尺寸标准。鼎作为一种炼丹设备先后出现多种样式，结构由简单趋向复杂。尽管如此，鼎的某些基本尺寸却一直相对固定。《宝照法》中对鼎的尺寸规定为：

> 神仙文曰：金鼎者，上符天，下法地，中应民，民昌国泰，天清地静，万物生焉。故曰先天而天弗违，后天而奉天时，此可明矣。其鼎高下锱铢厚薄一一依法，鼎高一尺二寸，重七十二斤，其数有九，内围一尺五寸，底厚一寸半，脚去地二寸半，身厚一寸半，内受物可三升半，深六寸，盖厚一寸，耳高一寸半。

像这种鼎"一尺二寸"的高度在道教中很普遍。如《金华冲碧丹秘旨》中的"铸成一鼎，高一尺二寸"，[13]《红铅入黑铅诀》中的"造鼎通长一尺二寸"，[14]《九转灵砂大丹》中的"用生铁造水火鼎一付，通高一尺二寸"，[15]等等。其缘由何在？《铅汞甲庚至宝集成》中有一段话做了很好的解释：

> 上下鼎身周十二寸以应十二月，身长八寸以应八节。上鼎身阔倍下鼎一倍，乃按二十四气。上鼎为天，下鼎为地；上升为阳，下降为阴。阴气欲升，阳气欲降，此应阴阳之陶冶也。尺寸阔狭不可大、不可小，大则气散不聚，小则逼溢，故不能遂升降之匀和。[16]

由此来看这些实际存在的铸造法度实质上多是道教神学思想在作怪，没有科学上的可靠依据。诸如其他种类的尺寸规定其原因与此相同。我们关注的不在于标准本身，而在于如何实现这些标准。因为尽管在标准的选择上可以主观决定，但标准一旦选定，要保持足够的精度便成为纯粹的技术问题。对这样的问题精益求精，足以推动相关技术的进步。

除了保证尺寸精确之外，对铸造鼎的质量也有相当严格的要求，《宝照法》规定铸鼎如有以下十类缺陷不能使用：

---

[13]《道藏》第 19 册，第 165 页。
[14]《道藏》第 19 册，第 354—355 页。
[15]《道藏》第 19 册，第 30 页。
[16]《道藏》第 19 册，第 260 页。

次有十病不在用限：一金不精；二铸不及时；三厚薄不匀；四模素不干；五悬胎铸；六砂孔；七唐腷；八夹横；九金皱；十高下、大小、厚薄不依尺寸。若遇有此十病，并不在修至药之限。

这十种缺陷亦见于《云笈七签》卷七十二，文字虽稍有出入，但其所指大体相同：

图6 《云笈七签》中的铁鼎

鼎有十病：一忌秋夏、铁不精好、铸不及时；二不悬胎铸；三肚大；四脚短曲；五口大耳小；六上下厚薄不均；七沙窍漏气；八不润滑；九不依尺寸；十铁皱。有此十病，并不宜用。[17]

我们分别来分析一下这十种铸造缺陷。

"金不精""铁不精好"指用于铸鼎的金属液杂质含量较高。关于这一点早在《周礼·冬官考工记·栗氏》中即有相关记载："凡铸金之状，金与锡黑浊之气竭，黄白次之；黄白之

---

[17]《道藏》第22册，第505页。

气竭,青白次之;青白之气竭,青气次之,然后可铸也。"[18] 所谓"青气"实际上是金液中的杂质较低时所表现出的状态。《考工记》中所讨论的虽然是青铜冶炼,但即使生铁铸造同样也有一个相似的过程,《宝照法》作者对此非常清楚。

"铸不及时"指金属液浇注缓慢,这样会使金属液提前冷却,出现铸件浇不足现象。

"厚薄不匀""高下大小厚薄不依尺寸""肚大""脚短曲""口大耳小""上下厚薄不均""不依尺寸"等几类缺陷实际上是由铸造泥型的工艺水平所决定的,这里涉及泥型的整体结构是否匀称、美观(肚大、脚短曲、口大耳小)、各部分厚度是否均匀(厚薄不匀)、是否合乎标准规格(不依尺寸)等多个方面。另外,抛开整体结构的匀称美观不谈,如果铸件的不同部位厚薄相差悬殊,由于金属液的冷却速度不同,容易造成多种铸造缺陷。

"模素不干"指模型含水分超标,这种情况对铸造质量影响非常大,如铁铸件可能会造成反应气孔、夹砂、胀砂等多种缺陷。反应气孔指铁水与模型中的水分发生化学反应,生成的氢在较高氢分压和较高温度下离解为原子氢,若模型材料透气性不足,则会向铁水中扩散,使其含氢量过饱合,在铸件表面下形成气孔。铁水中的 FeO 还会与其中的碳发生进一步反应,生成的 CO 同样会形成气孔。另外,模型水分过高会还会使其

---

[18] 此据杨天宇:《周礼译注》,上海古籍出版社,2004年,第634页。

表面强度不足，从而造成夹砂与胀砂等铸造缺陷。

$$Fe + H_2O（汽）\longrightarrow FeO + H_2 + Q（热量）$$

$$FeO + C + Q（热量）\longrightarrow Fe + CO\uparrow$$

"悬胎铸"究竟为何种缺陷不太明确。"悬胎"本来是炼丹术中的一种药物处理方法，主要操作是将药物用绢、布等包裹好，或者将药物放在箩中，然后悬挂在某种药剂溶液或水中煮。后来出现了专用于悬胎煮的"悬胎鼎"，元人上阳子陈致虚《上阳子金丹大要图》云：

> 鼎周围一尺五寸，中虚五寸，长一尺二寸，状似蓬壶，亦如人之身形，分三层，应三才。鼎身腹通，直令上中下等均匀。入炉八寸，悬于灶中，不著地，悬胎是也。[19]

以"悬胎"的原本意义来推测，"悬胎铸"很可能是一种浇注方式，与铸型的放置方式有关。

"砂孔""沙窝漏气"大概指砂眼，是在铸件内部或表面有充塞着砂子（或泥）的孔洞，主要原因是在铸造过程中砂粒或砂块（或泥粒、泥块）自动脱落或被金属液冲落。现代砂型铸造中的预防措施主要有三种：一是保证型砂（泥）的强度；二是在造型工艺上保证模型的拔模斜度，必要时要对铸型中细薄

---

[19]《道藏》第24册，第72页。

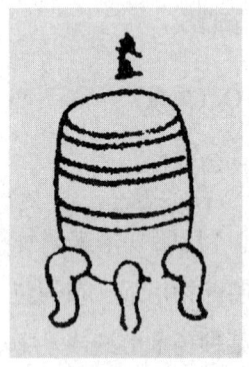

图7 《金丹大要图》中的"悬胎鼎"

的突出部分进行加固处理；三是浇注系统的设置要防止冲毁铸型等。前面说的模素要足够干燥正是其中措施之一。

"唐膈"应指铸件中的气孔，铸造时模型材料透气性不足、水分含量较高、冒口安排不合理等原因均易造成铸件中出现大小不等的孔洞。

"夹横"大概类似于现在所说的夹砂，即在铸件表面出现嵌砂现象。这种缺陷与模型材料的品质及附加物有重要关系。

"金皱""不润滑""铁皱"指铸件表面粗糙不平，这与模型的造型工艺质量有直接关系。

从以上十类铸造缺陷来看，当时道士所达到的铸造工艺水准已经相当高。这些缺陷涉及铸鼎工序的所有重要环节，从模型造型及其质量（厚薄不匀、模素不干），到模型的放置方式（悬胎铸），再到铸鼎金属的纯度及其浇注应注意的问题（金不精、铸不及时），最后是铸件常见缺陷（砂孔、唐膈、夹横、金皱、高下大小厚薄不依尺寸）等，可见每一道工序都有较为成熟的预防缺陷的措施。像这样描述详细的古代冶金工艺史料流传至今的十分罕见，所以《宝照法》是中国古代冶金技术的珍贵文献。

柒 古代锡汞齐及其应用

一 上古时期人们对锡的认识与利用

锡是我国先民认识与利用最早的几种金属之一，其单质常温下为银白色固体，质地柔软，熔点为231℃。在自然界中很少有游离态的锡存在，它主要以锡石（SnO_2）存在于岩石中。在古代中国，锡最初是用来铸铜的原料。据史籍记载，夏朝时便能够炼铜，如《左传》宣公三年记载："昔夏之方有德也，远方图物，贡金九牧，铸鼎象物，百物而为之备。"《墨子·耕柱篇》云："昔者夏后（即启）开使蜚廉，采金（即铜）于山川，而陶铸之于昆吾。"《史记·孝武本纪》亦有"禹收九牧之金，铸九鼎""皇帝采首山铜，铸鼎荆山下"等语。此类记载并非纯为传说，据考古发现，在相当于夏代纪年范围内的墓葬中确实出土了不少小件铜器。通过对部分早期铜器的金相分析，发现不少铜器为锡青铜铸造，其中锡可能是无意识加入的，"在我国冶金的初期阶段，即商代以前的时期，人们还不可能在冶铜的时候就有意识地往其中掺入锡矿石或铅矿石以降低其冶炼温度和增加金属的硬度"。[1]

至中商时期，科学检测表明当时的人们似乎已经懂得利用不同的铅锡配方来铸造用途不同的器物。[2] 这就意味着商人对金属锡有了比较明确的认识，他们甚至能够提炼出比较纯净的锡，如小屯出土的就有成块的锡，大司空村出土了六件锡戈。[3] 周纬的发现更为有力地证明了这一点，他说："余在中央研究院历史语言研究所中所见商殷时代之虎面铜盔数具，其中完整之一具，内部红铜尚好，外面一层厚锡，镀法精美，光耀如新，且闪灼有白光，恐尚含有锌镍等质。"[4] 锡的认识与提炼技术对提高青铜冶炼技术有重大意义，因为锡的含量直接影响到青铜的物理、化学性能，商代高度发达的青铜器技术与此有直接的关系。这些宝贵的科学知识后来被总结成文字记载下来，这便是《周礼·冬官考工记·筑氏》中的"六齐"之说：

> 金有六齐：六分其金而锡居一，谓之钟鼎之齐；五分其金而锡居一，谓之斧斤之齐；四分其金而锡居一，谓之戈戟之齐；三分其金而锡居一，谓之大刃之齐；五分其金而锡居二，谓之削杀矢之齐；金锡半，谓之鉴燧之齐。[5]

---

[1] 赵匡华、周嘉华：《中国科学技术史·化学卷》，第118页。
[2] 田长浒主编：《中国铸造技术史》，航空工业出版社，1995年，第35页。
[3] 张子高：《中国化学史稿（古代之部）》，科学出版社，1964年，第17页。
[4] 周纬：《中国兵器史稿》，生活·读书·新知三联书店，1957年，第151页。
[5] 此据杨天宇：《周礼译注》，第625页。

除炼铜外，锡还用于外镀器物，相关青铜器已经出土不少，上文提到的殷商铜盔大概是发现的最早镀锡实物。其他如法国考古学家卫松（Andre Vayson de Pradenne）曾对我国周代的青铜剑、铜戈做过鉴定，也发现有些兵器表面曾镀过锡。[6]1967 年、1972 年，甘肃灵台白草坡周墓中也发现多种兵器表面有镀锡现象，"兵器中有的通体镀锡一层，如Ⅳ式戈（1: 26—29）、钺、Ⅰ式戟的外表，银光灼灼，未见锈痕。有的如Ⅳ式戈（2: 13、26、31）、Ⅴ式戈（1: 50—55、9: 12、14、18、19、32、34）和短剑只在援基部镀锡，血槽、纹饰、栏以及内部保留铜的本色，一器二色，显得更加鲜艳"。[7] 至于春秋战国时期的镀锡铜器见诸报道的就更多了，如湖北江陵出土的战国铜器中即有镀锡铜剑、铜戈，[8] 四川峨眉地区出土的战国晚期青铜器如刮刀、书刀等多数器物均进行过镀锡铅处理，[9] 甚至中原以外如内蒙古鄂尔多斯地区也发现了公元前六世纪至公元前四世纪末的大量镀锡铜器。[10]

对于镀锡技术的研究目前成果不多见，且没有形成统一

---

[6] 周纬：《中国兵器史稿》，第 152 页。
[7] 甘肃省博物馆文物队：《甘肃灵台白草坡两周墓》，《考古学报》1977 年第 2 期。
[8] 何堂坤、陈跃钧：《江陵战国青铜器科学分析》，《自然科学史研究》1999 年第 2 期。
[9] 峨眉地区文物管理所、自然科学史研究所：《四川峨眉县战国青铜器的科学分析》，《考古》1986 年第 11 期。
[10] 韩汝玢、埃玛·邦克：《表面富锡的鄂尔多斯青铜饰品的研究》，《文物》1993 年第 9 期。

认识。早在1958年，张子高等人在对云南晋宁石寨山出土铜器进行研究的时候，曾发现一件小铜斧上镀了一层锡。张子高先生对此现象非常重视，他从寻找古代镀锡操作的文字证据入手，认为《诗经》中出现的"鋈"字即为镀锡之意，并猜测"它大概不会很复杂，其操作手续不外浇灌和沉浸两法。浇灌之法就像'醍醐灌顶'，'冷水浇背'的样子，这是用于物体外面……第二种沉浸法是把要镀的物体，一部分或全部，沉浸到熔融的金属里面去，再行取出，面上即镀上一层金属"。[11] 此后，他的推断被多数学者所接受。国外学者的相关研究主要采用技术分析的方法，不少结论印证了张子高先生的观点。当然，亦有人认为锡层是高锡青铜铸造过程中反偏析的结果，而非人为现象。另外有一种观点比较独特，即汞齐涂附法："从科学分析数据看，我们觉得峨眉铜器用的可能是另一种工艺，即汞齐涂附法，或叫鋈锡法，具体操作与鋈金相似：先化锡（铅），并制成汞齐，再把汞齐涂敷到器物表面，然后排汞、轧光。"[12] "汞齐涂附法"最初大概渊源于古镜的研究，即一些学者认为中国古代铜镜的表面普遍镀过锡层，其方法即是用锡汞齐来涂附，[13] 详细情形将在后文讨论。

除去以上两种用途，锡还在青铜器铸造中作为焊料使用。

---

[11] 张子高：《从镀锡铜器谈到鋈字本义》，《考古学报》1958年第3期。
[12] 峨眉地区文物管理所、自然科学史研究所：《四川峨眉县战国青铜器的科学分析》，《考古》1986年第11期。
[13] 何堂坤：《中国古代铜镜的技术研究》，第240—241页。

中国青铜器焊接技术出现较早，但锡或铅锡作为焊料于春秋中晚期之后才被较多地使用，如安徽舒城九里墩春秋墓出土的大型青铜器上很明显地看到锡焊的痕迹，一件铜鼓座上面的龙身是先铸成若干段，然后再用锡焊接起来，其焊接处还残留大块的焊锡。[14] 再如属于战国早期的曾侯乙墓，其中出土青铜器的一些装饰附件使用了镴焊，焊料主要有两种：一种基本上为铅锡合金（如铜尊圈足内的焊料），锡、铅、铜含量分别为53.41%、41.4%、0.38%，另外有少于0.01%的铁；另一种基本为纯锡（如鉴缶的龙头焊料），含锡90.92%、铅0.48%、铜0.03%，铁含量少于1%。[15] 类似的例子不少，兹不赘述。下面我们再来谈谈汞的历史。

二　我国使用汞的早期历史

汞（Hg）俗称水银，是唯一一种常温下呈液态的金属，其熔点为-38.9℃，沸点为356.7℃，受热易蒸发。在自然界中，汞以游离态和化合物（主要为丹砂HgS）两种形式存在。现存资料表明，中国古代先民对丹砂的认识要早于单质汞，可以追溯到史前时期，如朱晟引安特生的《甘肃考古记》称甘肃的

---

[14] 安徽省文物工作队：《安徽舒城九里墩春秋墓》，《考古学报》1982年第2期。
[15] 谭维四：《曾侯乙墓》，文物出版社，2001年，第168页。

石器时代墓葬中就曾发现有丹砂。[16]另外河南偃师二里头早商遗址中曾发现一些玉器与铜器均裹在丹砂里，几座墓坑的底部甚至发现存有大量丹砂，其中一座坑中的丹砂带长 2.4 米、宽 1.5 米、厚 1.5—5 厘米，另一座坑中丹砂带长 1.7 米、宽 0.74 米、厚 5—6 厘米。[17]丹砂量之大可想而知。

作为一种矿物，丹砂比较容易获得，而天然水银则比较罕见。在丹砂矿中，丹砂被氧化可以生成天然水银，因其比重大且有流动性，因而容易汇集在丹砂晶体簇或块体的空隙处，此即古人所谓的"出丹砂腹中"。在古人利用"抽砂炼汞"技术从丹砂中提取水银之前，水银是很少见的，因而较之丹砂，古人对水银的认识与使用就很晚了，时间大概在春秋时期。见于史籍记载的有以下几处，如唐魏王李泰《括地志》云："齐桓公（前 642 年死）墓在临淄县南二十一里牛山上，亦名鼎足山，一名牛首岗，一所二坟。晋永嘉人发之，初得版，次得水银池。"[18]再如《艺文类聚》"山部下·虎丘山"条引东汉范晔《吴越春秋》语云："阖庐死，葬于国西北，名虎丘……冢池四周，水深丈余，椁三重，倾水银为池，池广六十步。"[19]类似的记载并非空穴来风，考古资料表明，战国中晚期已经出现了鎏

---

[16] 朱晟：《我国人民用水银的历史》，《化学通报》1957 年第 4 期。
[17] 中国科学院考古研究所二里头工作队：《河南偃师二里头遗址三、八区发掘简报》，《考古》1975 年第 5 期；中国科学院考古研究所二里头工作队：《偃师二里头遗址新发现的铜器和玉器》，《考古》1976 年第 4 期。
[18] ［清］王谟：《汉唐地理书钞》，中华书局，1961 年，第 248 页。
[19] ［唐］欧阳询：《艺文类聚》，中华书局，1965 年，第 141 页。

金工艺是可以肯定的，如洛阳中州路车马坑中出土的马络饰是鎏金与鎏银的，辉县固围村一号大墓中出土的大玉璜两端的铜器是鎏金的，长沙等地还出土有鎏金带钩等。[20] 此外，山东曲阜发掘的春秋末至战国初的三号墓中出土了鎏金长臂猿，1957年发掘的信阳楚墓的一号墓中出土的铜削等也是鎏金的。如果这些出土物的年代属实，那么鎏金工艺出现的时间就提早了不少。

那鎏金所用的水银是如何获得的呢？天然水银是丹砂被缓慢氧化生成的，速度慢，产量少，而且易于渗入地下，因而获取非常不易。南宋周去非《岭外代答》云："邕州右江溪峒归德州大秀墟，有一丹穴，真汞出焉。穴中有一石壁，人先凿窍，方二三寸许，以一药涂之，有顷，真汞自然滴出，每取不过半两许。"[21] 到目前为止考古发现的战国时期的鎏金器大多为小件，且数量不多，因而鎏金用天然水银是可能的。但是像前文所说的齐桓公墓和阖庐墓中那样大量的水银，若采自天然水银恐怕是比较困难的，况且其文的准确性今人已不得而知了。司马迁在《史记·秦始皇本纪》曾记载，秦始皇郦山墓"以水银为百川江河大海，机相灌输，上具天文，下具地理"。[22] 先时曾有不少人怀疑这段史料的真实性。1981年至1982年，有

---

[20] 湖南博物馆：《长沙楚墓》，《考古学报》1959年第1期；李正光、彭青野：《长沙沙湖桥一带古墓发掘报告》，《考古学报》1957年第4期。
[21] [宋]周去非：《岭外代答校注》，第273页。
[22] 《史记》卷六，第265页。

关专家对秦始皇陵园内十二万余平方米封土中的汞含量做了测定，结果发现位于陵园内城中央一个约为一万二千平方米的范围内显示出强汞异常现象，与周围土的汞含量形成鲜明对比。[23] 将来秦始皇陵发掘后，"以水银为百川江河大海"的秘密将大白于天下，这对正确认识秦代用汞规模以及汞获得途径等研究能够提供第一手的资料。目前的研究表明，中国古代自丹砂中炼制水银的技术，也即"抽砂炼汞"，最早出现比较肯定的时间是在秦代，[24] 正可验证秦始皇陵的用汞量。若要突破这一论断，尚需新的材料出现。

三 关于锡汞齐的出现时间

金汞齐出现于春秋战国时期，这已经由出土鎏金器得到证实，然而锡汞齐问题则比较复杂。在古镜表面处理工艺问题上，许多学者认为战国至宋金明时期的铜镜均以锡汞齐来处理表面，像《淮南子·修务训》所描述的"明镜之始下型，蒙然未见形容，及其粉以玄锡，摩以白旃，鬓眉微豪，可得而察"。[25] 这"玄锡"就是锡汞齐了。另外，如果前面介绍的"汞齐涂附法"得到证实，锡汞齐出现时间还可以往前推。

---

[23] 刘林学：《考古学与化学》，《化学通报》1989 年第 3 期。
[24] 赵匡华：《中国古代抽砂炼汞的演进及其化学成就》，《自然科学史研究》1984 年第 1 期。
[25] 何宁：《淮南子集释》，第 1339 页。

然而，考虑到先秦至秦汉时期缺乏有关锡汞齐的记载，出土铜器的检测报告中亦罕有关于汞含量情况的具体例证，因而这一问题尚有较大争议。众所周知，一件器物表面是否鎏金，其表层中是否含有汞是一个重要依据。国内很早就进行了相关实验，如原北京钢铁学院（现为北京科技大学）化学教研室的钱振鹏等人将搜集到的部分鎏金器及残片进行了光谱定性分析，结果显示所检测的器物均含有汞；另外又将两件鎏金铜片由有色金属研究院电子探针室采用电子探针鉴定，发现残留的汞均匀分布在金层中。[26] 国外也曾有人做过汞镀金属器物的温度实验，将一片汞镀金试样加热到500℃，保温24小时，光谱检测仍有汞残留。[27] 出于同样考虑，一些学者试图对镀锡青铜器表面进行汞含量的检测，然而有意思的是两个比较典型的例子得出了不同的结论。一个是鄂州市博物馆的董亚巍先生今年来专门做的模拟实验，具体过程如下[28]：取四块碎镜片镀上锡汞齐，第一块镀一层，第二块镀两层，第三块、第四块依次递增。镜片合金成分为：Cu68%、Sn24%、Pb8%；锡汞齐的比例为：Sn70%、Hg30%(wt%)。镀完以后将四块镜片放在300—400℃的环境中约16小时，然后检测镜片，结果如表1所示：

---

[26] 北京钢铁学院冶金史组：《鎏金》，《中国科技史料》1981年第1期。
[27] 凌业勤：《中国古代传统铸造技术》，第36页。
[28] 该试验过程及表格均引自董亚巍的《"锡汞齐"与"水银沁"镜》，该文没有正式发表，见于鄂州市博物馆网站。经董先生允许，笔者在《〈道藏〉中的两种磨镜药研究》（《自然科学史研究》2005年第2期）一文中曾引用过。

表 1 锡汞齐镀镜分析报告（wt%）

样品编号	分析部位	铜 Cu	锡 Sn	铅 Pb	汞 Hg	铁 Fe	硅 Si	铝 Al	备注
Shh1	表	70.41	24.55	3.20	1.84				镀 1 层
Shh2	表 基	63.24 70.77	23.84 22.74	7.93 4.30	2.63 0	0.97 0.83	0.34 0.22	1.06 1.16	镀 2 层
Shh3	表 表	57.24 58.46	25.46 26.07	5.89 6.00	9.00 9.47	0.64	0.62	1.14	镀 3 层
Shh4	表	56.41	24.38	7.44	9.40	0.93	0.58	0.85	镀 4 层

表 1 数据表明，汞的含量随镀层的增加而升高，即使镀一层的镜片汞的含量也很明显。汞在常温下一般很稳定，要自然蒸发很困难。

另一个例子见于 1999 年的《四川文物》，在一篇题为《中国古代巴蜀式青铜剑上的虎斑纹装饰——古代锡汞齐的证据》[29] 的文章中作者提出，由于铜与汞不易生成汞齐（常温下铜在汞中的溶解度仅为 0.006%），在用锡汞齐镀铜的过程中，锡和铜的作用机理是锡和铜互相扩张，最终生成铜锡固溶体或金属间化合物。锡和铜的这种扩散需要比在银器上镀金高得多的温度，因为金、银与汞很容易生成汞齐而达到附着效果。实验表明，这种温度必须在汞的沸点以上，然而经过高温灼烧以

---

[29] [美] 亚历山大·科索拉波茨、约翰·特威利:《中国古代巴蜀式青铜剑上的虎斑纹装饰——古代锡汞齐的证据》，曾中懋译，《四川文物》1999 年第 5 期。

后使用现有仪器未必检测到汞的存在，这要取决于青铜器的成分、灼烧时间以及通风条件。该文作者引用了另一位学者梅克斯（Meeks）的实验：将少量锡汞齐（$HgSn_{15}$）涂到磨光的锡青铜（含锡7%）表面上，然后将样品放在一台电子实验炉中450℃保温20分钟后取出，打磨光滑，除去氧化物，使用X荧光分析法检测斑纹表面成分如下：81.9%铜，17.5%锡，1.6%汞；相同温度条件下灼烧1小时检测结果为：84.3%铜，15.4%锡，0.3%汞；若在600℃条件下灼烧半小时，则没有汞被检测到。这个实验很有意思，它表明锡汞齐问题与鎏金问题有所区别，即使铜器上使用了锡汞齐，由于多方面原因，汞的存在很难被检测到，至少就目前所用的技术手段来说是这样。尽管如此，在1992年该文作者将一把收藏的据认为是战国时期的青铜剑送到洛杉矶艺术博物馆进行技术检测，其结果是令人兴奋的：当用X荧光分析仪对剑上的暗黑色斑纹进行分析时，发现有少量的汞存在。作者认为这是应用锡汞齐装饰的最好证据。

比较以上两个实验，二者得出不同结论的部分原因可能在于对实验青铜器的加热温度不同，要注意，当后者将温度升高到600℃的时候汞无法检测到的现象才出现。另外，两个实验所用锡汞齐的量、青铜器的含锡量等均有较大差异。除此之外，后文中作者提到的那把青铜剑的时代存在疑点，作者在原文中这样写道："在1992年一把私人收藏的，在风格上被认为是中国巴蜀地区战国时代（475—221BC）的青铜剑"，作者对剑的年代范围的判断似乎有些武断。基于以上原因，类似的实验应该在更严密的条件下多次进行，这对锡汞齐出现时间的研究是必要而且急需的。

　　此外，由于目前对春秋战国及秦代汞产量情况的认识仍然比较模糊，因而即使战国已经出现了锡汞齐技术，但对它的应用范围的估计同样不可过于随意。据学者初步估计，春秋战国时期铜镜出土数量在千枚以上，其中多数属于战国中后期，可上推到春秋中晚期至战国早期的大约只有十余枚。[30] 至于战国晚期铸造的铜镜实际数量就更多了。若这些铜镜均进行过镀锡汞齐处理，需要的汞量是相当可观的，天然水银的产量是否可以满足这一需求是相当成问题的。古籍中虽有水银池的记载，但只有秦始皇陵的可能得到验证。日后秦始皇陵发掘之时，根据其中汞的储量我们不仅可以判断汞的生产方式，而且亦可间接地考察汞齐的普及可能性问题。同样，若日后大量先秦铜镜及其他铜器上均检测到汞的存在，亦可反过来证明当时汞的生产情况。

四　炼丹术中的锡汞齐

　　据《史记·封禅书》记载，方士李少君上言汉武帝，云："祠灶则致物，致物而丹沙可化为黄金，黄金成以为饮食器则

---

[30] 何堂坤：《中国古代铜镜的技术研究》，第8—9页。

益寿。"[31] 一般认为这是有关炼丹术活动的最初记载。西汉末至东汉，炼丹术明显趋于活跃，像《黄帝九鼎神丹经》《三十六水法》《太清经天师口诀》《狐刚子五金粉图诀》《周易参同契》等炼丹经典纷纷出世，并流传至今，今人遂得以对当时炼丹术的内容、规模等有相当的了解。在炼丹术历史上，汞自始至终是一个关键要素，几乎所有丹药的炼制都与汞有关，因而可以称其为母药。自《黄帝九鼎神丹经诀》中可以看出一种很清晰的思路，即丹家试图以汞为母药遍炼诸药为丹，如铅、雄黄（As_4S_4）、卤碱、太一禹余粮、礜石、石胆、磁石、矾石等，在这个过程中是很容易得到各种汞齐的。另外，由于当时的人认为金银等金属皆有毒性，若合炼金丹必须首先将各种金属消毒，而水银是一种基本的去毒剂，约于东汉末行世的《太清经天师口诀》云："次作水银炼金法：将此铅炼金三十六两打作薄，用水银三十两安瓷器中，微火缓暖之，渐下金薄，讫将一瓷器密合其上，经宿成泥，甘埚消之，水银消唯有金在，如此三十遍，名曰水银炼渐渐减毒，取合水银也。"[32] 当时这种消毒程序很流行，甚至医书中也有这种理论，如成书于东汉之际的《神农本草经》"水银"条云："水银……杀金银铜锡毒，熔化还复为丹。"[33] 由此之故，当炼丹术出现之后，除金汞合金被继续使用之外，汞与其他金属如铅、锡、铜、铁等的合金在炼丹

---

[31]《史记》卷二十八，第 1385 页。
[32]《道藏》第 18 册，第 789 页。
[33]《神农本草经》，第 60 页。

实践中也得到广泛发展，例如《周易参同契》对铅汞合金有相当深入的认识："太阳流珠，常欲去人。卒得金华，转而相因。化为白液，凝而至坚。金华先唱，有倾之间，解化为水。"[34] 这一段即是对铅汞合金性质的准确描述。同样，锡汞齐在汉代之后的炼丹术中应用也非常普遍，主要用途有以下两种。

1. 制造药银

纯锡具有银白色金属光泽，外观与银相似，若加以硬化即可冒充白银。以锡制药银始于西汉武帝时，当时政府以锡掺入银中制作白金。葛洪的《抱朴子内篇》中记载了一种由锡铅合金制造伪银的方法："成都内史吴大文，博达多知，亦自说昔事道士李根，见根煎铅锡，以少许药如大豆者投鼎中，以铁匙搅之，冷却成银。"[35] 铅锡合金熔点很低，作伪银并不适合。南北朝时期，锡汞齐作为一种药银在炼丹术中广泛使用。历代炼丹家所用的药金、药银种类多达三十余种，锡药银是比较重要的一类。根据赵匡华等人的考证，锡药银成分并不固定，有 Sn-Ag、Sn-Hg、Sn-Ag-Hg（银膏）、Sn-As、Sn-As-Cu（素真）等多种配方。[36] 今本《道藏》保存有多种锡汞齐药银的炼制方法，如《太极真人九转还丹经要诀》中介绍有一种方子：

---

[34]《道藏》第 20 册，第 150 页。
[35] 王明：《抱朴子内篇校释》，第 284 页。
[36] 赵匡华、张惠珍：《中国古代炼丹术中诸药金、药银的考释与模拟试验研究》，《自然科学史研究》1987 年第 2 期。

取水银一斤、锡七斤著锅中，火之三沸，投"九转之华"一铢于锡汁中，搅之，须臾立成白银也。[37]

"九转之华"一般指九转丹，其成分主要为氧化汞，与锡作用可产生汞和氧化锡。与一斤水银、七斤锡相比，一铢"九转之华"可视为微量，最后生成的"白银"实际上为锡汞合金。据陈国符《道藏源流续考》考证，《太极真人九转还丹经要诀》于南北朝时期行世，可信。

在道教中由于黄白术与炼丹术不分家，因而锡汞齐不仅用于单独制造药银，而且某些丹药如氯化汞或氯化亚汞在炼制过程中均有首先制备锡汞齐的步骤，这实际上也是一种药银。这种现象最初为孟乃昌所注意。[38] 如《太清石壁记》中的"造水银霜法"，唐代孙思邈《千金翼方》中的"飞水银霜方"、《太清丹经要诀》中的"造艮雪丹法"、《庚道集》中的"造艮雪丹法"等丹方均有第一步炼制锡汞齐的步骤。如孙思邈的"飞水银霜方"炼制过程如下：

水银一斤　朴硝八两　大醋半升　黄矾十两　锡二十两，成炼二遍者　玄精六两　盐花三斤

上七味，先炼锡迄，又温水银令热，乃投锡中，又捣

---

[37]《道藏》第19册，第11页。
[38] 孟乃昌：《周易参同契考辩》，上海古籍出版社，1993年，第113、114页。

玄精黄矾令细,以绢筛之,又捣锡令碎,以盐花并玄精等合和,以醋拌之令湿,以盐花一斤藉底,乃布药令平,以朴消盖上讫,以盆盖合,以盐灰为泥,泥缝固际干之,微火三日,武火四日,凡七日去火,一日开之,扫取极须勤守,勿令须臾间懈慢,大失矣。[39]

根据张觉人的解释,锡首先与水银形成汞齐,用醋搅拌原料是取其湿而均匀,缓缓加热过程中汞被分离出来,与硫酸盐、食盐发生如下反应[40]:

$$6Hg + 2KAl(SO_4)_2 + 6NaCl + 3O = 3Hg_2Cl_2 + K_2SO_4 + 3Na_2SO_4 + Al_2O_3$$

这就是孙思邈制轻粉的方法。很明显,锡在此过程中实际上是不起作用的。宋代之后许多制轻粉的药方中已经排除了锡,只用汞、矾与食盐,现代模拟实验研究也证明了锡的不必要性。[41]但为什么诸多药方中要首先制锡汞齐呢?孟乃昌认为这是早期炼丹术特别是《周易参同契》从铅汞齐出发,给后世许多炼丹路数门类留下了印记。由于《参同契》炼丹首先要制

---

[39] 李景荣等:《千金翼方校释》,第92页。
[40] 张觉人:《中国炼丹术与丹药》,四川科学技术出版社,1996年,第60—61页。
[41] 赵匡华、吴琅宇:《关于中国炼丹术和医药化学中制轻粉、粉霜诸方的实验研究》,《自然科学史研究》1983年第3期。

铅汞齐，由此衍生出多种丹药制剂等都要首先制汞齐。[42]《太清石壁记》中"艮雪丹"的一种制法能更清楚地看出这种影响：

> 艮雪丹（一流珠白雪，二流珠倾素雪，三玄珠绛雪）：水银一斤，锡十二两。右取水银，铛中着火暖之。别铛熔锡成水，投水银中，泻于净地中自成白银饼。取银捣碎，研，粗罗之。绛矾、白矾、太阴玄精各四两。右并捣和银粉，取伏龙肝、盐末等和上件药，布置一依四神法，唯以朴硝一斤覆上，更用末白盐花覆之，牢固济，四日文火，渐渐加火，仍须微微不得依四神武火，满七日讫，用猛火一炊间寒之，开取其药霜，亦有不上者，并在盐花内结作芙蓉头子，其霜煮炼依四神法。[43]

这种方法首先将锡汞制成"白银"，它的作用实际上就是充当药银。尽管锡的加入在这类丹药的炼制过程中不是必要的，但它却推动了锡汞齐技术的发展。

2. 用作磨镜药

锡汞齐作为磨镜药并不限于道教，不过宋代之前有关磨镜药的记载非常罕见。《淮南子·修务训》中的"玄锡"过于模

---

[42] 孟乃昌：《周易参同契考辩》，第112—114页。
[43]《道藏》第18册，第768页。

糊，最早的详细记载见于《道藏》中的《上清明鉴要经》，其文如下：

> 昔有摩镜道士游行民间，赁为百姓摩镜，镜无大小，财费六七钱耳。不以他物摩也，唯以药涂而拭之，而镜光明不常有。……是以道士有摩镜之药，药方出于白子高。方以锡四两，烧釜猛下火，令釜正赤，与火同色，乃内锡末，又胡粉三两合内其中。以生白杨刻作人，令长一尺，广二寸，厚一寸，其后柄长短在人耳。以此搅之，手无消息，尽此人七寸。又复内真丹四两，胡粉一两，复搅之，人余二寸。内摩镜锡四两，搅令相得。欲用时，末如胡豆，以唾和之，得胭脂为善。又以如米者，于前齿上嘘之后，以唾傅拂其上，以自拂之，即明如日月。[44]

经分析，以上操作过程最后的产物应该是锡、铅和汞的混合物，但性能究竟如何，因条件所限笔者未能进行模拟实验。该段文字记载磨镜技术出于道士之手，且炼制过程具有浓厚的炼丹术色彩，因而该药方可以肯定是出自炼丹家。笔者曾在一篇文章中猜测这种锡铅汞齐磨镜药发源于道教，其技术背景正是炼丹家对汞齐的丰富知识。[45]《上清明鉴要经》于

---

[44]《道藏》第 28 册，第 418 页。
[45] 韩吉绍：《〈道藏〉中的两种磨镜药研究》，《自然科学史研究》2005 年第 2 期。

南北朝时期行世，其时炼丹家对各种汞齐包括锡汞齐已经非常熟悉，但道士为何将这种技术用于镀镜呢？这其中自有渊源。魏晋之际，道教中出现了多种镜修炼法，如存思术、分形术、照妖术等均用到铜镜，这些修炼法在上清派中得到长时期的传承与实践。甚至炼丹家的丹炉之上亦须悬以镜剑驱邪镇妖。[46]在这个过程中，道士对镜面的质量要求非常高，如"无令面中有疵瑕，正令清明"，"无令面有偏缺、毁损、疵瑕，务欲清明周正，不失人容色者善"。[47]这些要求大概就是道士研究镜面处理技术的思想动机。剑也是道教的重要法器之一，道士很早就有以丹药涂刀剑的情况，如《抱朴子内篇·金丹》云："又取此丹一斤置火上扇之，化为赤金而流，名曰丹金。以涂刀剑，辟兵万里。"[48]但镀镜的情况可能与此相异，从相关记载来看，道士镀镜过程并无多少巫术或宗教色彩，从一开始它就基本上是一种实用技术。

五　锡汞齐其他应用

炼丹术以外，锡汞齐在古代医学与手工业中也有应用。如唐代医学上使用一种锡银汞齐作为补牙材料，宋代《重修政和

---

[46] 韩吉绍、张鲁君：《早期道教与中国古代之镜思想》，《山东教育学院学报》2005年第6期。
[47] 《道藏》第28册，第418、422页。
[48] 王明：《抱朴子内篇校释》，第83页。

经史证类备用本草》卷四"银膏"条引《唐本草余》云："银膏……其法以白锡和银薄及水银合成之，亦甚（堪）补牙齿缺落。又当凝硬如银，合炼有法。"[49] 李时珍《本草纲目》中亦有记载，并称："今方士家有银脆，恐即此物也。"[50] 可见此物明代时仍在使用。不过，要判断这种补牙技术是否得益于炼丹术尚缺少证据。

此外，锡汞齐还被用作焊药。锡或锡铅合金用作焊料的情况前文已做过介绍，自锡汞齐技术发展起来之后，由于它的熔点很低，在常温下即可操作，因而更适合于作焊药，如在古镜修复中即有一种焊药是锡铅汞齐。然而，锡汞齐作为焊料出现的确切时间目前尚不太清楚，学者一般认为最早记载这种技术的是明末学者方以智，他在《物理小识》卷七金石类"锻缝"条介绍了这种锡焊药："水银、铅、锡三合亦成焊药。"[51] 不过文字过于简单，后来清代郑复光《镜镜詅痴》中有详细记载，该书卷四"作照景镜"条云："锡大焊方：先用锡化大著松香，屡捞搅之，以去其灰，再逼出净锡；离火稍停，再参水银，自不飞汞。视锡六而一，不可过多，锡内水银过多则易碎。"[52] 其中松香的目的是"去其灰"，也即除去锡表面的氧化物。经

---

[49] 人民卫生出版社1957年影印本，引文不见于今辑复本《唐新修本草》。
[50] ［明］李时珍：《本草纲目》（校点本第2版），人民卫生出版社，1982年，第464页。
[51] ［明］方以智：《物理小识》，清光绪宁静堂刻本。
[52] ［清］郑复光著，李磊笺注：《〈镜镜詅痴〉笺注》，上海古籍出版社，2014年，第158页。

学者科学模拟与检测，这确实是一种性能比较优良的低温钎料。[53] 实际上，锡汞齐作为焊药应该很早就有了，上文介绍的磨镜药实际上就是一种低温钎料，只不过当时炼丹家没有意识到罢了。另外明代李时珍《本草纲目》金石部"锡"条征引了五代道士独孤滔著作的一条轶文，称"松脂焊锡"，这应该就是指的锡焊药，但其中是否用到汞，据目前已有资料尚无法确定。

［本节原刊《广西民族大学学报（自然科学版）》2007年第1期］

---

[53] 华自圭、徐建国：《中国古代低温钎料"锡铅汞齐"的研究》，《自然科学史研究》1991年第1期。

捌 炼丹设备的源流、类型及建造方法

从汉代至明清，炼丹设备经历了一个复杂的演变过程，从最初一些民间普遍使用的简单、通用设备，逐渐发展出一系列结构复杂、设计精巧、具有专门功能的专业设备。炼丹设备是中国古代化学与冶金行业设备的重要组成部分，炼丹家们之所以能够取得很多重要科学发现与发明，与他们设计制造出的设备有重要关系。二十世纪早期，曹元宇最早对炼丹设备进行研究，撰写了《中国古代金丹家的设备和方法》一文。[1] 随后，巴恩斯[2]和威尔逊[3]根据这篇研究各写了一篇摘要，李乔苹[4]、黄子卿[5]

---

[1] 曹元宇：《中国古代金丹家的设备及方法》，《科学》1933 年第 11 卷第 1 期。

[2] W. H. Barnes, "Abstract of Ts'ao Yuan-yu's paper," *Journal of Chemical Education*, XI: 65 (1934); XIII: 453 (1936).

[3] W. J. Wilson, "Alchemy in China," *Ciba Symposia*, II ⟨7⟩: 595(1940).

[4] 李乔苹：《中国化学史》，商务印书馆，1940 年。以及 *The Chemical Arts of Old China*, Easton, Pennsylvania: Journ. Chem. Ed. Pub., 1948.

[5] 黄子卿: Über die alte Chinesische Alchemie und Chemie, *Wissenschaftliche Annalen*, VI: 721(1957).

和袁翰青[6]对这一问题也有简单介绍。不过在这一方面取得较大突破的是后来者李约瑟，他与何丙郁合撰《中世纪早期中国炼丹家的实验设备》一文，[7]经修改增补后收入《中国科学技术史》第五卷第四分册，[8]主要根据现代化学功能分类方法对炼丹设备进行了详细研究。尤其可贵的是，文中对各种设备的介绍没有局限在炼丹术，同时还注意到和道教以外的中外同类设备进行比较。二十世纪七十年代，陈国符致力于外丹黄白术研究，其所作《中国外丹黄白术词谊考录》对炼丹设备的种类作了详细归纳，并对一些重要设备的制作方法及其结构进行了卓有成效的研究。[9]后来赵匡华先生作《中国炼丹术中的设备建造与方法》，[10]对这一问题进行了进一步的总结研究。以上研究成果各有侧重，基本梳理出中国古代炼丹设备的主要类型及其建造方法。不过，由于道经散佚、断代困难等多方面原因制约，炼丹设备研究仍然有一些问题值得进一步探讨，譬如不同时代所用设备的演变情况，金丹术与黄白术所用设备的差异，

---

[6] 袁翰青：《中国化学史论文集》。

[7] 原载英国 *Ambix* 杂志第 3 卷第 2 期（1959 年 6 月），译文见潘吉星主编：《李约瑟文集》，辽宁科学技术出版社，1986 年，第 622—692 页。

[8] Joseph Needham, Ho Ping-Yü, Lu Gwei-Djen, Nathan Sivin, *Science and Civilisation in China, Volume 5, Chemistry and Chemical Technology, Part IV: Spagyrical Discovery and Invention: Apparatus, Theories and Gifts*, Cambridge University Press, Cambridge, 1980.

[9] 见陈国符：《道藏源流续考》（台湾明文书局，1983 年），或《中国外丹黄白法考》。

[10] 见赵匡华、周嘉华：《中国科学技术史·化学卷》，第 390—416 页。

设备设计建造过程中技术因素与宗教因素之间的关系等等，这些问题以往较少被注意。在上述前贤研究的基础上，本节首先对历代炼丹设备的源流进行梳理，并注意金丹与黄白不同类型的区别，然后分门别类对一些重要设备及其建造方法进行综合介绍。

一　炼丹设备的源流

西汉时期，炼丹术处于初步发展阶段，当时造作出世的丹经数量很少，且以黄白术为主。如淮南王刘安召集宾客所作二十余万言的《枕中鸿宝苑秘书》，《汉书·艺文志》著录的三十一卷《泰壹杂子黄冶》等，今存《三十六水法》亦传与刘安有关。至东汉，一批新的著作相继问世，流传至今的有《黄帝九鼎神丹经》《周易参同契》《太清金液神丹经》等几种，当然其中混有后世增补的内容。汉末魏晋以来，炼丹术有了进一步发展，新出现不少著作，其中相当一部分被葛洪《抱朴子内篇》征引或著录。从这些早期炼丹著作来看，关于设备的内容并不多，更没有出现专题性著作，所以现在很难全面了解当时炼丹设备的种类及其建造方法，我们只能通过一些零散记载，大致了解这一时期炼丹设备的使用情况。在这些为数不多的文献中，汇集了汉晋主要炼丹资料的《抱朴子内篇》至为关键，它提供了考察汉晋炼丹设备演变情况的重要依据。

早期丹经均强调炼丹须在僻静无人之处，于深山中最佳。

如《黄帝九鼎神丹经》(以下简称《九鼎丹经》)强调说:"黄帝曰:欲合神丹,当于深山大泽,若穷里旷野无人之处。若于人中作之,必于高墙厚壁,令中外不见,亦可也。"[11]《抱朴子内篇·金丹》引述《九鼎丹经》文则说,"合丹当于名山之中,无人之地,结伴不过三人",又云合金液和九丹"既当用钱,又宜入名山,绝人事"。[12]《抱朴子·金丹》特别强调名山的重要性,盖出于师训,因为左慈曾经告诫郑隐说:"诸小小山,皆不可于其中作金液神丹也……是以古之道士,合作神药,必入名山,不止凡山之中。"葛洪甚至根据道经记载开出了一份名山海岛的目录:"又按仙经,可以精思合作仙药者,有华山、泰山、霍山、恒山、嵩山、少室山、长山、太白山、终南山、女几山、地肺山、王屋山、抱犊山、安丘山、潜山、青城山、峨眉山、绥山、云台山、罗浮山、阳驾山、黄金山、鳖祖山、大小天台山、四望山、盖竹山、括苍山……若不得登此诸山者,海中大岛屿,亦可合药。若会稽之东翁洲、亶洲、纻屿,及徐州之莘莒洲、泰光洲、郁洲,皆其次也。今中国名山不可得至,江东名山之可得住者,有霍山,在晋安;长山、太白,在东阳;四望山、大小天台山、盖竹山、括苍山,并在会稽。"[13]

于深山旷野中炼丹,自然洞穴是最好的空间场所,不需额外费力。若没有洞穴,则需要建造房屋。《太清金液神丹

---

[11] 韩吉绍:《黄帝九鼎神丹经诀校释》,第5页。
[12] 王明:《抱朴子内篇校释》,第74、84页。
[13] 王明:《抱朴子内篇校释》,第85页。

经》卷上云:"合神丹宜索大崖室足容部分处,若无崖室,乃可于四山之内,丛林之中,无人迹处作屋,长四五丈,密障蔽施篱落,令峻避天雨。"[14] 炼丹房屋最初只是一种普通建筑,用以避雨遮阳,并无特殊宗教含义,也无统一名称。或称为精舍,如炼制金液时,《抱朴子·金丹》云:"皆斋戒百日,不得与俗人相往来,于名山之侧,东流水上,别立精舍,百日成。"或称为神室,如《抱朴子·金丹》引《五灵丹经》云:"用丹砂、雄黄、雌黄、石硫黄、曾青、矾石、慈石、戎盐、太乙余粮,亦用六一泥,及神室祭醮合之,三十六日成。"[15] 不过,这类精舍或神室在南北朝时期逐渐形成规范设计,成为专门的丹房。除房屋外,水源也是炼丹的必需条件,因此《太清金液神丹经》强调房屋应建在近水之处:"又欲得近水处,无水则难为汲挮。"[16] 若无近水,可以掘井使用,这就是后来所谓的"丹井"。

房屋内应配备何种设备,现存汉代丹经和《抱朴子内篇》虽然没有直接详细介绍,但间接记载不少。如加热设备,《抱朴子·金丹》多次提到一种土炉。如"务成子丹法"云:"用巴沙汞置八寸铜盘中,以土炉盛炭,倚三隅壄以枝盘,以硫黄水灌之。""两仪子饵黄金法"云:"取黄金五两,置器中,煎

---

[14]《道藏》第 18 册,第 750 页。
[15] 王明:《抱朴子内篇校释》,第 83、78 页。
[16]《道藏》第 18 册,第 750 页。

之土炉。"[17] 可惜书中没有介绍这种土炉的结构，猜测它与当时世间所用土炉或土灶并无不同。

反应器最常用的是土釜，其赤色者称赤土釜。《九鼎丹经》引黄帝言曰："起火时，当于釜边施祭。"[18] 其下各丹一律用土釜烧炼，釜的大小不一。如第一丹丹华用赤土釜，其作法为："土釜令可受八九升，大者一斗，涂之令内外各厚三分，暴之于日中十日，令干燥。乃取胡粉烧之，令如金色，复取前玄黄各等分，和以百日华池，令土釜内外各三分。暴之十日，令大干燥，乃可用飞丹华矣。"[19] 其后几种丹所用的土釜作法与此相似，只是大小与药物量有关。炼制太清丹也使用土釜。如《抱朴子·金丹》云："封涂之于土釜中，糠火，先文后武，其一转至九转，迟速各有日数多少，以此知之耳。"[20] 土釜坯体做好后，其内外均须涂泥，干燥后方可合丹，而且一般都是两个配合使用，称上下釜，其接口用六一泥或其他泥料固济。上下釜固济后组成一个相对密闭的反应器，上釜还可以起到冷凝器的作用，用以制备升华药物。例如九鼎丹之第一丹，置药物于釜中固济，加热一定时间后再冷凝，"药皆飞着上釜，如五彩琅玕，或如奔星，或如霜雪，或正赤如丹，或青或紫"。第四丹还特别提到如何加强上釜冷凝效果的方法："常以湿布加釜上，

---

[17] 王明：《抱朴子内篇校释》，第 79、87 页。
[18] 韩吉绍：《黄帝九鼎神丹经诀校释》，第 8 页。
[19] 韩吉绍：《黄帝九鼎神丹经诀校释》，第 10 页。
[20] 王明：《抱朴子内篇校释》，第 77 页。

令药不飞,视布干,取复濡湿之。"[21] 土釜无足,故加热时需要支撑装置。《九鼎丹经》第四丹中有铁弋三柱,即铁三脚,便是一种支撑土釜的设备:"(将釜)暴之十日,置铁弋三柱上,令高九寸,以马通糠火火之……"[22]《抱朴子·金丹》中的"务成子丹法"用"三隅堑"支撑铜盘,此物应该就是铁三脚。其文云:"用巴沙汞置八寸铜盘中,以土炉盛炭,倚三隅堑以枝盘,以硫黄水灌之。"[23]

反应器除土釜外,也可以用鼎。商周时期鼎就是一种很常见的煮器,炼丹家常将其用作反应器。如《抱朴子·金丹》引《太清丹经》云,其九转之丹炼成后,"内神鼎中,夏至之后,爆之鼎热,内朱儿一斤于盖下。伏伺之,候日精照之。须臾翕然俱起,煌煌辉辉,神光五色,即化为还丹"。[24]《周易参同契》之《鼎器歌》提到鼎的形制及意义。如果此段文字确出于汉代,则表明当时已有炼丹家将设备设计与炼丹理论结合在一起。《鼎器歌》云:"鼎圆三五,寸一分,口四八,两寸唇,长二寸,厚薄匀,腹三齐,坐垂温,阴在上,阳下奔。"赵匡华先生猜测它"大概是一种既济式(上水下火)鼎炉。结构已颇讲究,显然已不是原始的上下土釜了"。[25]

---

[21] 韩吉绍:《黄帝九鼎神丹经诀校释》,第 12、23 页。
[22] 韩吉绍:《黄帝九鼎神丹经诀校释》,第 23 页。
[23] 王明:《抱朴子内篇校释》,第 78 页。
[24] 王明:《抱朴子内篇校释》,第 77 页。
[25] 赵匡华、周嘉华:《中国科学技术史·化学卷》,第 250 页。

土瓯也是汉晋时期常用的一种炼丹反应器。如《抱朴子·金丹》中的《以金液为威喜巨胜之法》即用黄土瓯:"取金液及水银一味合煮之,三十日,出,以黄土瓯盛,以六一泥封,置猛火炊之,六十时,皆化为丹……"[26] 黄土瓯也需要用六一泥密封,可见此器的结构应当与土釜相似。《说文解字》云:"瓯,小盆也。从瓦,区声。"又葛洪注《抱朴子神仙金汋经》认为土瓯就是土釜,其卷上"水银以黄土瓯盛之"一句注文云:"黄土瓯者,意是土釜也,出在广州及长沙、豫章、临川、鄱阳者,皆可用之。"[27]

除了土釜、土瓯等土质设备以外,汉晋炼丹家也使用各种金属设备炼丹。上面提到的鼎可能指铜鼎或铁鼎。《抱朴子·金丹》中的"乐子长丹法"用铜筒:"以曾青铅丹合汞及丹砂,著铜筒中,干瓦白滑石封之,于白砂中蒸之,八十日,服如小豆,三年仙矣。"铜筒应该也需要密封。"务成子丹法"用铜盘,这是一种普通加热容器,不需密闭:"用巴沙汞置八寸铜盘中,以土炉盛炭,倚三隅堑以枝盘,以硫黄水灌之,常令如泥,百日服之不死。"[28] 还有用方诸和铜燧的。方诸本是承取露水的盘子,铜燧则是取火的器物。如《淮南子·览冥训》云:"夫阳燧取火于日,方诸取露于月。"[29] 葛洪在《抱朴子内

---

[26] 王明:《抱朴子内篇校释》,第83页。
[27]《道藏》第19册,第204页。
[28] 王明:《抱朴子内篇校释》,第80、78—79页。
[29] 何宁:《淮南子集释》,第454页。

篇·对俗》中也说他曾"数见人以方诸求水于夕月，阳燧引火于朝日"。《抱朴子·金丹》中"岷山丹法"用到这两种器物："道士张盖蹋精思于岷山石室中，得此方也。其法鼓冶黄铜，以作方诸，以承取月中水，以水银覆之，致日精火其中，长服之不死。又取此丹置雄黄铜燧中，覆以汞曝之，二十日发而治之，以井华水服如小豆，百日，盲者皆能视之，百病自愈，发白还黑，齿落更生。"甚至还有用鸡子的情况，见于"王君丹法"，后来的鸡子神室不知与此是否有关系。它不需加热，其法为："巴沙及汞内鸡子中，漆合之，令鸡伏之三枚，以王相日服之，住年不老，小儿不可服，不复长矣，与新生鸡犬服之，皆不复大，鸟兽亦皆如此验。"[30]

以上是汉晋金丹术所用设备的大致情况。与之相比，黄白术所用设备的特点有同有异。金丹术与黄白术是古代炼丹术的两大分支，早期二者有比较明确的界限，如葛洪《抱朴子内篇》就分别以《金丹》与《黄白》立论。概括来讲，金丹术主要用各种金石药物来炼制仙丹，故与制药学的关系最密切。而黄白术主要是炼制药金、药银（当然药金、药银最初也是仙药），故与冶金工艺有很多相通之处。从二者的特点来看，使用设备有同有异就很好理解了。冶炼黄白对地点也有要求，深山无人之处仍是最佳选择，但不必名山方可。如《抱朴子·黄白》云："又黄白术亦如合神丹，皆须斋洁百日已上……又宜

---

[30] 岷山丹法与王君丹法见王明：《抱朴子内篇校释》，第78、82页。

入于深山之中，清洁之地，不欲令凡愚人知之。"[31] 由于黄白术的世俗特点，当时有很多人并不遵守这一戒律。至于加热装置与反应器，土炉、土釜、土瓯等土质设备在黄白术中也很常见。用土炉如《抱朴子·黄白》中的"小儿作黄金法"："取良非法用铅十斤内铁釜中，居炉上露灼之，铅销，内汞三两，早出者以铁匙抄取之，名曰良非也。"[32] 用土釜如刘向作金方："以赤土釜容一斗者，先以戎盐石胆末荐釜中，令厚三分，乃内雄黄末，令厚五分，复加戎盐于上。如此，相似至尽。又加碎炭火如枣核者，令厚二寸。以蚓蝼土及戎盐为泥，泥釜外，以一釜覆之，皆泥令厚三寸，勿泄。阴干一月，乃以马粪火煴之，三日三夜，寒，发出，鼓下其铜，铜流如冶铜铁也。"[33] 该法用上下土釜，其作法与金丹术相同。又"金楼先生所从青林子受作黄金法"提到土釜产地，云："唯长沙、桂阳、豫章、南海土釜可用耳。彼乡土之人，作土釜以炊食，自多也。"[34] 据此可知当时炼丹术所用的土釜即民间所用炊食之釜，将二釜组合使用可能是当时的一种普遍现象，并非炼丹家发明。用土瓯亦见于"金楼先生所从青林子受作黄金法"："先锻锡，方广六寸，厚一寸二分，以赤盐和灰汁，令如泥，以涂锡上，令通厚一分，累置于赤土釜中。率锡十斤，用赤盐四斤，合封固其

---

[31] 王明：《抱朴子内篇校释》，第 285 页。
[32] 王明：《抱朴子内篇校释》，第 290—291 页。
[33] 王明：《抱朴子内篇校释》，第 288 页。
[34] 王明：《抱朴子内篇校释》，第 289 页。

际，以马通火煴之，三十日，发火视之，锡中悉如灰状，中有累累如豆者，即黄金也。合治内土瓯中，以炭鼓之，十炼之并成也。率十斤锡，得金二十两。"[35] 此法同时使用赤土釜与土瓯，表明这两种器物是有区别的，非同一物。

由于黄白术需要冶炼各种矿石金属，故需较高的反应温度，因此它使用铜器、铁器的情况较之金丹术普遍。用鼎的情况如《抱朴子·黄白》中提到的道士李根，以鼎煎铅锡，以少许药如大豆者投其中，以铁匙搅之，冷即成银。用铁釜如"小儿作黄金法"之"取良非法"："用铅十斤内铁釜中，居炉上露灼之，铅销，内汞三两，早出者以铁匙抄取之，名曰良非也。"可见铁釜的作用相当于坩埚，不需像土釜那样密闭。铜筒与铁筒的使用也很普遍，如"务成子法"，将一铁筒"内铜筒中，塞以铜合盖坚，以黄沙筑上，覆以蚓壤重泥，上无令泄，置炉炭中"。可见铜筒一般都有盖。葛洪还记载了几种铁筒的规格。如"小儿作黄金法"有大、小铁筒："作大铁筒成，中一尺二寸，高一尺二寸。作小铁筒成，中六寸，莹磨之。""务成子法"中的铁筒又不同："作铁筒长九寸，径五寸，捣雄黄三斤，蚓蝼壤等分，作合以为泥，涂裹使径三寸，匮口四寸，加丹砂水二合，覆马通火上，令极干……"[36] 铁筒的规格不一，表明其大小主要根据需要来确定。

---

[35] 王明：《抱朴子内篇校释》，第 289 页。
[36] 王明：《抱朴子内篇校释》，第 290、291 页。

这一时期还有一种设备经常使用，即竹筒，主要用于各种水法。如《三十六水法》[37]中的早期水法几乎清一色使用竹筒，而后世增补之法则多用铜器、瓷器等。《抱朴子内篇》所引水法也主要用竹筒。唐代及其以后，竹筒即使在水法中也很少使用，如《轩辕黄帝水经药法》中均用银石器。不过唐代时竹筒成为抽砂炼汞的一种重要设备，详见下一节介绍。

早期炼丹术除以上主要设备以外，还使用刀圭、方寸匕、铁匙等度量工具，这些设备应当是来自医学领域。方寸匕，是依古尺正方一寸所制的量器，形状如刀匕。据称一方寸匕的容量约等于现代的 2.7 毫升；其重量，金石药末约为 2 克，草木药末约为 1 克左右。刀圭，形状像刀头的圭角，端尖锐，中低洼。一刀圭约等于一方寸匕的 1/10。[38]此外合丹的反应器一般均须密闭，最常见的密封剂是六一泥。后世炼丹家所用六一泥有多种配方，《九鼎丹经》中的六一泥法为："用矾石、戎盐、卤盐、礜石四物，先烧，烧之二十日，东海左顾牡蛎、赤石脂、滑石，凡七物分等，多少自在，合捣万杵，令如粉，于铁器中合裹，火之九日九夜，猛其下火，药正赤如火色，可复捣

---

[37]《道藏》第 19 册，第 323—326 页。今本《三十六水法》掺杂有后人增补内容，其中早期内容参见韩吉绍《〈三十六水法〉新证》(《自然科学史研究》，2007 年第 4 期) 或韩吉绍《知识断裂与技术转移——炼丹术对古代科技的影响》(山东文艺出版社，2009 年，第 387—391 页)。
[38] 江苏新医学院编：《中药大辞典·附编》，上海科学技术出版社，1979 年，第 763 页。

万杵，下绢筛，和百日华池以为泥。"[39]《抱朴子·金丹》篇所记该泥法稍有不同："用雄黄水、矾石水、戎盐、卤盐、礜石、牡蛎、赤石脂、滑石、胡粉各数十斤，以为六一泥。"此外还有用干瓦白滑石的，如"乐子长丹法"云："以曾青铅丹合汞及丹砂，着铜筒中，干瓦白滑石封之，于白砂中蒸之，八十日，服如小豆，三年仙矣。"漆骨丸也是一种常用密封剂。《抱朴子·黄白》篇中的《作丹砂水法》云："治丹砂一斤，内生竹筒中，加石胆消石各二两，覆荐上下，闭塞筒口，以漆骨丸封之，须干……"治作雄黄水法亦用漆骨丸。[40]

综上所述，汉晋炼丹家使用的器物种类比较丰富，有土炉（灶）、鼎、铜筒、方诸、铜燧、铜盘、铁筒、铁釜、土釜、土瓯、竹筒等十余种。总的来看，这些设备主要有以下几个特点：第一，没有固定规格，其大小容量往往根据实际需要而变化，表明当时炼丹设备的建造以实用为目的；第二，这些设备大多借用于民间，非炼丹专用设备，表明当时炼丹设备尚未形成专业规范；第三，同一种设备可以有不同用途，或者同一操作可以使用不同设备来完成，表明当时炼丹器尚无成熟的功能分类；第四，金丹术与黄白术所用设备有一定区别，前者用土器较多，而后者用金属器较多。概而言之，汉晋时期炼丹术尚处于起步阶段，这一特点表现在设备建造方面，即大多数炼丹

---

[39] 韩吉绍：《黄帝九鼎神丹经诀校释》，第10页。
[40] 以上见王明：《抱朴子内篇校释》，第74、80、289页。

设备为民间器物，炼丹家尚未发明出成熟的专业设备。

南北朝时期炼丹术有了进一步发展，许多早期丹法被进一步整理补充，同时很多新的丹经被造作出来，如《太清金液神气经》《太清金液神丹经》《太清经天师口诀》《抱朴子神仙金汋经》《太极真人九转还丹经要诀》《太微灵书紫文琅玕华丹神真上经》《太上八景四蕊紫浆五珠绛生神丹方经》等等，这些丹经中包含有很多设备方面的内容。此外还有一部道书对研究这一时期的炼丹设备非常重要，即《黄帝九鼎神丹经诀》[41]（以下简称《九鼎丹诀》）。该书撰于唐高宗显庆年间，[42]卷一为汉代《黄帝九鼎神丹经》，其余诸卷分门别类地辑录了大量初唐以前的炼丹史料。其中卷七专论金丹术设备，对炼丹整个过程所涉及的屋舍、设备及其建造方法等几乎每个细节均有详细记载，这些设备是唐代以前炼丹设备的基本配置。此外对黄白术的设备在书中其他章节也保存了很多相关资料。下面我们以《九鼎丹诀》卷七所述各种炼丹设备为中心，参稽此阶段的其他丹经记载，对这一时期金丹术所用设备及其建造方法作扼要介绍。

炼丹首先要选址造屋，这一点在汉晋丹经中就已强调。《九鼎丹诀》卷七之"飞丹作屋法"记载了丹房的详细设计数据，这是更早期炼丹文献所未见的。其法为："先择得深山临

---

[41] 载《道藏》第 18 册，第 795—859 页。
[42] 见韩吉绍：《黄帝九鼎神丹经诀校释·前言》。

水悬岩静处，人畜绝迹，施带符印，清心洁斋，除去地上旧土三尺，更纳好土，筑之令平。又更起基高三尺半，勿于故丘墟之间也。屋长三丈，广一丈六尺，洁修护，以好草覆之，泥壁内外，皆令坚密。室正东正南开门二户，户广四尺，暮闭之，视火光及主人止室中，以其灶安屋中央。密障蔽，施篱落，令峻也。舍若不峻，不辟天大雨，篱落亦然。"《九鼎丹诀》撰者有一段按语混入正文中，曰："此皆旧法，今意不然。若岭绝悬崖，流水胜地，既是深山，不可多得人功，恐只除其朽壤，实其好土，当釜下埋符讫，坚筑令实，即后充得。"可见在唐初炼丹未必必须作屋方可行之。

《太微灵书紫文琅玕华丹神真上经》中也有炼丹房屋，称为灶屋，其法为："灶屋起基，先凿地，去除秽土三尺，更纳好土，筑令满之。又更于平土之上起基，高令二尺五寸。勿在故冢墓之处，及故居之墟间为灶，而止也。灶屋令成巾长三丈，广一丈六尺，高一丈六尺，洁盛治护，以好草覆之，泥壁内外，令坚密。正东、正南门二户，户广四尺，暮闭之。"[43]《太上八景四蕊紫浆五珠绛生神丹方经》中灶屋的设计为："当在无人处，先作灶屋，长四丈，南向开屋，东头为户，屋南向为纱窗，屋中央作灶。"[44]《太极真人九转还丹经要诀》中的作屋法为："当在名山无人迹之处，临东流水上作神灶屋，屋长四丈，广二

---

[43]《道藏》第 4 册，第 555—556 页。
[44] 载《上清太上帝君九真中经》卷下，《道藏》第 34 册，第 42 页。

丈，起基四尺。又当先掘基下土三五尺深，如无故坎井冢瘗埋之所，然可筑基盖屋。开南户、东户、四户三户门也。"[45] 又《太清经天师口诀》云："凡合大药，必在山林静所作大药屋，四面悬剑，并作却鬼丸、却鬼符，安之悬之，始可合大药。"[46]

丹房做成以后需要建造加热设备。汉晋时多用土炉，而南北朝时一般用灶，故丹房常称为灶屋。灶内置支撑设备铁三脚，用于承置反应器，此器物在《九鼎丹经》中已见使用。《九鼎丹诀》卷七所记灶及铁三脚皆有详细尺寸，它们的建造方法抄录如下："作灶法　屋下中央作灶，口令向东，以好砖石缮修之，以苦酒及东流水捣和细白土并蒲台泥泥之。灶内安铁三脚，其脚器以生铁为之佳。以药釜置三角上讫，使釜置在灶中央，勿倾邪（斜）也，四边去灶壁各三寸半，令灶出釜上二寸。绕釜四边宜恒下糠，续火增之，恐火之强弱不均也。"铁三脚，《九鼎丹经》中称为铁弋三柱（高九寸），《九鼎丹诀》称为铁錍釱，其尺寸依"铁錍釱法"为："量釜大小，周圆一等，着三脚，高一尺六寸。"铁錍釱有时又称为铁錍、铁釱，其脚数为三或四，高度也不尽相同。如《太极真人九转还丹经要诀》所用铁錍高九寸，四脚："铁錍脚四，脚如鏊脚状，但令高九寸也。"[47]《太清金液神气经》卷上紫蕊明珠丹所用铁錍脚

---

[45]《道藏》第19册，第10页。
[46]《道藏》第18册，第791页。
[47]《道藏》第19册，第11页。

高二尺五寸，太玄九阴灵华丹用高二尺的四錂（即四脚錂）。[48]其他一些丹经对灶及铁錂的记载也不完全相同，详见下一节内容。

通常情况下，灶屋、灶与铁三脚是一套组合，不过有时候也可以五岳三台代之。《九鼎丹诀》卷七有"五岳三台法"，云："先立五岳形，当中别三台，以瓦器石垒之，以香泥泥之。诸经亦有作法。若令炼丹，不能立五岳三台，即须符室。符室中立灶，四周广七尺，以瓦石垒之，黄丹为泥，泥表里也。"这里的符室即上文所言之灶屋。五岳三台做好后可以直接置釜其上。如《太清经天师口诀》云："乃四方立四墼，中央立一墼，名曰五岳。亦可三角竖三墼，名三台，以安土釜其上，火之如经法。"[49] 又《九鼎丹诀》卷七"居山辟邪鬼恶贼虫兽法"中有符室法，说在符室（灶屋）内立五岳三台："符室法 庭前其室方十二步，高二丈四尺，南门著扉，门前使有东流水，东日西月，表里香泥泥之，四方各作主丹符也。于室中立五岳三台，西方壁下别立层坛，置诸药草，及神丹经诀目录并布于上，即有生药使者护之，万邪不能干也。"由此可见五岳三台的作用其实相当于灶及铁三脚。

加热设备建好后接下来就是最为关键的反应器的制作。南北朝时期金丹术虽然也偶尔使用铜器、铁器等金属设备，但反应器一般都使用土釜，它几乎成为一种标准设备。土釜制作有

---

[48]《道藏》第18册，第777、780页。
[49]《道藏》第18册，第788页。

两个关键环节，首先要选择足够坚固的泥料制作釜体，然后再选用合适的密封剂（既与密闭性能有关，又与丹法有关）对釜内外表面进行加固及密闭处理。由于一般土釜在高温灼烧下很难做到不破不裂，因此釜的制作成为当时制约神丹能否成功的关键因素。《九鼎丹诀》卷七"土釜法"撰者感叹道："以土为釜，其法最难，毛发参差，药总奔泄。自古施功，积累年岁，终老不成者，莫不由此物也，古人重之不传授。"该卷详细记载了多种土釜的制作方法及规格，从釜体的制作、干燥，到泥方、和泥、行泥，直到最后的干燥，甚至一些关键操作可能导致的缺陷等，每一个步骤都有详细介绍。其他丹经如《太清经天师口诀》《太极真人九转还丹经要诀》《太清金液神气经》等也记载有多种土釜及其制法，详见下一节介绍。

综合以上资料来看，南北朝时期金丹术在程序上已经有了初步规范，对设备专业功能的认识也逐渐趋于一致，这一点突出表现在加热设备、铁三脚及反应器的使用上，由此炼丹家在设备制作方面形成很多规律性认识，炼丹设备朝专业化方向前进了一大步。

与金丹术相比，这一时期黄白术的资料流传下来的并不十分丰富。《九鼎丹诀》中辑录有不少黄白术资料，其中很多表面看与炼丹家狐刚子有关。赵匡华曾认为狐刚子为东汉末期炼丹家，[50]

---

[50] 赵匡华:《狐刚子及其对中国古代化学的卓越贡献》,《自然科学史研究》，1984年第3期。

但实际上其时代要晚至南北朝。[51] 总体来看，这一时期黄白术所用设备延续了以往多金属器、重实用的特点，而且与金丹设备的差别更多了，像瓷器、铁铛、坩埚、熟铁锅、铁釜等冶金行业常用设备在这一阶段的金丹术中一般较少使用。

隋唐，特别是唐代，是古代炼丹术发展的黄金时期。在多种因素的推动下，炼丹术无论是规模还是技术都上升到一个前所未有的水平。在炼丹设备方面，其种类、制作方法等出现以下几个方面的重要变化：

首先，土质反应器的使用减少，金属反应器广为流行。在隋代以前，炼丹反应器多为泥土材料制作，对此《九鼎丹诀》撰者有一段解释，其卷七云："飞药合丹，神器以土为釜，不用铁者。古岂不知模立图样，一铸便成？特以五金有毒，不可辄用，故丹大法未有一处用铁器者。又以土为釜，其法最难，毛发参差，药总奔泻。自古施功，积累年岁，终老而不成者，莫不由此物也，古人重之不传授。"此外，汉末至南北朝，由于战争频仍，经济遭到巨大破坏，采矿业受到很大影响，许多矿场荒废不用，以致出现金属匮乏的情况，因此统治阶级出于战争和农业生产的需要，对矿业多实行官营垄断政策。在这种情况下，炼丹家的设备如果都使用铁或铜制造，其成本显然太高，尤其在深山之中，远不如用泥土方便实惠。昂贵的设备

---

[51] 详见《黄帝九鼎神丹经诀校释·前言》之"狐刚子及其著作时代考疑"部分。

和药物是当时阻止贫士问津炼丹术的两个主要原因，正如《颜氏家训·养生》所云："加以金玉之费，炉器所须，益非贫士所办。"[52] 而且，在反应温度不太高的时候，用土质设备完全可行。但是，当温度超过一定限度，泥土设备便很不可靠，正如《抱朴子神仙金汋经》中"水银以黄土瓯盛之"一句注文云："黄土瓯者，意是土釜也，出在广州及长沙、豫章、临川、鄱阳者皆可用之。又此诸郡皆作黄土墼，亦可用之，皆耐火不破。他处出者如似瓦器不勘用，得火便破也。"[53] 可见土釜对泥料的产地有严格要求，否则釜的耐火性就会很差，而铁釜则完全不存在这个问题，这也是黄白术多用金属设备的主要原因吧。

隋唐时期，炼丹术在理论与技术方面都变得更为复杂，使得对炼丹反应器的种类及其耐火性、密闭性、精密性、专业性等有了越来越高的要求。在这种情况下，传统的土质设备已远不能满足要求，炼丹家们开始普遍使用金属材料（主要为铜、铁、金、银）来制作各种设备。一方面出现一些新型金属反应器，如金、银、铜、铁制作的合子、混沌、神室等，它们的出现与炼丹理论及设备专业分工细化有关。另一方面，土质反应器的地位随之下降，以往一些常用器型被改进成金属器。以鼎为例，陈少微《大洞炼真宝经修伏灵砂妙诀》言鼎的种类有五："一曰金鼎，二曰银鼎，三曰铜鼎，四曰铁鼎，五曰

---

[52] 王利器：《颜氏家训集解》，中华书局，1993年，第356页。
[53] 《道藏》第19册，第204页。

土鼎。"[54] 其中土鼎在五鼎中位居末尾，可见土质反应器的地位已经远不如以前。唐初时孙思邈便已经使用铁灶与铁釜炼丹。孙氏虽然仍然使用上下土釜，但有时则改下釜为铁釜，见于《千金要方》卷十二及《太清丹经要诀》记载。他还特别指出铁釜可以久用而不破，说明这种改进正是针对以往土釜在高温下易破裂的弱点而进行的。

其次，瓷器开始进入炼丹领域。一般认为真正的瓷器出现于东汉中晚期，但在唐以前炼丹术中很少使用瓷器。至迟在唐初时期，炼丹术使用瓷器便已经很常见了。如《九鼎丹诀》中有多处使用瓷器。其卷八水法多用塘啼瓶，今本《三十六水法》作"甋瓿瓶"。甋，《广韵》云："甋，瓷器。"陈国符认为"甋瓿瓶"指瓷器中之大盆、大瓶。[55] 其卷九《金矿法》中用骐驎竭研作末，于瓷器中以醋浸之。又如孙思邈《太清丹经要诀》中《七返丹砂法》用瓷瓶、瓷碗，《造玉泉眼药方》用瓷瓶，《素真用锡去晕法》及《造珍珠法》用瓷器等。由于瓷器兼具土器与金属器的一些优异性能，唐宋时被炼丹家广泛用作各种炼丹设备。

第三，炼丹设备种类变多，专业分工趋于细密。唐代以前，灶与土釜几乎是炼丹的标准配置，而唐代则多用炉与鼎的组合，而且增加了反应器。唐代以前，药物一般直接放于土釜

---

[54]《道藏》第19册，第16页。
[55] 陈国符：《中国外丹黄白法考》，第192—193页。

中烧炼，但唐代时往往首先将药物放入混沌或合子中，混沌或合子再放入鼎中，鼎放入炉中加热。其他一些新出现的金属反应器上文已经介绍。加热装置相对于以往的简易土炉，唐代出现复杂的炉式，如八卦炉，其周围须配剑（或刀）、镜等。《道枢》卷二十九《上清金碧篇》云："……置于八卦之炉。八卦者，八角是也。其阔一尺二寸，其高下如之，八方各植剑，系镜于剑之端。杯水炉香者，八方各置之。"[56]还有很多其他炉式，详见下一节相关内容。炉并非直接建于地面之上，其下还要建坛。起初坛只是一个简单的土台子，后来发展成三级结构，其风门、渣道的设置皆有依据。唐代炼丹设备的种类及其分工的细化，使得当时炼丹操作更像是在进行化学实验，同时与道教理论的结合也更紧密。

第四，设备建造出现脱离实用的倾向，比附道教思想的现象非常普遍。这一特点在金丹术中尤其明显。以《大洞炼真宝经九还金丹妙诀》中鼎的设计为例，其尺寸、重量等均有神学依据："夫大丹炉鼎亦须合其天地人三才五神而造之，其鼎须是七反中金二十四两，应二十四气。内将十六两铸为圆鼎，可受九合，八两为盖。十六两为鼎者，合一斤之数。受九合，则应三元阳极之体。盖八两，应八节。鼎并盖则为二十四两，合其大数。"[57]又唐末《神仙炼丹点铸三元宝照法》中"金鼎养丹

---

[56]《道藏》第 20 册，第 753 页。
[57]《道藏》第 19 册，第 25 页。

法"云:"神仙文曰:金鼎者,上符天,下法地,中应民,民昌国泰,天清地静,万物生焉,故曰先天而天弗违,后天而奉天时,此可明矣。"[58] 甚至很多新器物完全是根据某种道教思想发明出来的。比如混沌,它是一种反应器,一般作鸡子形。它的出现源于道教的宇宙演化观。混沌本指宇宙的初始状态,如《云笈七签》卷二引《太始经》云:"昔二仪未分之时,号曰洪源。溟滓濛鸿,如鸡子状,名曰混沌。"[59] 据此炼丹家设计出鸡子形状的鼎,药入其中,用以象征宇宙演化之初的修炼。《诸家神品丹法》卷二题"玄真子孟要甫述",陈国符认为该卷实为唐末至五代出世的《金丹秘要参同录》,[60] 其中引青霞子言曰:"药在鼎中,如鸡抱卵,如子在胎,如果在树,但受炁满足,自然成熟。药入中胎,切须固密,恐漏泄真炁。……中胎所制,其形圆,如天地未分,混若鸡子圆,高中起伏若蓬壶。开闭微密,神运其中,药入中胎。"[61]

第五,黄白术使用设备的特征与金丹术出现较大差别。早期金丹与黄白都比较朴素实用,不尚玄理。但隋唐时金丹术与八卦阴阳等玄理的结合愈来愈密切,以至于后者深深地影响了前者所用设备的类型及其设计理路。然而黄白术在此阶段却进一步走向世俗,与金丹术走向了不同的发展轨迹,因此在设备

---

[58]《道藏》第 18 册, 第 650 页。
[59]《道藏》第 22 册, 第 7 页。
[60] 陈国符:《〈道藏〉经中外丹黄白法经诀出世朝代考》, 此据《陈国符道藏研究论文集》, 第 75—133 页。
[61]《道藏》第 19 册, 第 221 页。

方面仍然保持着以实用为目的的特征。唐宋时黄白技术与冶金关系变得更为密切，与这种特征不无关系。

到了宋元时期，一些丹经对丹房及其内部设备的种类、建造方法等开始做总结性介绍，其中既包括宋元的内容，也包括很多源于唐代的丹经资料。如《诸家神品丹法》卷二开头就记载当时炼丹的准备过程为：① 择地名山，结仙侣三人，须要同心合意；② 在近甘泉处于年月日时吉时筑室；③ 制作炉、坛、鼎、中胎合子。后面又引述其他资料云，炼丹须先择吉地，后立井、坛，然后修制鼎器、丹炉。[62] 二者所述之鼎、炉制作方法基本相同。其中鼎均采用水火式，所用材料前者云烧坩（瓷）为之，后者云用凡土烧瓷为之。南宋时编撰的《丹房须知》引述唐代《参同录》《火龙经》[63] 等文献，对炼丹过程有更详细的介绍，具体分成择友、择地、丹室、禁秽、丹井、取土、造炭、添水、合香、坛式、采铅（三法）、药泥、燠养、中胎、用火、沐浴、火候、开炉、服食共二十一个步骤。[64] 其中所用设备都比较复杂，如抽汞炉、未济炉、既济炉等器式都是其他文献所未见的。同出于南宋的《金华冲碧丹经秘旨》提到的炼丹设备有甑式炉（加热装置，砖砌）、外鼎（放置神室，瓷器为之）与各式各样的神室（主要是水火鼎，金、银、铜等打作）等。通过以上资料可以看出，宋元时期丹房内所用设备

---

[62]《道藏》第 19 册，第 219—222 页。
[63] 陈国符认为《火龙经》为唐人撰，见《中国外丹黄白法考》，第 72 页。
[64]《道藏》第 19 册，第 57—61 页。

类型及其建造方法，不仅与唐代以前相比已有相当多的不同，即便与唐代相比也有较多差异。概括来讲，宋元时期炼丹术总体来看在走向衰落，但在设备方面继续发生着重要变化，主要表现在以下几个方面：

第一，继续向多样化、复杂化、精密化方向转变，出现了很多复杂的专用设备。宋代丹房内的设备配置已经完全定型，主要设备的制造水平可以说已达到历史最高，此时的丹房俨然一个近代化学实验室。以鼎为例，最初炼丹所用的鼎只是一些普通器物，唐代又发展出合子、神室等鼎器，但宋代时又出现各式各样的水火鼎，且很多都是用金、银、铜、铁等金属材料打铸焊接而成，充分反映出宋代炼丹设备的制作特点与水平。更重要的是，由于印刷术的普及，宋代道书在使用文字介绍设备的同时，还配有很多插图，这是宋前所未见的，对研究当时的炼丹设备提供了很大便利。配有插图的设备，如南宋《丹房须知》中的抽汞炉、既济炉、未济炉，《稚川真人校证术》中的先天图，最早出于南宋的《感气十六转金丹》中的炉、鼎、合子等，宋代《修炼大丹要旨》中的火龙玄珠丹鼎法象、鼎器，南宋《金华冲碧丹经秘旨》中的甑、既济图以及各种复杂的水火鼎、炉等，《太极真人杂丹药方》中的各种设备图等。除去以上道藏资料以外，明代还有一些本草著作对炼丹设备研究也有重要参考价值。以《本草品汇精要》[65]为

---

[65] [明]刘文泰等：《**本草品汇精要**》，曹晖校注，华夏出版社，2004年。

例,该书完成于明弘治十八年(1505),图文并茂,未采用当时比较成熟的雕版印刷技术,文字全为人工抄写,图则由明廷画师描绘。书中矿物药插图中有不少制药的生动场景,如修事云母法、朴消、玄明粉、信州石胆、水银、水银粉、灵砂、铁粉、铁华粉、铁精、铁奖、粉霜等,这些图几乎都与炼丹制药相关。与宋元丹经中独立的设备插图相比,它们可以生动地表现某种药物炼制时的整体场景及各种设备的使用情况。

第二,唐代炼丹设备的制作已经深受道教思想的制约,宋代时这一特征得到进一步强化。关于金丹术的本质宋代有很多叙述,炼丹家们认为炼丹过程就是一个微缩的造化过程,如《金华冲碧丹经秘旨》卷下开篇云:"太极为宗,五行为用,乾坤为神室金胎,坎离为乌兔药物,以二情为魂魄,以龙虎为变机,会三性作夫妻,育姹婴,成男女,六十卦互为直符,以屯蒙为起复,三才咸治,四象为垆,正于五行,周于既未,调和则六侯相须,生克则九还交互,阴阳有则,水火相停,斤两无差,基于百数,总于一物,变化大千,与大造同途,万化合体,功归太极,会宗祖而金液神丹就矣。"[66]再如南宋《指归集·总叙》云:"曰九转者,一日行二卦,有十二爻,以应一年十二月。"后面"火候在精详五"云:"丹砂禀正阳之气,含至阴之精,自娠化之气,凡四千多三百二十年,方成丹体如

---

[66]《道藏》第 19 册,第 162 页。

此。故复卦火四千三百二十年，方成大丹。"[67] 基于这样一种认识，在设备特别是反应器的设计上，炼丹家总是极力遵循、模仿造化过程，因此才有了像《金华冲碧丹经秘旨》卷下那种不同丹法对应不同复杂鼎器的现象，其中很多部件的设计并非出于科学或技术需要，而纯粹是依据道教神学。早期朴素实用的金丹术此时很大程度上成为道教神学的工具。

第三，宋元时期中外文化交流在炼丹设备方面也有体现。如阿拉伯的药用蒸馏器曾于两宋之际传入中国，并在民间得到广泛流传。蔡绦《铁围山丛谈》卷五记载："旧说蔷薇水乃外国采蔷薇花上露水，殆不然。实用白金为甑，采蔷薇花蒸气成水，则屡采屡蒸，积而为香，此所以不败。但异域蔷薇花气馨烈非常，故大食国蔷薇水虽贮琉璃缶中，蜡密封其外，然香犹透彻，闻数十步，洒着人衣袂，经十数日不歇也。至五羊效外国造香，则不能得蔷薇，第取素馨、茉莉花为之，亦足袭人鼻观。但视大食国真蔷薇水，犹奴尔。"[68] 五羊即广州，可见当时大食国蒸馏法曾在该地广泛使用过。宋元时期阿拉伯炼金术正处于高度发展阶段，由于当时中西文化交流渠道的畅通，中国与阿拉伯在炼丹技术与药物方面相互借鉴与引进的现象相当普遍，在设备方面也有很多表现。

---

[67]《道藏》第19册，第282、284页。
[68]［宋］蔡绦：《铁围山丛谈》，第97—98页。

二 主要设备介绍

1. 丹房

严格地讲，丹房并非实验设备，而是炼丹场所。早期炼丹术要求炼丹活动必须在僻静无人之处进行，或于山中，或于高墙厚壁中，这是炼丹术的一条基本要求。在深山中炼丹若无崖洞作为屏障，则需要自行建造房屋。正如前文所引，这种房屋最初并无统一名称，有时称为精舍。如合金液时，《抱朴子·金丹》云："皆斋戒百日，不得与俗人相往来，于名山之侧，东流水上，别立精舍，百日成。"有时称为神室，如《抱朴子·金丹》引五灵丹经说："用丹砂、雄黄、雌黄、石硫黄、曾青、矾石、慈石、戎盐、太乙余粮，亦用六一泥，及神室祭醮合之，三十六日成。"《九鼎丹诀》所引资料更是简单称之为"屋"，其"飞丹作屋法"介绍了一种设计方案："先择得深山临水悬岩静处，人畜绝迹，施带符印，清心洁斋，除去地上旧土三尺，更纳好土，筑之令平。又更起基，高三尺半，勿于故丘墟之间也。屋长三丈，广一丈六尺，洁修护，以好草覆之，泥壁内外，皆令坚密。室正东正南开门二户，户广四尺，暮闭之，视火光及主人止室中，以其灶安屋中心央。密障蔽，施篱落，令峻也。舍若不峻，不辟天大雨，篱落亦然。"[69]

---

[69] 韩吉绍：《黄帝九鼎神丹经诀校释》，第91页。

唐代以前，由于烧炼金丹多用灶作为加热器，故很多丹经将丹房称之为"灶屋"。《太微灵书紫文琅玕华丹神真上经》灶屋的建造方法为："灶屋起基，先凿地，去除秽土三尺，更纳好土，筑令满之。又更于平土之上起基，高令二尺五寸。勿在故冢墓之处，及故居之墟间为灶，而止也。灶屋令成巾长三丈，广一丈六尺，高一丈六尺，洁盛治护，以好草覆之，泥壁内外，令坚密。正东、正南门二户，户广四尺，暮闭之。"[70]《上清太上帝君九真中经》卷下所辑《太上八景四蕊紫浆五珠绛生神丹方经》灶屋法为："当在无人处，先作灶屋，长四丈，南向开屋，东头为户，屋南向为纱窗，屋中央作灶。"[71]《太极真人九转还丹经要诀》则称为"神灶屋"："当在名山无人迹之处，临东流水上作神灶屋，屋长四丈，广二丈，起基四尺。又当先掘基下土三五尺深，如无故坎井冢瘗埋之所，然可筑基盖屋。开南户、东户、四户三户门也。"[72]

唐初时建造丹房已经不再是炼丹的必备程序。如《九鼎丹诀》中的"飞丹作屋法"指出："此皆旧法，今意不然。若崄绝悬崖，流水胜地，既是深山，不可多得人功，恐只除其朽壤，实以好土，当釜下埋符讫，坚筑令实，即后充得。"[73] 唐代炼丹术盛行，无论教内还是民间合丹者很多，在深山中建造房

---

[70]《道藏》第 4 册，第 555—556 页。
[71]《道藏》第 34 册，第 42 页。
[72]《道藏》第 19 册，第 10 页
[73] 韩吉绍：《黄帝九鼎神丹经诀校释》，第 91 页。

屋的确劳民伤财。当然，很多丹经仍然重视丹房建造。此外，还有记载表明，道观在当时也成为炼丹的重要场所。《铅汞甲庚至宝集成》卷二收录的唐代丹经《太上圣祖金丹秘诀》（撰于唐元和三年，即808年）云："丹欲修炼，先须选择名山大川或观宇或静室，放可安药。若所居处在昔屠坊、囚狱、坟墓、产室及有伏尸鬼魅人足常到处，虚用心力，不可安炉次，有魔也。"[74] 南宋《丹房须知》引唐司马承祯之言曰："炼丹之室，岁旺之方。择地为静室，不可太大，不可益高。高而不疏，明而不漏，处高顺卑，不闻鸡犬之声，哭泣之音，濑水之响，车驰马走，及刑罚决狱之地，唯是山林宫观净室皆可。"还说："灶神室之土不可以凡土为之。自古无人迹所践之处，山岩孔穴之内，求之，尝其味不咸苦，黄坚与常土异，乃可用也。"[75] 以上提到多种丹房建造方案，它们可能与当时民间建筑样式有关，治建筑史者当予以注意。

《太清经天师口诀》云丹房四周应悬剑及道符："凡合大药，必在山林静所作大药屋，四面悬剑，并作却鬼丸、却鬼符，安之悬之，始可合大药。"[76] 另外水源也是一个必备条件，如《抱朴子内篇·金丹》中提到炼制金液时便在东流水上建造精舍。《太清金液神丹经》也指出房屋应建在近水处："又欲得

---

[74]《道藏》第19册，第257页。
[75] 分别见《道藏》第19册，第57、58页。
[76]《道藏》第18册，第791页。

近水处，无水则难为汲挏。"[77] 若无流水清泉，也可挖一水井，名为丹井。井水甚有讲究，《诸家神品丹法》卷二云："须要得地，更寻丹井。井是炼丹之所最急也。昼夜水火抽添滴漏唯在于井。自古神仙升仙之后，尽遗丹井于世，以表井为炼丹之急务也。丹井成后，勿令秽污，待水脉定后，更须淘换，涤去滞泉，然后在露天通星月照之，水性既定，土气已收，方可取之炼丹。若得石脚泉青白味甘者，是阳脉之水也，运丹最令。若值青泥黑壤，黄泉赤脉，铁腥味涩，有此之象并是水脉交杂，阴阳积滞，不堪炼丹，宜别造之。"[78]《丹房须知》辑录的资料中也包括这段文字：

《参同录》曰：虽得丹地，便寻丹井。井是炼丹之要也。昼夜添换，水火添换，滴漏唯在于井。自古神仙上升之后，尽有丹井，以表井为炼丹之急也。丹井成，勿令秽污，待水脉伏定，须涤去滞滓，然后任露天通，星月照，水既定，土色已收，方可取之。若得石脚泉清白味甘者，是阳脉之水，运丹最灵。若青泥黑壤，黄泉赤脉，铁涩腥味，有此之象，并是水脚交杂，阴阳积滞，不任炼丹。《火龙经》曰：须新水。葛仙翁云：须取泉以备用，不得杂汲使用。若近山有泉清净之水，不须甘水，仍不可杂人用。[79]

---

[77]《道藏》第 18 册，第 750 页。
[78]《道藏》第 19 册，第 221 页。
[79]《道藏》第 19 册，第 57—58 页。

2. 灶、五岳三台

很多丹经的记载表明，唐代以前灶是炼丹术中最常用的加热设备，故丹房多称灶屋。灶一般用砖石建造，其中放置支撑设备铁三脚，用于承置反应器。《九鼎丹诀》中灶的建造方法如下：

> 作灶法　屋下中央作灶，口令向东，以好砖石缮修之，以苦酒及东流水捣和细白土并蒱台泥泥之。灶内安铁三脚，其脚器以生铁为之佳。以药釜置三角上讫，使釜置在灶中央，勿倾邪（斜）也，四边去灶壁各三寸半，令灶出釜上二寸。绕釜四边宜恒下糠，续火增之，恐火之强弱不均也。[80]

铁三脚，在《九鼎丹经》中称为铁弋三柱，高九寸。《九鼎丹诀》又称其为铁镱钛，"铁镱钛法"云："量釜大小，周圆一等，着三脚，高一尺六寸。"铁三脚在其他丹经中又称为铁镱、铁钛，其脚数有三有四，高度也不尽相同，与灶的规格有关。如《太清金液神气经》卷上紫蕊明珠丹所用铁镱脚高二尺五寸，但脚数不明。太玄九阴灵华丹使用四镱，高二尺。[81] 所谓四镱应该指四脚之镱。

---

[80] 韩吉绍：《黄帝九鼎神丹经诀校释》，第95页。
[81] 《道藏》第18册，第777、780页。

《太微灵书紫文琅玕华丹神真上经》中所记作灶法为："以灶安屋下中央，灶口令向东，以好砖石缮作之。以苦酒及东流水，捣和细白土并牛马獐鹿毛为泥，泥灶，灶内置铁镬，以药釜着镬上，使釜在灶中央，釜四边当去灶土各三寸半，令灶高于釜上二尺，釜下去地一尺八寸。"[82]《太上八景四蕊紫浆五珠绛生神丹方经》所记作灶法为："……屋中央作灶。灶令四方，四面开口，以大铁镬施四脚，以着灶之中央，使上下相远，高下之法，以意裁量，好安隐之。"[83]《太极真人九转还丹经要诀》作灶法为："乃立灶于屋中央。灶口向西，灶窠内须令安得铁镬，容坐得土釜，灶子四边，令去釜凡九寸。以砖并细土泥构立之，亦勿令有穿坼也。神灶之法毕矣。"后文提到该铁镬规格："铁镬脚四，脚如鏊脚状，但令高九寸也。"[84]

五岳三台的功能与灶相似，唐代以前偶尔有使用。《九鼎丹诀》卷七有"五岳三台法"，文云："先立五岳形，当中别三台，以瓦器石垒之，以香泥泥之。诸经亦有作法。若令炼丹，不能立五岳三台，即须符室。符室中立灶，四周广七尺，以瓦石垒之，黄丹为泥，泥表里也。"[85] 这一记载表明五岳三台可以代替符室与灶，但同卷"符室法"又云五岳三台建于符室之

---

[82]《道藏》第 4 册，第 556 页。
[83]《道藏》第 34 册，第 42 页。
[84]《道藏》第 19 册，第 10—11 页。
[85] 韩吉绍：《黄帝九鼎神丹经诀校释》，第 96 页。

内:"庭前其室方十二步,高二丈四尺,南门着扉,门前使有东流水,东日西月,表里香泥泥之,四方各作主丹符也。于室中立五岳三台。西方壁下别立层坛,置诸药草,及神丹经诀目录并布于上,即有生药使者护之,万邪不能干也。"[86] 可见五岳三台的作用实际上相当于灶。《太清经天师口诀》对五岳三台的建造方法记载较详:"乃四方立四墼,中央立一墼,名曰五岳。亦可三角竖三墼,名三台,以安土釜其上,火之如经法。"墼是未烧过的砖,《说文解字》云:"墼,瓴适也,一曰未烧也。从土,毄声。"可见五岳与三台是两种用土砖垒起来的简易装置,二者建一即可,上端置釜,火之其下。赵匡华先生认为,三台五岳中的五岳指泰山、华山、衡山、恒山、嵩山,三台指御用之三台。[87]

隋唐之际,炼丹家们开始使用铁灶。如孙思邈《太清丹经要诀》中的"造灶法"云:"右其门高六寸,阔五寸,以铁为之。其埃勿令向上,宜下开之,可高三寸半许,阔二寸半。若向上开者,火则微翳,向下开之为佳也。"[88] 此外,孙思邈在炼制"太一神精丹"时也用到类似铁三脚的设备,见于《备急千金要方》卷十二:"……纳土釜中,以六一泥固际,勿令泄气,干,然后安铁环施,脚高一尺五寸,置釜上……"[89] 唐宋炼丹

---

[86] 韩吉绍:《黄帝九鼎神丹经诀校释》,第 94—95 页。
[87] 赵匡华、周嘉华:《中国科学技术史·化学卷》,第 391 页。
[88] 《道藏》第 22 册,第 495 页。
[89] 李景荣等:《备急千金要方校释》,人民卫生出版社,2014 年,第 452 页。

设备中仍然常使用铁三脚。

3. 炉、坛

与"灶"这一名称相比,"炉"之所指无疑要丰富得多,炼丹术史上曾出现多种结构和功能不同的炉式。

唐代以前多用灶加热,炉的使用比较少见。《抱朴子内篇》提到过一种土炉,根据描述,它应该是一种比灶简单的加热装置。如《金丹》中的"务成子丹法"云:"用巴沙汞置八寸铜盘中,以土炉盛炭,倚三隅堑以枝盘,以硫黄水灌之。""两仪子饵黄金法"云:"取黄金五两,置器中,煎之土炉。"《黄白》中的"小儿作黄金法"也用到土炉:"取良非法用铅十斤内铁釜中,居炉上露灼之,铅销,内汞三两,早出者以铁匙抄取之,名曰良非也。"从以上操作来看,这种炉其上置盘或釜,与后来炉内置鼎的形式不同。

自唐代开始,灶的使用开始减少,各种各样的炉开始流行开来。即便那些比较简单的炉其结构与普通的灶也有所不同。如《太清丹经要诀》中有"造烧矾石炉法",该炉就很简单,"垒高二尺,明阔一尺,其下四面各开一小门子,拟牵风击火也"。当然这是烧矾石的专用炉。很多炉用土或砖垒成,也有用瓦烧制者。《感气十六转金丹》记载:"炉用土做,或以瓦烧成器,通身要高二尺二寸,径一尺

图1 《感气十六转金丹》中的炉(摘自《道藏》)

二寸，上两窍如折二钱大，下三窍如小铜钱大。"[90]

《太清石壁记》卷上"造丹炉法"介绍了一种炉，其法为：

> 其炉下须安铁镣，可十二三条，长一尺，四方厚四分，布其堑上，相去可二分。镣下悬虚，去地二寸。中开阔四寸半。前后通门，拟通风去来。其镣上着火。其火为风气相扇，极理快然，此法为要。[91]

该炉仅前后开有通风门，而且以铁镣代替了以往的铁三脚。使用铁镣之炉有称为镣炉者，如《龙虎还丹诀》卷上金花还丹方云："……以甘土锅泥包裹为毬，令干，入镣炉。"[92] 铁镣的作用是做隔眼，或称栅栏，但隔眼不限于铁镣。有用台丁者，《铅汞甲庚至宝集成》卷一辑录唐末赵耐庵《见宝灵砂浇淋长生涌泉匮》炉法为：

> 砖砌四方炉一筒，深六寸，内阔一尺四寸，着底留风门各一寸（按地风升卦），炉内钉三台丁，各长五寸，钉二寸入地，留三寸高，阁鼎子。[93]

---

[90]《道藏》第 19 册，第 134 页。
[91]《道藏》第 18 册，第 767 页。
[92]《道藏》第 19 册，第 111 页。
[93]《道藏》第 19 册，第 248 页。

有用铁条者，北宋末南宋初《九转灵砂大丹·造炉法》云：

> 先择阳日，用土砖十余个砌炉一座，高二尺，上圆下方，着底用木板，炉中约盛炭五斤为准。炉内高一尺五寸，下用铁条七根作隔眼。隔下高五寸作风门。泥之，候干方用。[94]

当然一些炉仍然使用类似铁三脚的铁架子，如唐《上洞心丹经诀》卷中"转丹立炉法"：

> 用板作炉底，周围签钉，竹子作骨。又用篾织成炉上下桶，直约一尺阔，泥厚一寸，口阔九寸，身高一尺一寸，内安铁架，其铁架三寸高脚，药盒子坐架上。[95]

唐宋时，随着炼丹设备制造水平的进步，炉与鼎几乎成为炼丹的标准配置，代替了以往的灶与釜。正如《诸家神品丹法》卷二所云："既得鼎，须制炉。炉者是鼎之匡廓也。鼎若无炉，如人之无宅舍城郭，何以安居？故炉以绕鼎，收藏火气。"[96]

以上介绍的几种炉结构都不复杂，从功能上来看，与灶没

---

[94]《道藏》第19册，第30页。
[95]《道藏》第19册，第402页。
[96]《道藏》第19册，第221页。

有太大差别，都是单纯作为加热装置来使用的。复杂的炉式与灶相差就很大了。唐宋时由于设备设计与道教思想紧密结合，作为加热装置的炉，其建造也变得复杂化，出现多种样式。唐代有八卦炉，以八方对应八卦，炉周围配剑（或刀）、镜等。如《道枢》卷二十九《上清金碧篇》云："……置于八卦之炉。八卦者，八角是也。其阔一尺二寸，其高下如之。八方各植剑，系镜于剑之端。杯水炉香者，八方各置之。"[97] 刀法则见《阴真君金石五相类》云："凡修至药，古之忌讳，祛其鬼魅邪魔，亦须取相类物而成利器，常置炉边，日移一方，名大要宝金之器为用。其器取鬼镔铁出白为刀，可长一尺二寸，下至五寸亦得。如无此铁，纯钢亦得。其次铜刀，亦须雌雄之龙虎者，始得有灵。"[98]

八卦炉盖指炉有八门，此炉式很常见。如《诸家神品丹法》卷二唐至五代孟要甫所撰《金丹秘要参同录》云："登〔炉〕分八面而开八门，门上有隔，隔上安鼎。水在鼎上，药在鼎下。水鼎露口，以进其水，用盖盖之。（炉）身高二尺一寸，阔一尺六寸，中心明阔一尺三寸，厚三寸。前开火门，高五寸，阔四寸。后留窍道，以泄火气，如灶之突也。"[99] 此法又见于《还丹众仙论》，其"造炉法"所述即此种八门炉。[100]

---

[97]《道藏》第 20 册，第 753 页
[98]《道藏》第 19 册，第 101 页。
[99]《道藏》第 19 册，第 221—222 页。
[100]《道藏》第 4 册，第 339 页。

《庚道集》卷八辑录唐代《升仙大丹九转灵砂诀》，其"造炉法"所述之炉有三级，结构比较复杂。其建造方法为：

> 用砖先阁起，高一尺，便在上泥一级，高阔在人。第三级约高三尺，至底为风门，方圆一尺六寸。炉下一级安铁鼎，已上二级着火。下一尺空脚，左一门方，右一门圆，配之日月，所以门阔八寸，二八。卯酉正路建左右二门，谓凡风只东西多南北少故也。[101]

宋人撰《修炼大丹要旨》卷下的"九还既济炉"是一种更为复杂的三级炉，其设计融入了天地、五行、后天八卦思想。其具体建造方法为：

> 炉置中室，圆象炉之南。其制外圆内方，圆径一尺四寸，方径一尺二寸，中深七寸，为铁栅以限上下。通身高一尺五寸，外作三级，每级高四寸，阔三寸，下级阔加倍。究其南面之下地，通虚至栅，以便出灰。上一级书五行，南火北水，东木西金，土居于中。次二级书八卦，震东巽东南，离南坤西南，兑西乾西北，坎北艮东北，后天位次也。下级为罡道（火道），火下时，步三匝于上。炉南设香几，圜象北后坐榻，一主人日夜坐于上……[102]

---

[101]《道藏》第 19 册，第 490 页。
[102]《道藏》第 19 册，第 147 页。

该炉在《道藏》中的示意图及陈国符所绘剖视图如下所示：

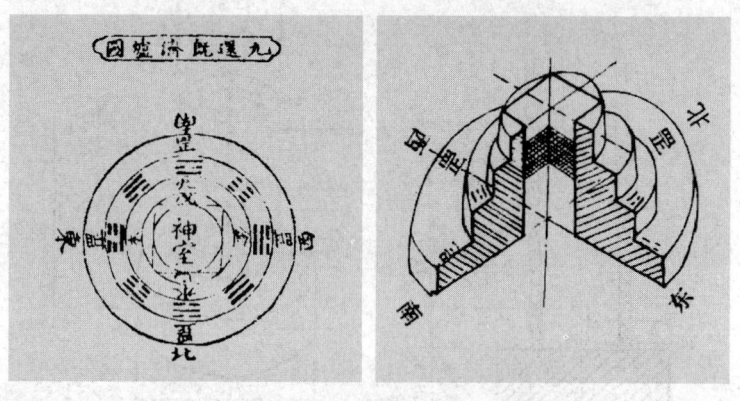

图2　九还既济炉示意图（摘自《道藏》）　图3　九还既济炉剖视图（摘自《中国外丹黄白法考》）

灶直接建造于地面上，而炉在后来一般需要放置于坛之上。坛并非一个孤立的实验台，它的设计方案与炉有关，二者共同组成一套实验与神学设备。最初的坛比较简单，如唐代炼丹家陈少微所撰《大洞炼真宝经九还金丹妙诀·炉鼎火候品第八》中的造炉法所记坛与炉的建造方法为：

  诀曰：于甲辰旬中取戊申日，于西南申地取净土，先垒土为坛，坛高八寸，广二尺四寸。坛上为炉，炉亦高二尺四寸，为三台，下上通气。上台高九寸，为天开九窍，象九星。中台高一尺，为人开十二门，象十二辰，门门皆须具扇。下台高五寸，为地开八达，象八风。其炉内须径一尺二寸。然致鼎于炉中，可悬二寸，下为土台子乘之。

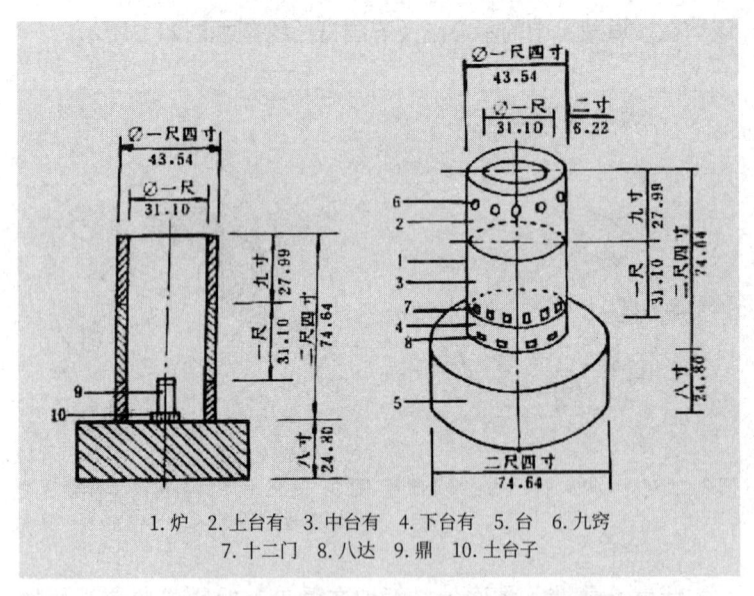

1. 炉　2. 上台有　3. 中台有　4. 下台有　5. 台　6. 九窍
7. 十二门　8. 八达　9. 鼎　10. 土台子

图 4　九还金丹所用坛与炉（摘自《中国外丹黄白法考》）

其台子亦高二寸，大小令与鼎相当。然则运火烧之。[103]

陈少微介绍的这种炉其设计融入了九星、十二辰、八风思想，但坛的设计比较原始，仅仅起到一个平台的作用。后来的坛就很不一样了，一般有三级，其设计融入五行、八卦等思想，其结构与上面介绍的三级炉很相似。实际上一座三级炉的功能等同于一套坛与炉的组合，但后者在唐宋炼丹术中更常见。唐末《神仙炼丹点铸三元宝照法》中的"炉养丹法"介绍了一种炉

---

[103]《道藏》第 19 册，第 25 页。

与三层坛组合:

>神仙文曰: 炉者鼎之造化, 包容戊己, 隔截外邪, 高像莲台, 横像五岳。坛有三层, 上圆下方。炉有八门, 上以铁作天轮, 立九星二十八星宿, 时行六甲, 运转正一, 建随冈宿, 金铸其像。[104]

《云笈七签》卷七十二《大还丹契秘图·造炉第十一》介绍的炉周也有八门, 其下建有三层坛:

>夫炉者, 是鼎之城郭, 如无城郭, 为邪气所侵。高象蓬壶, 横象五岳。坛有三层, 炉有八门, 十二支月随斗建, 厚薄、尺寸、高下一一自有图样, 莫不开露圣意者乎。[105]

下面具体介绍了两种炉, 一谓华池炉, 一谓太一炉。华池炉结构及尺寸为: "高四尺, 厚六寸, 内围三尺五寸, 门周二寸, 亦有八门。""又华池炉高四尺, 厚六寸, 八门, 周回二寸。坛随便宜, 余象图也。"太一炉结构及尺寸为: "太一炉于坛上, 高二尺, 厚六寸, 内围三尺五寸, 门高二寸, 阔半寸, 十二支周回一寸阔。坛随便宜。"炉有八门不是简单地比附八卦, 而

---

[104]《道藏》第18册, 第650页。
[105]《道藏》第22册, 第505页。

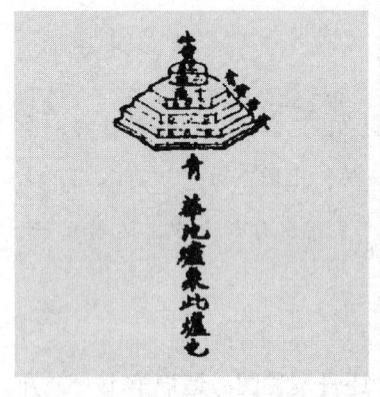

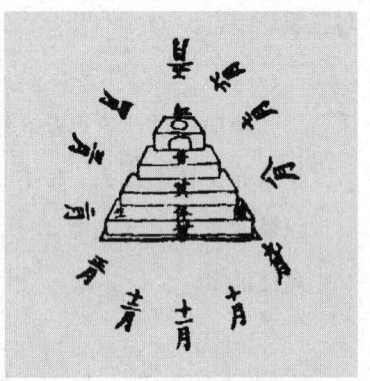

图 5　华池炉及坛（摘自《道藏》）　图 6　太一炉及坛（摘自《道藏》）

是将火候与八卦思想密切结合，开哪一门与卦气相关："凡一斤药有十六两，每两有二十四铢，一斤有三百八十四铢。《易》有六十四卦，每卦六爻，六十四卦有三百八十四爻。一年有三百六十日，有二十四气，每月合一两一铢半。一絫阴阳之气候，从冬至建子日辰起火，此年日月大小数，至阳生合得多少两分锱铢，分毫如爻，动时开闭，门户相应，月随斗建，生杀有时，不逾月例之如后。若仙如线贯珠，明者省悟矣。"

《修炼大丹要旨》卷上的"火龙玄珠丹鼎法象"所绘也是一种炉-坛结构，该坛分为三级，其上置炉，炉中有鼎。《丹房须知·坛式十》专门介绍坛的设计，此坛名为龙虎丹台。撰者引《参同录》云："炉下有坛，坛高三层，各分八面，而有八门。"又引如云子言曰："南面去坛一尺，埋生朱一斤，线五寸，醋拌之。北面埋石灰一斤。上去药鼎三尺，垂古镜一面，布二十八宿、五星灯前，用纯剑一口。炉前添不食井水一

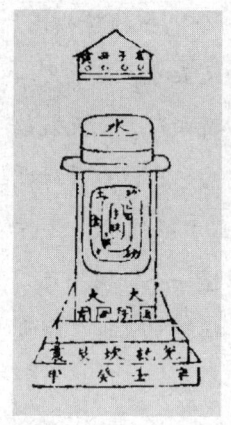

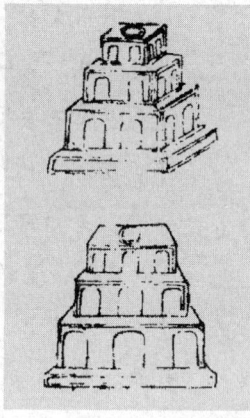

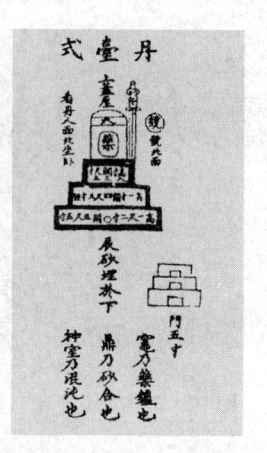

图 7　火龙玄珠丹鼎法象（摘自《道藏》）　图 8　龙虎丹台（摘自《道藏》）　图 9　《感气十六转金丹》中的丹台式（摘自《道藏》）

盆，七日一添。用桃木一版一片，上安香炉，各处置，昼夜添至四转……"[106]《感气十六转金丹》中所绘的丹台式与《丹房须知》相似，其建造方法为："用古剑一口、古镜一面，建坛三层，高三尺六寸。其坛方圆一丈，上以屋盖。坛下当中埋辰砂二十四两镇坛，坛上有灶，灶中安鼎，鼎中安神室。"关于灶、鼎、神室，图中的补充文字云："灶乃药炉也，鼎乃砂合也，神室乃混沌也。"[107] 这里用灶来称呼炉。

南宋白玉蟾所授《金华冲碧丹经秘旨》卷上记载了一种甑式炉，由一个火盆和一个甑组合而成。甑是古代的一种蒸锅。该炉的建造方法如下：

---

[106]《道藏》第 19 册，第 58 页。
[107]《道藏》第 19 册，第 136 页。

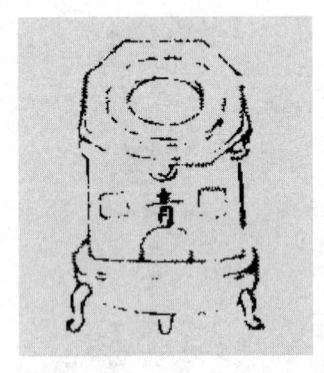

图10 甑式炉（摘自《道藏》）

下用火盆一个，平铺砖砌满。上造一甑，高一尺五寸，径一尺二寸，中间子午卯酉四门，上至甑口开通五穴，出火炁。出甑口厚砌之一砖，开口子五寸径圆孔，方砖一片凿之，置炉匡一个，阔一尺二寸，罩定顶上。通用水火也。中挂丹鼎。[108]

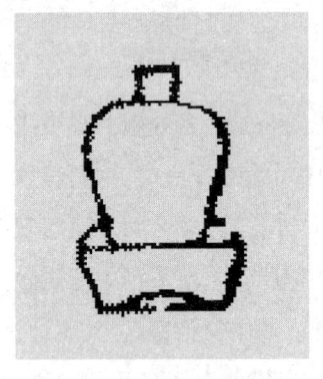

图11 《太极真人杂丹要方》中的流炉（摘自《道藏》）

《太极真人杂丹要方》中有一种流炉，其结构与甑式炉相似。流炉下面也是一个火盆，上面是一个瓶子，通身高二尺四寸，底部开有九个孔，如钗脚大。炮炙药物时将药物放入瓶子里，上用瓦子盖之，固济，然后即可用火。[109] 这类设备组合比较松散，火盆上面可以放置不同的反应器。如《本草品汇精要》中的炼制粉霜法便在火盆之上放置一个铁锅，用来熔化诸药物。

---

[108]《道藏》第19册，第162页。
[109]《道藏》第19册，第369—370页。

《周易参同契》中提到一种"偃月法鼎炉",但具体形制及尺寸不清楚。元代道士陈致虚《上阳子金丹大要图》中记载了一种偃月炉,又名威光鼎,其建造方法如下:

> 炉面周围约一尺二寸,明心横有一尺,立唇环匝二寸,唇厚二寸,炉口偃开锅釜,又如仰月状,故名偃月炉也。张随注又名威光鼎。[110]

图 12　炼制粉霜图(摘自《本草品汇精要》)

---

[110]《道藏》第 24 册,第 73 页。

图13 偃月炉（摘自《道藏》）

这种炉的结构比较简单，上部开口，锅釜置于其上犹如仰月状，故得名偃月炉。李约瑟认为它可能就是二世纪中期魏伯阳《周易参同契》中提到的"偃月法鼎炉"。[111] 根据我们对汉晋炼丹器的分析来看，这种炉出现在汉代的可能性不大。《云笈七签》卷七十二"采真铅汞图第二"所用炉的形状与偃月炉的描述非常相似。此外，《太极真人杂丹药方》中有一种阳炉，书中虽然仅绘出它的示意图，但比较明显它也是一种类似结构的炉。上述炉式因为结构简单，在炼丹术及制药行业中广泛使用，《本草品汇精要》中的炼云母图、炼朴消图、热汤图等使用的都是这一类型的炉。

图14 采真铅汞图中的炉（摘自《道藏》）　图15 《太极真人杂丹药方》中的阳炉（摘自《道藏》）

---

[111] 潘吉星主编：《李约瑟文集》，第630页。

捌 炼丹设备的源流、类型及建造方法 / 503

图 16 炼云母图、炼朴消图、热汤图（摘自《本草品汇精要》）

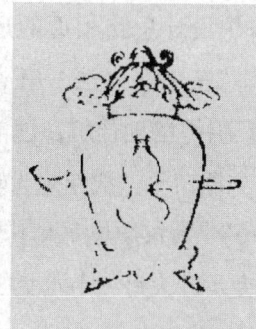

图 17 未济炉（分别摘自《丹房须知》《稚川真人校证术》《金华冲碧丹经秘旨》）

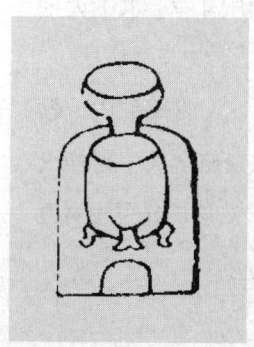

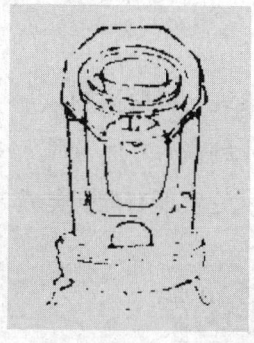

图 18 既济炉（分别摘自《丹房须知》与《金华冲碧丹经秘旨》）

宋代时还有两种比较复杂的丹炉-水火鼎组合设备，一种称为未济炉，一种称为既济炉。其结构之精巧令人赞叹不已。《丹房须知》《稚川真人校证术》《金华冲碧丹经秘旨》中绘有多幅既济炉和未济炉的图像，但介绍文字却很少。如《丹房须知》在未济炉与既济炉灶之图后曰："后得正本校勘，却只用既济鼎灶，云魏伯阳所谓蒸釜若神者也。"未济炉配合上火下水鼎，既济炉则配合上水下火鼎。

与未济炉和既济炉设计思路相近的还有阴阳炉。《铅汞甲庚至宝集成》卷三"子午灵砂法·第七煅死龙蟠法"云："……次作阴阳二炉，阴炉凿地作坑，埋一瓶，瓶口如大鼎，复（腹）大埋在地，与瓶口平。次作余土筑四边如无地相似，一阳炉只平地叠成……"[112] 该炉与上火下水鼎配合。又《庚道集》卷九"九转十六变灵砂大丹·十六变"中有天地炉，与上水下火鼎配合："用十四变三黄汞二斤、二八灵砂三斤混合研匀，捣三万杵，入在神鼎内，封固。再入大铁鼎内，封固口缝令密。次以六一泥固济，安灰池或天地炉内，上水下火鼎相合。"[113]

《庚道集》卷四提到一种明离炉："……入明离炉内，盆上以铁线作罩，于盒上约高半寸许为则。入灰缸养火，每换火时，以火只在罩上，则火之高低有准则矣。"[114] 该炉又见于《九

---

[112]《道藏》第 19 册，第 261 页。
[113]《道藏》第 19 册，第 503 页。
[114]《道藏》第 19 册，第 458 页。

转灵砂大丹·一转初真丹法》:"……入灰缸内养火,又用小口缸一个,约盛炭九斗者。用黄土先铺缸底三寸厚,用三脚小铁架子一个,高五寸,三脚仰放向上。将丹合放于三脚上,顶住不要侧动。以纸线灰埋之,再用大铁架罩定。其架圈上以铁线串成隔眼,其隔眼离丹合一指,隔上放火。再用五寸灰盖火。……"[115]

炉一般都开有风门,这种炉有时简称风炉。如《太清石壁记》卷上"太一小还丹方"云:"……又作风炉,高于瓶子五寸许,四面各去瓶子五寸,砖瓦和泥作炉,下开四风门,待干用之。"[116]风炉借助自然风,炉内温度受到限制,故炼丹家有时使用鞴(气囊),这种炉称为气炉、鞴炉。《诸家神品丹法》卷六"日华子点庚法"同时提到风炉与气炉:"用木炭八斤,风炉内自辰时下煅二日夜,足冷,取出,再入气炉内煅,急扇三时辰,取出。"[117]《庚道集》多次提到气炉用鞴作鼓风装置(故气炉又称为鞴炉),如卷二云:"……用鞴炉煅两个时辰……""……入气炉……动鞴……"卷三:"……入炉中,候通红即用气袋鞴之,煅成汁……"卷五:"……敞口入气炉,发顶火逼至通红彻底,片时方可徐徐风袋鼓之。"[118]

宋代时还有一种独特的飞汞炉,它实际上是一套精密的蒸

---

[115]《道藏》第 19 册,第 31 页。
[116]《道藏》第 18 册,第 765 页。
[117]《道藏》第 19 册,第 241 页。
[118] 分别见《道藏》第 19 册,第 444、447、454、469 页。

馏设备。《丹房须知》中记载了这套仪器的建造方法：

> 葛仙翁曰：飞汞炉，木为床，四尺如灶。木足高一尺以上，避地气。揲圆釜，容二斗，勿去火八寸。床上灶依釜大小为之。《火龙经》云：飞汞，于丹砂之下有少白砂亦佳。若刚木火之，只可一昼夜，不必三夜也。丹砂之滓有飞不尽者，再留之。砂无出溪、桂、辰，若光明者亦可号曰真汞也。
>
> 注云：鼎上盖密泥，勿冷泄气。仍于盖上通一气管，令引水入盖上盆内，庶汞不走失也。[119]

图19 飞汞炉（摘自《道藏》）

这段文字描述比较模糊，但图像清楚地表明，这套精密的飞汞炉由一炉（加热器）、一鼎（盛丹砂）、一釜（盛水银，同时作为冷凝器）、一木台（釜的底座）、一气管（连通鼎与釜，用于输送气体汞）组成。蒸馏法制水银生产效率高，南宋

---

[119]《道藏》第19册，第59页。

以后得到推广，如明代宋应星《天工开物》中记载的蒸馏升炼水银法每炉可用朱砂三十斤。

4. 釜

汉晋时期金丹术与黄白术一般使用土釜作为反应器，南北朝时土釜更成为金丹术的基本设备，约在隋唐之际炼丹家开始使用铁釜。丹釜的发展演变情况在第一节中已有介绍，下面主要就釜的制作、类型、固济法等作进一步说明。

图 20 《天工开物》升炼水银图

单个土釜的完整制作过程包括三个环节：首先，选择釜体泥料；其次，制作釜体；最后，在釜体内外涂泥，对其进行加固及密闭处理。由于一般土釜在高温灼烧下很难不破不裂，因此制成一个好的土釜非常不易，正如《九鼎丹诀》撰者所言："以土为釜，其法最难，毛发参差，药总奔泄。自古施功，积累年岁，终老不成者，莫不由此物也，古人重之不传授。"

首先来看釜泥的选择。很多记载表明，只有特定地方出产的泥才堪制作丹釜。如《抱朴子·黄白》中的《金楼先生所从青林子受作黄金法》云:"唯长沙、桂阳、豫章、南海土釜可用耳。彼乡土之人,作土釜以炊食,自多也。"[120]《太极真人九转还丹经要诀》云:"西城王君曰:欲合九转,先作神釜可容三斗半者,当用荥阳、长沙、豫章土釜,厚四分。"[121]《抱朴子神仙金汋经》卷上"水银以黄土瓯盛之"一句注文云:"黄土瓯者,意是土釜也,出在广州及长沙、豫章、临川、鄱阳者,皆可用之。"以上所记产地中除荥阳外其他都位于南方。[122]《九转流珠神仙九丹经》卷下第八丹又提到北方洛阳赤土釜:"作药法……以六一泥涂以两土釜,亦可用玄黄釜,亦可用洛阳赤土釜,胡粉釜,大小自在。"[123]

其次来看釜体制作及上泥。釜体制作及上泥过程在很多丹经中都有记载。早期的《九鼎丹经》第一丹用赤土釜,其作法为:"土釜令可受八九升,大者一斗,涂之令内外各厚三分,暴之于日中十日,令干燥。乃取胡粉烧之,令如金色,复取前玄黄各等分,和以百日华池,令土釜内外各三分。暴之十日,令大干燥,乃可用飞丹华矣。"[124]其后几种丹所用的土釜作法与此相似,只是大小与盛放的药物量有关。

《九鼎丹诀》卷七所载赤土釜的制作过程为:"取鸡肝赤

---

[120] 王明:《抱朴子内篇校释》,第289页。
[121] 《道藏》第19册,第10页。
[122] 《道藏》第19册,第204页。
[123] 《道藏》第19册,第433页。
[124] 韩吉绍:《黄帝九鼎神丹经诀校释》,第10页。

土黄色者，细捣绢筛，蒸之，从旦至日中下之，取薄酒和之为泥，捣令极熟，以作土釜……随药多少，任意作之，通令厚五分许，阴干三十日，小者容八九升，大者容一斗半。亦云厚三分，晒烧极令大干。次用槲树白皮三十斤，细判，以水三石煮之一日，去滓，煎取一升，其色赤黑，名曰槲漆。釜数若多，随数若多少加增，涂土釜表里，即坚劲不破，入火不裂。此是神丹土釜秘诀。"[125] 此土釜骨体的制作包含一个涂槲漆步骤。接下来再涂牡蛎泥与六一泥，详细操作为："取赤土釜，先以牡蛎泥泥其两赤土釜表里，表厚五分，里厚三分，阴干十日，令极燥。又次以六一泥涂之，厚二分，表里各厚五分也。据此则是六一泥涂里不涂表也。"[126] 六一泥与牡蛎泥均载其配方。前者即文中"六一泥法"："矾石、礜石、戎盐、卤碱，先烧之二十日，又取东海左顾牡蛎、赤石脂、滑石，凡七物，或多少者自在，捣一万杵，细筛下之，以百日苦酒和为泥丸。"[127] 而"造丹炉六一泥法"盖指牡蛎泥："取东海左顾牡蛎三百斤，剥取肉于大铁臼中，捣绢筛于盆中，水浇如白饮状，搅数百遍。停一宿，去下滓，先倾却水也，接取细淀，曝干，其下粗者更捣筛如前法。纳铁器中，加露灶上，木柴猛火烧之二十日，常与火同色。寒之一日，更以绢筛之，以百日药池和之为泥，以羊须笔染取以涂土釜表里。次取特生礜石、矾石、滑石、赤石脂、

---

[125] 韩吉绍：《黄帝九鼎神丹经诀校释》，第 101—102 页。
[126] 韩吉绍：《黄帝九鼎神丹经诀校释》，第 104 页。
[127] 韩吉绍：《黄帝九鼎神丹经诀校释》，第 100 页。

戎盐、卤碱各分等，合捣不筛，亦烧之二十日，乃分取向牡蛎粉合七种，醋和为泥，以涂釜表里。牡蛎粉可一百斤，此七种各用二斤耳。"但作者又明确指出，不同丹经所记六一泥配方不完全相同，其法有多种，这无关紧要，关键是釜泥要牢固致密："诸丹用者皆云六一，亦有不皆七种，各自有法，唯有取牢密耳。"[128]

《九鼎丹诀》所记赤土釜法与《太清经天师口诀》所记基本一致，后者法为："赤釜者，土釜也。作法取鸡府土赤黄色者，细末绢篦蒸之，从旦至日中下之，取薄醋和之为泥，捣之令热，以作土釜，随药多少，大小任意作之，通令厚五分许。阴干三十日。次取斛树白皮三十斤，细剉，以水三石煮之一日，乃去滓煎其汁，可得一斗许乃止，色赤黑，名曰斛漆。以涂土釜表里，即硬韧不破，入火不裂，此是神丹釜大秘诀也……所作土釜，不得此诀，入火即破，终不成也。"[129]

《九鼎丹诀》卷七还记载了一种出自狐刚子著作的土釜法，其操作为："取南方赤黄土，澄沙恶物令尽，调理使熟，刚柔得所。先作釜，令深七寸，广一尺二寸，勿令际会不均，四周不等，厚一寸，上下一等。自余丹釜亦准此作，大小随所药多少，并一时作讫，着阴中干一月。然后作陶炉，内釜着中，先文后武候也。稍微罢火，冷出之，置净室，不得秽矣。"涂釜

---

[128] 韩吉绍：《黄帝九鼎神丹经诀校释》，第 103、100 页。
[129] 《道藏》第 18 册，第 788 页。

表泥法为:"紫石英、白石脂、牡蛎粉、白滑石各一斤,此是仙丹大药釜也,各异捣下筛,然后和阴兽玄精汁为泥,各团之如鸡子,暴干,然垒炉烧之十日夜。火尽,更盖十日罢矣。冷便团,更纳铁臼中,各异捣令粉细,以戎盐下卤碱以水和令浥浥,复和华池煎为泥,泥釜。干更上之,每上率以一分为度,三遍即罢也。土釜里玄黄泥泥之,每泥一遍厚只一分,最是神妙。常看视泥上,勿令有毛发开裂,谨固使密为要耳。"涂釜里则用玄黄泥,其法即"作仙釜中玄黄药法":"狐刚子用玄银十斤,铅白一斤,三转铅黄华五斤藉覆,升置土釜中,猛火从旦至日没,铅精俱出,如黄金,名曰玄黄,一名飞轻,一名飞流。取胡粉亦铁器中熬之如金色,与玄黄分等,捣万杵,和以左味,捣令成泥也。"[130]

《太极真人九转还丹经要诀》也有土釜法,与《九鼎丹诀》所记有所不同:"西城王君曰:欲合九转,先作神釜,可容三斗半者。当用荥阳、长沙、豫章土釜,厚四分。取东海左顾牡蛎、白石脂、云母粉、蚓蝼粪、滑石、白礜石,凡六物分等,各捣二万杵毕。都冶合,又共捣三万杵毕,以细绢罗之。了又取百日苦酒和之令如泥,又捣一万杵,了以泥泥上下土釜内外,使厚三分,于阴室中干了之。又于微日中更上泥三分,干之十日如前。凡三过上泥,令内外通厚一寸三分也。伺泥干之,取铅丹和苦酒为泥,合捣三万杵了,以泥两土釜之内,而

---

[130] 韩吉绍:《黄帝九鼎神丹经诀校释》,第108—110页。

令厚三分。又阴干五日夜，又加泥二分，阴干，勿令有细坼，如丝发即不可用，随以羊须为笔，和泥涂缝，令密塞之。作九转还丹之神釜毕矣。"[131]

《太清金液神气经》[132]卷上紫蕊明珠丹用太一土釜，其法又有所不同："太皇君合神丹之要，先作太一土釜二，令受一斛二斗，使内外令厚，内二寸，极使精密。毕，乃捣二十八石，各四千杵，皆以绢素筛之。凡二十八物，合捣十一万二千杵也。如是治药毕，又用天玄地黄以荐覆之，当令矾石水和地黄六斤，令如封泥，泥下釜为荐也，使厚一寸五分，置日中干之，使精燥，乃纳诸石物……"太一釜可能是用太一泥涂釜而得名。九晨三化丹用九晨土釜："……以绢筛之毕，纳于九晨土釜之中，上下二釜，令各受七升，太阳玄精七斤荐覆之，于是安药都毕。又以一釜合之，更以九晨土涂其会际，又干之十日，使极坚燥。安釜于三台之上……"九晨釜因用九晨泥涂釜而得名。陈国符认为，"盖九晨土者，九物各代表一星辰也"。[133]太玄九阴灵华丹用六一釜："……竟纳于六一釜中，令釜上下二枚，各受六斗。先以太阳玄精三斤纳荐釜中……又以一土釜合之，更以六一泥封其会际，干十日，令釜精密，乃可纳之于四镜……"六一釜因以六一泥涂釜而得名，《九鼎丹经》第五丹及第九丹均用此釜。

---

[131]《道藏》第19册，第10页。
[132]《道藏》第18册，第776—787页。
[133] 陈国符：《中国外丹黄白法考》，第24页。

由上可见，土釜常用涂泥来命名，九晨釜、太一釜、六一釜无不如此。又《九转流珠神仙九丹经》中的玄黄釜、胡粉釜、龙戾釜之名也与涂泥有关。

唐初孙思邈《千金要方》卷十二"太一神精丹"记载了一种坚固的瓦釜，由土烧制而成，可多次重复使用，孙氏云："凡合九丹八石招魂太清神仙诸大丹，皆用此釜，作之万成，终不落节，其古釜六一泥及铁釜皆除去之，勿更用也，此釜一具前后数十回用不动，久久转牢，此法师甚秘之，余欲令当来天下学士得解之，所以委曲具而述之。"其法为：

作土釜法　取两个瓦盆，各受二大斗许，以甘土涂其内，令极干。又一法：作一瓦釜，作一熟铁釜，各受九升，瓦在上，铁在下，其状大小随药多少，不必依此说。（一本云：捣好甘土，绢筛，水和作泥，硬软如坯瓦泥，泥一升纳细纸均停，可受十斤，亦可随药多少作之，阴干三十日，置日中曝之三十日，日夕翻转向日，干讫，以糠五石纳釜，糠中四向土栏拥之，令糠遍釜周回，上下各厚七寸，以火从下放之，五日五夜勿令人近之，去灰，待冷一日一夜乃取，扫拭令净，以黄丹醋和如稀粥，扫其中，令厚一分乃纳药。）[134]

---

[134] 李景荣等：《备急千金要方校释》，第454页。

最后来看釜的固济，也即密封。作为反应器时，土釜一般都是两个组合起来使用，称上下釜。炼丹时首先将药物放入一釜中，再与另一釜对接，然后固济（密封）接口，再通身涂釜外部，令其严密，然后方可起火炼丹。密封剂一般都是制作土釜时所用泥，六一泥最常用，也有其他泥类。《九鼎丹诀》卷七所引"丹炉固济法"用六一泥涂接口，以中黄泥涂釜身，其法为："纳药讫，先以六一泥涂两釜口，乃合之，乃以六一泥涂外际，以渐增之，干燥复涂之，令厚寸余，务令坚密也。又以中黄神泥通涂，上厚六七分乃佳，封令釜形如覆盆，此形当正鹅卵形也。此谓密固法。若不为此，则六一泥得火力，其精皆散，则裂疏，疏则丹精奔泻也。"作者又补充说："臣按：此说有理。常疑诸丹用马羊毛为泥，毛得火便焦，焦则其处空虚，虚则泥不密，药气泄出也。更详之，所涂须泥极干，乃可起火，若犹小湿，得热即坼。亦可以屯泥别涂他物，如釜节度。时作复剥其别试之釜，视之看其彻里燥与不燥。亦可时试烧之，以为釜候也。此法最要，前阴干后须更曝之十日已，烧之者诀须如是。瓦物虽经阴干数百日后，得火及必带柔润，令泥中有醋弥，是润物必须涂小釜，数烧试之。"其中黄泥法同卷有载，即中黄密固泥法："取好黄土如脂腊者，曝干，捣筛水汰，如作牡蛎粉法，曝干，破之如梅李大，猛火烧之三日，令通赤如丹。毕寒之，更捣筛，三斤纳黄丹一斤，纸一斤，渍令烂，以酒和煮阿胶五斤汁足，以纸土为泥，捣三千杵，于瓷器中蒸之半日，以涂六一泥上也。"[135]《九鼎丹诀》甚至对如何和泥与行泥都有记载,分别见"和泥法""用和泥酢法""行泥法",不再赘述。

《太清经天师口诀》中的固济法为:"炼丹者当以铅丹和大醋为泥,捣千杵,以涂土釜口,即以赤盐盘盖之。重以铅丹泥,泥其会际令密,阴干十日。复以六一泥泥土釜表及盖上,通令厚五分,阴干十日。复以白土和醯,捣千杵,复涂六一泥上,复阴干十日。"[136]又《太极真人九转还丹经要诀》也用铅丹泥涂覆际。

《太清金液神气经》卷上固济法为:"……于是安药都毕,可以一釜上合之,又以太(六)一泥封其会际,复阴干十五日,使内外坚密,无令有坼。毕,乃安釜于铁锧之上……"[137]

最后需要说明的是,合丹完毕后如何开釜也有诀窍,否则很可能功亏一篑。《九鼎丹诀》卷二十有"开釜法",讲述合丹后如何打开丹釜:"鼎釜坚密,号曰神室。两釜之际,固以中黄,得火弥坚,其泥甚厚,理不宜槌凿扣振,正应作利锯两三枚,递用截之。亦可斫粗砺石之状,如刀口以磨之。须至釜质,方可以铁物渐渐擿开。"[138]

用土釜炼丹最重要的是要保证土釜足够坚固,遇火不破不裂,故《太微灵书紫文琅玕华丹神真上经》云:"取耐烧土釜,

---

[135] 韩吉绍:《黄帝九鼎神丹经诀校释》,第 205、103—104 页。
[136] 《道藏》第 18 册,第 788 页。
[137] 《道藏》第 18 册,第 777 页。
[138] 韩吉绍:《黄帝九鼎神丹经诀校释》,第 310 页。

容三斗者，白赤无所在，唯令堪火，不圻破者耳"。[139] 坚固的土釜可重复利用，如《太极真人九转还丹经要诀》云："其故土釜，慎勿毁之，乃复可以合丹，因前泥用之，但当更密塞其上下釜之口，勿秽慢之。"[140]《九鼎丹诀》卷七曾说："飞药合丹，神器以土为釜，不用铁者。古岂不知模立图样，一铸便成？特以五金有毒，不可辄用，故丹大法未有一处用铁器者。"[141] 但唐代以前，瓷釜及金属釜在炼丹术中已经使用。如《太极真人九转还丹经要诀》之"用药法"介绍土釜固济法，用铅丹泥密封两釜之际，再涂两际之外，令厚一寸二分，接下来它说："此是用土釜法。若以土烧成者瓷釜子，及金银鍮铜为之者，量其事而泥之，不在一寸二分厚也。"[142] 这段话提到制作金属釜的材料可用金、银或鍮铜。据陈国符考证，《太极真人九转还丹经要诀》当在南北朝行世。[143] 而《道藏提要》认为殆出于隋唐间。[144] 不过据《九鼎丹诀》卷十一记载，早期炼丹家狐刚子抽砂炼汞法之"雄汞长生法"已用铁釜，圆一尺，深一寸半。[145]

---

[139]《道藏》第 4 册，第 555 页。
[140]《道藏》第 19 册，第 11 页。
[141] 韩吉绍：《黄帝九鼎神丹经诀校释》，第 99 页。
[142]《道藏》第 19 册，第 11 页。
[143] 陈国符：《〈道藏〉经中外丹黄白法经诀出世朝代考》，《陈国符道藏研究论文集》，第 94 页。
[144] 任继愈主编：《道藏提要》，第 397 页。
[145] 韩吉绍：《黄帝九鼎神丹经诀校释》，第 165 页。

金属釜代替铁釜，正在于后者远较前者坚固。如《太清丹经要诀》中的"造烧矾石炉法"用铁釜。又合丹用的上下釜是下铁上土釜，铁釜尺寸见于"造上下釜法"记载："右下釜铸铁作之，深三寸，明阔八寸，底厚六分，四面各厚四分，其唇阔半寸，厚三分，平稳作之，勿令高下之也。"[146] 上土釜下铁釜法亦见于上引《千金要方》卷十二"太一神精丹"中的"作土釜法"："作一瓦釜，作一熟铁釜，各受九升，瓦在上，铁在下，其状大小随药多少，不必依此说。"[147] 此法将铁釜作为受火器，孙思邈说它"永无破坏之日"。

《太清石壁记》卷上"造药釜法"所述也是一种下铁上瓦釜："其下铁釜受一斗，径九寸，深三寸，底拒火处厚八分，四畔厚三分，上下阔狭相似，平作底，周回唇阔一寸半，厚三分，亦平。两畔耳长三寸，去上唇三寸半，上盖烧瓦作之，径九寸四分，深八寸，厚三分，上盖稍圆平作之。此釜样是初出精药，所以大，若出精药后，宜用小釜转之。小釜样径口六寸，深二寸半，自外形势厚薄同前大釜，上盖径六寸二分，深六寸，自外形势与前不别。"[148]

按，炼丹家在使用上下釜的时候，一开始就懂得利用上釜作冷凝器，以制备升华药物。如九鼎丹之第一丹，置药物于釜中固济，加热一定时间后再冷凝，"药皆飞着上釜，如五彩琅

---

[146]《道藏》第 22 册，第 494 页。
[147]［唐］孙思邈：《备急千金要方》，第 231 页。
[148]《道藏》第 18 册，第 767 页。

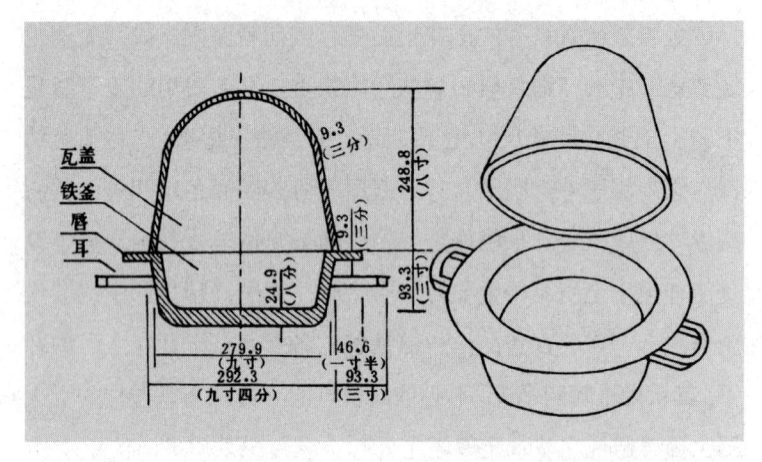

图 21 《太清石壁记》上瓦下铁釜（摘自《中国外丹黄白法考》）

玗，或如奔星，或如霜雪，或正赤如丹，或青，或紫"。更重要的是，为保证上釜的冷凝效果，炼丹家有意识地持续为上釜降温，此法见于九鼎丹第四神丹："常以湿布加釜上，令药不飞，试布干，取复濡湿之。"[149]

5. 鼎、合子、神室、混沌

与炉相似，"鼎"这一名称所对应的设备种类也非常复杂。汉晋时期，鼎在金丹术与黄白术中均见有使用，它们一般是真正的鼎。如《抱朴子·金丹》引《太清丹经》云，九转之丹炼成后"内神鼎中，夏至之后，爆之鼎热，内朱儿一斤于盖下。伏伺之，候日精照之。须臾翕然俱起，煌煌辉辉，神光五色，

---

[149] 韩吉绍：《黄帝九鼎神丹经诀校释》，第 12、23 页。

即化为还丹"。又如《抱朴子·黄白》中提到道士李根以鼎煎铅锡，以少许药如大豆者投其中，以铁匙搅之，冷即成银。[150]不过，有时候釜一类的反应器有可能笼统称之为鼎，如《华阳陶隐居内传》卷中陶弘景炼九转丹时使用的鼎，陈国符认为是上下釜。[151]

自唐代开始，釜的使用明显减少，很多时候反应器都被称为鼎，其中既包括真正的鼎，也包括其他各式各样的设备，如合子、神室、混沌等经常也称为鼎。

陈少微《大洞炼真宝经修伏灵砂妙诀》说鼎有五种："一曰金鼎，二曰银鼎，三曰铜鼎，四曰铁鼎，五曰土鼎。"[152]这里所说的鼎实际上是合子，圆柱形，一般有盖子。以书中第五返丹灵砂为例，其鼎法为："取妙砂中黄金八两，打作圆鼎，可受四合。又将二两金为鼎盖……"[153]陈少微另一部著作《大洞炼真宝经九还金丹妙诀》中的"炉鼎火候品"对这种合式鼎的作法及含义有详细介绍，其文云：

> 夫大丹炉鼎，亦须合其天地人三才五神而造之。其鼎须是七反，中金二十四两，应二十四气，内将十六两铸为圆鼎，可受九合，八两为盖。十六两为鼎者，合一斤之

---

[150] 王明：《抱朴子内篇校释》，第77、284页。
[151] 陈国符：《中国外丹黄白法考》，第35页。
[152] 《道藏》第19册，第16页。
[153] 《道藏》第19册，第19页。

数；受九合，则应三元阳极之体。盖八两应八节，鼎并盖则为二十四两，合其大数。[154]

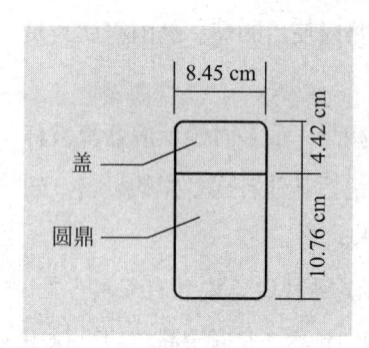

图22 药金合子（摘自《中国外丹黄白法考》）

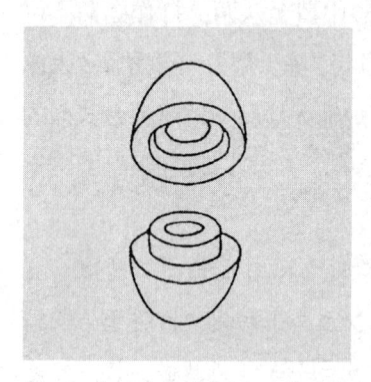

图23 《玉清内书》鸡子鼎（摘自《中国外丹黄白法考》）

当然合式鼎多数情况下直接称为合子（或作盒子），其材质有很多种，如砂合子、瓷合子、瓦合子、滑石合子、金合子、银合子、铜合子、铁合子以及各种药金合子等，《道藏》中均有使用记载，不再赘述。[155]

唐代出现鸡子形鼎，常称为混沌。混沌本指宇宙的初始状态，如《云笈七签》卷二引《太始经》云："昔二仪未分之时，号曰洪源。溟涬濛鸿，如鸡子状，名曰混沌。"[156] 根据这种思想，炼丹家们设计出鸡子形状的鼎，药入其中，用以象征宇宙演化之初的造化过程。《诸家神品丹法》卷二云："青

---

[154]《道藏》第19册，第25页。
[155] 详细情况可参见陈国符：《中国外丹黄白法考》，第42—44页。
[156]《道藏》第22册，第7页。

霞子曰：药在鼎中，如鸡抱卵，如子在胎，如果在树，但受炁满足，自然成熟。药入中胎，切须固密，恐漏泄真炁。……中胎所制，其形圆，如天地未分，混若鸡子。圆高中起伏，若蓬壶开闭微密，神运其中。"[157] 混沌又称为神室，如《感气十六转金丹》丹台式之图下方的文字云："灶乃药炉也，鼎乃砂合也，神室乃混沌也。"[158] 混沌鼎的具体设计有很多例子。唐代《玉清内书》以泥作之，其法为：

诀曰：造鼎及入金诀，但取所生朱砂下土，或如黄蜡腻，或青黑色，取一二合研淘，有石砂子或如油麻粒大小不等，或黄黑色者，研破有朱砂者，此土力大，捣筛讫，但以和作泥，熟为妙，便固作鼎形，如鸡子，长七寸，圆五寸，趁润截两断，造丸所曝干，镟中心，各阔三寸，渐渐底尖，各深二寸。神室明裹与外，并如鸡子形，两扇唇口，并镟作雌雄，不得参差。[159]

《红铅入黑铅诀·鼎器诀》介绍的也是一种类似结构的鼎，所用材料相同，但形制及尺寸不同："造鼎通长一尺二寸，周围一尺五寸，中虚五寸，厚一寸一分，上下通直，口偃如锅釜，卧唇仰折，周围约三尺二寸。心横有一尺，唇环匝，高二

---

[157]《道藏》第19册，第221页。
[158]《道藏》第19册，第136页。
[159]《道藏》第19册，第377页。

寸，上水入鼎八寸。"[160]该诀又云此鼎之上釜可以用真金制作，诀文首句云："真金铸神室，鸡子其形容。红铅藏室中，封固（本土封固口缝，又通身固一指厚）入鼎内（其下鼎用本土为之，其上釜用真金为之）。外固口缝悬于灶中，运用水火九十日成黑铅，名先天铅。"[161]可见此鼎还需要内置一个鸡子神室，然后再将鼎悬于灶中加热。

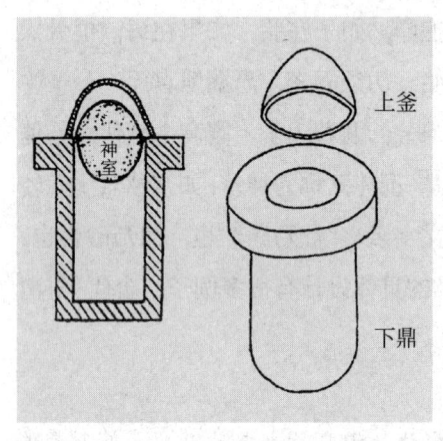

图24 《红铅入黑铅诀》鸡子鼎（摘自《中国科学技术史·化学卷》）

　　既然鼎与合子有时含义相同，故混沌也可以称为合子。北宋《金华冲碧丹经秘旨》卷上"神室法象"云："足色真金八两，铸成混沌胎元合子一具，形如鸡子，或若圆毬皆可。"[162]《铅汞甲庚至宝集成》卷五云："以汞宝打成合子一斤，如混沌形。"[163]混沌有时需要放在合子内，而药物则置于混沌内。《感气十六转金丹·十五转黄礜法》云："将明窗尘一半投混沌底，将紫河车更研，入雌黄四两，同研细，投明窗尘中，其上更以

---

[160]《道藏》第19册，第354页。
[161]《道藏》第19册，第354页。
[162]《道藏》第19册，第161页。
[163]《道藏》第19册，第273页。

明窗尘覆之。醋调赤石脂，固混沌口缝，外更用大砂合纳以白虎石铺盖，其安混沌于当中。"[164]

以上所述鼎、合子、神室、混沌，以及前文提到的上下土釜，有时候名异而实同。陈国符先生曾指出："两汉以来之上下土釜至梁代称鼎。大概在唐代或更早上下土釜密封，称神室。唐代鸡子形之鼎称混沌。唐代产生砂合子、瓷合子。由此观之，上下土釜、鼎、合子、匮合、神室、混沌，名异而实同。在应用中，合子、神室、混沌，皆可安灰池中养火。或小合子（匮合）放在大合子中，小（内）神室放在大（外）神室中，金混沌可放在土鼎中（下土鼎上金釜）再安在灰池中养火。"[165]

唐宋炼丹家经常使用三足两耳的传统鼎，且多用铁铸造。唐末归耕子撰《神仙炼丹点铸三元宝照法》中的"金鼎养丹法"对炼丹所用铁鼎的形制、尺寸及铸造技术有详细记载：

神仙文曰：金鼎者，上符天，下法地，中应民，民昌国泰，天清地静，万物生焉，故曰先天而天弗违，后天而奉天时，此可明矣。其鼎高下锱铢厚薄一一依法。鼎高一尺二寸，重七十二斤，其数有九：内围一尺五寸，底厚一寸半，脚去地二寸半，身厚一寸半，内受物可三升半，深六寸，盖厚一寸，耳高一寸半。次有十病不在用限。一金

---

[164]《道藏》第 19 册，第 135 页。
[165] 陈国符：《中国外丹黄白法考》，第 51—52 页。

不精；二铸不及时；三厚薄不匀；四模素不干；五悬胎铸；六砂孔；七唐膈；八夹横；九金皱；十高下、大小、厚薄不依尺寸。若遇有此十病，并不在修至药之限。[166]

《云笈七签》卷七十二"金鼎第十"所记载的鼎式、尺寸、铸造缺陷等与上面的这段文字很相近：

夫言金鼎者，上应天，下应地，中应人民。天平地正，人民昌泰，天歌地盈，万物丧害。故《易》云："先天而天弗违，后先而奉天时。"可明矣。世人所修，多用黄金、白银、铜铁、铅锡之类为鼎，此即大谬矣。……其鼎高下、尺寸，锱铢、厚薄，十病如后。鼎法：高一尺二寸，重七十二两。其数有九：内围一尺五寸，当有放脚，下去地二寸半，底厚二寸，身厚一寸半，深六寸，内受三升半，盖厚一寸，耳高一寸半。鼎有十病：一忌秋夏，铁不精好，铸不及时；二不悬胎铸；三肚大；四脚短曲；五

图 25 《云笈七签》中的铁鼎（摘自《道藏》）

---

[166]《道藏》第 18 册，第 650 页。

口大耳小；六上下厚薄不均；七沙窍漏气；八不润滑；九不依尺寸；十铁皱。有此十病，并不宜用。[167]

从这段文字的插图来看，这种鼎式即商周常用的圆腹三足两耳鼎。还有一些鼎只有三足而无两耳，如《上阳子金丹大要图》有悬胎鼎，因悬于灶中不着地而得名。该鼎为圆腹三足：

> 鼎周围一尺五寸，中虚五寸，长一尺二寸。状似蓬壶，亦如人之身形。分三层，应三才。鼎身腹通直，令上中下等均匀。入炉八寸，悬于灶中，不着地，悬胎是也。又谓之朱砂鼎。张随注云，又名太一神炉。[168]

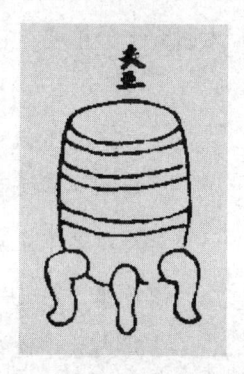

图 26 悬胎鼎（摘自《道藏》）

此外，《云笈七签》卷七十二"埏埴图第五"后面也有一种三足鼎，从文字介绍来猜测，它可能是一种土鼎。

上述《神仙炼丹点铸三元宝照法》与

图 27 《云笈七签》中的鼎（摘自《道藏》）

---

[167]《道藏》第 22 册，第 505 页。
[168]《道藏》第 24 册，第 72 页。

《云笈七签》文字对丹鼎的铸造缺陷有细致描述，是研究古代铸造技术的重要资料。此外，《修炼大丹要旨》卷下介绍了一种"汞鼎"，对铸造过程有详细记载。这段资料对古代铸造技术研究十分重要，它采用的是失蜡法，具体操作如下：

> ……先做黄蜡鼎模，完备候干，取出在内黄蜡，空其模子，等候临期铸，要烧热模子汁下则匀。比铸之，先要将铁扇草末放入模内令干。疾成鼎之后，看鼎大小，盖用花银，打造一个盖。盖上留一窍子，如将汞入鼎内，却于窍内放下铁扇草末。用灰火温温煮之，自然片时，即干成宝。[169]

鼎模制作材料及方法也有记载："铸鼎之法须用雄黄、硫磺、雌黄、五加皮、独扫、紫河车、马齿苋、人言，此八味各等分，另为细末，用赤石脂和匀。先于腊模上帖内，外却用烂熟纸筋、黄砂泥护塑令厚，伺干，烘出原腊铸之妙。"[170]该鼎用以炼制白金，并非如李约瑟所言那样是一个纯粹的升华器。

唐宋时由于炼丹理论的复杂化以及设备制造水平的提高，出现了很多水火鼎。水火鼎，顾名思义由水鼎和火鼎组成，水鼎用于冷却，火鼎用于加热。《铅汞甲庚至宝集成》卷三"子

---

[169]《道藏》第 19 册，第 146 页。
[170]《道藏》第 19 册，第 146 页。

午灵砂法·第七煅死龙蟠法"中介绍的上下鼎便是一种水火鼎，它的设计思路及含义如下：

上下鼎身周十二寸，以应十二月，身长八寸，以应八节。上鼎身阔倍下鼎一倍，乃按二十四气。上鼎为天，下鼎为地；上升为阳，下降为阴。阴气欲升，阳气欲降，此应阴阳之陶冶也。尺寸阔狭不可大、不可小，大则气散不聚，小则逼溢，故不能遂升降之匀和，盖在于鼎。乃鼎中之包密，内调升降，外禀阴阳，以成天地造化之机矣。上鼎周围阔二十四寸，下作三级，与鼎唇口三级相合。下鼎长八寸，身围十二寸，唇三级，与上鼎覆下三级相合，不得差殊。此鼎不用足。别打铁围令厚，以三钉钉作三足，钉可以大拇指厚，高二寸半。[171]

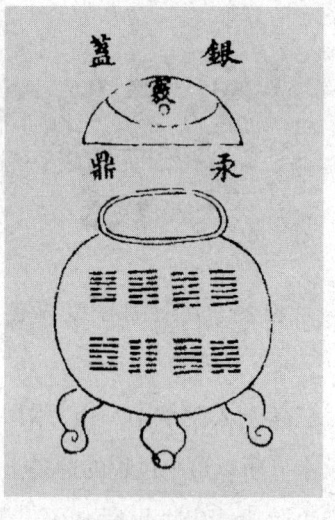

图28 银盖汞鼎

该上下鼎是一个组合设备，上部为盘，下部为釜，图中三足应当为铁三脚。上下鼎使用时与阴阳炉配合。子时时将鼎放在铁

---

[171]《道藏》第19册，第260页。

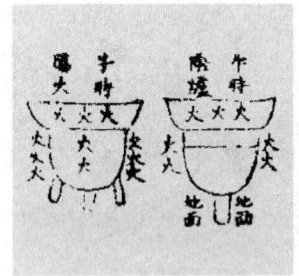

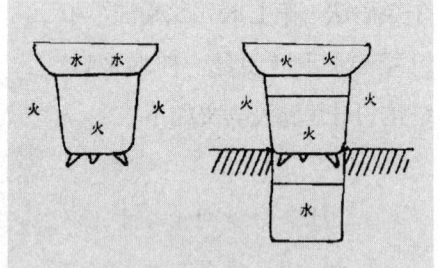

图 29　上下鼎用鼎法　　图 30　《子午灵砂法·死龙蟠法》示意图（摘自《中国科学技术史·化学卷》）

三角上入阳炉中，用"阳火"加热六个时辰，由于上鼎内有水，所以这个过程的鼎是上水下火，属既济。加热过程分为四个阶段，先后用缓文火、暴火、烈火、微火加热各一个半时辰。至午时，将鼎放入阴炉，鼎在一个水罐之上，水罐贮水并埋在地下，灌口与地面齐平。再用布将上鼎中的水渗干，安火一斤，然后又分四个阶段加热六个时辰。这一过程的鼎是上火下水，属未济。以上非常繁琐的操作过程反映出水火鼎的设计思想完全根据道教的丹火理论，而非冶炼技术需要。

水火鼎有水上火下和水下火上两种类型，上面介绍的这种上下鼎兼具两种功能，但很多时候这两类鼎的设计是不同的。

据陈国符统计，水火鼎上水下火式之火鼎常用砂合、磁合，亦有用坩埚、黄垫、沙罐、罐子者。水鼎常用建州盏、盏或称水盏，偶有用铜打者，也有全为铁铸者。[172] 铁铸上水下

---

[172] 陈国符：《中国外丹黄白法考》，第 54—55 页。

火式水火鼎如《诸家神品丹法》卷六"水火鼎法"："用铁鼎一个，可高六七寸，将砂子放于内，上浇窨制汞二两，上用一铁盏，四下铁丝紧定密固济，干铁盏内添温水，下火候。"[173] 又如《九转灵砂大丹》，其"铸鼎法"云：

用生铁造水火鼎一付，高一尺二寸。火鼎高八寸，内子口径过五寸，边连子口阔一尺，火鼎底厚五分。水鼎高四寸，水鼎底厚二分。用大冶炉中铁汁铸造。水火鼎自口缝要合得。[174]

上火下水式水火鼎如《九转灵砂大丹·四转妙灵丹法》：

右用绝真丹一十六两……水银四两……悉倾入合内砂中，醋调赤石脂封子口，铁线扎定，合外以纸筋盐泥通固，日干，合底下用水汤瓶一个，约盛水五升，瓶口与合底一般，恰好瓶中先盛滚汤七分，坐上丹合，盐泥固济口缝，不用三脚入缸内，灰埋之，罩定，养三伏时。卯酉抽添四五六两数，日足寒炉，取出开合……[175]

关于该水火鼎的形制及具体尺寸，陈国符有绘图与计算。《感

---

[173]《道藏》第19册，第244页。
[174]《道藏》第19册，第30页。
[175]《道藏》第19册，第31页。

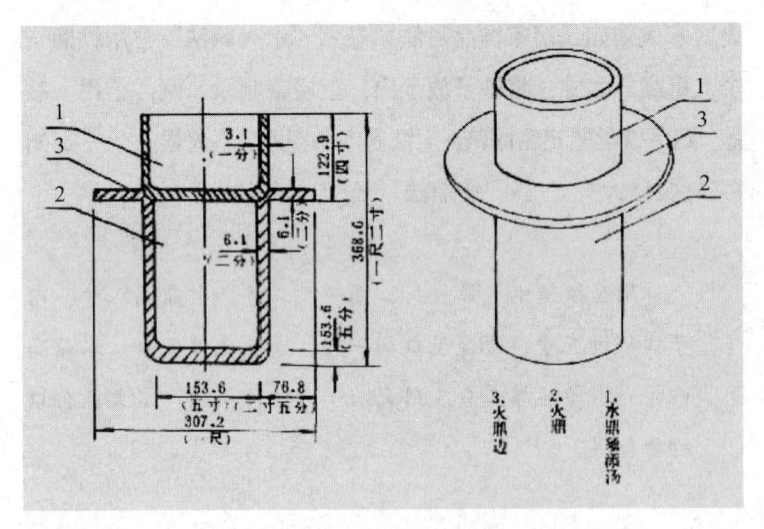

图31 《九转灵砂大丹》中的铸铁水火鼎（摘自《中国外丹黄白法考》）

气十六转金丹》也介绍有一种上火上水式鼎，其火鼎乃一砂合子，水鼎乃一瓷器。水鼎作法为："水鼎乃磁器，可贮水三升者，要鼎口与合子（火鼎）底一般大。每用水鼎，入沸汤六七分满。"该水火鼎的使用方法为："……将前所煮母一十六块排砂合底，合定，以醋调蚌粉封合子口缝……虚养一伏时，卯酉各火四两。次日开合，则浇汞四两于母上，如前法封固。下用水鼎，坐合子于水鼎上。"[176]

《铅汞甲庚至宝集成》卷一唐赵耐庵撰《见宝灵砂浇淋长生涌泉匮》涌泉匮做好后接下来使用了一种简易上火下水鼎，其作法为：在灰缸底部安一个小罐子，盛水八分，勿令满。罐

---

[176]《道藏》第19册，第134页。

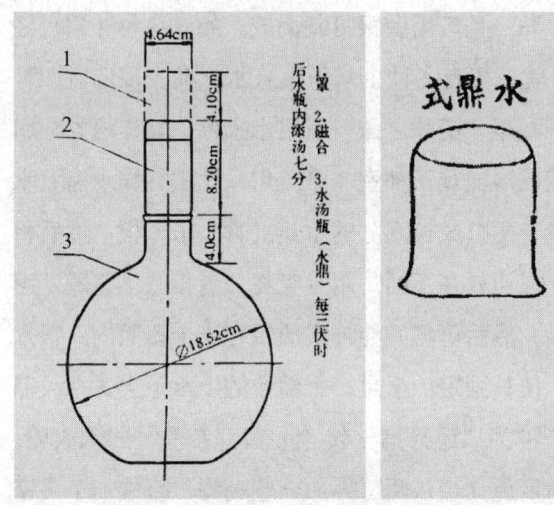

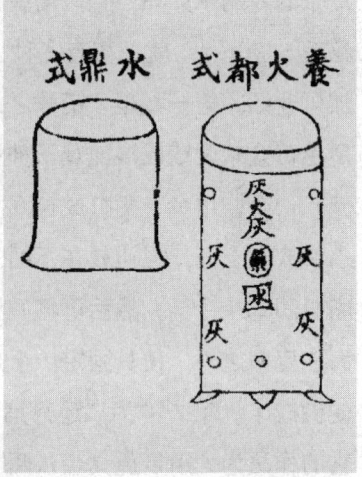

图 32 《九转灵砂大丹》水火鼎示意图（摘自《中国外丹黄白法考》）　图 33 《感气十六转金丹》水火鼎（摘自《中国科学技术史·化学卷》）

口上放置一片砖，当心钻一个小孔，筋头大，盖罐口。然后将养火合子安在砖孔上。[177] 该法中养火合子与下面的小罐子组成一个上火下水鼎，外面的灰缸则是炉，其中放置炭火。

以上介绍的几种水火鼎结构都不复杂，而且不少是组合器。南宋时，炼丹家发明了一些非常

图 34 《见宝灵砂浇淋长生涌泉匦》水火鼎（摘自《道藏》）

---

[177]《道藏》第 19 册，第 250 页。

复杂的专用水火鼎，且多用金银打制而成。如《金华冲碧丹经秘旨》卷下[178]就记载有多种上水下火式水火鼎，现选取四种加以介绍。第一种是"铅汞之法"所用水火鼎，其作法为：用足色黄金八两铸成混沌鸡子神室一个，用八两银打作水海（水碗）一个，用金一两打成长四寸的水筦（管）子一根。然后将水海放在上面，混沌放在下面，用水筦将二者相联，缝隙处用脂矾固塞，令干。然后再将混沌神室放置在一个瓷鼎内，银水海在瓷鼎之外，使其固定，于是一个精致的上水下火式水火鼎便做成了。第二种为"还丹第一转金砂黄芽初丹"的水火鼎，它的作法为：用足色真金八两（外加一些药物）打成一个夹空心的盂子，夹层厚一寸许，盂如仰月状，称偃月鼎。然后在盂内层中心处穿透，插入一根赤金水筦子，筦子上通八两银子打成的水海。最后固济接缝处，将偃月鼎置于一个瓷鼎或瓦鼎内固定即可。第三种是"还丹第四转三才换质丹"的水火鼎，其作法为：用金砂黄芽三斤铸成一鼎，高一尺二寸，径四寸。再用汞金十两打成两个圈（空圆柱状合子，每圈五两），下圈高一寸二分，径三寸半。下圈上表面中心处开一孔，插入一根金水筦，焊牢。金水筦向上穿透上圈中心处，直接通入最上面的银水海。上圈距离银水海一寸半许。以上设备再放入鼎内固定即可。第四种是"还丹第五转三清至宝丹"所用水火鼎，其作法更复杂：用汞金九金铸成神室外鼎一座，高一尺五寸，径五

---

[178]《道藏》第19册，第162—169页。

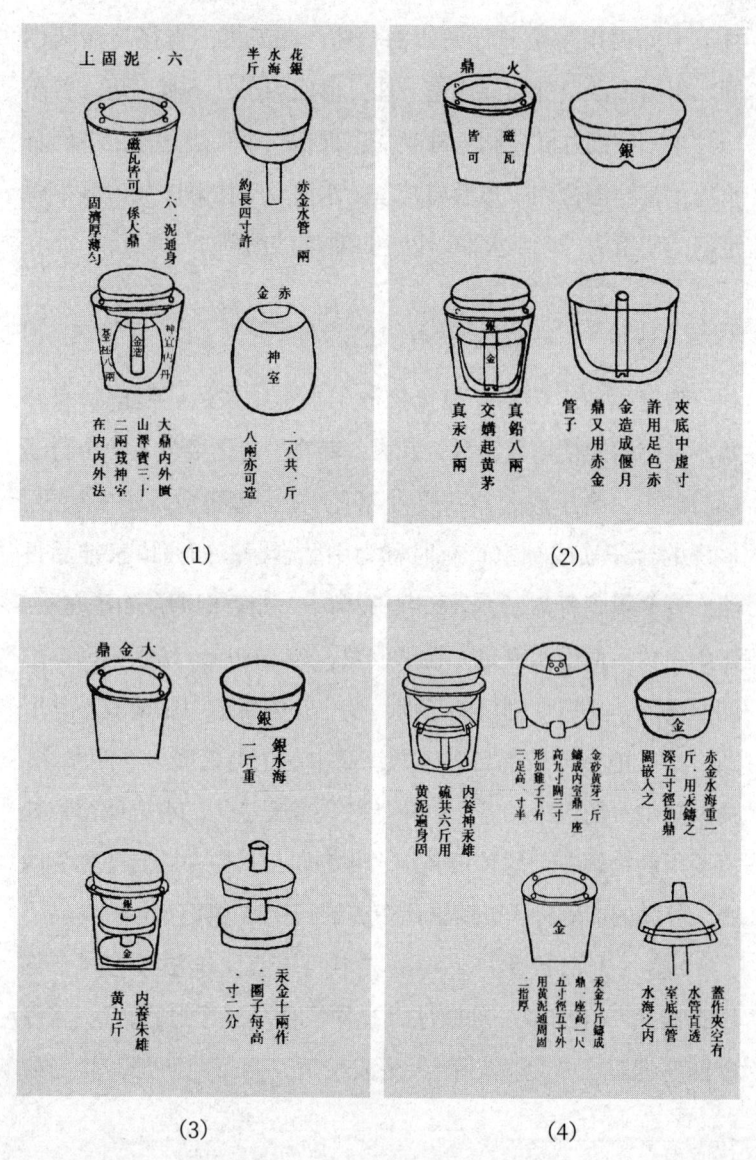

捌　炼丹设备的源流、类型及建造方法 / 533

图 35 《金华冲碧丹经秘旨》的水火鼎（摘自《中华道藏》）

寸。上面再用汞金一斤铸水海一座，深五寸，直径与鼎阔相同。再用金砂黄芽铸成内室一座，形如鸡子，下有三足，各高一寸半，室高九寸，阔三寸半。室顶作一个夹层之盖，下面有水筅，直穿透合内。最后将神室、水海及盖按顺序放入鼎中固定好，便组成一个水火鼎。以上四种鼎的图例如下所示。

6. 匮

隋唐以前，药物一般直接放于土釜中烧炼，但自隋唐开始，反应器的使用变得复杂起来，药物一般需要放入一个合子（或神室），合子放入鼎（或大合子）中，鼎再放入炉中加热。这样的合子（或神室）有时称为中胎合子。如《诸家神品丹法》卷二引隋青霞子言云："药在鼎中，如鸡抱卵，如子在胎，如果在树，但受炁满足，自然成熟。药入中胎，切须固密，恐漏泄真炁。又曰：固济胎不泄，变化在须臾。中胎所制，其形圆，如天地未分，混若鸡子圆，高中起伏若蓬壶。开闭微密，神运其中，药入中胎。"[179] 中胎放入鼎器中，二者之间空隙处需要用药物填充，这种设备组合称为匮，其中中胎合子称为内匮，外面的鼎器称为外匮，所填充的药物称为匮药。

《感气十六转金丹》中的"十四转紫河车法"与"十五转黄轝法"介绍了一种匮法，具体操作分三个过程：① 将丹砂四两研细，入雄黄四两，更入生汞二两，同研细，状如桃

---

[179]《道藏》第 19 册，第 221 页。

花粉，投于砂合内，用醋调赤石脂固缝。入炉坐铁三脚子上，卯酉顶火各四两，养六十日足，取出开看，其药成紫河车。② 将前红粉淘下，白芽子所钋银半斤打造混沌。③ 明窗尘一半投混沌底，将紫河车更研，入雌黄四两同研细，投明窗尘中，其上更以明窗尘覆之，醋调赤石脂固混沌口缝，外更用大砂合纳以白虎石铺盖，安其混沌于当中，亦以醋调赤石脂固口缝，入炉坐合子于铁三脚上，卯酉各用顶火四两养四十九日。[180]

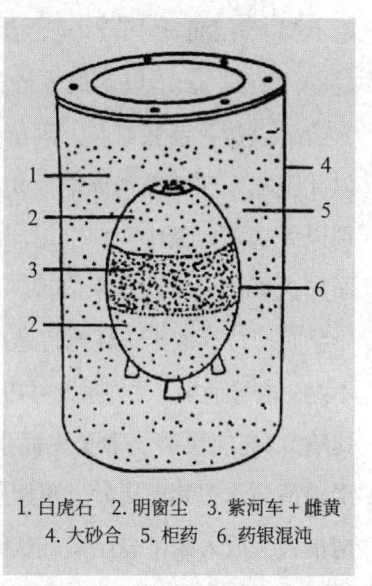

图36 《感气十六转金丹》黄舉法匱图（摘自《中国科学技术史·化学卷》）

1. 白虎石 2. 明窗尘 3. 紫河车+雌黄
4. 大砂合 5. 柜药 6. 药银混沌

《铅汞甲庚至宝集成》卷一《见宝灵砂浇淋长生涌泉匱》记载了一种黄白方，先作涌泉匱，次以涌泉匱头入水火鼎制成干汞砂子，用银叶子包之可炋成宝。所谓涌泉，《庚道集》卷八"青霞子十六转大丹·第三转黄芽证用成药法"云："右用黄芽银末、汞各半斤，同入华池中淬五十遍，取出入合封固，火候同前养之，取出一炼成宝。五日一浇，采摘，入生出熟，

---

[180]《道藏》第19册，第135—136页。

汞不竭,号曰涌泉。"[181]又《诸家神品丹法》卷六"伏火朱砂咏（涌）泉法"云,以伏火朱砂、生银、生朱砂、铁末同研匀,入合,以盐花铺底盖头,固济,入火炉养火,取出为上等银。以此银二十四两铸为鼎器,大如鸡卵,将鼎坐在熟塘炭火中。别以汞二两入鼎中,口上用湿纸三重盖之,便以越瓷盏合定,渐加火煅,一时间其汞成银。却以前法匮养,以火二斤不绝,一伏时,冷,取出。任意打造,次后于鼎内常养汞二两,成银不绝,故号涌泉。[182]据上可知,所谓"涌泉"只是一个形象的比喻。《见宝灵砂浇淋长生涌泉匮》第一种匮法制作为:首先用硫黄与水银制得灵砂。再用薄刀子将灵砂劈成四方块,如大拇指大,放入罐中悬胎煮一伏时,取出沐浴焙干。次以黄丹半两、韶粉半两,米醋调稠,以一半涂所煮灵砂块子周遍,焙干,另一半留作贴身药。然后用好银四十两制成珠子或四方块子,将前留贴身药涂银珠子周遍,焙干,以养火合子一个,内用硼砂水刷过,焙干。再用熟铁线作耳扣定,用六一泥固济,焙干。此时合内铺银,养火合底,次下灵

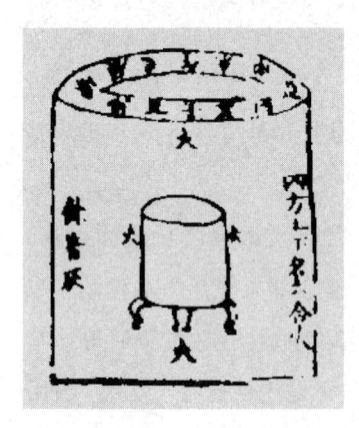

图37　涌泉匮图（摘自《道藏》）

---

[181]《道藏》第 19 册,第 497 页。
[182]《道藏》第 19 册,第 241—242 页。

砂块于合中心，四围皆用银朱填满，尽用银盖头令实，用昆仑纸剪盖盖定合口，醋调赤石脂、牡蛎末涂口固济。最后合上铁线耳扣定，外涂六一泥，入灰池（小缸），坐铁三脚上养火七昼夜足，灵砂块子拍开内外俱青黑色方可。然后将其入明炉熔作汁，倾入销银槽内成锭。灵砂拒火作汁了，截作块子如大拇指大，用甘草汤浴过，焙干，此灵砂已成涌泉匮。[183]

按唐宋时匮法极多，陈国符对其做过详细总结，有长生匮（药）法、玉匮药、玉田匮（药）、龙虎匮（药）、丹阳匮（药）、元阳匮（药）、太阳匮（药）、纯阳匮（药）、灵圣匮（药）、青龙宝匮（药）、朱灵匮（药）、圣宝匮（药）、柳絮匮（药）、太乙匮（药）、白虎匮（药）、黑虎匮（药）、四熟养匮等，[184] 不再详细介绍。

7. 黄土瓯、黄土垒

黄土瓯与黄土垒也是唐代以前常用的一种炼丹或制药器皿。如《抱朴子·金丹》中的"以金液为威喜巨胜之法"使用黄土瓯："取金液及水银一味合煮之，三十日，出，以黄土瓯盛，以六一泥封，置猛火炊之，六十时，皆化为丹……"[185] 东汉郑玄记载当时医家炼制"五毒方"使用黄土垒："今医方有五毒之药，作之，合黄垒，置石胆、丹砂、雄黄、礜石、慈石

---

[183]《道藏》第19册，第241—242页。
[184] 陈国符：《中国外丹黄白法考》，第226—232页。
[185] 王明：《抱朴子内篇校释》，第83页。

其中，烧之三日三夜，其烟上着，鸡羽扫取以注疮，恶肉破骨则尽出也。"[186] 用黄土瓯或黄土埕作炼丹反应器时同样需要涂用六一泥，此与土釜要求相同。

黄土瓯、黄土埕与土釜结构相似。约出于南北朝的《抱朴子神仙金汋经》卷上"水银以黄土瓯盛之"一句注文云："黄土瓯者，意是土釜也，出在广州及长沙、豫章、临川、鄱阳者，皆可用之。又此诸郡皆作黄土埕，亦可用之，皆耐火不破。他处出者如似瓦器，不堪用，得火便破也。南方黄土器者亦可，马毛若江篱合黄土，捣之千杵，以作瓯器，阴干使佳，乃烧令坚。"[187]《说文解字》云："瓯，小盆也。从瓦，区声。"《集韵·嚄韵》云："埕，瓦器。"根据以上资料推测，黄土瓯与黄土埕是南方使用黄土烧制的盆、盂一类的瓦器，可以笼统称之为土釜，但其所指没有土釜这一名称广泛。

8. 竹筒、坩埚及罐（抽砂炼汞设备）

上文介绍了宋代出现的一种飞汞炉，它采用的是蒸馏制汞法。但实际上唐宋时炼丹家应用最广泛的制汞法并非蒸馏，而是未济式方法。赵匡华先生发现，此法的雏形可以追溯到竹筒式。竹筒在汉晋时期多用于水法操作，如《三十六水法》中的汉代部分几乎清一色使用竹筒。唐代及其以后，竹筒在水法中

---

[186]《周礼·天官冢宰·疡医》卷五，中华书局 1980 年影印十三经注疏本，第 668 页。
[187]《道藏》第 19 册，第 204 页。

已很少使用，不过唐代炼丹家发明了一种竹筒抽砂炼汞法，利用竹筒的结构制成一种巧妙的天然设备。

《九鼎丹诀》卷十一撰者云："以生竹筒盛丹砂若朱砂，埋着地中，以云母覆口，与地平，筒上仅可三四寸土覆之，以糠火烧之，再宿三日成水银也。"[188] 该法在陈少微《大洞炼真宝径九还金丹妙诀》中有更为详细的记载，其"抽砂出汞品"第一云：

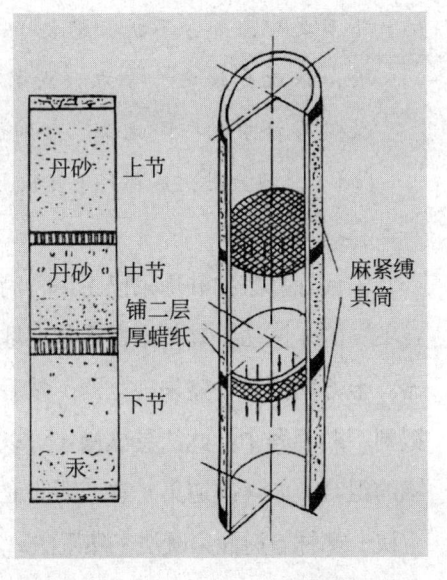

图38 《大洞炼真宝径九还金丹妙诀》抽汞竹筒图（摘自《中国外丹黄白法考》）

诀曰：先取筋竹为筒，节密处全留三节。上节开孔可弹丸许粗，中节开小孔子如筋头许大，容汞溜下处。先铺厚蜡纸两重致中节之上，次取丹砂细研，入于筒中，以麻紧缚其筒。蒸之一日，然后以黄泥包裹之，可厚三分，埋入土中，令筒与地面平，筒四面紧筑，莫令漏泄其气，便积薪烧其上，一复（时），令火透其筒上节，汞即流出于

---

[188] 韩吉绍：《黄帝九鼎神丹经诀校释》，第162页。

下节之中，毫分不折。忽火小，汞出未尽，尚重而犹黑紫，依此更烧之，令汞合火数足。如红马牙、白马牙、紫灵砂抽汞，一同此诀。余别诀飞抽者损折积多，而同（筒）抽诀最妙，然具列于其章上品也。[189]

宋代炼丹家抽砂炼汞已不用竹筒，而发展出"火在上，水在下"的未济法，其基本操作是在地下挖坑，其中放一盛水之器，上方则倒置一盛朱砂之器，然后用火焙烧上方朱砂器，水银则下贮于器中。此法具体操作可以分为多种，多使用坩埚与罐的组合。如《庚道集》卷一所收北宋文真子崔昉《金丹大药宝诀·寒林玉树涌泉匮法·熟汞法》：

朱砂通明者不拘大小，为末，用炭末糯米调匀，顿甘锅子内，以火筋扎为蜂房。窠内候干，用一般锅子一个，先埋在地下，盛水八分。一甘锅子将干朱砂甘锅子合在所埋水罐上，以纸筋盐泥固济缝密，火炙干，以五斤炭火自顶发火，信在上。甘锅子通红，则去炭火。候冷取出，则熟汞自在所埋水罐子内也。寻常朱砂一两，止取八分。[190]

同书卷二"月桂长春丹"记载着同样的方法，但操作更为详细：

---

[189]《道藏》第19册，第22页。
[190]《道藏》第19册，第442页。

朱砂（原注：八两或五、七两，亦不拘定其分两），炭末（原注：五两），蜜（原注：一两）。右先固济一丹炉了或瓷罐子一个，焙干。次以朱砂同炭末，调蜜水和衮。入炉，筑令实了。炉口内用泥饼子封定，焙干，钻五七个窍子。次掘一地坑，先将大瓶一个，盛水八分满，埋在地坑内。次将砂炉倒卓在水瓶上，令大小衔合。仍用六一泥固济缝，十分牢密。次用粗泥泥饰地面，以隔水火相激之患。用二十斤炭火从顶上烧煅，次添十斤或二十斤，从早至晚，斟酌火候，勿令过与不及。候次日炉冷，开取，其砂化为真汞，在水瓶内，淘出焙干。若砂好，每一两砂得汞七八钱上下。或砂不好，止得一半。其砂石之数，尽在炭末瓶内，可淘出验之。皆无用炭。盖所抽出之汞，皆砂之精华。大凡用火只在斟酌火候，勿令过与不及，则无得失之虑。口传心授，当自得之。[191]

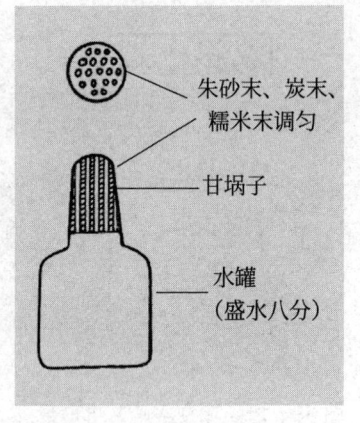

图 39　崔昉抽汞设备（摘自《中国外丹黄白法考》）

---

[191]《道藏》第 19 册，第 443 页。

图 40　宋《证类本草》中的煅水银炉　　图 41　《本草品汇精要》中的炼汞图

《修炼大丹要旨》卷上有"朱砂取汞"法，使用一个大甘埚与一个小瓶，其法为：

> 朱砂十两乳细，用松炭末和之，装在大甘锅内，至六分，用松炭末盖之，上用小瓦片装，上用铁线结成一团片，盖在锅口，用铁线缚之。打一土坑，先安小瓶在窟内，瓶内用水将甘锅盖覆转在瓶口，用泥封口，四围砖砌，上面用大火一煅，再加半炉火，每朱一两可得真汞七钱在瓶内，去水洗得净。[192]

---

[192]《道藏》第19册，第144页。

第五编 科学思想

壹　道家、道教与现代科学

作为中国古代传统文化鼎立三足之一的道教，宋代以后其地位每况愈下，特别是明清时期，各种道术仙方常被作为小说、戏剧等文学作品的嘲笑讥讽对象。近代以来，随着西方科学的涌入，道教的形象又受到进一步摧残与打击。在高举德先生与赛先生两面大旗的五四时期，孔家店作为封建礼教的总代表成为众矢之的，而道教则常被视为愚昧迷信的代名词。著名文字学家钱玄同在其《中国今后之文字问题》中说："欲祛除三纲五伦之奴隶道德，当然以废孔学为唯一之办法；欲祛除妖精鬼怪，炼丹画符的野蛮思想，当然以剿灭道教——是道士的道，不是老庄的道——为唯一之办法。"[1]胡适曾作过一篇《陶弘景的真诰考》的文章献给蔡元培先生六十五岁生日，一方面对陶弘景编撰《真诰》所用方法的精密性与科学性大加赞赏，一面又断然将《真诰》判为抄袭佛教的欺人鬼话。他甚至更为露骨地说："其实整部《道藏》本来就是完全贼赃。"在这样一种情况下，道教在知识界与学术界几无立锥之地。曾经辉煌的

---

[1]《钱玄同文集》第 1 卷，第 164 页。

三教之道教，之所以处于如此狼狈的境地，与近代科学的传入有直接关系。

西方近代科学渊源于古希腊科学精神，受古希腊机械论自然观的影响尤其明显。古希腊时期留基伯首先提出原子论，后经其学生德谟克利特进一步发展，原子论成为当时很有影响的一种思想。德谟克利特认为，世界是由原子和虚空构成的，没有任何东西能从无中产生，也没有任何东西毁灭后归于无，一切事物的生长灭亡不过是原子的聚合与分散。可以看出，这种机械论自然观具有明显的还原论色彩，即一切事物均可还原为原子被认识。这种机械论自然观被近代科学进一步继承与发扬。近代以来，随着伽利略、牛顿等所建立的物理学大厦日趋成熟，力学逐渐取代古希腊时期"原子"的地位，成为物理学乃至所有科学的根基。尤其在十九世纪，一切物理现象只有被还原为力学原理才能说被认识了，这是当时科学界的共识。如英国著名物理学家汤姆逊说："一切物理现象都能够从力学的角度来说明，这是一条公理，整个物理学就建造在这条公理之上。"[2] 德国著名物理学家亥姆霍兹说："物理科学的任务，在我们看来，归根结蒂在于把物理现象都归结为不变的引力和斥力……一旦把一切自然现象都化成简单的力，而且证明出自然现象只能这样来加以简化，那末科学的任务便算终结了。"[3] 由

---

[2] 转引自李醒民：《激动人心的年代》，四川人民出版社，1983年，第28页。
[3] 转引自［美］A. 爱因斯坦、［波］L. 英费尔德：《物理学的进化》，周肇威译，上海科学技术出版社，1962年，第41页。

于机械论自然观在物理学各个领域取得巨大成功，其影响便很快超越物理学界而风靡于生物学、医学等其他科学学科，甚至哲学、历史、艺术等人文学科亦受其影响。由于力学大厦的完善，也就意味着宇宙的奥妙即将被识破，所以其他学科的任务只是应用力学原理即可。如法国哲学家拉美特里著有《人是机器》，把人看作爬行的机器。当时欧洲医学用力学来研究人体的现象很普遍。甚至人的心灵也可以从力学的角度来认识，著名物理学家马赫曾说："十八世纪法国百科全书派以为他们离用物理的和机械的原理去给世界以最后解释的日子已经不远了；拉普拉斯甚至以为心灵可以预测自然界的世世代代的进展，只要有了质量和他们的速度就行了。"[4]

近代科学的这种强烈还原思想深深地影响了二十世纪以前的近代历史。鸦片战争以后，中国接受的西方科学正是这种传统的近代科学。然而，中国古代传统文化之精髓绝不在于精确与量化，恰恰相反，天人感应、中庸、混沌等才是其主要特性，这些思想与近代科学精神格格不入。在道家道教方面，老子说："道可道，非常道。名可名，非常名。"（《老子》第一章）认为作为世界本原的道是不可具言的，"道之为物，惟恍惟惚"（《老子》第二十一章），甚至连"道"这个名字也是勉而为之，"有物混成，先天地生。寂兮寥兮，独立而不改，周

---

[4] 转引自［英］W. C. 丹皮尔：《科学史——及其与哲学和宗教的关系》，李珩译，商务印书馆，1975年，第279页。

行而不殆，可以为天地母。吾不知其名，强字之曰道"（《老子》第二十五章）。其后庄子进一步对知性提出了质疑，云："吾生也有涯，而知也无涯。以有涯随无涯，殆已。"（《庄子·养生主》）认为人生太过短暂，知识是无可穷尽的。庄子甚至连当下知识的是非也无法辨别，"彼亦一是非，此亦一是非"（《庄子·齐物论》）。对同一现象或事物，公说公有理，婆说婆有理，没有一种绝对客观的尺度，如何来判断孰是孰非呢？道教在吸收道家思想的同时，又将各种神仙、巫术、符咒等神秘内容尽情杂糅，形成一个杂而多端的庞大体系，其自身轮廓尚且模糊难辨，更遑论它能作为认识世界的有效工具了。很明显，与古希腊及近代科学相比，道家、道教思想在一开始走的就是另外一条路，它不是一种量化的还原论，相反它追求一种混沌的和谐，如果刻意精确或清晰，道则不再是道了，庄子关于浑沌的寓言非常生动地反映了其思想主旨：

南海之帝为儵，北海之帝为忽，中央之帝为浑沌。儵与忽时相与遇于浑沌之地，浑沌待之甚善。儵与忽谋报浑沌之德，曰："人皆有七窍以视听食息，此独无有，尝试凿之。"日凿一窍，七日而浑沌死。（《庄子·应帝王》）

浑沌作为一种道的存在，是没有具体形象的。这本来是道的正常形态，然而当它被外部力量量化认识时，浑沌则不再是道了，死掉意味着"道"的消解。正由于道家、道教的非理性特征，所以在面对近代科学风暴的时候，其生存能力便相当成问题了，五四前后对道教的批判即根源于道与近代科学的背离。

然而，历史的发展很快表明，近代科学并非人类理性认识的终点，宇宙的奥秘绝非如此简单，机械论自然观只是一种特定时代的幻影。二十世纪随着相对论与量子力学的出现，曾经风靡一时的机械论传统受到颠覆，相对性与不确定性等现代科学思想不仅在科学领域掀起巨大波澜，混沌学、系统论等学科与思想纷纷出现，而且在哲学、历史学、艺术学等领域均产生深远影响，其震荡至今仍方兴未艾，科学的真理性、历史的客观性、艺术的写实性等以往曾被视为天经地义的律条都受到强烈质疑。新科学革命的影响震荡着人们的思想世界，在这种大背景下，人们对道家、道教的认识也悄然发生了变化。

1937年，丹麦著名量子物理学家玻尔到中国访问时，非常惊讶地发现其科学创见——互补思想，竟然与道家思想具有惊人的一致性。他认为这种思想对解决当时的物理学难题具有重要意义。日本物理学家汤川秀树因创立介子场理论而荣获1949年诺贝尔物理学奖。他从小就对老庄着迷，他后来的物理学成就与道家思想的启发不无关系。他自己曾经说："在我一生的某个阶段，我曾离开了老子和庄子的世界而转入物理学世界，但是自从我进入中年时期以来，老庄思想已经毫不含糊地又在我的心中获得了新的生命。总之，古代中国通过各种方式在我心中占有地位。尽管这显得和我是一个科学家这一事实相矛盾，但是，这反而足以给作为科学家的我以某种个性。……

自从我的六十岁生日以来，我所最感亲切的却是古中国那些古老的、成熟的想法。与此同时，那些想法在我今天看来也是异常现代化的。"[5] 除此以外，美国学者卡普纳的《物理学之道》、比利时学者普里戈金的《从混沌到有序》等都对道家思想有很高评价。英国著名学者李约瑟不仅崇尚道家，对道教在古代中国科学史上的贡献更是赞誉有加，在他的眼里，道教是中国古代科技的根本："道家哲学虽然含有政治集体主义、宗教神秘主义以及个人修炼成仙的各种因素，但它却发展了科学态度的许多最重要的特点，因而对中国科学史是有头等重要性的。此外，道家又根据他们的原理而行动，由此之故，东亚的化学、矿物学、植物学、动物学和药物学都起源于道家。"[6]（这里的"道家"主要指道教。）李约瑟的巨著《中国科学技术史》对这种判断作了最好的注释。实际上在李约瑟之前，一些中外科学史家已经认识到道教炼丹术中蕴含的丰富化学知识。在李约瑟身后，道教科技史研究已蔚然成风，成为一时显学。可见，无论道家还是道教都与科学有着密切关系。

现在道家道教研究越来越受到人们的关注，探讨它们与现代科学的关系的成果已经很多，不过对一些问题我们应有清醒认识。在道家而言，道家思想从来不是一种现代科学思想，不能因为二者在某些思想方面具有相似性或少数科学家称赞它，

---

[5]〔日〕汤川秀树：《创造力和直觉》，周林东译，复旦大学出版社，1987年，第75—76页。

[6]〔英〕李约瑟：《中国科学技术史》第二卷，第175页。

我们就沾沾自喜，认为道家思想如何神奇。在道教而言，道教中固然包含一些古代科学思想与诸多技术内容，但其局限性亦相当明显，道教并非也不可能是科学发展的最适宜土壤。近现代科学技术的部分内容可以在古代道家或道教那里找到回音固然不错，但道家道教毕竟只是一种古代文化，盲目比附或拔高的做法不可取。道家道教与近现代科学存在某种相通之处，我们之所以关注这种现象，不仅在于以此来证明道家道教的合理性，更期望能为科学的健康发展提供一些有益启示。

近代科学的发展曾经给人类以巨大的虚幻信心，科学家们以为他们距离揭开上帝之谜仅有一步之遥。然而，科学的进一步发展很快击碎了这种痴心妄想，原来上帝尚如此之遥远，宇宙与万物是如此之复杂。机械论科学传统将复杂世界简单化，这是它成功的重要原因，同时也是它的阿基里斯之踵，很大程度上可以说新科学革命正是从这一点上颠覆了它。现代科学研究表明，世界的本质是复杂而不是简单，没有绝对的时间，没有绝对的空间，物体的质量也不是一成不变的，我们不可能同时客观地确定一个粒子的坐标位置和它相应的动量。科学本来以精确认识自然为其目的，然而却在深度发展过程中突然无奈地发现科学手段面对复杂世界的有限性。虽然古代道家道教很早就认识到世界的复杂性、模糊性、相对性以及辨证性等，但由于这些思想主要来源于体悟或思辩，并未对近代科学产生任何影响。只有当相对论与量子力学出现后，道家道教的价值才被注意，其方法论如相对主义、系统论思想、浑沌思想等不仅与现代科学不矛盾、不冲突，甚至相通。尽管如此，也不必去设想如果近代科学早就注意到这一问题的话，现代科学是否会早些来到，我们更应反思的是，近代科学虽然出现在西方，正如其诞生是吸收了古希腊、阿拉伯甚至中国等文明血液的结果一样，它的发展与成长绝非孤立的过程，现代科学同样需要吸收全人类的有益营养，只有如此科学才能更健康地发展。在今天，科学发展虽然一日千里，但它的一些缺点与危害同时日益凸显，引起广泛关注。在这种情况下，科学更应珍视全人类的智慧。普里戈金曾说："中国的思想对于那些想扩大西方科学的范围和意义的哲学家和科学家来说，始终是个启迪的源泉。"[7] 作为众多智慧之一的道家与道教，它们对现代科学的启迪意义与价值有必要进一步探讨。

[本节原刊《中共济南市委党校学报》2008年第2期]

---

[7] [比]普里戈金、[法]斯唐热:《从混沌到有序：人与自然的新对话》，曾庆宏、沈小峰译，上海译文出版社，1987年，"中译本序"，第1页。

贰 爱因斯坦、量子力学与道家

一 现代科学观念的困境

在科学史上，科学家之间因为观点不同而发生争论的事情经常发生，但从没有一次像二十世纪两位天才大师爱因斯坦与玻尔之间长达几十年的争论那样深刻触及科学的本质，它涉及的问题直到今天仍没有得到圆满解决。惠勒曾说："近几百年来很难再找到其他的先例能和这场论战相比拟，它发生在如此伟大的两个人物之间，经历了如此长久的时间，涉及如此深奥的问题，而却又是在如此真挚的友谊关系之中。"[1] 与其他科学争论不同，爱因斯坦与玻尔的争论不是一个孰是孰非的简单判断，它是对科学本质的探索，是科学发展到高级阶段自身矛盾的集中爆发。这一争论对科学的发展已经产生深远影响，而且这种影响还会进一步持续。为了更好地理解这次争论的实质，我们有必要首先回顾一下科学的历史。

---

[1] 方励之编：《惠勒讲演集：物理学和质朴性》，安徽科学技术出版社，1982年，第2页。

很多古希腊自然哲学家有一个共同信念，即相信世界由一种或几种本原物质组成。所谓本原物质，就是万物都是由它构成或产生，最后又化为它的不可分物质。泰勒斯认为这种本原物质是水，阿那克西米尼与第欧根尼认为是气，赫拉克利特认为是火，恩培多克勒认为是水、火、土、气四种元素，留基伯与德谟克利特认为是一种叫做"原子"的微粒。这些理论尽管有分歧，却都与宗教或神话对世界本原的解释有本质不同：后者认为世界上的一切事物都是神创造的，所以神是它们之所以存在的最终根源；而前者则将虚无缥缈的神赶走，认为世间万物皆可还原为一种物质的本原，用这种物质本原就可以解释世界上一切事物的生生息息——这正是科学诞生的逻辑原点。

在古希腊关于万物本原的理论中，原子论对近代科学的影响最大。原子论认为，一切事物的本原是原子和虚空，原子既不能毁灭也不能改变，没有一样东西是从无中来的，也没有一样东西在毁灭之后归于无，世间万物如火、水、气、土、太阳、月亮、灵魂等都是原子的集合，它们只因原子的形状、秩序、位置不同而形成差异。很明显，留基伯与德谟克利特所说的原子与今天物理学上的原子并不是一种东西，后者只是一种可分的微粒，而前者不仅是一种不可分的终极粒子，而且是一种解释宇宙的统一公式。

近代科学在两个方面大大深化了古希腊自然哲学家们的观念。第一，在寻找宇宙统一公式方面获得了巨大成功。自伽利略、牛顿以来到十九世纪末，力学逐渐成为物理学乃至整个科学的基础学科，宇宙被看作一座巨大的机械钟，热、光、磁、气体、流体、固体等都是机械钟的组成部分，任何部分的无限精细运动都可以通过力学来精确认识。在这一时期内，力学几乎被公认为宇宙统一公式。第二，在寻找万物本原方面取得了一个又一个突破。化学元素的发现将世界万物归结为仅一百多种基本物质，不同元素的结合构成了花花绿绿的大千世界。物质的最小单位被称为"原子"，这一概念表明当时的科学家以为真的找到了德谟克利特所说的终极粒子。这两个方面的进展对西方文明的世界观产生了前所未有的影响，造成人类自我与外在世界的彻底对立。当时人们普遍相信存在一个完全客观、精密无比的外在世界，自我可以通过科学去客观认识、还原其精密无比的本来面貌，所以科学就是那精密的外在世界的客观影像。正如霍金所言："科学理论，尤其是牛顿引力论的成功，使得法国科学家拉普拉斯侯爵在十九世纪初论断，宇宙是完全决定论的。拉普拉斯提出，应该存在一组科学定律，只要我们知道宇宙在某一时刻的完全的状态，我们便能预言宇宙中将会发生的任一事件。例如，假定我们知道某一个时刻的太阳和行星的位置和速度，则可用牛顿定律计算出在任何其他时刻的太阳系的状态。这种情形下的决定论是显而易见的，但拉普拉斯走得更远，他假定存在着某些类似定律，它们制约其他所有事物，包括人类的行为。"[2]

---

[2]〔英〕史蒂芬·霍金：《时间简史》，许明贤、吴忠超译，湖南科学技术出版社，2007年，第52页。

当然，近代科学的"天真"形象很快被二十世纪科学打破。一方面，爱因斯坦建立的相对论击碎了牛顿主义的绝对时空观，牛顿力学成为相对论力学在物体运动速度远低于光速时的一个近似值。另一方面，从元素嬗变现象的发现开始，科学家发现原子可以再分为一些基本粒子，而不同的基本粒子不仅可以相互转化，它们还可以继续分为更小的部分——夸克。毫无疑问，相对于近代科学，这两个方向的突破都是一次革命。然而，我们必须看到，相对论与粒子科学在本质上仍然是古希腊自然哲学家们工作的延续，它们对近代科学的超越打破的是僵化的机械观，却不断强化着人类寻找宇宙统一公式与万物最终构件的信念，并相信这将不会是一件十分遥远的事情。爱因斯坦就是这种思想的一个典型代表。他始终认为物理学中存在一个统一理论，"它由最少数的概念和基本关系所组成，从它那里，可用逻辑方法推导出各个分科的一切概念和一切关系"。[3] 正是受这种信念的支配，爱因斯坦将自己的后半生几乎完全贡献给了寻找宇宙统一公式这一理想。

然而，二十世纪科学史上最为重要的转折性事件不是爱因斯坦发明了相对论，而应该是量子力学的出现。纵观科学史，从来没有出现过一种像量子力学这般具有颠覆性的科学理论，因为它与传统科学最基本的信念是如此格格不入。量子力学的

---

[3] [美] 爱因斯坦：《爱因斯坦文集》第一卷，许良英、范岱年编译，商务印书馆，1976年，第385页。

哥本哈根解释告诉我们两件事情：第一，还不曾被测量的量子系统处于一个真正不确定的状态，说它处于一个特殊的未知状态是没有意义的。第二，测量的作用迫使系统采纳被允许的可能状态之一，其概率能够由系统的适当的波函数及其测量计算而得出。第一个方面否认物理学家们曾经了解和钟爱的那种独立的客观实在的存在。第二个方面求助于一个看起来神秘的作用，因为无论是玻尔还是别的什么人任何时候都不能解释，如何建立一个"测量"作用或这样的作用怎样消除不确定性。[4]显然，量子力学的颠覆性在于重新界定了科学的本质属性，将传统科学观念最厌恶的两种现象视为科学的本质。第一个现象是不确定性。海森堡说："在牛顿的理论和爱因斯坦的理论中，只要经验地测定了在已定时刻表明系统中每个质点的位置和动量的数值，就可以准确地给出任何孤立力学系统在这一时刻的状态；不出现任何关于几率的数值。在量子力学中，关于观测一个系统的解释是一个颇为复杂的程序……只能用几率分布来陈述观测的结果。"[5]第二个现象是主观性。还用海森堡的话来概括就是："在我们与自然的科学关系中，当我们必须处理只有用最精巧的工具才能深入进去的那部分自然时，我们本身的活动就变得很重要了。"[6]

---

[4] [美]戴维·林德利：《命运之神应置何方——透析量子力学》，董红飙译，吉林人民出版社，1998年，第92—93页。

[5] [德]海森堡：《物理学与哲学：现代科学中的革命》，范岱年译，科学出版社，1974年，第143页。

[6] [德]海森堡：《物理学与哲学》，第24页。

不确定性与主观性成为科学的根本属性，自然引起很多持传统科学观念的科学家的强烈反对。众所周知，在众多反对量子力学的哥本哈根解释的科学家中，爱因斯坦是最有代表性的一位。爱因斯坦后半生致力于寻找宇宙统一公式，与他至死认为量子力学是不完备的、坚信上帝不会掷骰子是相辅相成的，支撑他内心信念的正是传统科学的最基本观念。海森堡曾一针见血地指出那些反对量子力学哥本哈根解释的意见的实质："所有哥本哈根解释的反对者在一个论点上都是一致的。在他们看来，回到古典物理学的实在概念，或者用一个更普通的哲学术语来讲，回到唯物主义的本体论，那是值得想往的。他们宁愿回到一个客观的实在的世界的观念，这个世界的最小部分，就像石头和树木一样，是客观地存在着的，与我们是否观测它们无关。"[7]

量子力学的出现使物理学观念分化出两种倾向，它们在不同领域内各自发挥主导作用。在微观领域，量子力学与实验符合得很好，所以被大多数科学家接受，并成为几乎所有现代科学技术的基础。但在宏观领域，宇宙学则遵循广义相对论法则。科学家们自然希望能将这两种理论统一起来，微观与宏观领域遵循两种完全不同的理论是一件非常令人不快的事情。然而，迄今为止所有谋求统一的努力都遭到失败，这也意味着我们至今无法恰当地评价这两种科学观念。当然，围绕爱因斯坦

---

[7]［德］海森堡：《物理学与哲学》，第81页。

与量子力学之间的论战,已经出现太多评价,但它们的效果却令人十分沮丧。究其原因,是我们在寻找评价标尺方面遇到了困难,不知道什么才是真正的标尺。量子力学是遵循传统科学逻辑而探索出来的新事物,但它却倾覆了传统科学的根基。究竟哪种观念更为本质,我们与庄子一样,陷入一种前所未有的认识论困境:

> 既使我与若辩矣,若胜我,我不若胜,若果是也?我果非也邪?我胜若,若不吾胜,我果是也?而果非也邪?其或是也?其或非也邪?其俱是也?其俱非也邪?我与若不能相知也。则人固受其黮暗,吾谁使正之?使同乎若者正之,既与若同矣,恶能正之?使同乎我者正之,既同乎我矣,恶能正之?使异乎我与若者正之,既异乎我与若矣,恶能正之?使同乎我与若者正之,既同乎我与若矣,恶能正之?然则我与若与人俱不能相知也,而待彼也邪?(《庄子·齐物论》)

二 人作为一种测量工具及其科学本质

上文已经指出,近代科学的巨大成功,对西方人的思想产生的最大影响在于人类自我与外在世界的彻底对立,也即主观与客观的彻底分离。在这种背景下,科学活动被天经地义地视为对客观世界的探索,人通过理性手段与客观世界发生关系，不断发现（而非发明）关于实在的秘密。比如在物质结构的探索中，科学家先是发现了原子，后来又发现原子可以再分为原子核和绕核旋转的电子，接着原子核包含质子和中子、质子和中子也是由更基本的夸克组成等现象相继被揭示出来。现在很多科学家都在翘首以待，冀望欧洲大型强子对撞机可以帮助人类找到有"上帝粒子"之称的希格斯玻色子。在这一类传统科学认识过程中，人作为测量工具的角色起到十分关键的作用，但无论如何科学家不会认为测量结果是测量工具的创造物，而是原本就客观存在的实在本身，人类只不过将其显现出来。因而，在传统科学观念中，作为测量工具的人与客观世界之间仅是一种发现与被发现的关系，人的探索活动不会对客观世界产生丝毫影响。比如说，月球环绕地球旋转，无论地球上的人是否在观测它，其实在性都不会受到任何干涉。正由于人与客观世界之间的这种关系，科学家们相信只要提高自己的理性手段，他们将会发现客观世界更多的秘密，甚至包括终极秘密。

然而，在量子力学中，贯彻物我分离的观念遇到了致命的麻烦，人的测量工具角色有了全然不同的诠释。有一个常被提及的实验。假设一个光源向一个带有两个小孔的黑屏照射。光的波长远小于光源与黑屏的距离，但不能比孔的直径小很多。黑屏后面放置一块感光板。现在控制光源，使每一时刻只有一个光子通过黑屏打到感光板上。这时人们会很自然地推测，单个光子通过黑屏时必定会经过两个小孔中的一个，因而它到达感光板上的位置与另一个小孔无关。因此，经过一段时间后，感光板上留下的应该是两组黑点，而不会出现干涉条纹。然而，实际情况并不是这样。当通过的光子数量足够多时，感光板上竟然出现了清晰的干涉条纹！由于光子是单个通过的，干涉条纹不可能源于光子之间的相互作用。那么，光子通过小孔时是否一分为二呢？我们再将两个光子探测器放在黑屏背面，用于探测光子究竟是从哪个小孔通过的。结果，我们发现光子的确总是从一个小孔通过，而绝没有出现一分为二的现象。但这个过程中我们再也无法观察到干涉现象。

这个实验表明，当我们要测量光子是从哪一个小孔通过时，必不能同时得到干涉图样；而当我们观测干涉现象时，必不能同时知道光子从哪个小孔中通过。总之，我们无法同时得到一个量子系统的全部信息，而且实在会因为测量系统不同而产生差别。这个实验的结论非常有悖于传统。那么，我们不禁要问，在这个实验中，测量工具为什么遇到一个永远也不能超越的限度？海森堡告诉我们，正是测量工具本身破坏了自己的测量精度："我们的研究对象在观测前或至少在观测的一瞬间必须和世界的另一部分相接触，这世界的另一部分就是实验装置、量尺等。这表示几率函数的运动方程现在包含了与测量仪器的相互作用的影响。"[8] 这一事实所表明的，不仅是依靠理性工具来认识客观世界有一个合理限度问题，更为重要的是，它

---

[8]〔德〕海森堡：《物理学与哲学》，第20—21页。

揭示出人类在认识外在世界的过程中，必然会干涉外在世界的原本状态，人根本不是一个客观冷静的观察者！量子力学对传统科学观念的反叛，其根源正在于人是一种带主观因素的测量工具这一事实。

西方哲学由于有物我两分的传统，因此存在一些与科学观念完全相对立的思想，其中最典型的就是所谓的主观唯心主义。如普罗泰戈拉的"人是万物的尺度，是存在者存在的尺度，也是不存在者不存在的尺度"，笛卡儿的"我思故我在"，贝克莱的"存在即是被感知"等。正因为如此，承认人是一种带主观因素的测量工具，很容易使人将其与主观唯心主义联系在一起。这虽然早已成为一种不幸的事实，但我们不得不说，这种思维方式无助于解开问题的症结。在主观与客观二元对立的思想框架中，假如要用一种所谓"客观"态度来审判两种科学观念孰是孰非，将是一个永远也不可能得到最终答案的问题。正如在传统科学观念中的时间、空间概念下，我们无法理解相对论的时间与空间一样，用唯心思想来评价量子力学并不恰当，而且容易将我们对人是一种主观测量工具的认识导向歧途。因为像物质、意识、实在、客观、主观等这些概念实际上都是传统物我两分观念的固化，用它们来裁决量子力学与传统科学的论争，无异于有了先入为主的判断。"不识庐山真面目，只缘身在此山中。"在这种情况下，我们需要借助于另外的思想来理解人是一种测量工具的真实含义，引导现代科学思想走出困境，中国古代道家的一些思想可以给我们很好的启发。

中国传统哲学与西方哲学有很大不同，它自始至终没有产生物我两分的僵化思想，这一特点在道家那里尤其明显。因而在人与外在世界的关系这一问题上，道家往往可以给今人以深刻启示。如《老子》第二章说：

> 天下皆知美之为美，斯恶已；皆知善之为善，斯不善已。故有无相生，难易相成，长短相形，高下相盈，音声相和，前后相随，恒也。

另外一部战国时期的道家文献《恒先》中也有类似思想：

> 有人焉有不善，乱出于人。先有中，焉有外；先有小，焉有大；先有柔，焉有刚；先有圆，焉有方；先有晦，焉有明；先有短，焉有长。

人类世界里存在美与不美、善与不善、难与易、长与短、高与下等相对事物，对此我们都习以为常，但老子却认识到这些现象的本质。假设有一座十层楼房与一座平房，无论是否有人看到过它们，它们仍然会实实在在地矗立在地面上，不会发生任何变化。从这种意义上说，人的认识不会对外在世界或称作实在的客观性产生影响。然而，当我们用高和矮去认识它们时，情况就发生了变化。尽管"高楼房"与"矮平房"仍然客观地存在于原来的处所，与它们被认识之前相比没有发生任何变化，但"高"与"矮"却是认识主体在认识过程中附加其上的主观因素。更为重要的是，附加主观因素是认识主体认识外在世界的必然手段与唯一方式。因为除此以外，他无法去认识外在世界。从这种意义上我们又说，人作为一种测量工具根本不可能是纯粹客观的，他必然会干涉认识对象。所以他认识了"美"，同时也就主观创造了"不美"；认识了"善"，同时也就主观创造了"不善"。

这种思想启示我们，在科学认识活动中，我们不应忽视主观因素与认识对象相互结合而成为科学认识的事实。人作为一种测量工具，当他测量某种实在时，他必须首先将这种实在看作独立对象，但这也就意味着他把这种实在与其背景割裂开来，正如观察光的波动性就得牺牲其粒子性、观察其粒子性就得牺牲其波动性一样，除非我们能够找出一种完全孤立的实在。当然，这样看问题并不是要主张唯心主义，我们不可能将正电子与负电子、质子与反质子、中子与反中子等都看成是科学家主观虚构出来的实在。但有一点可以肯定，即它们是人测量出来的实在，因为人是科学活动中最终的测量工具。

既然如此，近代以来人们对科学本质的界定就应当得到修正。纯粹争论科学是否客观或主观是一种误导，我们不应将主观与客观绝对二元对立。如果说主观与客观可以浑然共存，这种状态才是科学的本质，对此我们不必感到惊讶。老子曾很好地理解了作为宇宙最高存在的"道"与人所认识的"道"的关系，他说：

> 道可道，非常道；名可名，非常名。（道可以言说，但那不是常道；名可以言说，但那不是常名。）（《老子》第一章）

老子首先肯定作为宇宙最高本原的"道"可以被认识，其认识主体是人，认识结果即"可道"。但是，这一认识结果需要加以限制，即"可道"非"常道"本身，它们绝不可以混淆，这一点老子曾反复强调：

> 有物混成，先天地生。寂兮寥兮，独立而不改，周行而不殆，可以为天地母。吾不知其名，强字之曰道，强为之名曰大。（《老子》第二十五章）

老子的这一思想给我们以很好的启示。用"道"与"可道"的关系，可以帮助我们更好地理解自然与科学的关系。如果我们将外在世界看作是"道"，也即"常道"，将科学看作"可道"，我们可以得出这样一个公式：

$$道 = 客观世界$$
$$可道 = 科学$$

这个公式表明：一方面，科学是人对客观世界的"可道"，科学并不是客观世界本身，它只能部分反应客观世界，因此科学本质中原本就包含了客观、主观二重属性；另一方面，这种同时包含了客观与主观属性的"可道"又是人对客观世界进行认识的必然方式，除此以外，别无他途，不存在单种属性的终极科学。总之，就如历史学是人类对历史的解释一样，科学归根到底是人类对自然的解释。

目前科学研究中微观科学与宏观科学遵循不同的科学观念，这种状况无疑是暂时的，但很多科学家相信二者将综合于一个能够精确解释一切实在的公式。这种美好愿望有悖于科学的本质。事实上，宏观领域的科学探索也应该遵循与量子力学相似的规律，即人的测量活动同样会影响到客观对象。只不过由于干涉因素与客观对象之间在质量上相差太大，这种影响可以小到忽略不计，表现在数学上就是其概率近似为1，表现在现实中就是实验结果与现实结果相符。但这并不意味着概率因素在宏观科学中不存在，它只是在一定范围内可以被忽视。这种情况与牛顿力学是相对论力学在物体运动速度极低时的近似值这一情况非常相似。

二十世纪以来，西方科学从来没有发现自己如此需要自身以外的文化来补充营养。这也难怪，因为长期以来科学将自己看作真理。事实上，在自然面前，今人与古希腊或古代中国的哲学家们的疑惑并没有多大不同，科学只不过是用另外一种方式在思考与探索这些疑惑。当科学发展到一定阶段时，西方传统的物我两分思想必然会与道和可道的现实相矛盾。历史上，科学的发展得益于不同文明之间的借鉴与吸收。现代科学要走出困境，也必须充分借鉴和吸收西方以外的有益思想，因为人类的智识往往是殊途同归的。

［本节原刊《青海社会科学》2009年第3期］

叁 幻想与理性：炼丹术出现的思想背景

一 移时的炼丹术与历时的炼丹术

丹麦科学史学家赫尔奇·克拉夫在其《科学史学导论》一书中讨论了移时（anachronical）与历时（diachronical）的科学史。按照移时理论，科学史学家应当根据我们今天拥有的知识来研究过去的科学，以理解其发展以及它如何导致今天的状况。历时观则与此相反，它要求研究者回到过去，严格按照过去实际存在的境遇和观点来研究过去的科学，在这个过程中，研究者应对所有发生在研究事件之后的因素予以漠视，以前发生过但当时确实不为人知的事件也必须认为是不存在的。[1]

克拉夫举了威廉·哈维的例子。哈维是西方著名医学家，当时他提出了著名的血液循环理论。然而在最初的十年中，哈维的理论遭到社会的反对与怀疑，他本人也受到奚落。从历时观来看，哈维是失败的。但从移时视角来看，由于他的理论是基本

---

[1] [丹麦] 赫尔奇·克拉夫：《科学史学导论》，任定成译，北京大学出版社，2005年。

正确的，史学家应当给他应有的科学史地位。这样，从不同的时间视角我们看到的是两个不同的哈维形象。用这种理论来审查中国炼丹术的研究可以发现诸多问题。

中国科学史的国内研究肇始于民国初期，当时一批留学返国的学者如丁绪贤、张子高、王琎、章鸿钊等人最早开拓了中国的化学史研究，炼丹术即是其中的一个重要内容。由于特定的历史因素，早期的中国科学史研究带有浓厚的民族情绪，因而考证炼丹术中的科学成就成为中国学人责无旁贷的职责。直至今日，炼丹术研究的这种特点表现得仍然很明显。在这个过程中，学者具备移时观是自然而然的，某种意义上说也是不可或缺的，所以许多符合或相似于现代科学知识的内容被挖掘出来，并用现代科学话语对其重新解释。于是，一个近代化学先驱者的形象便实实在在展现在我们面前。然而，在另外一些问题上应用移时理论时则出现了明显差错。如在对炼丹术如何出现的讨论中，今人若不能理解历史，则会理所当然地认为所谓的神仙是古人愚昧无知的产物，仙境则是对海市蜃楼的美妙幻化。自然的，以成仙为最终目的炼丹术之出现必然也是愚昧结出的荒诞果实。直至今日，类似的观念仍然为大多数现代人所接受。从移时史的角度来看，这是可以理解的，然而若从历时史的角度来看，则是相当成问题的。通过对当时历史的仔细考察，我们得到一个令许多人吃惊的结论，即炼丹术的出现是建立在当时最先进的技术与超前的认识论基础之上。而且，早期炼丹术的神秘主义并不浓厚，它是理性和技术发展的产物。这一特点在世界各地的炼金术中基本相似，"在希腊，首先出现的是实际发现的时期，然后才是玄想的神秘主义时期。这种类比同样可适用于中国和阿拉伯。在中国和阿拉伯，炼金术也是先有一个科学观点较强的创始时期，然后才蜕变为神秘主义"。[2] 当时的炼丹家是非常了不起的"学问家"，他们提出的知识系统是非常先进的，或者也可以说是超越时代的。由于这些技术与认识论在科学发达的今天可能显得相当落后了，炼丹术产生于知识愚昧的判断大概就是基于此一逻辑而来。

二 儒家与道家道教的仙鬼观

先秦时期诸子百家对鬼神是否存在的问题并未形成共识，儒墨之间对待这一问题甚至存在着严重对立。先秦儒家思想有着相当鲜明的理论界线，孔子的学说看起来更像是一套道德伦理规范，正像李约瑟所说的："他们固然没有把个人与社会人分开，也没有把社会人与整个自然界分开，可是他们向来主张，研究人类的唯一适当对象就是人本身。"[3] 由此，儒家思想具有非常务实的态度，这种倾向在孔子身上体现得相当鲜明。当季路向孔子询问鬼神之事时，孔子这样回答季路："未能事

---

[2] ［美］亨利·M. 莱斯特：《化学的历史背景》，吴忠译，商务印书馆，1982年，第89页。
[3] ［英］李约瑟：《中国科学技术史》第二卷，第8页。

人，焉能事鬼。"季路又问死，孔子又说："未知生，焉知死。"（《论语·先进》）《论语》中另外几处文字更为明显，如"子以四教：文、行、忠、信"，"子不语怪、力、乱、神"（《论语·述而》）。问题的核心不在于孔子否定鬼神的存在与否，而是他对待尚不确定的事情的态度。先秦时期不同的人对于鬼神的态度迥然而别，这很大程度上是因为当时人们无法证实或证伪鬼神的存在。在这样的思想背景下，孔子对鬼神问题采取了消极态度，既然不能证明鬼神确实存在，那不如对经验之外的怪、力、乱、神等统统避而远之。春秋晚期郑国的子产也是这样一个人，据说当时大火（星名，二十八宿之一）出现在天空，后来宋、卫、陈、郑都发生火灾，于是裨灶建议子产拿出郑国的宝物来祭神，子产用如下的话拒绝了裨灶："天道远，人道迩，非所及也，何以知之？灶焉知天道？"（《左传》昭公十八年）子产认为人不能够认识天道，自然就更不能相信灶这类人的话了。他这种认识事物的态度是典型的儒家逻辑，大概这就是庄子所说的"六合之外，圣人存而不论"（《庄子·齐物论》）罢。

墨子与儒家唱反调，极力主张明鬼。但可惜的是他的论证方式实在不太高明，无论他证之以众人耳目，还是证之以先王之书，基本上都是依据主观经验，认识论则全无新意。在这一问题上墨子其实中了儒家一班人的圈套，儒家不是不承认鬼神的存在吗？如果墨子发现了众人耳目或圣人之书中有鬼神的踪影，不就直接举证了鬼神的存在了吗？所以说墨子的鬼神论证是在儒者的思维框架之内进行的，因而说服力自然不强。

当神仙思想兴起之后，如同儒家对待鬼神一样，许多人又用同样的方式对待神仙，然而此时处于辩护一方的道教则不再像墨子一般笨拙了。先秦时期道家的认识论就要比儒家深刻得多。老子《道德经》展现了丰富的辩证思维，如"曲则全，枉则直，洼则盈，敝则新，少则多，多则惑"（第二十二章）、"祸兮福之所倚，福兮祸之所伏。孰知其极？其无正也。正复为奇，善复为妖"（第五十八章）。到了庄子，他进而对人的知识的有限性有了深刻理解，他说："吾生也有涯，而知也无涯。以有涯随无涯，殆已；已而为知者，殆而已矣。"（《庄子·养生主》）庄子认为由于生命的有限性，人不可能达到认识的终点。他在《逍遥游》中深化了这种思想，他说："小知不及大知，小年不及大年。奚以知其然也？朝菌不知晦朔，蟪蛄不知春秋，此小年也。楚之南有冥灵者，以五百岁为春，五百岁为秋；上古有大椿者，以八千岁为春，八千岁为秋。而彭祖乃今以久特闻，众人匹之，不亦悲乎！"这段话生动说明了人类的认识是有限的，而且难以避免。《吕氏春秋·贵直》中有一个有趣的例子，从另外一个角度证明了认识的不可靠性，它说："夫登山而视牛若羊，视羊若豚，牛之性不若羊，羊之性不若豚，所自视之势过也。"很明显，这段话具有浓厚的道家意味。

人类的认识是有限的，反过来说，在人的认识之外必然存在着很多东西，并不能因为人类暂时不能认识就认为它们是不存在的。道教就是运用这种认识思维来证明神仙的存在的。神仙思想出现较早，但直到魏晋之时才出现以葛洪为代表的系统论证。如果说先秦道家认识论思辨色彩过于浓厚的话，葛洪则从诸多实证的角度发展了道家的认识论，大大深化了对经验不可靠性的认识。如《抱朴子内篇·金丹》说："丹砂烧之成水银，积变又还成丹砂……世人少所识，多所怪，或不知水银出于丹砂，告之终不肯信，云丹砂本赤物，从何得成此白物。又云丹砂是石耳，今烧诸石皆成灰，而丹砂何独得尔。"[4]《抱朴子内篇·论仙》又说："外国作水晶椀，实是合五种灰以作之。今交广多有得其法而铸作之者。今以此语俗人，俗人殊不肯信。乃云水晶本自然之物，玉石之类。况于世间，幸有自然之金，俗人当何信其有可作之理哉？愚人乃不信黄丹及胡粉，是化铅所作。又不信骡及駏驉是驴马所生。云物各自有种。况乎难知之事哉？夫所见少，则所怪多，世之常也。"[5]与先秦道家不同，葛洪认识论的基础是相当实证性的。感性认识的不可靠性早为现代科学所识，葛洪对此有超前于时代的体验："乃知天下之事，不可尽知，而以臆断之，不可任也。"[6]既然诸多现象表明人的经验往往并不可靠，那么对于经验之外的现象就不能简单地否定了事。葛洪用这种思想来证明神仙的存在，这与儒家的态度正好相反。

在神仙存在问题上，葛洪继承了道家的思想，并辅之以实

---

[4] 王明：《抱朴子内篇校释》，第72页。
[5] 王明：《抱朴子内篇校释》，第22页。
[6] 王明：《抱朴子内篇校释》，第16页。

证，使得葛洪的神仙存在理论有相当的说服力。

三 医学与神仙思想

近代以来，科学的每一次进步几乎都意味着给人类打了一支强心剂。牛顿经典物理学大厦的建成曾使人类陶醉了近一个世纪，当时许多人都认为宇宙的奥妙几乎已经被识破，真理似乎只需要在细节上精雕细磨即可。这些人中包括当时许多杰出的科学家，正如马赫所说："十八世纪法国百科全书派以为他们离用物理的和机械的原理去给世界以最后解释的日子已经不远了；拉普拉斯甚至以为心灵可以预测自然界的世世代代的进展，只要有了质量和他们的速度就行了。"[7] 某些机械主义思想家甚至将人也看成了一架机器，伏尔泰在其《愚昧的哲学家》一书中说："如果全部自然界，一切行星，都要服从永恒的定律，而有一个小动物，五尺来高，却可以不把这些定律放在眼中，完全任性地为所欲为，那就太奇怪了。"[8] 于是当时出现了许许多多奇怪的人体力学分析图，用力学的方法来研究人的骨骼、肌肉等。倘若今人宽容一点，可能会对机械主义的幼稚做法报之一笑。然而从历时的角度来看，由于当时的科学给人类编织了一幅美妙无比的幻相，于是便合乎逻辑地出现了在今天

---

[7] 转引自 [英] W. C. 丹皮尔：《科学史》，第279页。
[8] 转引自 [英] W. C. 丹皮尔：《科学史》，第280页。

看来有些过于幼稚而狂妄的思想。在中国古代虽然没有现代科技出现，但在神仙思想的酝酿过程中我们也可以看到类似的情况。

两汉时期，中国医学逐渐走出朦胧，开始成长为一门独立的科学。在医学理论方面，《黄帝内经》全面总结了秦汉以前的医学成就，从生理学、病理学方面奠定了中医的基本理论基础；在药物学方面，《神农本草经》则总结了汉代之前的药物学成就，奠定了中国封建时代一千余年的本草学的基础。其他医书更是不胜枚举，仅《汉书·艺文志》当时统计即有医经、经方各数百卷。同时出现了像华佗、张仲景等著名的医学家。除此之外，一些今天属于养生学范畴的方术，如行气、导引、服食、房中等，自战国时期即已相当流行，两汉时期渐趋繁荣。

两汉医学技术的进步极大地刺激了神仙思想的发展，与十八世纪西方某些科学家依稀看到了上帝的真相类似，葛洪通过高超的医学技术对于人的疗救作用看到了人可以达到永生的曙光。他在《抱朴子内篇·至理》中说：

> 今医家通明肾气之丸，内补五络之散，骨填苟杞之煎，黄蓍建中之汤，将服之者，皆致肥丁。漆叶青蒌，凡弊之草，樊阿服之，得寿二百岁，而耳目聪明，犹能持针以治病，此近代之实事，良史所记注者也。又云，有吴普者，从华佗受五禽之戏，以代导引，犹得百余岁。此皆药

术之至浅，尚能如此，况于用其妙者耶？[9]

这种思想在当时人们的思想世界里并非突兀高耸，相反它倒是一种普遍认识。无论当时的工艺、艺术作品，如铜镜的铭文，还是墓葬的布置、陪葬品的种类以及墓中的文字，都充斥着大量的长生祝愿，甚至代表汉代最高医药学成就的《神农本草经》也有着极强的针对性，将所记三百六十五种药物分为养命、养性、治病上中下三品："上药一百二十种，为君，主养命以应天。无毒，多服久服不伤人。欲轻身、益气、不老延年者，本上经。"[10]

实际上，当时的长生期望不仅仅渊源于医学，人们对某些动植物的观察亦助长了长生的期望："知龟鹤之遐寿，故效其道引以增年。且夫松柏枝叶，与众木则别。龟鹤体貌，与众虫则殊。"[11]这种思想在司马迁身上亦可看到，《史记·龟策列传》云："江傍家人常畜龟饮食之，以为能导引致气，有益于助衰养老，岂不信哉！"[12]所谓导引、行气等一类方术与人类对自然之观察有莫大关系。

总之，不论从现实活生生的例证，还是从可据操作的技术可能性方面，道教都看到了冉冉升起的希望。他们满怀信心、斩钉截铁地宣布："我命在我不在天。"与纯粹精神信仰的一般道教

---

[9] 王明：《抱朴子内篇校释》，第113页。
[10] 《神农本草经》，第1页。
[11] 王明：《抱朴子内篇校释》，第46页。
[12] 《史记》卷一百二十八，第3225页。

不同，天命观在炼丹家的理性与技术武器面前毫无立锥之地。

四　假求外物以自坚固

　　在道士眼中，既然神仙是现实存在的，而且也是凡人可以达到的境界，那如何才能成仙呢？在炼丹术处于酝酿期间这还是一个并不确定的问题。西汉之前，神仙家已经发展了多种方术，如寻仙服药、行气导引、呼吸吐纳、房中术等。尽管这些方术出现较早，但它们均缺乏物质技术的支持，作为长生主要手段的炼丹术直到西汉武帝时期才见于史书记载，《史记·封禅书》称方士李少君上言汉武帝："祠灶则致物，致物而丹沙可化为黄金，黄金成以为饮食器则益寿。"[13] 一般认为这是有关炼丹术的最初记载。由"求"而"炼"，这是一个质的变化，预示了一种革命性的求仙技术的出现。从此之后炼丹术得到蓬勃发展，仙丹致长生的观念深入人心。历时地考察这段历史，我们将会发现早期的炼丹术并非一套神秘莫测的理论，相反它是理性思考的结果。葛洪的一段非常经典的话精确到位地追溯了服食金丹出现的历史逻辑，他说：

　　　　夫五谷犹能活人，人得之则生，绝之则死，又况于上品之神药，其益人岂不万倍于五谷耶？夫金丹之为物，烧

---

[13]《史记》卷二十八，第1385页。

之愈久，变化愈妙。黄金入火，百炼不消，埋之，毕天不朽。服此二物，炼人身体，故能令人不老不死。此盖假求外物以自坚固，有如脂之养火而不可灭，铜青涂脚，入水不腐，此是借铜之劲以扞其肉也。金丹入身中，沾洽荣卫，非但铜青之外敷矣。[14]

炼丹家认为，既然连会腐烂的谷物都能够活人，如此推论，像万年不朽的黄金岂不是能够使人长生？李少君的黄金饮食器，魏伯阳的"巨胜尚延年，还丹可入口。金性不败朽，故为万物宝。术士伏食之，寿命得长久"，都充分说明了这个道理，"假求外物以自坚固"是炼丹术的一项基本定理。

然而，无论黄金还是仙丹都需要"炼"，而且从技术上来说它可以炼成，这就涉及炼丹家的变化观。炼丹家们的自然观非常灵活。董仲舒认为"天不变，道亦不变"，然而在炼丹家看来，变化是自然界的一项基本法则，《抱朴子内篇·黄白》云：

夫变化之术，何所不为。盖人身本见，而有隐之之法。鬼神本隐，而有见之之方。能为之者往往多焉。水火在天，而取之以诸燧。铅性白也，而赤之以为丹。丹性赤也，而白之而为铅。云雨霜雪，皆天地之气也，而以药作之，与真无异也。至于飞走之属，蠕动之类，禀形造化，既有定矣。及

---

[14] 王明：《抱朴子内篇校释》，第 71—72 页。

其倏忽而易旧体，改更而为异物者，千端万品，不可胜论。人之为物，贵性最灵，而男女易形，为鹤为石，为虎为猿，为沙为鼋，又不少焉。至于高山为渊，深谷为陵，此亦大物之变化。变化者，乃天地之自然，何为嫌金银之不可以异物作乎？譬诸阳燧所得之火，方诸所得之水，与常水火，岂有别哉？蛇之成龙，茅糁为膏，亦与自生者无异也。[15]

变化观是比较典型的道家思想，它是仙丹可炼的逻辑基础。这种思想在道教中得到延续与发展。五代的时候，一个叫谭峭的道士写了一部很短的书，名为《化书》，将变化的思想演绎得相当深刻。

五　丹术规范与炼丹实践

从神仙存在、神仙可成到仙丹可炼，古代中国炼丹术的理论规范在道教这里被"天衣无缝"地发展着。美国科学史家库恩在《科学革命的结构》一书中曾提出了"规范"（paradigm，或译作"范式"）这个概念，常规科学的建立有赖于规范的形成。炼丹术的建立与发展同样需要有规范的存在。炼丹术中有两种基本规范，一为理论规范，一为技术规范。技术规范是炼丹家借用先秦时期的思想成果——阴阳、五

---

[15] 王明：《抱朴子内篇校释》，第284页。

行、易卦等而建立起来的。与技术规范不同，炼丹术的理论规范是从道家、道教独自发展而来的，葛洪的《抱朴子内篇》是集大成者。学者注意到《抱朴子内篇》中的炼丹术几乎没有谈到阴阳、五行、易卦等内容，其实这些内容最好归之于技术理论范畴，它们不是用来论证神仙存在、仙丹可成的。

古代世界各大文明均出现过炼金术这门学问，丹皮尔说到希腊时代亚历山大里亚的炼金术时认为："亚历山大里亚的炼金术士和后来的一些炼金术士不同，他们既不是傻子，也不是骗子。他们是按照当时最好的哲学进行实验的；过错不在他们，而在于那种哲学。"[16] 这种观点同样适用于古代中国炼丹术的情形。甚至中国炼丹家们的某些理论规范，如神仙可成、物类变化等，即使以现代科学的观点来看也无法全部加以否定，比如现代基因技术已经证明人有数百年的寿命在技术上是可行的，至于丹家的变化观当时便是建立在实证的基础上，因此确切地描述中国古代千余年炼丹实践也许可以这样来表达：炼丹家运用相对"科学"的手段，用合乎逻辑的理性思维试图圆人类一个脱离其时代背景的美梦。

［本节原载李宗贤主编《崂山论道》，宗教文化出版社2007年，原题《幻想与理性的"和谐"——炼丹术出现的知识背景》，收入本集改为今题］

---

[16]［英］W. C. 丹皮尔：《科学史》，第97页。

肆　道教为什么要炼丹

神仙思想是中国传统文化中独具特色的一项内容，风靡古代两千年，深刻影响了中国人的精神世界，直至近代科学传入以后方渐趋式微。其实，"神"和"仙"原本是两个不同的概念，"神"的出现远早于"仙"。春秋以前，古人没有不死或者不朽的观念，超越于人类的是高高在上的神，他们处在另外一个世界，拥有超凡的能力，非人类所能企及。春秋时期，人们对于长寿的追求成为一种时尚，当时金文中最流行的嘏辞之一便是"寿"，后来又进一步出现"难老""勿死"等词汇。战国时期，人们期望长寿的愿望被推至极端，从而演变出长生不死的思想，认为凡人也可以像神一样永生不朽，这便是"僊"（汉代以前用"僊"不用"仙"）。《庄子·天地》云，圣人"千岁厌世，去而上僊；乘彼白云，至于帝乡"。《说文解字》释"僊"曰："长生僊去。从人从䙴。"段玉裁注曰："䙴，升高也。"而《释名·释长幼》则说："老而不死曰仙。仙，迁也，迁入山也，故其制字人旁作山也。"可见，"仙"的概念其实是"人""神"综合的产物，是人类创造的一个"理想国"。

"仙"的观念出现以后，逐渐与"神"混而为一，神人和仙人在非特指的情况下其义等同，故常合称"神仙"。与早先的神祇观念不同，神仙有一些新特征：不食人间烟火，往往住在山中，可腾云驾龙游于天地之间。譬如《庄子·逍遥游》所云："藐姑射之山，有神人居焉，肌肤若冰雪，淖约若处子。不食五谷，吸风饮露。乘云气，御飞龙，而游乎四海之外。"神仙们之所以能够如此超凡洒脱，是因为他们都是得道者，甚至是道的化身。这种源自道家的观念为古人编织了一幅无限美好的图画，他们认为凡人和神仙之间没有不可逾越的鸿沟，只要采用合适的方法修道，任何人都有成为神仙的可能。这一思路在战国时得到发酵，于是出现了种种神仙方术，譬如行气、导引、辟谷、房中、服食仙药等，其中最可注意的是服食仙药。从最初的证据来看，仙药原本只存在于神仙之境。如《山海经·大荒西经》记载："大荒之中，有山名曰丰沮玉门，日月所入。有灵山，巫咸、巫即、巫盼、巫彭、巫姑、巫真、巫礼、巫抵、巫谢、巫罗十巫，从此升降，百药爰在。"[1] 又如《淮南子·览冥训》记载："羿请无死之药于西王母，姮娥（即嫦娥）窃以奔月。"[2] 在这些关于不死药的传说中，最具蛊惑性的是三座神山——蓬莱、方丈、瀛洲。传说它们位于渤海之中，诸仙人及不死之药皆在焉，本去人不远，然而当船接近时，海中会刮起大风，引船而去，所以很难登临。战国时期，

---

[1] 袁珂：《山海经校注》，巴蜀书社，1992年，第454页。
[2] 何宁：《淮南子集释》，第501页。

濒临渤海的齐国和燕国的国王如齐威王、齐宣王、燕昭王等，为图近水楼台先得月，都曾派人入海寻找过这三座神山。[3]

秦始皇统一全国后，东方的传说引起他的巨大热情，不死成仙成为他后半生的梦想，为此先后派出多批方士出海寻找传说中的仙山和仙药，结果自然是水中捞月。然而，"楚灵爱细腰，国人多饿死。齐桓嗜异味，易牙蒸其子"[4]，上有所好，下必甚焉。在秦始皇制造的浓厚求仙氛围中，隐约萌发出一种大胆的观念，认为仙药其实也可以人工合成，未必非得寻之于仙境。到了汉武帝时，这种思想被直截了当地提出来。在求仙方面，汉武帝较之秦始皇有过之而无不及。齐国方士李少君对他说："祠灶则致物，致物而丹沙（即丹砂）可化为黄金，黄金成以为饮食器则益寿，益寿而海中蓬莱仙者乃可见，见之以封禅则不死，黄帝是也。"[5]汉武帝对此竟然深信不疑，亲自祭祀灶神，派遣方士入海求神仙，并试化丹砂为黄金。这是中国炼丹术正式出现的标志性事件。需要注意的是，中国炼丹术熔金丹与黄白（黄白即黄金白银，指用贱金属炼制伪金银）于一炉，这与西方传统非常不同。古希腊炼金术只是一些纯粹的冶金工艺，没有长生不老的观念。

毫无疑问，炼丹术发端于西汉之时，道教团体或组织还没有出现，而当东汉道教运动最初兴起时，大型道团也并不从事

---

[3]《史记》卷二十八，第1369—1370页。
[4] 王明：《抱朴子内篇校释》，第19页。
[5]《史记》卷二十八，第1385页。

炼丹活动。如东汉《太平经》记载了很多神仙方术，如服气、存神、尸解、服食等，唯独没有提及炼丹术。太平道和五斗米道的宗教活动也没有这方面的内容（张道陵炼丹乃后人附会之说），当时炼丹者主要是一些流俗道士或方士。道教与炼丹术的真正结合，葛洪（283—363）起了至关重要的作用。迄至两晋，炼丹术的社会影响仍然不大，在道教中也没有被普遍接受。葛洪继承汉代以来的大批道经，对以往的神仙方术进行了一次理论总结，认为五谷犹能活人，何况上品丹药，其益人岂不万倍于五谷，服之炼人身体，故能令人不老不死。遂概括提出"假求外物以自坚固"的思想，认为金丹才是修仙的根本方法，其他诸如服草木药、行气、导引、房中等只是次等的辅助技术，由此构建出一套以金丹为仙道之极的神仙方术体系。葛洪的理论顺应了汉代以来神仙方术发展的内在逻辑，在其身后引起了广泛影响。

　　南北朝时期，尽管政权割据严重，社会动荡不安，但炼丹活动却愈发兴旺起来，还多次受到皇权支持。有唐一代，由于天时地利人和，道教获得了最广阔的发展空间，唐人的浪漫和豪放于此得到尽情释放，炼丹术步入黄金时代，其规模和普及度都达到令人瞠目结舌的程度。道教以外，和尚、骚客、文人、儒者、达官、贵族、皇帝等炼丹者不计其数，所用药物仅金石类即多达一百余种，甚至还在全世界求购，正所谓"更有用尽囊中众石，海内诸矾、铜精、铁精、石绿、土绿，罄竭资金，皆无所就……谓灵丹不在此间，言至药生于海外，便向波斯国内而求白矾、紫矾，或向回纥域中寻访金刚、玉屑"。[6] 通观这两个时期可以发现，炼丹活动的范围已大大超越道教，目的也远非早期那般单纯，其发展趋势呈现出三种明显不同的走向：一是继续炼制使人长生不死的丹药，二是黄白术逐渐剥离神仙思想，三是丹药流入医学领域而出现医药化学现象。

炼丹术的根本宗旨是炼制长生不死药，这仍然是南北朝隋唐道教炼丹的主要目的。北魏时期，道武帝拓跋珪（386—409年在位）崇尚仙道，首创仙人博士。据《魏书·释老志》记载，天兴中，仪曹郎董谧因献服食仙经数十篇，道武帝于是置仙人博士，立仙坊，煮炼百药，让死罪者试服之，多死无验。而在南朝，醉心于佛法的梁武帝萧衍让"山中宰相"、道教上清派宗师陶弘景（456—536）为其炼丹。陶氏本不擅长此道，推辞不得，遂勉强为之，先后历经二十年，备尝艰辛，终于制成神丹。尽管梁武帝未曾食之，但他对永生的渴望昭然若揭。唐代是中国历史上的盛世，功勋卓著而彪炳史册的帝王不乏其人，然而就是这样一个伟大的时代，伟大的皇帝们竟然竞相服食金丹，虽说无人冀望白日升仙，但无人不渴望却老延年。关于这段血淋淋的历史，清代学者赵翼无比痛心地说：

古诗云："服食求神仙，多为药所误。"自秦皇、汉武之后，固共知服食金石之误人矣。及唐诸帝，又惑于其

---

[6]《金液还丹百问诀》，《道藏》第4册，第898页。

说，而以身试之。贞观二十二年，使方士那罗迩婆娑于金飙门造延年之药。高士廉卒，太宗将临其丧，房玄龄以帝饵药石，不宜临丧，抗疏切谏。是太宗实饵其药也。其后高宗将饵胡僧卢伽阿逸多之药，郝处俊谏曰："先帝令胡僧那罗迩婆娑，依其本国旧方合长生药，征求灵草异石，历年而成，先帝服之无效，大渐之际，高医束手，议者归罪于胡僧，将申显戮，恐取笑外夷，遂不果。"李藩亦谓宪宗曰："文皇帝服胡僧药，遂致暴疾不救。"是太宗之崩，实由于服丹药也。乃宪宗又惑长生之说，皇甫镈与李道古等遂荐山人柳泌，僧大通，待诏翰林。寻以泌为台州刺史，令其采天台药以合金丹。帝服之日加燥渴。裴潾上言，金石性酷烈，加以烧炼，则火毒难制。不听。帝燥益甚，数暴怒，责左右，以致暴崩。是又宪宗之以药自误也。穆宗即位，诏泌、大通付京兆府决杖处死，是固明知金石之不可服矣。乃未几听僧惟贤、道士赵归真之说，亦饵金石。有处士张皋上书切谏，诏求之，皋已去，不可得，寻而上崩。是穆宗又明知之而故蹈之也。敬宗即位，诏惟贤、归真流岭南，是更明知金石之不可服矣。寻有道士刘从政说以长生久视之术，请求异人，冀获异药。帝惑之，乃以从政为光禄卿，号升元先生，又遣使往湖南、江南及天台采药。是敬宗又明知之而故蹈之也。武宗在藩邸，早好道术修摄之事，及即位，又召赵归真等八十一人，于禁中修符箓，炼丹药。所幸王贤妃私谓左右曰：

"陛下日服丹，言可不死，然肤泽日消槁，吾甚忧之。"后药发燥甚，喜怒不常，疾既笃，旬日不能言，宰相李德裕请见不得，未几，崩。是武宗又为药所误也。宣宗亲见武宗之误，然即位后，遣中使至魏州，谕韦澳曰："知卿奉道，得何药术，可令来使口奏。"澳附奏曰："方士不可听，金石有毒不宜服。"帝竟饵太医李元伯所治长年药，病渴且中燥，疽发背而崩。懿宗立杖杀元伯。是宣宗又为药所误也。统计唐代服丹药者六君，穆、敬昏愚，其被惑固无足怪，太、宪、武、宣皆英主，何为甘以身殉之？实由贪生之心太甚，而转以速其死耳。[7]

黄白术很容易被财迷心窍者迷恋，故真正的炼丹家一直十分警惕，为其设置了很多禁忌。然而，野心家从来不惮以身犯禁，刘向是最早的典型代表。早先淮南王刘安曾招募方士撰写了一部《枕中鸿宝苑秘书》，书言神仙使鬼物为金之术，以及邹衍重道延命方，世人莫见。后来刘安因谋反被治罪，刘向的父亲恰好审理此案，得其书。向幼而诵读，以为奇，遂将其献给皇帝，信誓旦旦地说黄金可成。于是皇上令典尚方依方铸作，结果花费甚多也没有成功，刘向因此获死罪，幸亏其兄将其赎出。[8]葛洪批评刘向本不解道术却试图造作黄金，其无

---

[7] [清] 赵翼著，王树民校证：《廿二史札记校证》，中华书局，1984年版，第398—399页）
[8]《汉书》，第1928—1929页。

师授及口诀，又于宫中作之，无斋戒静室，触犯大忌，安能成之？早期道书所载刘向这样的反面教材很多，反映出宗教禁忌对于黄白术的严格约束。然而，这种约束毕竟缺乏实际效力，于是黄白术渐渐摆脱神仙思想的藩篱，为俗世所用。隋末时，有道者居于太白山炼丹，成而得道。有成弼者给侍之，与道者共居十余年。后来弼因家人去世欲辞去，道者赠其十粒丹，一粒可化十斤赤铜为黄金。然而弼贪得无厌，妄图得到更多还丹，道者不给，弼乃持白刃劫之，遂多得丹，成为巨富。不料后来为人所告，被捕入狱，弼乃告之原委。唐太宗得知后召令其造黄金，授以五品官，其金称之大唐金，百炼益精，甚贵之，甚至还流传到印度诸国，被视为宝物。[9]

炼丹术和医药学的关系很密切，自汉《神农本草经》至明《本草纲目》，医家本草无不大量引用炼丹药物知识，而同时炼丹家亦多通晓医学。不过总体而言，金丹大药最初只用来服食成仙，并不作为医药使用，不然岂非大材小用？所以像葛洪和陶弘景这样的著名道医都没有将丹药用于医疗。然而在唐代前后，丹药的功能出现重要变化，除了成仙以外，开始具备治病的"低级"功能。一些道士开始有意识地将炼丹化学和医药学进行融合，其中取得成就最大的是"药王"孙思邈（约581—682）。孙思邈早年时曾读道经，对炼丹成仙之说切慕于心，遂事丹火之事，自称对丹法"虽艰远而必造，纵小道而

---

[9] ［宋］李昉等编：《太平广记》卷四百，第3214—3215页。

亦求"。[10] 然而他逐渐发现，丹药并非如道书所言有飞升轻举的神奇功效，那都是道士自炫其能、趋利世间的结果，于是便转换思路，开始以医家的科学探索精神来研究丹药。当他发现某些丹药虽然成仙不足，但却可以治疗某些疾病时，便抱着救疾济危的目的，对金石矿物与丹诀反复试炼，毫末之间，一无差失，然后再谨慎地将这些丹药在临床中试用，甚至以自身作为试验对象。经过长期探索，孙思邈对医药化学的研究取得了重要进展，他在编撰《千金要方》时，将一些疗效佳且服用安全的丹方记载下来。《要方》完成时，孙思邈已进入古稀之年，此书虽足以使其流芳百世，但他没有多少兴奋，反而对其中的欠缺耿耿于怀，"犹恐岱山临目，必昧秋毫之端；雷霆在耳，或遗玉石之响"，[11] 于是很快又开始《千金翼方》的艰辛编撰。经过三十年的呕心沥血，书终于杀青，其时孙思邈已满百岁，已是油尽灯枯，翌年便与世长辞。在撰写此书期间，孙思邈一直未曾中断对化学制药的研究，他在书中一方面更深刻地揭露金丹的欺骗性，另一方面又将更多的有效金丹药方应用于临床医疗。孙思邈作为大医学家，首次将丹方引入医药学，化害为宝，开创了中国医药化学的新局面，成为中国古代医药化学的先驱。

唐代以后，炼丹术步入衰落，境遇每况愈下，这里面既

---

[10]《道藏》第 22 册，第 492 页。
[11] 李景荣等：《千金翼方校释·千金翼方序》。

有内因，也有外因。内因方面，炼丹术发展到极致也未能实现神仙可致的梦想，反而因大量中毒事件引发广泛批评。外因方面，晚唐五代内丹学异军突起，对外丹术——内丹兴起后，传统炼丹术被称为外丹——造成严重冲击。以上两个原因相互影响，终于导致金丹成仙观念的整体破产，外丹术的地位被内丹术取代，道教修仙思想发生转型。当然，炼丹术在道教中并未立即销声匿迹，而是沿着此前确立的三种走向继续前进。第一种走向虽然已被证明为荒谬，但仍然苟延残喘甚久，明代时又曾迎合社会之荒淫风气而出现变种，再一次荼毒生灵。另外两种走向则在冶金行业和中医制药行业结出硕果，为古代科技的发展做出重要贡献，宋代胆水炼铜法的大规模应用和医用丹方的繁荣便是突出代表。直至今日，仍有民间道人从事外丹医学，不过这与神仙思想已经毫无瓜葛。这一现象给我们一种启示，被后来的科学彻底否定的东西，它之所以能够在历史上长期传承，必定有其存在的合理依据，传统文化既有糟粕，亦有精华。

〔本节原刊杜泽逊主编《国学茶座》总第二期，山东人民出版社 2014 年〕

第六编 李约瑟研究

壹　李约瑟的《人是机器》及"新机械论"

  拉·梅特里的几项论点和观察经过了深思熟虑，尽管有二百年之久，但某种意义上说仍然显得十分正确。
  ——李约瑟《人是机器》(*Man A Machine*, 1927)[1] 篇首语

  目前国内外关于李约瑟（Joseph Needham, 1900-1995）的研究成果已比较丰富，但不可否认，这些研究绝大部分都集中在李约瑟辉煌的中国科学技术史研究方面，对于他早期的科学著作，尤其是科学史与科学哲学方面的论著则论之不多。这一现象在汉语世界尤为明显。这种状况多少造成李约瑟的一生被人为分割，其早期思想常被忽视。事实上，李约瑟转向中国科学史研究与其早期思想的演变有着相当密切的关系，尤其值得注意的是这些早期思想为他以后的汉学研究提供了重要思想基础和方法论。因此，理解李约瑟的早期思想是评估其汉学研究不可或缺的一步。本节所介绍的《人是机器》

---

[1] Joseph Needham, *Man A Machine,* London: Kegan Paul, Trench, Trubner & Co. Ltd., 1927.

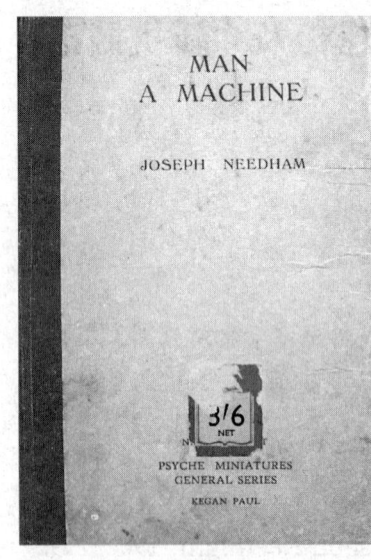

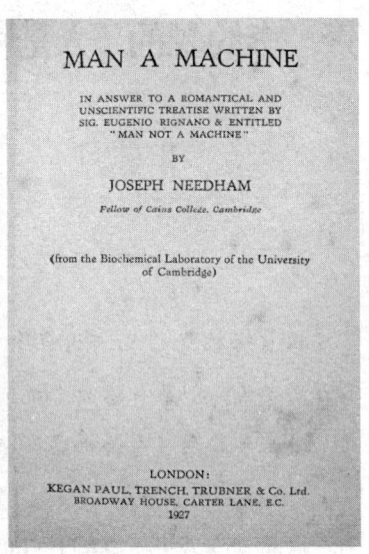

图1 李约瑟著《人是机器》封面　图2 李约瑟著《人是机器》扉页

（图1、图2）和"新机械论"便是李约瑟早期思想的一个重要侧面。

众所周知，李约瑟早年在剑桥大学霍普金斯实验室从事生物化学研究。他先后出版有《化学胚胎学》（*Chemical Embryology*，1931年）、《胚胎学史》（*A History of Embryology*，1932年)、《生物化学与形态发生》（*Biochemistry and Morphogenesis*，1942年）等生物化学著作，并发表了大量专业学术论文。不过与此同时，李约瑟对科学哲学和科学史也倾注了很多精力。比如在生物哲学领域，当时李约瑟与一些持不同主张者进行过激烈论战。在这个过程中他不断发展自己的科学思想，最终提出一种新生物哲学——新机械论（neo-mechanism),《人是机器》(Man A Machine)便是他在这个方面的一部重要作品。

1748年，法国哲学家拉·梅特里（Julien Offray de la Mettrie, 1709-1751）在荷兰莱顿以匿名的方式发表了一部在当时引起巨大争议的著作，即《人是机器》(L'Homme Machine，英译 Man A Machine)。拉·梅特里是十八世纪唯物主义的代表人物之一，他甚至走得更远，将机械论哲学观推向极端，《人是机器》便是这一思想的代表作。在该书中，拉·梅特里主张，不仅人的身体是一架巨大的、极其精细而巧妙的钟表，而且人的精神活动也完全由身体状况决定。整个宇宙中只存在一个实体，只是它的各种形式有所变化。此书一经发表，立即引起教会势力的激烈反对，讨伐浪潮汹涌而来，连思想比较开明的荷兰人也难以接受书中的观点。拉·梅特里不得不迁移到柏林，被标榜实行开明专制的普鲁士国王腓特烈二世征为御医。拉·梅特里的《人是机器》发表以后，很快便出现一系列反驳它的作品，如《人不是机器》(Frantzen, *Widerlegung der l'homme Machine*, Leipzig, 1749)、《论人的机器与灵魂》(Tralles, *De Machina et anima humana prorsus a se invicem distinctis commentatio, libello latere amantis autoris Gallico 'homo machina' inscripta opposita et ad illustrissimum virum Albertum Haller Phil. et Med. Doct. ex arata a D. Balthas. Tralles Medico Vratie.*, Leipzig, 1749)、《驳人是机器》(Hollmann, *Lettre* d'un Anonyme pour servir de Critique ou de refutation au livre intitulé 'L'Homme Machine', Berlin, 1750）等。

自近代科学兴起以来，关于生命本质的争论一刻也没有停止过。由于近代科学所取得的巨大成就，机械论（mechanism）在科学界和思想界风靡一时。这种理论认为宇宙是一架按照自然规律运行的机器，一切现象均可用物理规律来解释。后来，机械论进一步向生物学领域侵蚀，于是人是一架机器的观点一再被变换论据而出现，科学家和哲学家不断从不同方向论证人是一架可以用物理学或化学规律来解释的机器。拉·梅特里的观点便是在机械论大行其道背景下的一个典型代表。当然，由于生命现象的复杂性，在生物学领域机械论从来没有取得彻底成功，与其长期相抗衡的观点主要有活力论（vitalism），或者称为生机论。活力论反对生命现象可以用物理学和化学来解释，而主张有某种特殊的非物质因素支配生物体的活动。与活力论密切相关的一种理论是目的论（teleology），它认为生物体的根本特点在于目的性。活力论和目的论均源于古希腊哲学，但同机械论相似，随着科学的发展，它们也不断被注入新的内容，以不同形式出现。二十世纪二十年代，当李约瑟在著名生物化学家霍普金斯（F. G. Hopkins, 1861–1947）的带领下，踌躇满志地在生物学中贯彻物理化学方法时，他遇到种种新活力论和目的论的困扰，其中比较有影响的一种观点来自意大利哲学家里格纳诺（Signor Eugenio Rignano, 1870–1930）。1926 年，里格纳诺发表了《人不是机器——生命终极目的论研究》(*Man Not A Machine, A Study of The Finalistic Aspects of Life*),从目的论角度对拉·梅特里的观点进行否定。作为一个非常关注科学哲学的职业生物化学家,李约瑟对里格纳诺这种源自非专业领域但可能引起广泛影响的观点完全无法忍受,他很快于翌年发表《人是机器》反驳之,该书的副标题为"答里格纳诺的一部无事实根据的非科学著作《人不是机器》"。李约瑟说,从《人是机器》《人不只是机器》《人不是机器》,再到《人是机器》,正好经历了一个轮回。

李约瑟的《人是机器》篇幅不长,分为六个部分。第一部分李约瑟首先简要介绍了拉·梅特里的生平事迹以及《人是机器》的反响。李约瑟指出,在拉·梅特里身后的一个多半世纪里,生物学自十八世纪末的活力论浪潮恢复过来以后,通过一系列令人震惊的实验成功获得继续发展,而这都归功于波义耳所谓的微粒论或机械论假说(corpuscularian or mechanical hypothesis)的指导。这一运动在十九世纪最后三十年中达到高潮,导致其后出现复古运动。的确,自1900年以后,主张物理学和化学领域以外的一切机械论均应被抛弃的人数一直在稳步增长,对此李约瑟深感忧虑。生命机械论的反对者紧紧盯住动物生命中难以用物理化学方法解释的方面,大肆宣扬,混淆公众视听,而那些埋头苦干的生理学者、动物学者、胚胎学者以及生物化学者却不注意宣传事实的真相,故此李约瑟呼吁生命机械论需要一个卢克莱修。在那些反对生物机械论者当中有一个突出代表,即米兰大学哲学教授里格纳诺，其著作的题目表明，他关注的显然是目的因。李约瑟在介绍了亚里士多德四因说的含义后说，里格纳诺试图找到生物与非生物之间的根本不同，给予目的因以很高评价，认为目的论是动物组织最重要的特点。对此，李约瑟不无幽默但非常坚决地说，虽然他不能成为卢克莱修，但将军不在上尉必须负责，他支持拉·梅特里。在正式回应里格纳诺之前，李约瑟又简要回顾了拉·梅特里《人是机器》以及《人不只是机器》的主要观点。

第二部分主要介绍李约瑟所处时代出现的几种反机械论的生物哲学观点。李约瑟非常厌恶活力论，他将其视为希腊神话中的九头蛇，一个头被砍掉，新头又会长出。他说，在生物学史上，活力论曾不断以各种形式出现，它虽然总是阻碍生物学的进步，但已经表现出颓势，愈来愈少作为阻碍因素。第一个例子来自帕拉塞尔苏斯（Paracelsus），他认为人的胃里住着一个精巧的炼金术士，他能够工作和烹调，将营养品的好坏部分分离开。这个观点一度被认为是这一问题的最终结论。然而，1737年有研究指出，消化只是胃表层运动产生的粉碎作用，它不需要借助任何神秘液体。1750年另一项研究彻底弄清楚了消化的本质，从而揭开了历史上的一个大谜团。随后李约瑟没有再追溯历史，而主要介绍了当时的几种新活力论主张。如于克斯屈尔（J. von Uexküll）的观点曾被广泛引用，他认为活的有机体区别于其他任何东西之处在于它们是时间和空间中的单元；霍尔丹（J. S. Haldane）则认为动物在其内外环境改变时多有守常不变的倾向；杜里舒（Hans Driesch）认为胚胎的早期发展难以用机械论解释，声称有一种非物质的引导力；此外，汤姆生（Arthur Thomson）、罗素（E. S. Russell）、麦克布赖德（W. McBride）和许多策动论者（hormists）均拒绝承认描述生物现象能够完全抛弃非量化性术语。至于里格纳诺，他认为目的论才是生物的独有特征，这种目的性控制身体与心灵，远不是机械与化学所能及的。李约瑟说，他将依照古代雅典法庭的辩护程序，分三个层次来批判里格纳诺。这三个层次分别为：(1) 活的有机物并没有像里格纳诺所认为的那么多目的论；(2) 目的论并非生命的唯一或典型特征；(3) 即便是，也没有科学意义。书中以下三个部分便是上述三个论点的详细展开。

第三部分开篇李约瑟写道，在研究一个系统时，有的研究者可能会过于专注某次要方面，拔高其地位，以致其他方面显得无足轻重。里格纳诺对待目的论采用的正是这种方法。里格纳诺的书分九章，开头讨论基本生命现象、消化过程以及新陈代谢，末尾则讨论正义和道德的社会表现。每一个例子他都专注于现象背后的内在目的性及目的论，从不考虑这个东西是否可靠，而且没有运用一个实验来验证活的有机体的目的论。比如其书第一部分谈到新陈代谢时说："活的生物体……从溶解在营养液中的复杂化学混合物中精确选择那些能够重建其先前相同特征的化合物或原子团。作为选择，这一过程具有明显的目的性。"李约瑟认为，这种观点毫无科学根据，其牵强的目的性远不如机械性明显。例如多细胞动物体的细胞摄入食物并将其转换成能量储存，这个过程它们实际上并不能做太多选择，比如给它们提供一些特殊的人造化合物如苯化氨基酸，难道它们能够通过闭合细胞膜的方式来拒绝吗？不但不会，它们反而将吸收这些物质，但因为不适合新陈代谢，这些物质最后或者被排泄掉，或者以某种未知方式进行化学转换。如果后一种情况恰巧能够解除这些化合物的毒性，我们也许会说这是有机体有意识地自我保护，这正是里格纳诺会说的。但实际上这种看法不合理性。机械论的解释是，活的细胞只有一定数量的酶反应机理（enzyme mechanisms），能够穿过这些防御的物质一定会导致细胞死亡。除此而外，别无他解。里格纳诺花费数页篇幅描述细胞膜具有怎样仅仅吸收所需物质的方式，却疏于观察这是否属实。事实上细胞膜开合过程中吸收大量化合物，其中仅有部分为细胞所用。我们越是深入观察有机体，越会发觉目的论的思路趋于模糊。当然，李约瑟并非完全排斥目的论，他认为目的论和机械论均为生命的特征，但后者远较前者重要。接下来，李约瑟继续批判里格纳诺胚胎发育的目的论的各种观点。这些观点中有些是里格纳诺继承前人的，有些在其另外一部著作《生物记忆》（*Biological Memory*）中已经提出，有些则是新的假说，它们涉及当时胚胎学与生物化学领域的一些具体问题。李约瑟批判里格纳诺的最后一个观点是对智力的看法。里格纳诺说，最典型的机械论者最先宣称智力完全无法用纯粹的物理化学来解释。对此李约瑟反驳道，就算他是那种典型的机械论者，也决不会接受智力现象不遵从物理化学规律的主张。他认为，我们将来了解到的一切合乎科学的知识均将是机械论的，用决定论语言来表述的，并将尽可能与观察大脑代谢获得的物理化学知识相关。实验生理学是唯一科学的生理学。在这部分的讨论中，李约瑟一再强调实验的重要性，他认为目的论完全没有实验依据是其最致命的缺陷。

第四部分李约瑟讨论的重点转入哲学领域。他略带讽刺地说，如果里格纳诺将其活动限制在无需定量研究的哲学领域，那么他们之间将几乎没有什么分歧。但问题是里格纳诺的目的在于将目的论引入科学，并诋毁机械论方法——科学的唯一方法。事实上，李约瑟认为，即便在哲学层面，将目的论视为生命的独有特征也完全错误。由于里格纳诺在论证时多次引用著名生物化学家亨德森（L. J. Henderson）的著作，后者认为活力论必定会淹没在目的论中。为了达到釜底抽薪的效果，李约瑟在这一部分对亨德森《环境的适应》（*The Fitness of the Environment*）中的观点作了延伸批判。李约瑟认为，尽管亨德森发现一些简单物质的物理化学性质有目的地服务于生命进程中的相应功能，但实际上他主张适应性是一种对等特征，既不能说生命完全适应环境，也不能说环境完全适应生命，生命与非生命世界均存在目的论，很难说孰多孰少，这才是亨德森理论的精髓。李约瑟认为这种理论实际上是一种泛目的论（Universal Teleology），它彻底埋葬了活力论。李约瑟介绍亨德森理论的目的在于批判里格纳诺：既然目的论弥漫于整个宇宙，那么它显然不可能是生命的独有特征，如此里格纳诺的观点便不攻自破了。不仅如此，最后要结束本部分讨论时，李约瑟又从另外一个角度给了泛目的论以彻底否定，他说，泛目的论对哲学家来说可能很重要，但对科学工作者而言毫无意义。

第五部分的篇幅最短，主要说明目的论无论在多大程度上是真实的，对科学研究都没有任何意义。这种看法是由李约瑟的科学观所决定的。李约瑟认为，科学是我们所居住的世界中的现象之间数量关系的研究，具有可重复性，凡是那些不准确、偶然、不可测量、无法估计与定义以及不可再现的内容均不能归为科学的范畴。根据这种观念，李约瑟认为生物学在过去根本不是科学，只能算是自然史，那些不从事最高级生物研究的解剖学家和形态学家反倒成为生物物理学的先驱，因为他们使用一些数学方法。科学既然将决定论与机械论作为其存在的根基，必然无法再将那些不可量化的观念纳入其中，而目的论恰恰就是一种不可测量的观念。无论目的因如何使哲学家感兴趣，它始终无法用清晰的语言向科学家们表达清楚。因此无论如何看待目的论，它与科学家在实验室中的工作都毫无关系。

最后一部分，李约瑟首先总结了他反对里格纳诺的三个理由，并宣称由于自己严格坚持"高税率"，使得里格纳诺将目的论"进口"到精确科学中的努力遭到失败。然后他重点介绍了自己的观点。李约瑟说，刺激他对里格纳诺做出反应的，很大程度是因为后者对目的论与机械论的混淆，这是一个致命的错误。由于唯物主义和机械论是科学思想的根基，而以往绝大部分哲学家，如柏拉图、亚里士多德、培根、笛卡儿、莱布尼茨、休谟，却过多地赋予目的因以意义，所以在科学内消除目的论的唯一方式就是同卢克莱修一起宣布目的论并不存在。李约瑟的观点明显受康德思想的影响。李约瑟引用康德《批判力批判》中的内容说，目的论和机械论虽然都不应被忽视，但二者无法统一起来。尽管它们相互补充，决不矛盾，但一种解释方式排斥另一种解释方式表明二者之间并无关联。只有在超验事物上二者才能同化成一条原理。意识到这一点，就不会形成确定的观念。也就是说，这两种解释彼此独立而存在，皆源于我们自身特质以及思考问题的方式不同，以为某一事物果真不是与目的论便与机械论有关的想法是一个错误，科学的机械论其实并不干涉或排斥泛目的论在其中起作用的哲学思辨。李约瑟说，正是基于这样一种主观感觉，他把人称作机器，否则科学便不可能存在。这样的立场，李约瑟称之为"新机械论"（neo-mechanism），以区别于新活力论（neo-vitalism）和新目的论（neo-finalism）。他指出，新机械论既确立了生命机械论的最高地位，又承认这是一种方法论虚构。

在《人是机器》发表以前，李约瑟在生物哲学方面已经进行了一些探索。如 1925 年他主编出版了《科学、宗教与现实》（Science, Religion and Reality）一书，其中收录有他自己的文章《机械生物学与宗教意识》（Mechanistic Biology and Religious Consciousness），该文便讨论了生命的本质问题，回顾了历史上的生命机械论观点，对新活力论和机械论都进行了批判。《人是机器》可以说是李约瑟在这个问题上的一部代表作。李约瑟于1929年出版的论文集《怀疑的生物学家》(The Sceptical Biologist) 一书中《朱里安·德·拉·梅特里》(Julien De La Mettrie) 一文即出自《人是机器》的第一部分，另一篇文章《阿那克萨哥拉：科学与目的》(Anaxagora: or, Science and Purpose) 大部分内容出自《人是机器》的最后三部分。李约瑟的早期思想可以分为两个阶段，《怀疑的生物学家》、1931年出版的论文集《伟大的两栖类》(The Great Amphibium) 以及《人是机器》是其前一阶段的代表作。《人是机器》表明，李约瑟在批判继承目的论和机械论的基础上，提出了一种"新机械论"［李约瑟指出这个概念德国人阿道夫·迈耶（Adolf Meyer）在1926年亦曾提出］。这一概念有两个特点值得注意。第一，新机械论本质上仍然是一种唯物主义观点。这是由李约瑟对科学的定义所决定的。李约瑟认为科学是现象间数量关系的研究，其本质特征由诸如可重复性、精确性、可测量性等概念来界定，若不借助测量法，科学便不存在。这样一种认识必然导致他对数理特征与科学实验的重视，以及对非量化因素进入科学领域的厌恶。李约瑟在书中一再强调机械论方法是科学的唯一方法，批评空洞无据的理论，以及对实验的特别重视等，均是其科学观的鲜明体现。第二，机械论并非认识世界的唯一方式。李约瑟为机械论设定了一个界限，承认它与目的论一样都是人类采用的方法论之一。以上两个特点表明，李约瑟一方面在科学领域内坚信机械论方法的合理性，另一方面却不认为它可以完全描绘出真实的图景，更不可以代替其他认知方式。由此可见，新机械论与机械唯物主义明显不同，故中山茂（Shigeru Nakayama）说李约瑟"较之机械论者他可能更喜欢被称为唯物主义者，因为他早已对古典机械论哲学在现代科学思想中居于优势地位产生强烈反感"。[2]

《怀疑的生物学家》对新机械论的含义也有一些介绍。如"我们可以将机械论世界观视为一个合理的方法论歪曲，能够用于任何现象，但与形而上学教义一样毫无价值。这样的立场我们称之为新机械论。"[3]"新机械论是不掺杂任何幻想的生命机械论……它是生物学中科学思想的支柱，但不主张具有哲学正确性。它明白自身的普遍适用性和本质有限性。如果生物学将来成为一门科学，它必将盛行其中。"[4]"因此新机械论可能成为最适合将来的生物学理论，因为它仅将机械论当作必要的方法论，不认为能比哲学家的有机论或其他解释对世界做出更真

---

[2] Nakayama S., Needham J., *"Organic Philosopher,"* in Nakayama S., Sivin N., *Chinese Science: Explorations of an Ancient Tradition*, Cambridge, Massachusetts, and London: The M.I.T. Press, 1973, p.25.

[3] Needham J., *The Sceptical Biologist*, London: Chatto & Windus, 1929, p.28.

[4] Needham J., *The Sceptical Biologist*, London: Chatto & Windus, 1929, pp.38–39.

实的描述……"[5] 后来李约瑟说新机械论是一种不放弃科学方法同时又承认高级生物层次复杂性的方式。[6] 鲁桂珍对新机械论提出的学术背景与本质也有过解释,她说:"在生化胚胎学领域中,学者心中必须弄清世界上各级生物组织之间的相互关系,如亚原子级、原子-分子级、亚细胞级、组织细胞级和形态学级。首先,必须清除活力论与机械论之间论争的垃圾;李约瑟早期关于'新机械论'的那些论文中的论述即由此产生,其观点是:机械的解释是适用于自然科学的唯一方法,但是它本身是具有相对的或假设的性质的,需要结合对于现象发生的各个不同组织等级的深入了解。这是一种唯物主义,但不是机械唯物主义;正如他自己所常说的,这确乎是接近辩证唯物主义的。"[7]

新机械论表明,即便作为职业科学家,早期李约瑟的脑海中也没有完全被科学占据。那片预留的思想空间为他探索宗教、伦理等非科学领域的价值提供了处所,同样也为他以后倾心于东方文化提供了可能。实际上,早在大学和研究生阶段李约瑟便形成一种观念,认为人类生活有科学、哲学、宗教、历史和艺术五种不可约减的经验形式,它们彼此之间虽然可以相

---

[5] Needham J., *The Sceptical Biologist*, London: Chatto & Windus, 1929, p.85.

[6] Needham J., *Time: The Refreshing River*, London: George Allen & Unwin Ltd, 1943, p.21.

[7] 鲁桂珍:《李约瑟的前半生》,李国豪等主编:《中国科技史探索》,上海古籍出版社,1986年,第6页。

互理解，但不能相互取代。五种形式同等重要，没有任何一种能够达到绝对真理，特别是在现实中占据统治地位的科学不能取代其他经验形式。在1927年发表的一篇文章中，李约瑟再次阐述这种观念："我认为科学方法……不能被视为人类渴望趋向世界本质的唯一途径……我们必须相信其他类经验也给出实在的有效描述，如哲学、宗教、审美和诗歌等人类活动方式对宇宙本质做出了自主解释。但我还是不无忧虑地断言，作为这些经验中的一种，科学方法准备好为我们提供一系列本质上有限但却自视无限的答案。换句话说，就像富于想象力的天才能将天地万物为其所用，科学方法也能解决一切现象，无论它们多么晦涩、平凡或是神圣。无论哪种情况我们都无法得到真实世界的全景，因为任何思考方式都受制于其固有的不和谐与失真，唯有综合所有形式方能帮助我们接近这样一种真实。"[8] 当时李约瑟自称是一个怀疑论者，并解释说这有两重含义。首先，他怀疑任何一种宣称在认识世界上具有优越性的经验形式；其次，他怀疑任何调和不同经验形式的世界观的构建。[9] 这是李约瑟五种经验形式思想最初时的两条核心内容。上文指出李约瑟的早期思想可以分为两个阶段，在后一阶段中，李约瑟对五种经验形式的思想进行了修正。《怀疑的生物学家》和

---

[8] Needham J., "Biochemistry and Mental Phenomena," in Appendix. Raven C. E., Needham J., *The Creator Spirit*, London: Martin Hopkinson Ltd, 1927, p.288.

[9] Needham J., *The Sceptical Biologist*, p.8.

《伟大的两栖类》出版后，李约瑟逐渐抛弃他最初提出的五种经验形式不可调和的观点，开始凸显伦理和政治的重要地位，并认为有必要建立统一的世界观等。这些变化集中体现在1943年出版的论文集《时间：清新之河》(Time: The Refreshing River) 中。显而易见，新机械论的科学观念与初期五种经验形式的思想完全一致。因此，李约瑟《人是机器》虽然继承了拉·梅特里《人是机器》的总体观点，但李约瑟和拉·梅特里的思想也即新机械论和机械论二者不可相提并论。这一点应该特别注意。新机械论试图通过既肯定科学方法又承认它在认识复杂有机体上不完备的方式来调和生物哲学中机械论和活力论的争论，但实际上它做不到这一点，它既没有为科学工作者提供一种有效工具，也未能构建出一套完备的思想体系。因此，对新机械论在科学史与科学哲学史上的地位，我们应当客观看待。不过，尽管李约瑟《人是机器》这本小册子在当时没有引起很多人注意，现今国内外各种关于李约瑟的研究也鲜有提及者，但它是李约瑟早期思想的一个重要侧面，而且还是二十世纪初西方关于"人是否是机器"这一问题的代表作之一。书中对当时学术界争论的记载很快为丹皮尔 (W. C. Dampier, 1867-1952)《科学史——及其与哲学和宗教的关系》(A History of Science and Its Relations with Philosophy and Religion) 一书所引用。[10]

---

[10] ［英］W. C. 丹皮尔：《科学史》，第 472—473 页。

李约瑟没有在新机械论上驻足太久,很快便在怀特海(A. N. Whitehead, 1861–1947)的有机论哲学那里找到了灵感,看到了机械论和活力论的综合。李约瑟后来在回忆他关注有机论的原因时说:"探求既非机械唯物主义又非唯灵论的有机论的东西完全符合他的个性。这条'中间道路'与辩证唯物主义有着密切的关系,不过,它直接源自理论生物学,因为他试图在生物化学和形态学之间架桥,便不得不考虑这门学科。生化学家也许喜欢研究孤立酶的反应;生理学家也许喜欢研究孤立的器官系统行为或行为状况,而动物学家和植物学家也许乐于探索分类学与分类系统的无限复杂性。倘若一个生化学家打算像李约瑟已经从事过的用实验胚胎学和形态学相结合那样的探索,就势必要研究生物体哲学、生物体各部分之间的相互作用及其整体控制机能的性质。这就是他对怀特海的哲学如此关注的原因。"[11] 有机论是李约瑟早期思想的另一项重要内容。1967年,日本学者中山茂在一篇论文中将李约瑟称为"有机论哲学家",对其早期科学思想做了讨论,总结出四个要点:(1)强烈反感许多物理学家持有的机械观;(2)相信进化论是一种具有广泛适用性的观念;(3)马克思的辩证唯物主义;(4)喜欢综合胜于分析。[12] 里面提到李约瑟关于有机论的主张。后来何丙郁先生也介绍说,李约瑟从事生物化学研究初期时剑桥的科

---

[11]《一个名誉道家的成长》,收入李约瑟文献中心编:《李约瑟研究》第1辑,上海科学普及出版社,2000年,第13页。

[12] Nakayama S., Needham J., "*Organic Philosopher*," p.26.

学思想分为两派：卡文迪许实验室的物理学家主张唯物倾向的机械论，认为宇宙中一切现象都可以用原子和机械来解释；而一般生物化学家主张的是新活力论，认为生物不能单靠机械学来解释，因为有一种活力的存在，使生物能够决定或控制自己的行动。李约瑟在三十五六岁时曾站在机械论和唯物论的阵线上反对霍尔丹的活力论。不过他的立场和物理学家的机械论也有所不同，他基本上是反对机械论的，说他是唯物论者则比较恰当。后来受到怀特海哲学思想的影响，李约瑟试图用有机体论（Organism）来调和唯物机械论和活力论。[13] 何先生所说的与物理学家的机械论不同的机械论和唯物论便是李约瑟在二十几岁提出的新机械论思想。李约瑟所反对的机械论是物理学家所信奉的机械论，也即机械唯物主义，而机体论也即有机论。

　　李约瑟的有机论哲学对他以后进行中国古代科学史研究起到重要作用，这一点李约瑟本人和其他学者都有指出，由于这个问题与本节主题无关，故这里不赘述。不过，李约瑟最初从事研究时，在生物哲学上信奉新机械论，随后才开始关注怀特海的有机论哲学，再加上他五种经验形式思想的先后变化，这些现象均表明李约瑟早期思想的形成并非一蹴而就，而是经历了长期探索。新机械论不仅与李约瑟早期思想的后期阶段有所不同，与他后半生研究的中国古代科学差别更为显著。探讨李

---

[13] 何丙郁：《我与李约瑟》，三联书店香港分店，1985年，第72页。

约瑟早期思想的特点，将它们与他后来的科学思想进行比较，有助于我们更深刻地理解他对中国古代科学的认识以及他本人所受中国文化的影响。此外，明了李约瑟早期思想的演变过程，有助于在探寻他皈依中国文化之原因的过程中，除了一些众所周知的外部因素以外，提醒我们特别注意从李约瑟自身学术思想的发展逻辑来寻找一些内在因素。以上两个方面均是以往李约瑟研究忽视的内容。一个前半生与中国素昧平生的西方科学家，竟将其后半生完全奉献给中国文化，究其原因，必定是中国文化的某些因子在他的思想深处引起强烈共鸣，并契合他的思想逻辑，从而形成任何外部因素都无法起到的作用力，在背后默默地驱使他献身其中。早先普里戈金等曾提出一种观点，认为李约瑟转向唯物辩证法与中国思想的研究与他认识到机械论的不足有关："当作为胚胎学家的李约瑟由于在西方科学的机械论思想（以服从普适定律的惯性物质的思想为中心）中无法找到适合于认识胚胎发育的概念而感到失望时，他先是转向唯物辩证法，然后转向了中国思想。从那以后，李约瑟便倾其毕生精力去研究中国的科学和文明。"[14] 这种思路值得进一步探讨。

[本节原刊《中国科技史杂志》2012 年第 1 期]

---

[14] ［比］普里戈金、［法］斯唐热：《从混沌到有序：人与自然的新对话》，曾庆宏、沈小峰译，"中译本序"，第 1 页。

贰 从分裂到架桥：李约瑟早期思想的演变

目前关于李约瑟的研究多围绕他的中国科学技术史研究进行，而对其发生思想皈依之前的早期思想则论之不足。事实上，李约瑟在从事生物化学研究时便建构出自己独特的思想体系，这一体系不仅对他转向中国科学史研究起到重要作用，更为他提供了直接的理论工具。因此，李约瑟的早期思想对理解他后来的中国科学史研究具有尤为重要的意义。李约瑟的早期思想可以分成两个阶段，贯穿其中的是五种人类经验形式思想的构建和演变，他的很多重要观点（包括一些他终生信奉的）都围绕这一线索而展开。本节拟对李约瑟早期思想的发展过程和特点进行分析。

一 从新机械论说起

李约瑟从事生物化学研究初期曾提出一种没有引起多大反响的新生物哲学——新机械论（neo-mechanism）。1748年，法国哲学家拉·梅特里发表了一部在当时引起巨大争议的著作,即《人是机器》(Man A Machine)。在书中,他将机械论哲学观推向极端,主张不仅人的身体是一架巨大的、极其精细而巧妙的钟表,人的精神活动也完全由身体状况决定。整个宇宙中只存在一个实体,只是它的各种形式有所变化。该书发表后随即出现一系列反驳它的作品,如1748年的《人超越机器》(Man More Than A Machine),1749年的《人不是机器》(Denial of Man A Machine),1749年的《论人的机器与灵魂》(On Man's Machine and Soul),1750年的《驳人是机器》(Refutation of Man A Machine)等。自近代科学兴起以来,关于生命本质的争论一刻也没有停止过。由于近代科学所取得的巨大成就,机械论在科学界和思想界风靡一时。这种理论认为宇宙是一架按照自然规律运行的机器,一切现象均可用物理规律来解释。后来机械论进一步向生物学领域侵蚀,于是人是一架机器的观点一再被变换论据而出现,科学家和哲学家不断从不同方向论证人是一架可以用物理学或化学规律来解释的机器。当然,由于生命现象的复杂性,在生物学领域机械论从来没有取得彻底成功,与其长期相抗衡的观点主要有活力论,或称生机论。活力论反对生命现象可以用物理学和化学来解释,而主张有某种特殊的非物质因素支配生物体的活动。与活力论密切相关的一种理论是目的论,它认为生物体的根本特点在于目的性。活力论和目的论均渊源于古希腊哲学,但同机械论相似,随着科学的发展它们也不断被注入新的内容,以不同形式出现。二十世纪二十年代,当李约瑟踌躇满志地在生物学中贯彻物理化学方法时，他遇到种种新活力论和目的论的困扰，其中比较有影响的一种观点来自意大利哲学家里格纳诺。1926年，里格纳诺发表了《人不是机器——生命目的论研究》(*Man Not A Machine, A Study of The Finalistic Aspects of Life*)，从生命目的论的角度对拉·梅特里的观点进行否定。作为一个非常关注科学哲学的职业生物化学家，李约瑟对里格纳诺这种源自非专业领域但可能引起广泛影响的观点完全无法忍受，于翌年发表同名著作《人是机器》(*Man A Machine*) 反驳之。

李约瑟在书中提出，唯物主义和机械论是科学思想的根基，但以往绝大部分哲学家却过多地赋予目的因以意义，所以在科学内消除目的论的唯一方式就是宣布目的论并不存在。他引用康德《批判力批判》中的内容说，目的论和机械论虽然都不应被忽视，但二者无法统一起来。尽管它们相互补充，决不矛盾，但一种解释方式排斥另一种解释方式表明二者之间并无关联。只有在超验事物上二者才能同化成一条原理。他认为，这两种解释彼此独立而存在，皆源于我们自身特质以及思考问题方式的不同。以为某一事物果真不是与目的论便与机械论有关的想法是一个错误，科学的机械论其实并不干涉或排斥泛目的论在其中起作用的哲学思辨。基于这样一种主观感觉，他把人称作机器。这样的立场他称之为"新机械论"(neo-mechanism)，以区别于新活力论 (neo-vitalism) 和新目的论 (neo-finalism)。李约瑟认为新机械论既确立了生命机械论的最高地位，又承认这是一种方法论虚构。[1] "新机械论"这一概念有两个特点值得注意。第一，它本质上是一种唯物主义观点。李约瑟认为科学是现象间数量关系的研究，其本质特征由诸如可重复性、精确性、可测量性等概念来界定，若不借助测量法，科学便不存在。这样一种认识必然导致他对数理特征与科学实验的重视，以及对非量化因素进入科学领域的厌恶。李约瑟在书中一再强调机械论方法是科学的唯一方法，批评空洞无据的理论，以及对实验的特别重视等，均是其科学观的鲜明体现。第二，机械论并非认识世界的唯一方式。李约瑟为机械观设定了一个界限，承认它与目的论一样都是人类采用的方法论之一。这两个特点表明，李约瑟一方面在科学领域内坚信机械论方法的合理性，另一方面却不认为它可以完全描绘出实在的真实图景，更不可以代替其他认知方式。由此可见，新机械论与当时大多数科学家信奉的机械唯物主义明显不同，故中山茂（Shigeru Nakayama）说李约瑟"较之机械论者他可能更喜欢被称为唯物主义者，因为他早已对古典机械论哲学在现代科学思想中居于优势地位产生强烈反感"。[2]

二 五种经验形式

新机械论表明，李约瑟即便在作为职业科学家时期，他

---

[1] Joseph Needham. *Man A Machine*, pp.96–100.
[2] Shigeru Nakayama, Joseph Needham, "Organic Philosopher," in *Chinese Science: Explorations of an Ancient Tradition*, p.25.

的脑海中也没有完全被科学占据。他虽然极力强调科学在生物学中的作用和地位，但并没有将科学视为认识世界的唯一方法。这种观念既与当时大部分物理学家不同，也与众多生物学家不同。《人是机器》出版后数年内，李约瑟接连出版了两部重要论文集，即1929年的《怀疑的生物化学家》(The Sceptical Biologist) 和1931年的《伟大的两栖类》(The Great Amphibium)，其中收录了他这一时期科学思想的主要作品。从这些作品的内容来看，李约瑟发展了新机械论的一些观念，尤其是对科学的过度泛滥深表忧虑，并十分警惕科学的局限性，其中甚至包括科学家最为反感的主观性。如在《光学镜的局限》(The Limitations of Optic Glasses) 一文中，李约瑟在回顾维多利亚时代以来关于科学的唯心主义观点后指出："以维多利亚时代的人观念来看，我们可以承认科学本质上确是'唯物'的。但与他们不同，我们认为科学同人类精神活动的任何其他范畴一样，都不具有至上权威性……这些金科玉律的负责者既非造物主，也非盲目的必然，完全是我们自己……科学的宇宙是我们自己幻想的建造物；它是决定论的，但我们下意识地拒绝其他解释。它是有序的，但我们从无数事实中拣选出一些事实建立起秩序。它是理性的，但我们也如此，而且使它也如此。"[3] 对于科学的世界观，李约瑟认为它与宗教的世界观并没有本质区别，二者"都充满了主观成分，都

---

[3] Joseph Needham, *The Sceptical Biologist*, pp.65-66.

看不到世界真正的样子。科学思想由于来源于精神活动，不可能包罗真实的全部内容；宗教思想，由于我们的言语、思想和理解的限制，不可能接近真实的绝顶。科学思想始终束缚于定量、可数、机械观念，即使全心全意也看不到事物的自发性、美和个性"。[4]

由于李约瑟认为科学在本质上不具有凌驾于其他认识活动之上的特权，因此主张在应用科学时，为了矫正必然出现的误差，应该同时知道如何应用其他方法。然而其他方法是什么呢？李约瑟提出一种观念，认为人类有五种基本经验形式，是为科学、哲学、宗教、历史和美学。他的这一思想最早可以追溯到大学和研究生时期，当时他在世界观方面曾有过思考，最后得到一个信念，认为"人类生活包括各种不可约减的经验形式。我们可以区分哲学或形而上学形式、科学形式、历史形式、审美形式和宗教形式，每一种都不能被其他任何一种所约减，但彼此可以相互解释，尽管有时用完全矛盾的方式"。[5]鲁桂珍引述李约瑟的话进一步解释说："这些经验的各个范畴，无论用什么语言或文字来阐述，没有一个能够达到绝对真理——所有的范畴都是相对的，彼此之间都有矛盾。可是只要我们不执着于某一范畴，不要认为某一范畴是唯一可以解开宇

---

[4] Joseph Needham, *The Sceptical Biologist*, pp. 259-260.
[5] Joseph Needham, "The Making of an Honorary Taoist," in *Changjing Perspectives in the History of Science*, London: Heinemann Educational Books Led, 1973, p.5.

宙之谜的钥匙，那末我们就有责任尽量体验所有的范畴，或许它们之间的矛盾只能用生活去全面体验，才能解决。"[6]1927年，李约瑟在一篇文章中进一步阐述了他的这一思想，认为包括科学在内的任何一种经验形式都无法单独认识世界，唯有综合运用五种形式方可接近真实："我认为科学方法……不能被视为人类渴望趋向世界本质的唯一途径……我们必须相信其他类经验也给出实在的有效描述，如哲学、宗教、审美和诗歌等人类活动方式对宇宙本质做出自主解释。但我还是不无忧虑地断言，作为这些经验中的一种，科学方法准备好为我们提供一系列本质上有限但却自视无限的答案。换句话说，就像富于想象力的天才能将天地万物为其所用，科学方法也能解决一切现象，无论它们多么晦涩、平凡或是神圣。无论哪种情况我们都无法得到真实世界的全景，因为任何思考方式都受制于其固有的不和谐与失真。唯有综合所有形式方能帮助我们接近这样一种真实。"[7] 他认为，这些最基本的经验形式在各自领域内起作用，没有一种可以替代其他方式，"当我们处于科学方法的封闭圈内时，我们自然把宇宙想象成机械的，但当我们在圈外，在其他圈内时，自然会采纳其他观点"。[8]

---

[6] 鲁桂珍：《李约瑟的前半生》，李国豪等主编：《中国科技史探索》，第21页。
[7] Joseph Needham, Appendix in *The Creator Spirit*, London: Martin Hopkinson Ltd, 1927, p.288.
[8] Joseph Needham, *The Sceptical Biologist*, p.63.

需要注意的是，李约瑟虽然强调综合运用五种经验形式的重要性，但实际上他的心思主要还是在"对伟大的人类经验形式进行区分和辨别"方面。在他看来，每一种经验形式都会导致形成一个独特的世界观，这些世界观之间根本不相容，甚至完全相反，因此单独通过某一种经验人类不可能真正理解（这里李约瑟使用 appreciation 来代替通常使用的 understanding 或 comprehension）世界，唯有综合所有经验形式方有这种可能。李约瑟所说的综合并非五种经验形式的统一，而是强调不同经验形式的同等重要性。他认为根本不可能建立起一个统一的世界观，他的观念中不存在一种统一诸经验形式的"第一哲学"。李约瑟自称是一个怀疑论者，他解释说这有两重含义。首先，他怀疑任何一种宣称在认识世界上具有优越性的经验形式；其次，他怀疑任何调和不同经验形式的世界观的构建。[9] 基于上述立场，李约瑟将自己定义为一个"分裂者"（divider）。

李约瑟对五种经验形式一视同仁，彼此之间没有任何等级之分。他宣称这些形式均依存于人类的思想，没有一种来自外部世界或拥有永恒不证自明的超凡权威性。无论哲学、科学或宗教，它们本身都不与真实世界有直接联系，而是通过洞察、神秘实践等方式，与它们给我们的美的欣赏紧密相关。[10] 这

---

[9] Joseph Needham, *Time: The Refreshing River*, London: George Allen & Unwin Ltd, 1943, p.8.
[10] Joseph Needham, *The Sceptical Biologist*, p.65.

种观念与唯心主义有很多相似之处。李约瑟后来在回顾这一时期的思想时说，他从来不是一个唯心主义者，但的确深受马赫等人唯心主义的影响，认为科学不能描绘出外部世界的真实图景。[11]

五种经验形式思想的形成与李约瑟的个人体验和性格有关。他通过父母和中学受到科学、宗教、哲学、历史、艺术等多方面的熏陶和教育，从小便对科学以外的诸经验形式感兴趣。即便成为职业科学家也没有妨碍他广泛的兴趣，他对宗教、哲学和艺术仍然乐此不疲。鲁桂珍曾精辟地指出李约瑟在性格上的特点："它混和着道德与非迷信的宗教、节俭与慷慨、科学的逻辑与对音乐舞蹈的喜爱、哲学的庄严与诗的奔放。事实上他一直是体现着帕斯卡（Blaise Pascal）的名言：'心有心的道理，非理性所知。'换言之，科学和才智并不是理解我们生活其间的宇宙的唯一有效手段。"[12]

在五种经验形式中，李约瑟对宗教的主张对其后来的科学史研究影响很大。宗教是李约瑟生命中的一个重要内容，但他不是一个宗教盲信者。李约瑟认为，将宗教定义为人类最终的根本经验形式之一或许最恰当，它由两部分组成：神圣感或对神圣的承认；其次是赞成道德准则与神圣事物具有某种有机联系。[13] 在他看来，从认识论的角度而言，宗教完全可以和科学

---

[11] Joseph Needham, *Time: The Refreshing River*, p.12.
[12] 鲁桂珍：《李约瑟的前半生》，李国豪等主编：《中国科技史探索》，第2页。
[13] Joseph Needham, *The Sceptical Biologist*, p.257.

相提并论，"明确地被列入像科学一样有解释价值的等级"。[14]
他还指出："如果科学在本质上同宗教一样主观，它们之间就不该有真正的'冲突'问题。科学和宗教都用各自的语言表达自己的思想，我们现在才意识到这些语言具有惊人的不足。我们思想的容忍状态绝不可基于确切的分界线上，而应基于这样一种认识，即我们必须应对的不是两种对立的宇宙论，而是两种思想状态，两者都合理，都有不足，对人类都有价值。"[15]

李约瑟在理论上给予五种经验形式同等重要的地位，但现实情况却未必如此，因此他十分担心某种形式会过度膨胀而支配整个社会。他指出，如果"在任何特定时期占优势的经验形式渗透全部生活，潜入逻辑当中，将其自身观念引入实际事务，使整个境况染上其特有色彩"，这样可能造成严重后果。[16] 例如中世纪时宗教曾长期支配西方人的思想和行动，对一切反对因素进行无情迫害。现在虽然中世纪时代一去不复返了，但李约瑟却看到一个倒过来的中世纪即将来临，他对科学在现实中处于支配地位的状况忧心忡忡，这同样会带来很多负面甚至危害人类的严重后果。为防止这一状况恶化，李约瑟认为宗教可以起到约束和弥补科学不利因素的作用。在 1931 发表的《宗教在科学统治的世界上》(Religion in a World

---

[14] Joseph Needham, *The Sceptical Biologist*, p.256.
[15] Joseph Needham, *The Sceptical Biologist*, p.63.
[16] Joseph Needham, *The Great Amphibium*, London: Student Christian Movement Press, 1931, p.42.

Dominated by Science）[17] 一文中李约瑟指出，我们时代最显著的特征是由于科学技术的进步人类已经掌握了超越自然进程的超常力量。但一定意义上说，早期人类的根深扎于地，而现在却由钢铁、玻璃和混凝土阻隔了与泥土的联系。不要自欺欺人地以为这个进程已趋于结束，远非如此，未来除了一长串虚假成就、进一步获得超自然的力量以及进一步引诱人脱离自然以外，很可能什么也提不出来了。更令人担心的是，尽管科学家可以毫无私心杂念地进行研究，但如果一些具有巨大破坏力的成果被恶人滥用，则会给人类造成灾难性后果。科学工作者往往只关心科学，在伦理上保持中立。这个特点看似是一个优点，如果毒气、炸药等对人类产生危害并非科学工作者的过错。但李约瑟认为，伦理中立实际上为科学知识的有害使用开辟了道路，因为这种中立趋于消除善与恶的区别，尤其是削弱了宗教思想对传统善观念的推崇。与科学不同，李约瑟认为宗教非常关心与灵魂有关的问题，特别是充满了科学所没有的敬畏感。由于以上原因，他主张在一个漠视宗教的年代尤其需要努力去维持宗教，这一点无论对集体还是个人而言均非常重要。毫无疑问，李约瑟对科学滥用带来灾难的忧虑绝非杞人忧天，这方面已经产生无数令人痛心疾首的恶果。然而，李约瑟极力呼吁的科学工作者不应保持伦理中立却并非人人能够做到，这个观点的意义多年后使我们有了深刻感悟。1952 年，美

---

[17] Joseph Needham, *The Great Amphibium*, pp.11–50.

国悍然在朝鲜和中国东北地区使用细菌武器。这一法西斯行为在国际科学界引起极大震动，世界和平理事会在一些进步科学家的努力下决定组织一个独立的调查委员会，邀请世界上一些权威科学家参与。当时英国有十多名科学家接到邀请，但最终只有李约瑟一人顶住政治压力参加了这次调查，并在调查后发表了一份公正的报告。因为此事李约瑟长期被美国制裁，但他的信念没有丝毫改变，到晚年时仍然极力呼吁必须警惕科学被居心不良的人用来危害人类的现象发生，强调"科学必须与宗教、哲学、历史及美学经验共存。把科学孤立起来可能导致大的灾难"。[18]

当然，李约瑟对宗教的界限也很清醒，"紧要的是宗教不应占据全部生活，提出神圣真理一旦揭示即成定论的主张，或者断言它描绘出宇宙最壮观的图景"。[19] 这种态度再次反映出他五种经验形式思想的独特性。正因为如此，李约瑟极力主张宗教和科学这两种形式应当共存，但并非融合，因为他认为这是不可能的。所谓共存是基于科学和宗教是人类两种基本经验方式而言，从这个意义上二者可以相互补充，和谐共存。他说："坦率地说科学与宗教并不相合，因二者冲突形成个人精神张力是现代世界最常见的事情。科学与宗教永远都不相合是一天比一天明显的事情，它们以前也从未相合过，这不是因为

---

[18] 转引自王钱国忠：《李约瑟传》，上海科学普及出版社，2007年，第130页。
[19] Joseph Needham, *The Sceptical Biologist*, p.268.

科学与宗教的实践结论不能在同一准则下达成一致（尽管肯定不能），而是科学与宗教的思维框架在根本上对立。它们源自相差悬殊的精神行为，得出矛盾的宇宙观，在任何时期都不相合。但在生活中它们必被扯在一起，不是融合在一起，因为这是不可能的，但在人的和谐品质中可以共存。这种紧张和张力便是产生这种品质的基质。"[20]

由上可以看到，李约瑟早年在进行生物哲学探索的同时，一直在着力建构自己的世界观。其五种人类经验形式的思想中，科学观、宗教观以及二者的关系是关键部分。他后来对亚洲宗教如儒教、道教、佛教的正面评价与这些宗教包含丰富的伦理思想有重要关系，他从中看到西方社会非常需要但基督教却缺乏的内容。他尤其对道教情有独钟，很多人看来颇为不解，其实这也与他的早期观念有关。李约瑟在道教那里看到了宗教与科学和谐共处、宗教促进科学发展等令人深思的现象，他甚至将这一特点视为中国古代科学最具特色之处，正如其《中国科学技术史》封面所选择的道教画那样，云雾缭绕中的神仙手里竟然拿着一些科学器具。

三　统一的世界观

通过《怀疑的生物学家》和《伟大的两栖类》，李约瑟在

---

[20] Joseph Needham, *The Sceptical Biologist,* pp.240–241.

科学思想上构建了一个"相当系统的立场"(李约瑟语),其核心内容在于对五种人类经验形式进行区分和辨别。但自二十世纪三十年代初开始,李约瑟的思想开始出现一些重要变化,这个过程大概持续了十年时间,到 1943 年论文集《时间:清新之河》(*Time: The Refreshing River*)出版,标志着他早期思想的第二个阶段完全形成。促使李约瑟的思想发生转变有多种原因,除了其自身学术思想的演进以外,政治立场发生转向也是一个关键因素。李约瑟撰于 1941 年的论文《怀疑论的形变》(Metamorphoses of Scepticism)是了解他的思想转变过程和原因的重要资料。

除了五种基本经验形式之外,李约瑟最初对伦理也非常重视,这一点在他论述科学的局限性以及宗教与科学的关系时经常提及。不过伦理的定位颇难把握,它有时属于宗教,有时明显受科学影响,与美学和历史也都有关系。由于这种不确定性或者说超越性,李约瑟没有把伦理视为人类的一种基本经验形式。至于政治,最初时它根本没有进入李约瑟的思想框架内,一直到整个大学时期他对政治都丝毫不感兴趣。自 1926 年英国总罢工开始,李约瑟开始积极参与各种政治活动,逐渐成长为左翼派的一员干将。到 1933 年参与和纳粹法西斯主义势力作斗争时,他的社会主义观已基本形成。李约瑟首次接触辩证唯物主义是在 1931 年召开的第二届国际科学史会议上。众所周知,这次会议在科学史的历史上具有深远意义。李约瑟当时对首次亮相的苏联哲学的三个方面印象很深:一是辩证法能够圆满解决生物哲学两派之间的复杂论争；二是马克思唯物史观能够解释现代科学为何偏偏出现在何时何地；三是在苏联辩证法本身被视为自然的组成部分，也即愈来愈复杂的社会组织包括共产主义的必然出现是一个自然过程。[21]

随着李约瑟对马克思主义特别是辩证唯物主义的日益了解，他的思想开始发生变化。转变后尽管他仍然认为自己是一个怀疑论者，更加不相信有哪一种经验形式能够完全认识世界，但开始注意在社会背景下来考虑五种经验形式，摒弃了以往不可调和世界观的思想，试图用伦理和政治来联结五种经验形式以构建统一的世界观。李约瑟在《怀疑论的形变》一文中指出，他以往的根本局限是将人类看作孤立体，只服从五种经验形式，而事实上伦理和政治均属于人类社会生活领域。李约瑟试图分别给伦理和政治下一个确切定义。他认为，伦理是能使人们在公共利益下以最和谐和最佳机会各展其才而共存于社会的规则，而政治除了将最高等的伦理具化于社会结构中、将理想的伦理关系引入现实世界中的尝试外别无所指。李约瑟将伦理和政治视为联结分歧的各经验形式的纽带，如此一来分裂过程即被统一过程所取代，一个综合的世界观随之就会出现。[22] 对伦理和政治的重视是李约瑟对此前五种经验形式思想所作的最重要的修正。

---

[21] Gary Werskey, "Understanding Needham," in *Moulds of Understanding*, London: George Allen & Unwin Ltd, 1976, p.18.
[22] Joseph Needham, *Time: The Refreshing River*, pp.10–11.

李约瑟承认，在接触辩证唯物主义以前他只看到五种经验形式之间的尖锐对立，并说以往很多思想家解决矛盾的方式是将矛盾放在神圣领域，他自己最初也采用同样的立场。然而通过辩证唯物主义，他突然发现矛盾的统一和解决根本不需要借助神学，辩证唯物主义可以解释一切历史，包括宇宙演化、生物进化和社会演进。在他看来，我们只能将自然看作一系列不同层次的有机体，一系列辩证的综合：“从基本粒子到原子，从原子到分子，从分子到胶粒体，从胶粒体到活细胞，从细胞到器官，从器官到躯体，从动物躯体到社会组织，组织层次系列便完备了。不是别的而是不同层次的能量（如我们现在称呼物质和运动）和组织层次（或者稳定的辩证综合）构成我们的世界。这一观点的结果是无限的。社会演进是生物进化的连续过程，基于人类本质的乐观思想，包含先进伦理和社会主义的高级阶段的社会组织并非不可能实现的希望，而是上述进化的必然结果。"[23]

由上我们看到，在李约瑟建构统一世界观的过程中，伦理学和马克思主义（尤其是辩证唯物主义）先后起到关键作用。对此，李约瑟后来回忆说："……但是这几十年来，我渐渐感到，不要有一个统一的世界观的决定是危险的。我所找到的第一个统一的因素是伦理学，因为它与任何这些范畴的任何一个都不完全吻合；当我接触到马克思主义的方法的时候，我觉得

---

[23] Joseph Needham, *Time: The Refreshing River*, pp.14–15.

它对于社会伦理学和'尚处于这混合体中'的人类的责任方面，大有阐发。它揭示了整个历史过程中起着作用的机械论，揭示了基督教伦理学将怎样在未来的社会中得到实现。后来我同样强烈地感觉到，神学必须适应科学告诉我们的关于星系和宇宙的性质的解释，而科学又决不能忽视历史学家和哲学家的洞察力。"[24] 不过需要注意，李约瑟的统一世界观还包含丰富的有机论思想和坚定的进化论观念。

李约瑟早在二十世纪二十年代就开始注意英国学者怀特海的有机哲学。怀特海是一个多面思想家，前期以数学、逻辑学和科学哲学研究而闻名，晚年受聘哈佛大学时于1925年出版《科学与近代世界》(Science and the Modern World)一书，创立了有机哲学，或称过程哲学。《科学与近代世界》出版后很快引起李约瑟的注意和重视，1928年他在《哲学研究杂志》(Journal of Philosophical Studies)上发表《生物学中的有机论》(Organicism in Biology)一文，介绍了怀特海的有机哲学，强调说它在生物哲学上的重要性还没有得到很好的理解。在怀特海那里，李约瑟找到了引起他强烈共鸣的东西，看到了机械论和活力论的综合。当1931年完成《化学胚胎学》开始关注形态学时，李约瑟对怀特海的哲学更为重视，其原因他后来回忆时说："探求既非机械唯物主义又非唯心活力论的

---

[24] 鲁桂珍：《李约瑟的前半生》，李国豪等主编：《中国科技史探索》，第21页。

理论完全合乎其个性。这条'中间道路'与辩证唯物主义密切相关，不过它直接源自理论生物学，因为他试图在生物化学和形态学之间架桥，便不得不思考这一学科。生化学家可能喜欢研究孤立酶的反应，生理学家可能喜欢研究孤立器官系统的行为或行为的某些方面，而动物学家和植物学家也许乐于探索分类学和体系学的无限复杂性。但如果一个生化学家打算像李约瑟所做的那样寻求实验胚胎学和形态学的综合，那么对生物体哲学、生物体各部分之间的相互作用以及整体控制的性质的研究便不可避免。这是他为何对怀特海的哲学……如此感兴趣的原因。"[25]

除了怀特海的有机论，李约瑟又进一步吸收了劳埃德·摩根（Lloyd Morgan）和塞缪尔·亚历山大（Samuel Alexander）等人创立的突生进化论思想。在李约瑟看来，无机界、有机界和人类社会这三个阶段是由一条进化链联结起来的。[26]《一个生物学家的怀特海哲学观》（A Biologist's View of Whitehead's Philosophy）一文详细讨论了这种进化过程。李约瑟指出，有机的世界观包括时间的连续与空间的分层。空间分层指不同的组织层次逐层包含。基本粒子组成原子，原子组成分子，分子组成大的胶体粒子、细胞组和次晶等，它们又进一步组成活细胞，细胞形成器官和组织，后者合并成有功能

---

[25] Joseph Needham, "The Making of an Honorary Taoist," p.10.
[26] Joseph Needham, *Time: The Refreshing River*, p.235.

的活体、动物躯体，最后人类形成社会群落。似乎贯穿我们这个世界的历史的基本线索便是有机体层次的不断升高。他还承袭斯宾塞（Herbert Spencer）的观点，主张社会演进必须被看作连续的生物进化过程。[27] 这里我们可以看出，李约瑟实际上是将辩证唯物主义、有机论和进化论三者综合在一起，由此看到了无机界、有机界以及更高级的人类社会之间的统一性。

经过此次思想转变后，李约瑟尽管仍然强调每一种经验形式的重要性，但他构建的统一世界观（尽管比较松散和勉强）使其摒弃了孤立看待世界的倾向，转而致力于寻找不同领域之间的内在联系，由一个"分裂者"变成一个"桥梁建造者"。他晚年时把自己一生的研究均归结为"架桥"：首先是在科学与宗教之间，第二是在生物化学和形态学之间，第三是在宗教与社会主义之间，最后是在东方和西方之间。[28]

［本节删节版曾刊《自然辩证法通讯》2013年第2期］

---

[27] Joseph Needham, *Time: The Refreshing River*, pp.184–185.
[28] Joseph Needham, "The Making of an Honorary Taoist," pp.2–3.

后　记

　　道教是一座万神殿。奇妙的是，这样一个信仰世界竟然滋生庇护了无数的"奇技淫巧"。这些古代的"高科技"，曾经冲昏了无数胆大妄为者的头脑，他们竟然喊出"我命在我不在天，还丹成金亿万年""一粒灵丹吞入腹，始知我命不由天"这样的口号。这种无畏的理性激情，是中国古代思想尤其是中古文化的重要组成部分。道教原本只是想"假求于外物以自坚固"，却不经意造就了神奇的历史。

　　据说神山昆仑之上有珠玉、沙棠、琅玕、碧瑰之树，皆玉质而光明洞彻。每当仙风徐来，珠玉之树枝条花叶互相扣击，自成五音，涤荡心灵。今天所谓的道教科技，恰如昆仑山上的琅玕之华、珠玉之音，是道教的精华。

　　本书围绕道教科技主题编集而成，文字来源于三个方面。一是历年所存的部分积稿，包括《〈抱朴子神仙金汋经〉校注》《从〈红楼梦〉看清代民间道教医疗风俗》《道教与沉香》《〈神仙炼丹点铸三元宝照法〉所见唐代道教铸造工艺》《炼丹设备的源流、类型及建造方法》等。二是几篇已发表文章的修订稿或删节前原稿，包括《〈道藏〉科技类道经说略》《中国炼丹术研究之回顾及展望》《理解炼丹术的八个关键词》和《从分裂到架桥：李约瑟早期思想的演变》。其他则是散见于期刊书籍上的部分文章。凡已发表部分，均注明原出处。编集成书时，根据文稿内容分成学术史与综论、文献研究与整理、道教医药学、技术与设备、科学思想、李约瑟研究六个专题，并对原文格式做了统一处理。其中第六部分本为"李约瑟与道教"研究计划的一部分，鉴于其余内容不知欠账到何时，姑且将这两篇收入本书。

自弃理从文进入山东大学以来，十七年间我的精力多半花费在道教科技史领域，学习所得大部分集结成《知识断裂与技术转移——炼丹术对古代科技的影响》《道教炼丹术与中外文化交流》《黄帝九鼎神丹经诀校释》三部著作，以及《中国道教科学技术史·南北朝隋唐五代卷》部分章节。除此以外，尚有部分散见于期刊书籍的文章，以及相当数量的积稿。近些年来，由于研究兴趣偏向中古史，便有了编辑本书的想法。书中所收文稿的写作时间跨度很大，最早的可以追溯到学生时代，最晚的作于近两年。除主题相关外，还有一个共同点，以吾师"学问是荒原野草"之言视之，它们都是野草，无关世间喜好，独立而生。作为个人的探索足迹，文字虽稚嫩朴陋，但古人云，"家有敝帚，享之千金"，聊以自慰。

感谢多年来给予我无私帮助的诸多师友。感谢上海古籍出版社，感谢责编方强先生，他为本书出版付出了辛勤劳动。

大疫庚子年七月十三日记，壬寅年二月十九日改

图书在版编目（CIP）数据

我命在我：道教科技史探索/韩吉绍著.—上海：
上海古籍出版社,2022.10
ISBN 978-7-5325-9855-7

Ⅰ.①我… Ⅱ.①韩… Ⅲ.①道教史－中国－文集
Ⅳ.①B959.2-53

中国版本图书馆CIP数据核字（2022）第165050号

我命在我：道教科技史探索

韩吉绍　著

上海古籍出版社出版发行

（上海市闵行区号景路159弄1-5号A座5F　邮政编码201101）
（1）网址：www.guji.com.cn
（2）E-mail：guji1@guji.com.cn
（3）易文网网址：www.ewen.co

印刷　安徽新华印刷股份有限公司
开本　890×1240　1/32
印张　20　插页9　字数397,000
印数　1—2,050
版次　2022年10月第1版
　　　2022年10月第1次印刷
ISBN 978-7-5325-9855-7/B·1191
定价：99.00元